The Dual Binary Construction Of WTO: A Theoretical Approach

WTO双重二元结构理论研究

徐 泉 郝 获 著

人民出版社

目　录

导　论

以世界贸易组织（下称"世贸组织"或"WTO"）为代表的全球多边贸易体制正在经历自其诞生 25 年以来最严重的发展危机。多边贸易体制面临的深刻内部治理困境，引发了对 WTO 治理结构的理论反思与检视。

现行的多边贸易体制是在美国的主导下，按照美国的价值标准和制度模式在第二次世界大战后建立起来的。主权国家之间的合作往往是在机构和体制的建立过程中得以形成的。① 美国原本拟启动的方案是建立一个国际贸易组织（ITO）。关于该组织宪章的磋商虽于 1948 年在哈瓦那取得成功，但由于美国国会所拥有的对外贸易政策权，受国会与行政宪法性张力的深刻影响，② 国际贸易组织最终夭折。替代国际贸易组织（ITO）的并非一个标准的国际组织、而是依据临时适用的以协议方式运行的关税及贸易总协定（GATT）。创建 GATT 的一个基本意图是促进国家之间的合作，国家之间的相互依存有助于减少战争的危险性。缔约方的目的还包括"提高生活水平，保证充分就业和实际收入，有效需求的持续增长，使世界资源得到充分使用以及扩大生产和货物贸易交换。"应当"通过达成互惠互利的安排大幅度降低关税和其他贸易壁垒，消除歧视性待遇。"从规范贸易政策、促进贸易谈判和推动贸易发展的角度来看，关税及贸易总协定可理解为"一个基于规则的多边贸易制度体系，具

---

① 伯纳德·霍克曼、迈克尔·考斯泰基：《世界贸易体制的政治经济学——从关贸总协定到世界贸易组织》，刘平等译，法律出版社 2002 年版，第 13 页。

② 夏尔–菲利普·戴维等：《美国对外政策》（增补本），钟震宇译，社会科学文献出版社 2011 年版，第 20 页。《美国联邦宪法》第一条第八款第三项规定："国会有权管制同外国的、各州之间的和同印度安部落的商业。"

有政策协调、政策制约、利益扩散和政策预期等制度功能，进而确保了多边贸易体系以及国际贸易秩序的相对稳定，并客观上促进了经济贸易全球化的深入发展"①。作为GATT的延续与机制化建设成果的WTO，不仅摆脱了由于GATT临时适用所带来的各种不利影响，而且拓展了其适用范围，并通过规则完善最终成为全球多边贸易体制治理最重要的平台。世界贸易组织是全球贸易治理的一个里程碑式的国际机构，作为"世界贸易的稳定性和可预见性的卫士"②，它的成立标志着国际贸易体系的变革和全球经济合作新纪元的到来。

第一节　WTO 治理结构理论反思：从"杰克逊范式" 到双重二元结构理论

受贸易保护主义和单边主义的冲击，隐藏于 WTO 体制中的治理困境逐渐凸显，WTO 正面临自诞生以来发展进程中最大挑战，并处于亟待变革的关键时刻。WTO 对此显得束手无策，至今没有提出切实的应对与破解之策。当下WTO 面临着多重严峻且相互交织的治理危机，危机的类型从 WTO 自身审视可以归结为四个方面：第一，WTO 的治理结构危机；第二，WTO 规则生成危机；第三，上诉机构运行危机；第四，单边措施滥用危机。

WTO 治理结构的危机源自于从 GATT 开始的"富人俱乐部"的治理模式，其规则生成与演进的控制权始终掌握在少数发达成员手中。而发展中成员持续被边缘化，新兴经济体和广大发展中国家未能获得与其实力相对应的话语权，整个治理体系仍然呈现出"中心－外围"的结构模式。多边贸易体制下规则体系话语权的争夺、长期的南北对峙以及难以调和的利益分歧加剧了 WTO 体系的结构性矛盾，造成规则谈判结果的显著失衡。WTO 的治理结构危机是导致多边贸易规则公平公正性欠缺的重要体制性根源。

---

① 舒建中：《多边贸易体系与美国霸权——关贸总协定制度研究》，南京大学出版社 2009 年版，第 4 页。
② Uri Dadusth, "WTO Reform：The Time to Start is Now," *Camegie Endowmen for International Peace Policy Brief*, No.80, September 2009.

WTO 规则生成危机，主要是指从 WTO 正式建立至今未能启动并完成一轮新规则制订的进程。从 GATT 到 WTO，多边贸易体制的规则生成机制从"点菜式"加入演变为"协商一致"和"一揽子承诺"，[1] 虽然涉及的议题广泛，但形成共识的难度日渐加大。随着 WTO 成员数量的增多和成员利益的多样化，成员间讨价还价的难度和成本进一步攀升，WTO 规则的生成面临着严峻的体制机制障碍。[2]"发达国家自顾倾向加强，在多边领域取多予少，无意在发展问题上作出更大的投入，转而对发展中国家采取分化策略，强调新兴经济体在谈判中要承担更大的责任"。[3] 以世界贸易组织为代表的多边贸易体制是国际经贸规则的主要制定者，开展多边贸易谈判是该组织推动规则重构的主要方式。WTO 的谈判和规则生成障碍必将导致国际经贸治理的规则赤字，使得国际经贸关系无法获得充分的调整与规制。

上诉机构运行危机是 WTO 自身危机的直接表现之一。美国的单边主义行为是上诉机构运行危机的直接诱因。出于对被誉为有"王冠上的明珠"之称的 WTO 争端解决机制的不满，美国奥巴马政府早在 2016 年就反对上诉机构成员的重新任命，自 2017 年美国政府以所谓上诉机构存在"越权裁决""审理超期"和法官"超期服役"等多项问题为由，连续 29 次动用一票否决权阻挠法官的遴选。美国的刻意阻挠行为直接导致上诉机构陷入瘫痪，到 2019 年 12 月 11 日这一专司国际贸易的"最高法院"因只剩最后一名"法官"而无法受理新案件，遭遇世贸组织成立近 25 年来的首次"停摆"危机。世贸组织前总干事阿泽维多警告，全球贸易规则得不到切实履行，世界经济就将倒退回"丛林法则"时代。我们将"从一个以规则为导向的（国际贸易）体系向一个以权力为导向的体系转变"。[4] 上诉机构作为多边贸易体制中不可或缺的支柱，本应发挥着"确立并

① 彼得·萨瑟兰、贾迪什·巴格瓦蒂等：《WTO 的未来——阐释新千年中的体制性挑战》，刘敬东等译，中国财政经济出版社 2005 年版，第 93—99 页。

② Revitalizing Multilateral Governance at the World Trade Organization：Report of the High-Level Board of Experts on the Future of Global Trade Governance, p.28. https：//www.bertelsmann-stiftung.de/fileadmin/files/BSt/Publikationen/GrauePublikationen/MT_Strengthening_the_WTO.pdf.

③ 参见潘忠岐：《中国与国际规则的制定》，上海人民出版社 2019 年版，第 165 页。

④ https：//world.huanqiu.com/article/9CaKrnKoeDO.

执行世界贸易法治"①的功用，上诉机构的瘫痪，有可能导致 WTO 成员脱离多
边贸易体制进行报复与反报复，产生严重的不确定性与混乱，甚至使全球经贸
关系陷入失序状态。②如何继续保证世贸规则的一致性和可预见性，如何继续捍
卫以规则为基础的多边贸易体制，将是摆在世贸组织成员面前的长期难题。

　　单边措施的滥用危机也加剧了 WTO 的治理困境。为尊重和保护国家经济
主权，多边贸易体制为成员单边措施的运用预留了合理的政策空间。单边措
施的合法性与现行 WTO 规则对其规制的模糊与不确定性一直困扰着多边贸
易体制的规则治理。然而部分 WTO 成员却借口维护国家安全目标或推行公
平贸易政策而滥用例外条款，无视多边规则，恣意采取单边行为。这些做法
已经超出了单边措施的合理实施范畴，走向了单边主义之维，对 WTO 法治
造成了破坏性的打击。③美国欲令 WTO 上诉机构陷入瘫痪以迫使其他成员接
受美式标准与诉求，从而重塑 WTO 规则的做法充分表明了美国向单边主义
的回归，④中美贸易摩擦和冲突进一步加剧了单边主义对多边贸易体制的侵蚀。
单边措施的滥用危机是直接威胁到 WTO 生存的最严峻最紧迫的危机。少数
成员将国内规则凌驾于国际规则之上，以单边确定的标准执行或扭曲现有规
则的侵略性单边主义行为势必会引起其他成员采取报复措施，⑤严重冲击国际
政治秩序的稳定和经济的可持续发展，甚至使国际贸易环境回退到以强权政
治替代经贸规则的危险境地。⑥

---

① 詹姆斯·巴克斯：《贸易与自由》，黄鹂等译，上海人民出版社 2013 年版，第 249 页。

② 参见 Hannah Monicen, WTO Official, Appellate Body Members Warn of Coming "Chaos", Inside US Trade Daily Report, May 31, 2019.

③ 中美贸易摩擦中，美国公然无视 WTO 规则，运用国内贸易法的 201、301、232、337 等条款对从包括中国在内的 WTO 成员进口的商品加征高关税。参见 Statement By U.S. Trade Representative Robert Lighthizer on Section 301 Action, https：//ustr.gov/about-us/policy-offices/press-office/press-releases/2019/may/statement-us-trade-representative.

④ Richard H. Steinberg, "In the Shadow of Law or Power? Consensus-Based Bargaining and Outcomes in the GATT/WTO," *International Organization*, vol.56, no.2, 2002, p.348.

⑤ 沈国兵：《"美国利益优先"战略背景下中美经贸摩擦升级的风险及中国对策》，《武汉大学学报（哲学社会科学版）》2018 年第 5 期。

⑥ William R. Sprance, "The World Trade Organization and United States' Sovereignty：The Political and Procedural Realities of the System, " *American University International Law Review*, vol.13, no.5, 1998, p.1255.

存在于 WTO 内部的上述四种危机相互关联和交织，导致 WTO 陷入内忧外患的局面。虽然 WTO 迫切需要解决的生存危机受中美关系等多重外部因素的交互作用与影响，但治理结构的失衡仍旧是导致 WTO 危机生成的基础性诱因。由于 WTO 无法用制度的"笼子"来"驯服"少数成员的权力滥用，发达成员相对于发展中成员而言具有不对称的规则制定的影响力与话语权，WTO 规则始终未实现充分的公平公正。① 这一结构性失衡使得 WTO 成员间矛盾不断累积升级，成员内部关系分化，加剧了成员对多边主义和 WTO 的信任缺失。信任的缺失加之 WTO 治理结构对单边主义的失范又进一步催生了权力滥用大行其道，导致权力的滥用从合作的框架内溢出到合作的框架外，直接威胁到多边贸易体制的稳定与健康发展。

世界贸易组织"所面临的不可否认的中心问题是美国问题"。换言之，"美国在何种程度上遵守 WTO 规则及其内在精神实质将深远影响着世贸组织的未来。"② 作为二战后国际经贸规则体制的缔造者、主导者的美国，却成为 WTO 发展的坚定反对者，执意强调"美国优先"意图，"对 WTO 进行一场颠覆性改革"。③ 自 2018 年始，美国对其最大贸易伙伴（北美诸国、欧盟和中国）发动"贸易战"，以 WTO 为代表的世界贸易秩序陷入空前的危机。本应承担起解决成员方贸易纠纷之责的 WTO，却被美国弃于一边。美国不愿意通过世界贸易组织来解决与其他成员之间的贸易纠纷，却频频借助于其全球超强的实力（霸权）迫使其他伙伴让步或就范，造成"非但 WTO 管不了贸易战，而且贸易战正在摧毁 WTO"④ 的尴尬局面。美国对贸易伙伴大打贸易战，重新签署《美墨加贸易协议》（USMCA），联手欧盟日本遏制中国，甚至以中国没有充分履行"入世"承诺，抱怨 WTO 没有能力约束中国为借口，武断地指认 WTO 当前危机的"震源"就是中国，认为是中国的"不公平贸易行为"，造成了美国

① 斯蒂芬·M.沃尔特：《驯服美国权力：对美国首要地位的全球回应》，郭盛、王颖译，上海人民出版社 2008 年版，第 119—124 页。
② 安妮·O.克鲁格：《作为国际组织的 WTO》，黄理平等译，上海人民出版社 2002 年版，第 253 页。
③ 陈凤英、孙立鹏：《WTO 改革：美国的角色》，《国际贸易问题研究》2019 年第 2 期。
④ 庞中英：《中国参与世贸组织改革：积极参与全球经济新规则》，《当代世界》2018 年第 7 期。

等 WTO 成员利益的长期受损。① 作为特朗普政府核心智囊的彼得·纳瓦罗甚至宣称，"帮助中国加入世贸组织是美国迄今为止犯下的最大错误，中国的崛起导致了美国的衰落。"② 随着中美两国经贸关系"竞争性"态势的持续上升，这一判断将会深刻影响美国在世贸组织和中国问题上的贸易政策决策走向。凡此种种，都无法掩盖一个基本的事实，即美国欲以"美国优先"为目标，继续主导和牢牢控制国际经贸话语权以及下一代国际经贸规则的制定权和主导权。WTO 实际上因美国单边阻挠，已陷入被"打瘫致残"的状态。

更值得关注的是美国行政当局对以 WTO 为代表的多边贸易体制所作的新判断与立场定位。美国贸易代表于 2020 年 2 月 28 日向国会递交了特朗普总统的《2020 年贸易政策议程和 2019 年度报告》。该报告详细介绍了特朗普总统如何信守诺言，改变了美国的贸易政策，从而为所有人造就了经济上的"蓝领繁荣"以及更高的工资水平、更多的工作机会以及更强劲的经济发展动力。此外，报告概述了政府的 2020 年主要贸易目标，包括与战略伙伴谈判新的贸易协定，积极执行贸易协定以及改革世界贸易组织（WTO）。其核心在于美国将持续推动和扩展"美国优先的贸易议程"，并按照美国政府的意志"带头努力改变世界贸易组织"。报告具体内容可以概括为五个方面：其一，美国与世贸组织成员广泛接触，提出了新的想法和建议，以解决美国长期以来的关切，并推进正在进行的谈判。 其二，美国"带头努力评估世贸组织上诉机构的失败，并发布了关于上诉机构的第一份全面研究报告"。③ 该报告详细说明了上诉机构一再未能遵守世贸组织成员同意的规则的情况。它还描述了上诉机构的持续越权，从而剥夺了成员的权利，并在未经其同意的情况下对这些成员施加了新的义务。其三，美国明确提出"世贸组织目前被锁定在一个过时的关税框架中，该框架不再能反映深思熟虑的政策选择和经济现实。成员们需要从根本上重新考虑美国及其贸易伙伴的关税承诺。"美国通过对世贸组织的"根本性的反思"

---

① "At Trade Policy Review, U.S. Lable China the Epicenter of the WTO Crisis," December 19, 2018, https：//insidetrade.com/daily-news/trade-policy-review-us-lables-China-epicenter-WTO-crisis.

② Melissa Chan, "Trump's Top China Expert isn't a China Expert," Foreign Policy, March 13, 2017.

③ https：//ustr.gov/about-us/policy-offices/press-office/press-releases/2020/february/ustr-issues-report-wto-appellate-body.

提出"该机构已经偏离其最初的使命和宗旨。"美国明确提出，必须将"将世贸组织限制在其最初的目的，即作为各国谈判贸易协定、监督协定遵守情况和促进解决国际贸易争端的机构。"其四，针对世贸组织的预算，美国提出"世贸组织必须确保实行问责制，并确保支出能够反映其成员国的优先事项。"其五，特朗普总统将继续平衡美国与贸易伙伴的关系，积极执行美国贸易法，并对其他国家的不公平贸易行为迅速采取行动。美国提出将在与中国已经达成的第一阶段协议的基础之上，"寻求与中国达成第二阶段协议，"同时明确设置了谈判目标，即"继续要求中国进行结构性改革，以及要求其对经济和贸易体制进行其他方面的改变。"①

　　上述报告从基本面上反映了美国对 WTO 的四点基本立场和诉求。其一，美国将 WTO 锁定在一个"过时的关税框架"体系之内，而不再将其视为约束成员方的制度体系，总体上希望退回到关贸总协定时代；其二，通过联手其他成员（主要是指欧盟日本等发达经济体）遏制中国发展，并寄厚望在中美第二阶段谈判中，中国能更大程度地实现美国要求的变革；其三，继续对 WTO 体制的正常运行施加影响，若 WTO 不能反映美国的利益诉求，美国将以"断供"（不交纳会费）的方式拖延 WTO 自身正常运转。只有在 WTO 能够反映美国的"优先事项"这一前提时，美国才能保证支付相应的会费。这无疑是继致使争端解决机构陷入瘫痪之后又一阻挠 WTO 运行的"利器"。其四，WTO 的改革要以美国是否满意，美国是否认可为判定标准。美国的单边主义立场暴露无疑，霸权思维仍在主导美国经济外交。

　　突如其来的新冠肺炎疫情仍然在世界各地持续蔓延，在给全球公共卫生安全带来巨大挑战的同时，也对全球生产和需求造成全面冲击，给世界经济前景蒙上浓重的阴影。全球供应链面临严峻挑战，处在全球价值链核心地位的众多国家纷纷成为疫情重灾区，生产先后停滞，给全球供应链带来巨大风险。世贸组织前总干事阿泽维多表示，经济衰退及失业现象预计会比 2008 年全球金融危机时更严重，全球贸易将严重下滑。新冠肺炎大流行是全球性挑战，需要全

---

① https：//ustr.gov/about-us/policy-offices/press-office/fact-sheets/2020/february/fact-sheet-presidents-2020-trade-agenda-and-annual-report.

球应对，没有国家可以自给自足，保持贸易开放和投资流动至关重要。[①] 据世界贸易组织发布贸易数据与展望，预测全球商品贸易增长率将于 2021 年增长至 8.0%，并于 2022 年降至 4.0%，这一数据曾因新冠疫情的影响在 2020 年触底达到 −5.3%。新冠疫情对于全球贸易的负面影响将会持续存在。[②] 价值链复杂性越高的产业部门受冲击越大，电子产品与汽车为其中之最。世界卫生组织统计，已有 223 个国家和地区出现新冠肺炎病例。全球确诊感染新冠病毒人数已经接近 1.5 亿人，累计死亡人数超过 300 万人。[③]2020 年 3 月 26 日二十国集团（G20）领导人应对新冠肺炎特别峰会以视频方式召开，中国国家主席习近平发表《携手抗疫 共克时艰》的重要讲话。强调指出，新冠肺炎疫情正在全球蔓延，给人民生命安全和健康带来巨大威胁，给全球公共卫生安全带来巨大挑战。[④] 国际社会最需要的是坚定信心、齐心协力、团结应对，全国加强国际合作，凝聚起战胜疫情强大合力。习近平主席在与多国领导人通话时指出，新冠肺炎疫情的发生再次表明，人类是一个休戚与共的命运共同体。习近平主席呼吁二十国集团成员采取共同举措，减免关税、取消壁垒、畅通贸易，发出有力信号，提振世界经济复苏士气。

前所未有的新冠肺炎疫情将在很大程度上给中美经贸关系带来更多的不确定性和影响。中美第一阶段协议的签订标志着世界两大经济体之间的贸易争端暂时"休战"，中美两国迎来较好的经济发展预期。但一场未曾预料的严重公共卫生突发事件新冠疫情席卷全球，疫情带来的进口需求疲软、国际物流渠道不畅、资金链断裂风险加大、美国企业出口交货能力受损等问题极大增加了协议的实际执行难度，我国短期内农产品、能源、制成品、服务产品的采购均会受到不同程度影响。同时面对全球疫情形势不断恶化，全球化矛盾更加尖锐、供需失衡局面更加凸显、保护主义更为猖獗，中美经贸关系或迎来新的变局。

WTO 作为全球最重要的多边贸易规则体系，不仅面临着内生的结构性失

---

① 世贸组织：新冠肺炎或致比金融危机更严重的经济衰退，https：//www.chinanews.com/gj/2020/03-26/9137910.shtml.

② World Trade Primed for Strong but Uneven Recovery after COVID-19 Pandemic Shock, https：//www.wto.org/english/news_e/pres21_e/pr876_e.htm.

③ Coronavirus Disease, https：//www.who.int/emergencies/diseases/novel-coronavirus-2019.

④ 习近平：《携手抗疫 共克时艰》，《人民日报》2020 年 3 月 27 日。

衡，同时还要应对美国对 WTO 的重新定位与发展的阻挠，更要承受全球疫情
爆发和整体世界经济的持续动荡等多重打击，使得解决 WTO 治理结构失衡的
问题变得更加复杂且充满不确定性。

　　本书主要聚焦 WTO 治理结构的失衡，并试图为解读这一结构性失衡提供
新的分析范式。现如今 WTO 面临着多重危机，导致 WTO 遭受着内忧外患。
虽然 WTO 迫切需要解决的生存危机受中美关系等多重外部因素的联合作用与
影响，但治理结构的失衡仍旧是导致 WTO 危机生成的基础性诱因。因此在
WTO 面临多重危机的背景下，解决 WTO 治理结构失衡的问题是确保 WTO 得
以生存并实现规则现代化发展的基本前提。

　　WTO 治理结构失衡在动态意义上体现为民主赤字。发展中国家以及国际
社会弱势群体的利益无法充分表达等难题，依然是多边贸易体制所面临的核
心挑战，[①] 也是 WTO 制度合法性缺陷的重要内容。[②] 伴随着新兴市场国家的"群
体性、梯次性崛起"[③]，新兴经济体已成为世界格局变化的根本性驱动力量，但
新兴经济体国家在多边贸易体制中的代表性与发言权与它们对世界经济增长
所作出的贡献明显不匹配。少数西方国家对全球贸易治理的垄断权力加深了
WTO 成员内部分裂的危机，影响了 WTO 公平公正新规则的构建。

　　WTO 治理结构失衡在静态意义上体现为发展赤字。全球治理以及 WTO
内部治理中涌现的许多问题追根溯源"都是发展不平衡不充分造成的"。[④] 受
成员间权力博弈的影响，现行 WTO 规则中充斥着成员权益的失衡，未充分
考虑发展中成员利益诉求的条款比比皆是。部分 WTO 规则公平公正性的欠
缺印证了以 WTO 规则为代表的国际经贸规则不仅仅是各国共同利益的体现，

---

①　赵可金：《从旧多边主义到新多边主义——对国际制度变迁的一项理论思考》，潘忠岐编：
　　《多边治理与国际秩序》，上海人民出版社 2006 年，第 54 页。

②　Manfred Elsig and Thomas Cottier, "Reforming the WTO : The Decision-making Triangle Revis-
　　ited," in Thomas Cottier and Manfred Elsig, eds., *Governing the World Trade Organization: Past,
　　Present and Beyond Doha World Trade Forum*, New York: Cambridge University Press, 2011,
　　p.298.

③　裘援平：《世界变局中的突出矛盾》，《现代国际关系》2019 年第 2 期。

④　习近平：《携手努力共谱合作新篇章——在金砖国家领导人巴西利亚会晤公开会议上的讲
　　话》，《人民日报》2019 年 11 月 14 日。

在很大程度上也是实现国家利益的工具，体现着大国意志。①WTO 内部治理的民主赤字和发展赤字在一定程度上引发了成员间的信任赤字。随着发展中国家开始挑战发达国家主导下的治理理念，WTO 成员间价值观冲突亟待调和，零和博弈的思维模式进一步加大了成员间展开有效合作的难度，国家间核心利益的兼容性有所下降。②

WTO 治理结构的失衡深嵌于多边贸易体制的历史发展进程中。剖析 WTO 内部治理的结构性失衡、解决 WTO 治理赤字，必须以历史的眼光客观分析长期存在于多边贸易体制结构中的根本性问题。美国在二战后致力于通过建立国际贸易组织（ITO）来推动贸易和就业领域的国际合作。虽然历经多次谈判③、作为妥协结果而最终形成的《ITO 宪章》未能在美国国会获得通过，④ 但主要处理关税谈判问题的关贸总协定得以临时适用。⑤ 关贸总协定制度的建立标志着美国主导下的战后多边贸易体制的形成，因此也在一定程度上可以被视为战后不平等国家间经济关系的制度转化和体现。

多边贸易体制治理结构的失衡，从筹备《国际贸易组织宪章》（《ITO 宪章》）及关贸总协定的诞生之时就已经埋下祸根。关贸总协定从创立之初就被设计为刺激美国战后经济增长、为欧洲的重建提供援助，作为保护美国农产品竞争优势的贸易工具。⑥ 由于在主要西方国家之间展开经贸合作，推崇的是"俱乐部式"的治理模式，强化的是美国的主导权力，多边贸易体制的民主赤字在 GATT 成立之时就已显露端倪，并在其后的发展进程中不断得到强化。主要供应方的谈判模式奠定了谈判进程实质上是由少部分国家掌控的基本格局。"多

① 安妮·O. 克鲁格：《作为国际组织的 WTO》，黄理平等译，上海人民出版社 2002 年版，第 23 页。
② 刘丰：《中美战略竞争的限度与管理》，《现代国际关系》2019 年第 10 期。
③ Douglas A. Irwin, Petros C. Mavroidis, Alan O. Sykes, *The Genesis of the GATT*, New York：Cambridge University Press, 2008, pp.5-97.
④ 安妮·O. 克鲁格：《作为国际组织的 WTO》，黄理平等译，上海人民出版社 2002 年版，第 275—276 页。
⑤ Douglas A. Irwin, Petros C. Mavroidis, Alan O. Sykes, *The Genesis of the GATT*, pp.119-120.
⑥ Rorden Wilkinson, "Barriers to WTO Reform：Intellectual Narrowness and the Production of Path-dependent Thinking," in Thomas Cottier and Manfred Elsig, eds., *Governing the World Trade Organization: Past, Present and Beyond Doha World Trade Forum*, New York：Cambridge University Press, 2011, p.316.

哈回合"出现的非正式小型部长级会议模式正是美国提倡的主要供应方谈判方式的延伸，①互惠谈判、回合式谈判加之谈判主体间实力水平的差距，使得谈判结果的不平衡在多边贸易体制谈判中不断被累积。②

　WTO 的建立标志着多边贸易体制从工具属性向全球公共产品属性的过渡与演进。更加广泛的议题、统一适用的规则、更有约束力的争端解决机制无不增加了 WTO 作为国际组织的合法性。③ 但作为 GATT 规则体系的延续，WTO 从未摆脱源自于 GATT 时代生成的非均衡的体制性影响。WTO 中的权力扩张倾向并没有引起学界研究的充分关注。成员权力在 WTO 规则生成中的非对称性作用导致 WTO 因民主赤字而面临合法性危机不断加强的局面。凡此种种都说明有必要对 WTO 内部治理进行深层的理论阐释与反思。隐身于多边贸易体制的结构性失衡，不仅仅是一个客观上存在于 WTO 规则体系中的一个制度顽疾，更是一个从学理上尚未引起足够理论阐释和治理重构的重大问题。WTO 广大成员深受已有规则中不公平、不公正治理的体制影响，难以简单仅依靠理论上拥有的平等参与权就能改变自身所处的不利地位的问题。少数成员利用自身强大的权力（实力）优势，仅依据自身好恶和利益取舍便刻意阻挠 WTO 体系的稳定与发展，甚至危及到其存亡，致使从二战后以来所建立的、历经国际社会成员共同努力的这一全球经贸治理最重要的制度成果，因个别成员权力滥用和单边施加压力而被迫中断其进程，所产生的后果加剧了 WTO 的内部治理困境。学理探讨上该如何解读、回应并矫正这种结构性失衡将成为本章节甚至全书将要回答的关键性问题。在面临权力博弈引发的合作困境时，解构 WTO 权力的运行机理，思考如何平衡、限制权力滥用，并确立公平公正的价值观，将对矫正现有体制的结构性失衡、走向成功的多边贸易治理产生不容忽视的意义。

---

① Faizel Ismail, "Reforming the World Trade Organization," *World Economics*, vol.10, no.4, 2009, p.134.

② Rorden Wilkinson, "Barriers to WTO Reform：Intellectual Narrowness and the Production of Path-dependent Thinking," in Thomas Cottier and Manfred Elsig, eds., *Governing the World Trade Organization: Past, Present and Beyond Doha World Trade Forum*, pp.316-317.

③ Kent Jones, *Reconstructing the World Trade Organization for the 21st Century: An Institutional Approach*, New York：Oxford University Press, 2015, p.52.

美国著名的 GATT/WTO 专家杰克逊曾用"权力导向"和"规则导向"这两个术语概括国家间外交的方式和手段，并藉此来破解多边贸易体制治理困境。杰克逊认为 GATT/WTO 的整个发展历史就是要让其在"规则导向"方面越来越强，而在主权政府间的谈判方面越来越弱。[①] 有关"权力导向"和"规则导向"的核心观点阐释，被概括称为"杰克逊范式"（Jackson's Paradigm）。笔者认为，"杰克逊范式"的要点包含以下四个方面：第一，权力导向意味着在缺乏特定规范和标准的情况下，国家可以凭借国家权力影响来塑造谈判的结果；第二，规则导向意味着国家间事先制定规则，并建立依靠规则解决纠纷的机制；第三，权力导向意味着国家有行使权力以反对其他国家的自由，规则导向意味着限制国家行使权力规则的存在；第四，国际机制和 GATT/WTO 多边贸易体制的历史反映了权力导向向规则导向的演进。

"杰克逊范式"通过权力导向与规则导向的二分法开启了 WTO 内部治理系统反思的窗口，但杰克逊权力导向与规则导向的二分法存在明显的局限性。主要表现在以下五个方面：第一，杰克逊主要基于争端解决机制提出了 WTO 的规则导向，而对权力导向影响状态下的规则生成缺乏反思。[②] 他忽视了如果制定出来的规则本身是不公平的，一个高度法律化的规则执行程序很可能会加深这种不公正性。[③] 第二，缺乏对"规则导向"的深层价值分析。杰克逊只强调了规则的稳定性和可预测性，没有进一步分析规则背后体现着何种价值追求，服务于谁的利益，体现了谁的权力。[④] 第三，"杰克逊范式"将"权力导向"与"规则导向"相互割裂。在他对"权力导向"与"规则导向"的描述中，单向度只强调"规

---

① 参见安妮·O. 克鲁格：《作为国际组织的 WTO》，黄理平等译，上海人民出版社 2002 年版，第 22 页。

② 杰克逊曾在有关世界贸易组织争端解决的章节下，对权力导向与规则导向的二分法提出如下解释："可以将和平解决争端的手段粗略分成两类：一是基于当事方的力量对比，通过协商方式解决争端；二是根据当事方事先达成的规则，通过协商或裁决的方式解决争端。"参见约翰·H. 杰克逊：《世界贸易体制——国际经济关系的法律与政策》，张乃根译，复旦大学出版社 2001 年版，第 120 页。

③ Joseph E. Stiglitz and Andrew Charlton, *Fair Trade for All: How Trade Can Promote Development*, Oxford; New York: Oxford University Press, 2005, p.82.

④ 斯特兰奇认为，不同制度会反映出财富、秩序、公正和自由观念不同比例的组合，而权力在其中起着决定性作用。参见苏珊·斯特兰奇：《国家与市场》，杨宇光等译，上海人民出版社 2012 年版，第 19 页。

则导向"，而忽视了权力更多是"通过规则"而非"绕过规则"而行使的，更多强调规则对权力的制约作用，从而将权力与规则对立起来，更掩盖了权力对规则形成的惯性作用。第四，权力导向和规则导向是共生的，而不是相互排斥；权力导向意味着在国际制度规定的范围内行使权力的自由，即合作与合法性的原则，规则导向意味着规则和程序的存在，这些规则和程序连同司法裁决一起界定国际制度中合法行为的边界，并使国际组织能够作为共同规则和规范的仲裁者和执行者。第五，国际体系的形成和国际经贸规则演进所展现出来的特点，就是"在权力导向和规则导向两个极端之间不断转变，而非单向的变化。"①

在"杰克逊范式"中，规则导向是一个先验性的存在，因而 WTO 规则就被当然地视为"模范国际法"。② 杰克逊对权力导向和规则导向的界定显然无法解释当下 WTO 治理结构的失衡，也不能解释美国的单边主义为何能凌驾于 WTO 多边主义之上。欲从根本上认识 WTO 治理存在的问题，就必须对 WTO 现有机制和规则进行反思，分析 WTO 结构性失衡背后的权力根源。因此，有必要对"杰克逊范式"进行补充和矫正，探索建立新的分析范式以解释 WTO 的内部治理症结和治理结构失衡的根源，并为 WTO 权力的运行机理提供更加全面的分析路径。

WTO 双重二元结构是以价值取向和成员驱动两个视角作为理论分析的逻辑起点，剖析多边贸易体制内部治理结构，并为规则重塑提供理论框架。从价值取向上来看，WTO 是一个具有权力导向和规则导向的二元结构。权力导向和规则导向之间并非相互排斥，而是相互交织。由于权力的来源和表现形态多样，权力导向的内涵呈现出广泛性的特点。WTO 成员既可以在规则形成过程中直接采取强制性措施或补偿性措施，"以便在最终形成的规则中充分体现自身的利益诉求"；③ 还可以利用现有制度间接行使权力，以一种"更隐秘的方式

① Glen T. Schleyer, "Power to the People：Allowing Private Parties to Raise Claims before the WTO Dispute Resolution System," *Fordham Law Review*, vol. 65, no.5, April 1997, p. 653.

② 参见杨国华：《为什么 WTO 是模范国际法》，《国际商务研究》2016 年第 6 期。杰克逊曾多次将 WTO 争端解决机制称为国际司法机构中最为重要的司法体制。See John H. Jackson, *The WTO and Changing Fundamentals of International Law*, Cambridge：Cambridge University Press, 2006, pp. 134-135。

③ Richard H. Steinberg, "In the Shadow of Law or Power? Consensus-Based Bargaining and Outcomes in the GATT/WTO," *International Organization*, vol.56, no.2, 2002, p.348.

塑造着规则的形成"。[1] 权力的不同形态决定了权力导向并非像"杰克逊范式"所界定的那样只能在制度缺乏的情况下存在;相反,权力经常作用于规则的形成过程中,最终以规则为表现形式。[2]

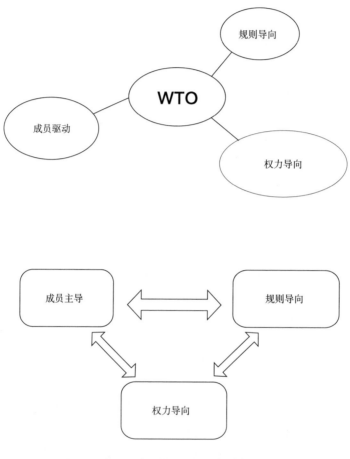

图示 1:WTO 双重二元结构叠加互动逻辑示意图

在理解 WTO 中的规则导向时,不应简单把规则视为一项"制成品"而忽

---

① 参见 I·戴斯勒:《美国贸易政治》,王恩冕、于少蔚译,中国市场出版社 2006 年版,第 207—209 页。

② Igor Abdalla Medina de Souza, "The Power of Law or the Law of Power? A Critique of the Liberal Approach to the Dispute Settlement Understanding," *Boletim Meridiano*, vol. 16, no. 150, 2015, p.35.

视其背后的权力因素。WTO 规则导向并非"模范的国际法治"，而是在权力阴影下达成的国际经贸规则。在规则的形成过程中，由于对权力作用缺乏规制进而才导致了生成的 WTO 规则的公平性与公正性的缺失。多边贸易体制的发展进程客观上应当被描述为：从"权力导向"到"权力阴影下的规则导向"的嬗变。倘若将权力导向与规则导向的关系相互割裂甚至对立看待，就丧失了客观认知多边贸易规则的生成机理和 WTO 内部治理的结构性失衡的理论前提。

从成员驱动的角度看，WTO 是由发达成员和发展中成员两类成员组成的契约型国际组织。发达成员始终掌握着主动权和控制权，形塑了国际多边贸易体制规则的设计和发展。发展中成员以集团化联盟的方式积极参与谈判，与发达成员的权力作用相抗衡。但总体来说，发展中成员在 WTO 中没有获得与其成员数量和实力相匹配的影响力与话语权。尽管发展中成员积极争取自身权益，它们仍处于相对弱势的地位，"无法有效地维护自己的贸易利益"[1]，也导致现有 WTO 规则始终笼罩在权力失衡的阴影之下。

两类成员在 WTO 中运用的权力以及发挥的影响力是不平衡的，这种不平衡性贯穿于多边贸易体制发展的始终。[2] 多边贸易体制建立以来的谈判历史表明，体制中两类成员驱动模式的失衡持续造成了不公正的谈判结果，加剧了成员权力对规则生成的非对称性影响。虽然新兴发展中大国的实力提升引致了全球治理格局发生体系性变革，发展中成员试图矫正 WTO 中的权力失衡现状，并在一定程度上挑战了特定 WTO 成员的霸权利益，激发了 WTO 成员间的对抗性局面，但多边贸易体制的非对称成员驱动以及治理结构的失衡并没有从根本上得以改观。

WTO 双重二元结构理论为理解多边贸易体制和 WTO 内部治理提供了多学科的解读视角。双重二元结构的理论可从多向度加以阐释。

首先，国际机制理论为全面理解权力与规则的关系提供了理论基础，因而能够避免孤立看待"规则导向"的弊端。在国际关系学领域，主流研究大都认

---

[1]　康斯坦丁·米查洛普罗斯：《WTO 中的发展中国家》，黄震华译，中国商务出版社 2004 年版，第 3 页。

[2]　Donatella Alessandrini, *Developing Countries and the Multilateral Trade Regime: The Failure and Promise of the WTO's Development Mission*, Oxford and Portland：Hart Publishing, 2010, pp.175-176.

同规则是国际机制的组成部分，从国际机制的语境中有助于理解国际规则的生成与演进。新现实主义对于国际机制的研究以权力为切入点，质疑国际机制对于国家间合作的重要性，并认为国家权力资源是国际机制建立维持的重要因素，国际机制建立以后也将成为权力的来源。[1] 新自由主义则认为"国际机制的建立与维持是国家利益判断的结果"，国际机制可以制约国家行为，并使国家相互受益。他们强调社会选择的过程，倾向于把"制度放置于权力的对立面上"来研究。[2] 在建构主义学者眼中，国际机制"包含原则性的共享观念"。共享观念巩固了国际机制的规范性基础，有利于协调各方利益冲突，但其制度化也受制于国家权力的分配关系。[3]

国际机制理论在国际关系各个学派的不同视角下，以不同维度审视国际机制的本质和意义，为理解多边贸易体制下权力导向与规则导向的交织互动提供了理论分析基础。结合不同学派的观点可以看出，国际规则不完全是大国权力操纵的工具，也绝不仅仅是抑制权力的国家间合作的产物。国际规则也是国家间为应对共同挑战进行合作所提供的公共物品，对主导国家而言同时具有工具属性。当国际机制未能调和公共服务职能与主导国的工具属性时，它将从根本上诱发国际机制的危机和治理困境，[4] 这也为分析 WTO 危机生成的原因提供了一种全新的解释。

其次，霸权稳定论对于理解多边贸易体制中权力导向与规则导向的关系，以及 WTO 中成员驱动的问题有着重要的启示。虽然霸权稳定论有为战后美国霸权辩护的考量，但它仍然是理解美国贸易政策变迁的重要理论。对美国而言，战后建立在自由贸易基础上的多边贸易体制对美国推行对外贸易、维持经济繁荣、保障充分就业、巩固霸权地位具有重要的作用。[5] 虽然霸权国为将自己建立的国际体系扩展到全球，也需要负担一定的提供国际公共产品的成

[1] Robert Gilpin, *The Political Economy of International Relations*, Princeton：Princeton University Press, 1987, p.88.

[2] 罗伯特·基欧汉：《霸权之后》，苏长和等译，上海人民出版社 2016 年版，第 86—106 页。

[3] 亚历山大·温特：《国际政治的社会理论》，秦亚青译，上海人民出版社 2014 年版，第 172 页。

[4] 李巍：《国际秩序转型与现实制度主义理论的生成》，《外交评论》2016 年第 1 期。

[5] 罗伯特·吉尔平：《国际关系政治经济学》，杨宇光等译，经济科学出版社 1992 年版，第 106—107 页。

本，① 但无论如何，霸权国家的利益取向在国际规则的制定过程中都扮演着不容忽视的作用。

由于国内经济增长能够为维持霸权提供力量源泉，霸权国对外贸易政策会体现出一种"追求权力与追求财富的交互运动"。② 考虑到权力与经济增长之间的密切关系，在霸权衰落时期，霸权国可能会采用两种行动路线：一是加持维护"霸权地位所需要的权力资源"，二是"减少维持霸权地位所需要承担的义务"与成本。此时"霸权体系的使命已不再是为全球提供稀缺的公共物品"，而更多是霸权国挽救霸权、攫取利益的资源。③ 因此，国际规则作为一定意义上的霸权产物，不可能完全脱离权力的作用，霸权国对待国际规则的态度也会随着霸权国家相对实力的增减而发生变化。

再次，国家经济主权理论为解决 WTO 双重二元结构中的成员驱动失衡的问题提供了重要的理论支撑。由于国际经济事务的平等参与权与民主决策权是国家经济主权的重要组成部分，发展中国家有权要求充分、有效地参与到多边贸易体制的谈判和决策过程当中。④ 只有坚决捍卫国家经济主权，平等地参与贸易决策，发展中成员才能在多边贸易体制规则制定的过程中发挥更大的影响力，促进规则向更加公平公正的方向发展。发达国家从未放弃国家在全球经济治理中的主导性地位，也从未忽视对国家经济主权的维护。⑤ 一些西方国家所持有的国家经济主权的双重标准恰恰折射出 WTO 中成员驱动的力量失衡，将发展中成员的主权置于事实上被抑制的状态。因此，必须审慎对待"主权过时论""主权无用论"等主张，更要对西方所倡导的"双重主权标准"保持足够的理论清醒。维护国家经济主权的完整性和平等性是阐释双重二元结构理论、建立公平公正的国际经济新秩序的重要法理基础。

最后，组织社会学理论进一步揭示了双重二元结构作为剖析 WTO 治理的

---

① 罗伯特·吉尔平：《世界政治中的战争与变革》，宋新宁、杜建平译，上海人民出版社 2007 年版，第 40 页。

② 张建新：《权力与经济增长——美国贸易政策的国际政治经济学》，上海人民出版社 2006 年版，第 308—309 页。

③ 王正毅、张岩贵：《国际政治经济学——理论范式与现实经验研究》，商务印书馆 2003 年版，第 169—170 页。

④ 徐泉：《国家经济主权论》，人民出版社 2006 年版，第 74 页

⑤ 黄仁伟、刘杰著：《国家主权新论》，时事出版社 2004 年版，第 91 页。

理论工具的价值所在。在组织社会学理论看来，"组织并不仅仅是为实现特定目标而设计出来的履行控制与管理职能的工具实体，而是一种立体、多维度的现象。组织既是对行为者行为的制约力量，又是行为者集体合作的产物"。没有了行动者，组织本身也不可能存在，"组织与行动者之间是同时出现、同时存在的共生关系"。[①] 行动者建构组织，既是为了实现共同利益目标，也同样期待着通过组织实现自己的利益目标，但不平等的权力关系仍是"集体行动领域中最普遍的关系形态"。组织社会学理论对于组织的关注是动态的，其研究的重点是组织形成的过程，是以权力关系为核心的行动者们不断建构和解构组织的具体的行动体系。该理论对于组织成员行动、权力关系以及权力合法性问题的关注，为 WTO 的研究提供了具有启发性的借鉴参考。

WTO 双重二元结构通过在价值取向和成员驱动两个层面的分析，揭示出规则生成过程中的权力作用机理。WTO 双重二元结构的叠加互动贯穿于多边贸易体制发展的全过程。在 WTO 体制中由于权力阴影下生成的规则导向难以对成员权力构成有效制约，必然会导致现有 WTO 规则无法制约 WTO 成员的单边主义，这是 WTO 面临危机的重要原因所在。此外，由于 WTO 规则没有充分反映发展中成员的利益诉求，发展中成员试图矫正 WTO 中的权力失衡现状，这在一定程度上挑战了特定 WTO 成员的霸权利益。WTO 双重二元结构通过分析权力导向与规则导向的互动，以及两类成员间的合作与对抗，揭示了多边贸易体制从始至终无处不在的权力作用，为破解 WTO 危机提供了理论基础。

内嵌于 WTO 体制中的双重二元结构的运行机理是叠加互动的关系。二者互为一体，构成了作用于 WTO 的两根主轴。权力导向与规则导向是其在价值取向层面的静态反映，发达成员与发展中成员的作用则是在成员驱动层面的动态反映，这两个层面相互作用、相互交织。一方面，WTO 的权力导向与权力阴影下形成的规则导向均是成员驱动不均衡的结果，多边贸易体制从未摆脱过主导国家和大国的深刻影响；另一方面，WTO 成员必然受到权力的影响和规则的制约。WTO 成员既是权力行使的主体，也是权力作用的对象，既是规则

---

① 埃哈尔·费埃德伯格：《权力与规则——组织行动的动力》，张月等译，上海人民出版社 2008 年版，第 12 页。

的塑造者，也是规则的践行者。双重二元结构的叠加互动构成了解释 WTO 内部治理重要的理论根基，既影响着 WTO 自身的发展，也形塑着 WTO 未来的改革路径。随着发展中成员经济与综合实力的提升，两类成员间力量对比的变化，WTO 双重二元结构在成员驱动层面出现了结构性的转变。双重二元结构的叠加互动要求 WTO 规则在价值取向层面上作出适当调整和回应。这种调整因影响到规则的制定权与利益的再分配，引发了既得利益成员的不满，进而诱发了国际贸易规则主导权的博弈，[①] 为 WTO 内部治理和成员间合作带来了新的挑战。WTO 成员权力竞逐最终走向对抗还是合作将深刻影响着多边贸易法治与 WTO 的未来。[②]

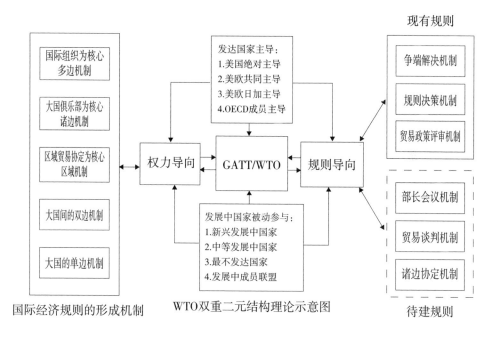

图示 2：WTO 双重二元结构理论示意图

欲矫正 WTO 治理结构的失衡，同时破解双重二元结构视阈下的权力运行

---

① 李巍：《国际秩序转型与现实制度主义理论的生成》，《外交评论》2016 年第 1 期。

② 游启明：《中美实力对比变化对国际秩序的影响——权力转移论和新自由制度主义的比较研究》，《国际展望》2019 年第 2 期。

及规则生成机理，需要从价值取向和成员驱动两个维度做出回应。在价值取向层面，未来的 WTO 治理亟需明确特定的价值理念，以制衡"权力导向"，变革被权力扭曲的既有规则，解决 WTO 的发展赤字问题。在成员驱动模式的更新上，则需要通过促进发达成员与发展中成员通过共商共建共享共治，[①] 确保发展中成员在 WTO 中的民主参与权和话语权表达，弥补 WTO 的民主赤字和治理赤字。由于国际体系内无处不在的权力作用，以及成员间实力差异的实际影响，在双重二元结构的任意一个维度上做出更新和改进都是困难的，但这并不意味着多边经贸治理将会永远停滞不前。相反，治理结构的改善与提升必将会对动态变迁中的国际社会和国际秩序产生积极的影响。笔者建议从以下两个方面矫正 WTO 治理结构的失衡。

第一，WTO 价值取向再定位：以发展导向重塑 WTO 规则。价值取向的缺位不但导致了贸易自由化和其他发展目标之间的失衡，也放任了成员权力的滥用和对 WTO 规则的扭曲。笔者提出以"发展导向"作为 WTO 价值取向的新定位。发展导向是一个具有充分包容性的价值取向，在一定程度上规避了价值非中性带来的风险。它以人类命运共同体理念为牵引，倡导合作与共赢是这一理念的核心，责任与共担是这一理念的基本原则，包容与可持续发展是一这理念的目标。发展导向是以互利共赢为基础，突出体现为在 WTO 多边贸易规则体系中应当构建基于责任共同体、利益共同体和规则治理共同体相统一的新型经济合作模式。

第二，WTO 成员驱动的再平衡：促进 WTO 成员共商共建共享共治。作为一个以"成员驱动"为基本特征的国际经贸组织，更新现有的成员驱动模式应是实现 WTO 改革和规则现代化的重要突破口。在成员驱动层面，唯有避免少数成员对规则的操纵和扭曲，推动发达成员和发展中成员在 WTO 多边贸易体系建构共商共建共享共治的规则治理共同体，才能确保 WTO 规则制定的公平公正，从根本上解决 WTO 面临的治理困境。促进 WTO 成员共商共建共享共治既是从动态意义上再平衡成员驱动的客观需要，也是为实现静态意义上的发展导向而诉诸程序正当性的内在要求。因为国际经济事务的平等参与权与民主

---

① 参见詹姆斯·N. 罗西瑙：《没有政府的治理》，张胜军、刘小林译，江西人民出版社 2006 年版，第 5—7 页。

决策权是国家经济主权的重要组成部分，发展中国家有权要求充分、有效地参与到多边贸易体制的谈判和决策过程当中。

WTO 双重二元结构从根源处解释了 WTO 的内部治理症结和结构性失衡的原因，揭示了权力对多边贸易体制的影响，为制定改革多边贸易体制的中国方案提供了理论支撑。然而 WTO 未来的改革路径短期内不会也不可能彻底根除权力导向的制度惯性，相反，必要且受到制约的权力导向是保障多边贸易体制前行的动力保障。鉴于国际制度对于国际合作的重要性以及权力导向的制度惯性，WTO 成员需要通过相互配合共同促进共商、共建、共享、共治的实现，以推动形成权力导向、规则导向与发展导向之间的互动作用，实现三者之间的同向性发展。中国既是一个发展中国家的重要成员又是一个重要的新兴大国，兼具"混同身份"的特殊性更应当主动作为，承担起必要且可行的大国责任和担当，在维护现行多边贸易贸易体制的稳定性的同时，坚定支持对 WTO 现行不公正、不合理的规则进行改革，促进规则治理和制度约束。

第二节　WTO 的动力机制及运行：成员驱动与非均衡性

此章节的研究重点是双重二元结构理论中的成员驱动问题。作为多边贸易体制发展的动力机制，成员驱动是一个包含了多维度一体化的特定概念。在体制层面，成员驱动是一种 GATT/WTO 的内部治理模式；在机制层面，成员驱动是一种谈判和决策模式；在主权国家层面，成员驱动是维护成员国经济主权的制度保障。如前所述，多边贸易体制由国际贸易组织（ITO）到关税及贸易总协定（GATT），最后正式定型于世界贸易组织（WTO）的进程中，成员驱动成为了其主要的发展动力。然而"成员驱动"在实际运用中已经被泛化为一个笼统的概念，与其相关的许多问题都没有得到充分揭示与思考：何为成员驱动，哪些成员驱动，如何驱动，因何驱动，成员驱动会导致什么法律问题。该部分将逐一对上述内容进行分析和阐述，以期对"成员驱动"这一 WTO 基本的动力引擎提供较为全面的梳理和解读，从而为双重二元结构的分析范式提供更加翔实的理论和实证支撑。

多边贸易体制演进的进程背后始终存在着一条成员驱动的主轴。现实中多边贸易体制的发展脉络并未展现理论上成员驱动的基本内涵。多边贸易体制实际发展演进中的成员驱动并不意味着"全体成员驱动",而是成员间类型化地不均衡驱动。在这种驱动模式下的多边贸易体制演进过程中,美国起着主导性与决定性作用,欧盟、日本等主要发达成员起着重要作用,而发展中成员起着相对弱势但具改革属性的作用。作为二战后世界最大的霸权国家,美国贸易政策对多边贸易体制的生成和发展起到了举足轻重的关键作用。美国贸易政策的内核在不同的政治经济环境下可能会有不同的外在表现形式,但"美国利益优先"的内在属性却始终深刻影响着多边贸易体制的演进。

成员驱动是多边贸易体制权力导向与规则导向交织在动态层面的反映。多边贸易体制发展过程中,成员驱动的演进逻辑展现出类型化、多轨制、不平衡的主要特征。

第一,多边贸易体制成员的类型化。多边贸易体制成员驱动呈现的第一个变化是成员数量"由少到多",发展中成员比例不断增大。多边贸易体制成员驱动呈现的第二个变化是成员身份的类型化,且不同类型的成员在驱动多边贸易体制运转的过程中发挥的作用不同。美国作为战后霸权国在建立起多边贸易体制过程中的作用是独一无二的。以美国和欧盟组成的"G2"掌控着多边贸易体制的发展走势和多边贸易规则的主导权。以"老四方成员"为代表的主要发达成员在 WTO 内部治理中发挥着关键性作用。新兴经济体国家在发展中成员群体中发挥了领导性作用,最不发达国家借助其他发展中国家的力量也逐步争取自身的权益。

第二,成员贸易政策的多轨制。多边贸易体制不等同于多边主义。多边主义只是其中一种选择路径,WTO 规则不仅容纳了多边主义,也为区域主义和诸边协定留下了空间。多边主义制度包含了不可分割性和扩散的互惠性,前者在多边贸易体制中体现为无条件最惠国原则,后者则意味着整个群体内长期达成的平衡,并不依靠具体的对等交换。[①] 但是在现实世界的全球治理中,多边主义通常被看作一种工具性手段而非目的。自利的国家只有在能够实现自身目的时才会寻求多边主义。在面临短期利益选择时,它们可能会减损多边主义中

---

① 约翰·鲁杰:《多边主义》,苏长和等译,浙江人民出版社 2003 年版,第 12—13 页。

不可分割性和扩散性互惠两大要素，通过抵制"搭便车"将公共产品私有化，进而走向单边主义。当多边层面的规则制定难以获得满意的结果时，霸权国家或主要发达经济体也会选择通过"多轨"贸易政策引领、促成多边层面的谈判目的。

美国贸易政策的演变就是一个典型例证。在区域层面，美国自 20 世纪 80 年代就采取了多边主义与区域主义"双管齐下"的贸易政策。"规则制定的区域化演进有利于主要大国的单项输出，减弱了发展中国家在多边规则建构中的话语权。"[1] 在双边层面，大国和贸易强国更容易凭借权力优势获得偏向自身利益甚至带有歧视性的协定。美国发现，相比于复杂的多边谈判，制裁威胁下的双边谈判更能有效地按照其喜好塑造世界，[2] 在双边协定中获取的利益可能是从多边贸易体制中难以取得的。在单边层面，美国以维护国家安全、公平贸易作为托词，将国内规则凌驾于国际规则之上，以单边确定的标准执行现有规则或扭曲现有规则。一国的经济单边主义还可以体现为在国际经济规则制定过程中，试图使本国制定的规则为多数国家所接受。[3] 最为典型的运用单边措施的例子是美国国内法中的"301 条款"。

美国和欧盟等成员运用"多轨"贸易政策以达成两个目的：一方面，提高他们在 WTO 多边贸易谈判中的筹码。为促使国际经贸规则更符合自身利益，他们通过双边和区域谈判的同步进行把持有不同意见的国家各个击破，[4] 甚至不惜运用单边主义威胁迫使其他国家作出让步，再通过双边、区域层面的谈判成果促进多边层面的谈判优势；另一方面，减少提供国际公共产品或国际制度设计领导权的成本。减少成本的核心思路就是偏离"无条件最惠国待遇"以减少"搭便车"的现象。因此，大国贸易政策从多边主义到区域主义再到单边主义的过程是一个歧视性递增的过程，也是愈发强调"公平贸易"和"对

① 　王秋雯：《国际竞争规则重塑进程中的中国话语权构建》，《当代世界与社会主义》2019 年第 4 期。

② 　Gerard and Victoria Curzon, "Non-discrimination and the Rise of 'Material' Reciprocity," *The World Economy*, vol.12, no.4, 1989, p.492.

③ 　李向阳：《国际经济规则的形成机制》，《世界经济与政治》2006 年第 9 期。

④ 　Gregory Shaffer, "Power, Governance, and the WTO：A Comparative Institutional Approach," in Michael Barnett, Raymond Duvall, eds., *Power in Global Governance*, Cambridge：Cambridge University Press, p.133.

等"的过程。

第三，成员驱动的持续非均衡性。虽然多边贸易体制的成员驱动经历了成员数量"由少数向多数"的转变，但是随后驱动途径发生了由"多边向多轨"的转化。即使是在多边谈判中，也并非全体 WTO 成员都平等地享有规则制定权和 WTO 内部治理的权力。首先，GATT 原始缔约方与后加入成员相比享受着明显的"先发优势"。一国越早加入多边贸易谈判，它就越具有塑造谈判进程的影响力，且不会面临繁重的成员资格条件。[①] 其次，造成贸易谈判结果不平衡的另一关键因素是，具有"先发优势"那一少部分成员持续掌控并主导着谈判进程。关键成员通过"多轨"渠道战略性地施加谈判压力，并通过"同心圆"谈判模式，控制、引领着多边贸易规则的制定，许多发展中成员在"层层趋进"的谈判进程中被边缘化。因此，多边贸易体制成员驱动的核心由始至终持续地掌握在少数国家或成员的手中，成员驱动的非均衡性一直存在。最后，GATT/WTO 的谈判模式是"反复博弈"的回合谈判。每一轮的谈判结果都是相互影响，而非独立的。任何对先前回合中不平衡结果的改革要求都必须伴随着新的"出价"，因此成员方之间实力水平的差距导致谈判结果中的不平衡被固化在多边贸易体制的回合谈判中。

厘清了成员驱动的非均衡性特征后，学理上还需要对非均衡做出进一步研究。分析多边贸易体制的成员驱动是以何种途径运作的，这种不均衡性是如何产生的，并理解不均衡的成员驱动是如何导致 WTO 体制内部的权力滥用和治理结构的失衡。多边贸易体制中发达成员的驱动策略，根据双重二元结构理论，可以分为发达成员和发展中成员两类加以认知。发达成员由于其强大的经济实力和谈判能力，在成员驱动的策略选择上，掌控了极大的主动权和主导权。迫使持反对意见的成员作出妥协，从而使得多边贸易体制规则演进更加契合其自身利益和发展诉求。整体而论，发达成员的策略分六类。

第一，发起"同心圆"谈判。多边贸易体制中的倡议通常发起于美国与欧盟的双边谈判中，由美国和欧盟构成的"G2"成为了同心圆非正式谈判的核

---

① Rorden Wilkinson, "Barriers to WTO Reform : Intellectual Narrowness and the Production of Path-dependent Thinking," in Thomas Cottier, Manfred Elsig eds., *Governing the World Trade Organization: Past, Present and Beyond Doha*, New York : Cambridge University Press, 2011, p.320.

心。① 同心圆的第二层由"四方成员国"（Quad）构成。老"四方成员国"② 作为一个发达成员联盟具有显著的谈判优势，有着足够的力量来行使否决权并塑造着历届谈判回合的结果。③ 同心圆的第三层扩大到由 25—30 个成员方构成的非正式决策圈，这一谈判场所通常被称之为"绿屋会议"（秘密会议）。由于大部分发展中国家被排除在这一谈判场所之外，绿屋会议被经常性地批评为缺乏透明度与包容性。而全体成员方会议（例如正式部长级会议或贸易谈判委员会会议）则位于同心圆的最外层，因成员数量广泛，这一层次的谈判往往难以达成实质性的成果。以美、欧为核心的主要发达成员正是以同心圆的谈判模式主导并驱动了多边贸易体制规则的生成。

第二，控制议程设置。议程设置主要是指在规则制定过程中关注哪些问题和不关注哪些问题，如何对关注问题的优先程度进行排序。通过对议程的控制，霸权国家或主要成员方可以使自己关切的问题被优先关注和解决。由于缺乏明确统一的议程设置的标准或规则，WTO 只能通过协商一致来确定哪些议题包含在 WTO 权限范围内，哪些议题应当获得优先考虑。④ 而发达成员和大国在议程设置的过程中能够发挥不对等的影响力来最终左右贸易回合谈判的议程设置结果。

第三，实施分化策略。发达成员对发展中成员实施的分化策略既适用于某一发展中成员群体，也适用于特定的发展中成员联盟。美、欧等发达成员会采用"逐个击破"的策略，运用其市场资源及实力优势在双边谈判中施压，一旦发展中成员在双边谈判中作出妥协，就会加速美欧方案在多边层面实施的进程。因此，发展中成员的意志在分化策略中被瓦解，当最终只剩下最不发达成员时，"最后的防线"几乎"不攻而破"，因为被排除在贸易体制之外的成本如

① Manfred Elsig, "Different Facets of Power in Decision-Making in the WTO", Swiss National Centre of Competence in Research Working Paper, No.23, 2006, p.21.
② 老"四方成员国"包含美国、欧共体、日本和加拿大四个成员。
③ Peter Drahos, "When the Weak Bargain with the Strong：Negotiation in the World Trade Organization," *International Negotiation*, vol. 8, no.1, 2003, p.90.
④ Cecilia Albin, "Using Negotiation to Promote Legitimacy：An Assessment of Proposals for Reforming the WTO," *International Affairs*, vol.84, no.4, 2008, p.761.

此沉重，它们不得不接受对其不利的谈判结果。[①]

第四，威胁转移论坛。论坛转移包括几个相互关联的策略：将议题从一个组织转移到其他组织，在不同组织内推进相同的议程，以及退出当前的组织。这种"走开"的能力成为了主要经济体和大国在多边谈判中一项重要的权力来源。[②] 这项权力的行使削减了发展中小国的可选择策略范围。只要维持成员资格所需的成本小于被现有体制排除在外的成本，一些发展中国家甚至可能会接受绝对收益为负的多边贸易协定，以免本国在经济全球化与国际贸易合作的浪潮中被孤立和边缘化。[③]

第五，行使否决权。尽管 WTO 中发达成员和发展中成员都会运用否决权来阻断于己不利的贸易规则的生成，但是在对 WTO 这一国际组织"以退为进"的驱动效果上，主要发达成员和大国显然更胜一筹。相比之下，发展中国家在 WTO 中的影响力仍在很大程度上局限于说"不"的能力，而难以在多边贸易治理和规则制定过程中发挥建设性和引领性作用。[④]

第六，主导价值取向。制度经济学家认为，思想和价值理念在塑造、影响制度运行的环境过程中发挥着重要的作用，它们在一定程度上决定了利益推动下的主体行为轨迹[⑤]与此同时，制度合法性也会显著增加社会规范的执行拉力。因此，成员驱动不仅仅发生在具体的规则的制定过程中，还深刻影响多边贸易体制的价值取向建构，成员借助于理念、原则、价值等规范元素的指引作用也会对多边贸易规则产生间接却深远的影响，这些规范性元素不仅会影响到规则

[①] Igor Abdalla Medina de Souza, "An Offer Developing Countries could not Refuse：How Powerful States Created the World Trade Organization," *Journal of International Relations and Development*, vol. 18, no.2, 2015, p.162

[②] Landau Alice, "Analyzing International Economic Negotiations：Towards a Synthesis of Approaches," *International Negotiation,* vol.5, no.1, 2000, p.12.

[③] Gruber, Lloyd, "Power Politics and the Free Trade Bandwagon," *Comparative Political Studies*, vol. 34, no.7, 2001, pp.703–741.

[④] 屠新泉：《我国应坚定支持多边贸易体制、积极推进全球贸易治理》，《国际贸易问题》2018 年第 2 期。

[⑤] Chantal Thomas, "The Death of Doha? Forensics of Democratic Governance, Distributive Justice, and Development in the WTO," in Chios Carmody, Frank J, Garcia and John Linarelli, eds. *Global Justice and International Economic Law: Opportunities and Prospects*, New York：Cambridge University Press, 2012, pp.195-196.

谈判者的行为，还可以制造谈判"聚焦点"从而从整体上左右着谈判的走向。

发展中国家是多边贸易体制中一股独特的力量，发展中成员驱动过程并非被动跟随多边贸易体制运转的过程。相反，发展中国家创造了自己的动力，[1]"它们通过总结历史经验教训，积极探索适合本国的发展道路和发展模式，不断增进国内经济体制改革，推动扩大对外开放，已经"成为推动自身经济腾起的根本力量"[2]。发展中国家自身的动力源与多边贸易体制的动力相互作用，导致发展中成员既希望维护现有多边贸易秩序又对现有规则体系具有充分改革意愿。

发展中成员的驱动方式和策略主要是通过集团化联盟。在多边贸易体制谈判中，发展中成员逐渐增加了对联盟建设的投入，以影响其在贸易谈判中的收益。"通过采取集团化的策略，许多发展中成员积极为广大发展中国家的整体利益代言"。[3] 发展中成员联盟致力于在多边贸易体制下更有效地参与贸易谈判，并建立了一定的组织形式与谈判平台，形成"集体的声音"，使得少数发达成员垄断"游戏规则"的现象得以部分改观。[4]

成员驱动本身是一个中性词，并不必然是 WTO 需要改革的对象。但是成员驱动中的非对称性以及少数成员主导会导致 WTO 内部治理的结构性失衡，引发多边贸易体制的民主赤字，影响成员合作结果和多边贸易规则的公平公正。多边贸易体制成员驱动的症结可以从以下几个方面进行分析。

首先是多边贸易体制的民主赤字。成员物质资源、发展水平、谈判能力等方面的差距导致 WTO 民主在许多情况下"徒有其表"。对于非正式谈判机制的依赖进一步加剧了成员间资源和权力的不平衡。形式上的民主结构和实质上的权力导向之间的反差充分暴露了 WTO 内部治理中的民主赤字与不公正。

其次是多边贸易规则中的权力导向。国际制度是国家之间基于权力与利益

---

[1]　Robert E. Hudec, *Developing Countries in the GATT Legal System*, Cambridge：Cambridge University Press, 2011, p.4.

[2]　徐崇利：《二战之后国际经济秩序公正性之评判——基本逻辑、实力兴衰及收益变化》，《经贸法律评论》2019 年第 3 期。

[3]　参见法扎尔·伊斯梅尔著：《改革世界贸易组织：多哈回合中的发展中成员》，贺平等译，上海人民出版社 2011 年版，第 38—39 页。

[4]　参见徐泉：《WTO 体制中成员集团化趋向发展及中国的选择析论》，《法律科学》2007 年第 3 期。

互动博弈的结果。战后建立的国际经济秩序是以美国为主导建立起的自由主义国际经济秩序，采取的是"实力界定收益"[1]的市场化逻辑。虽然形式上多边贸易体制规则是平等的，但实质上贸易规则带来的收益具有分配性和非中性。发达成员由于经济、政治实力的优势从多边贸易规则中获得的整体收益大于发展中成员。WTO 复杂、冗长又缺乏成果的谈判过程充分体现了 WTO 成员间的利益冲突和权力博弈。所有成员方都清楚，谈判回合中达成的合作结果和分配效应将会长期固化在多边贸易规则之中。

最后是单边主义对多边主义的侵蚀。受少数国家权力滥用的影响，当今以规则为基础的全球治理体系正面临着单边主义、霸权主义、民粹主义、贸易保护主义等多重威胁。虽然"多边主义是第二次世界大战后世界秩序保持基本稳定的重要基础"，且国际社会普遍认可了多边主义蕴含的平等协商、开放包容、合作共赢等精神对世界和平和发展的重大意义，[2]面对狭隘与短视的国家利益，多边主义的治理理念和机制遭受了重创。造成 WTO 成员偏离多边主义的主要原因是其战略性追求短期利益而对多边贸易体制的工具性利用。

成员驱动的主要动力来源在于国家利益。国家利益是主权国家体系形成的产物，"是国际关系中驱动国家互动的最基本要素"，它决定着国家的具体目标和具体行动。[3]国家利益并非一成不变的，而是要受到内生变量与外生变量的影响，因此处于动态的形成与调整过程中。WTO 主要成员国家利益的变化在一定程度上解释了多边贸易体制规则的发展演进趋势。虽然乌拉圭回合增加了多边贸易体制的规则导向，并不意味着发达成员在任何时候都坚定地遵守非歧视原则和规范，相反它们在国际贸易合作进程中会不断地违背这项承诺，这取决于他们如何去界定本国的国家利益。依据变化着的国家利益，主要发达成员可以把控多边贸易体制的发展趋向、主导新的多边贸易规则的生成，或通过对 GATT/WTO 价值理念的再解释而重塑多边贸易规则。

在多边贸易体制内，国家利益驱使下的国家间博弈通常体现为规则制定主导权的博弈。一国建立起该国主导的国际制度的过程，是对权力资源的投资。

---

① 徐崇利：《二战之后国际经济秩序公正性之评判——基本逻辑、实力兴衰及收益变化》，《经贸法律评论》2019 年第 3 期。

② 吴志成：《多边主义是人心所向》，《理论导报》2018 年第 10 期。

③ 李少军：《论国家利益》，《世界经济与政治》2003 年第 1 期。

多边贸易体制建立与发展的历史表明，只有少数国家深入参与并塑造了国际经贸制度安排从而使之更符合自己的利益需要。也只有少数拥有领导权的国家利用对制度运作的优势影响力，将自己的理念和价值观纳入制度安排，通过将对自己有利的规则多边化，进而从中获得额外制度收益。

对于多边贸易体制成员驱动问题的研究，阐释了发达成员和发展中成员在多边贸易体制中的互动博弈以及双重二元结构的失衡格局。两类成员驱动力量的总体不对称导致了多边贸易体制的民主赤字和结构性失衡，影响了成员间合作前景，是 WTO 相互交织的权力导向与规则导向在动态层面的反映。在成员驱动模式更新上，应当促进发达成员与发展中成员以"共治"促进"发展"来推动多边贸易体制朝着更加开放、包容、普惠、平衡、共赢的方向发展，面对失衡的成员驱动的影响，WTO 需要作出结构性改革与调整，建立、完善谈判机制，规制不对称的成员驱动，以有效避免成员权力的滥用。广大发展中国家在 WTO 中的参与度不够、发言权不足是 WTO 长期以来面临合法性危机的重要原因。WTO 改革的核心应当是扩大发展中国家的参与权和决策权，让发展中国家能够积极深入地参与到国际经贸体制的设计、改革和治理过程中。[①] 要想破解类型化、不均衡的成员驱动带来的 WTO 治理难题必须坚持维护多边主义，通过完善多边贸易体系的制度设计规制成员权力的滥用。唯有避免少数成员对规则的操纵和扭曲，推动发达成员和发展中成员的共商共建共享共治，才能确保 WTO 规则制定的公平公正，从根本上解决 WTO 面临的治理困境。

第三节　WTO 体制中的美国因素：霸权逻辑与双重二元结构

多边贸易体制生成、发展以及其中危机的累积和爆发均离不开美国因素的作用。美国主导的自由主义经济秩序本身孕育了 WTO 的治理结构危机，而 WTO 的治理结构失衡又是导致 WTO 生存发展危机的基础性诱因。美国既是

---

① 刘敬东：《WTO 改革的必要性及其议题设计》，《国际经济评论》2019 年第 1 期。

多边贸易体制的缔造者、推动者，也是在其霸权地位难以为继的情况下多边贸易体制的破坏者。美国权力与多边贸易体制之间存在互利共生、双向依存的关联关系。作为 GATT 和 WTO 的总设计者，美国为作为国际公共产品的多边贸易体制提供了运行动力，但与此同时也借助多边贸易机制和规则获取了不对称收益，并最终锁定自身在国际体系中的霸权地位。美国的文化、价值观以及贸易政策定型了多边贸易体制的规范性与功能性轮廓，决定了各国应在多边层面解决何种问题，如何解决以及建立何种机制来解决。[1] 多边贸易体制不仅仅是成员权力驱动下的产物，更是"美国"权力的产物，[2] 因此带有鲜明的"美国制造"标签和印记[3]。

　　以 WTO 为代表的自由主义国际经贸秩序正受困于结构性危机。自由主义国际经贸秩序在现实中的运作既可以是相对扁平的，又可以是具有等级性的，主要取决于国家间权力的运作方式。而美国主导的自由主义国际经济秩序绝非在权力的真空中产生，而是建立在现实主义的基础之上，从本质上体现出美国自由主义秩序的内在矛盾性。抽象的自由主义理念为建立美国霸权下不平衡的利益分配机制提供了表面的正当性和合法性，而自由主义制度在形式上的、法律上的平等通常掩盖了实质上的不平等。美国依赖权力主导建立起来的 WTO机制以权力为价值导向，为权力而服务，因而具有强化已有权力关系的特征。WTO 规则导向和自由主义理念背后隐藏的权力导向阴影和强权政治是 WTO治理结构体系中最大的不稳定因素。

　　多边贸易体制规则的美国权力导向主要体现在 WTO 的规则生成机制上面。互惠规范的内在模糊性、多层次性[4] 和使用方式的多样性使之既成为美国形塑多边贸易体制的关键政策性工具，又成为了美国满足国内保护主义和狭隘民族利益的重要规则武器。主要供应方规则奠定了谈判进程实质上是由少部分国家

[1]　Soo Yeon Kim, *Power and the Governance of Global Trade: From the GATT to the WTO*, Ithaca and London：Cornell University Press, 2010, pp.10-16.

[2]　John Gerard Ruggie, "International Regimes, Transactions, and Change：Embedded Liberalism in the Postwar Economic Order," *International Organization,* vol.36, no.2, 1982, pp.385–388.

[3]　高程：《新帝国体系中的制度霸权与治理路径——兼析国际规则"非中性"视角下的美国对华战略》，《教学与研究》2012 年第 5 期。

[4]　参见 Robert Sugden, "Reciprocity：The Supply of Public Goods through Voluntary Contributions," *Economic Journal,* vol.94, no.376, 1984, pp.775-776。

掌控的基本格局，贸易谈判的收益不对称地流向权力中心。权力中心逐渐演变成多边贸易体制的"核心决策层"[1]，进一步巩固和加深了WTO谈判及决策过程中的民主赤字。一揽子承诺谈判方式旨在通过建立议题之间的关联而推动参与各方达成妥协，促进规则的统一适用，[2]但与此同时也被美国和欧共体用作成功打开发展中国家市场的工具。[3]WTO规则生成机制虽然在表面上体现出对主权平等原则以及对规则导向治理理念的维护，但实质上都蕴含了对权力和实力的遵从。通过保证权力的运作空间，WTO规则生成机制能够巩固不均衡的治理体系，在不对称的成员驱动力以及权力导向的阴影下生成非中性的WTO规则。

美国主导建立起来的国际贸易秩序对权力的过分巩固与纵容必然导致治理结构的失衡。WTO具有非正式的"等级性"特征[4]，这种特征一直深嵌在多边贸易体制的治理体系中。因美国的实力和权力运用能力大于多边贸易体制的其他参与方，特别是远超其中的发展中国家，美国处于多边贸易非正式等级体系的最顶端，作为美国盟友的其他发达国家位于美国之下的中上端，大部分发展中国家则处于等级体系的最底端。WTO"同心圆"的谈判模式证实了WTO实质上的等级治理结构，[5]该结构内包含的显著不平等造成了WTO内部治理的民主赤字与正当性危机。而新兴经济体和其他发展中成员对于WTO治理结构的

---

[1]　Soo Yeon Kim, *Power and the Governance of Global Trade: From the GATT to the WTO*, p.148. 有学者提出，多哈回合出现的非正式化小型部长级会议模式正是美国提倡的主要供应方谈判模式的延伸。参见 Faizel Ismail, "Reforming the World Trade Organization," *World Economics*, vol.10, no.4, 2009, p.134。

[2]　Zaki Laïdi, "Towards A Post-Hegemonic World：The Multipolar Threat to the Multilateral Order," *International Politics*, vol.51, no.3, 2014, p.356.

[3]　Richard H. Steinberg, "In the Shadow of Law or Power? Consensus-Based Bargaining and Outcomes in the GATT/WTO," p.360.

[4]　约翰·伊肯伯里：《自由主义利维坦：美利坚世界秩序的起源、危机和转型》，赵明昊译，上海人民出版社 2013 年版，第 33 页。WTO"同心圆"的谈判模式证实了WTO实质上的等级治理结构。另外，美国主导的全球化进程本质上具有排他性，其主导者是美国及其有共同利益的志同道合者，目标是维护美国及其盟友的领先地位。参见李向阳：《特朗普政府需要什么样的全球化》，《世界政治与经济》2019 年第 3 期。

[5]　关于"主要供应方"的谈判方式，参见伯纳德·霍克曼、迈克尔·考斯泰基：《世界贸易体制的政治经济学——从关贸总协定到世界贸易组织》，刘平等译，法律出版社 1999 年版，第65—68 页。

挑战又触发了 WTO 体制内规则主导权的争夺和博弈。因此，多边贸易体制的结构性危机在某种程度上是美国自由主义秩序的"伪善"造成的。美国自由主义秩序的内在矛盾性使其不可避免的带有"自我毁灭的基因"。①

WTO"所面临的不可否认的中心问题是美国问题"，美国使 WTO 面临自诞生以来最大的生存与发展危机。尽管发展中国家在多边贸易体制下对规则体系话语权的争夺加剧了 WTO 体系的结构性矛盾，真正使 WTO 陷入生死存亡却是多边贸易体制的缔造者——美国的阻碍。WTO 面临旧病新疾、内忧外患。特朗普政府采取激进贸易政策的原因受下列国内和国际、微观和宏观等多重因素共同作用影响。

第一，成员间的权益格局调整。当美国的单极实力正在衰落时，美国就其自身的主导地位与他国进行重新协商的动机便会增强。特朗普政府威胁退出并使 WTO 陷入停摆的做法实质上是一种致力于重塑国际经济秩序的单边主义行为，② 反映了特朗普政府对国际收益分配格局的不满。通过追求公平贸易并实施以退为进的策略调整，美国旨在采取制度收缩的战略减轻美国维护国际经贸秩序的成本和战略负担，以此维护美国实力地位，"护持美国霸权"③。

第二，中美在 WTO 体制内外的博弈。中美两方作为和平发展大国和守成国之间的博弈既直接发生在二者之间，又发生于中美两方与 WTO 体制的互动之中。美国历史上一直希望通过把中国拉入由美国主导的国际经济体系来实现按照其意愿对中国加以"塑造"的战略目的，然而中国正日益自信地供给有别于美国的国际公共产品。中国与多边贸易体制互动与调和的过程挫败了美国的战略预期。美国认为 WTO 现有规则不但"不能充分约束中国的非市场经济行为，反而捆绑了美国自己的手脚"④。美国试图使 WTO 陷入瘫痪状态、对中国实施单边制裁的行为在很大程度上是美国对华战略失败的反馈。

第三，WTO 治理权限向发展中成员的过渡和调整。随着越来越多的发展中国家加入了多边贸易体制，这些国家必然会在与多边贸易治理结构的互动

---

① 约翰·伊肯伯里：《自由主义利维坦：美利坚世界秩序的起源、危机和转型》，上海人民出版社 2013 年版，第 3 页。

② 王辉：《特朗普"选择性修正主义"外交的特点及影响》，《现代国际关系》2019 年第 6 期。

③ 李永成：《特朗普对美国自由霸权主义的继承与调整》，《现代国际关系》2019 年第 5 期。

④ 陈凤英、孙立鹏：《WTO 改革：美国的角色》，《国际贸易问题研究》2019 年第 2 期。

过程中对整个治理体系产生反作用。发展中国家具有自身的内生动力，并在WTO体制内扮演了越来越重要的作用，阻滞了美国和西方发达成员对WTO治理权限的垄断。[①] 发展中国家对于WTO治理体系的反作用在一定程度上撼动了美国的WTO治理理念以及美国霸权可获取的相对收益。因此美国想要重新按照本国意愿改进现有WTO制度，以延续制度非中性所带来的收益，并"钳制崛起大国的权势扩展"[②]。

第四，以权力为导向的WTO规则生成机制的敏感度。以权力为导向的WTO规则生成机制虽然有利于发达成员主导WTO内部治理，但同时也在一定程度上反映出了发展中成员对美国自由主义霸权逻辑的挑战以及发展中成员集团化联盟所产生的权力关系变化。相比于国际货币基金组织和世界银行采用的加权投票制，WTO的协商一致决策机制则对权力的流动性更加敏感。发展中成员虽然难以在WTO内部治理中发挥引领性作用，却有能力在WTO新规则谈判过程中阻挠协商一致结果的达成。美国对多边贸易体系实质控制力减弱的事实进一步增加了美国对WTO治理体系的不满情绪。[③]

第五，以规则为导向的争端解决机制的制约。在是否支持多边主义和以规则为基础的国际秩序这一问题上，霸权国家会作出成本——收益的理性权衡。[④] 随着美国对WTO体制在规则更新、约束中国、打开发展中国家市场、提供霸权收益等方面的不满持续增长，美国在WTO框架内接受规则约束的意愿也随之降低。

第六，美国国内的反全球化趋势。经济全球化在美国社会产生的副作用日益凸显。资本外流加速了美国"产业的空心化"[⑤]，导致某些群体失业和收入下降，制造业出现了尤为严重的衰退，扩大了美国国内阶层之间贫富差距，进

① Amrita Narlikar, "New Powers in the Club : The Challenges of Global Trade Governance," *International Affairs,* vol.86, no.3, 2010, p.722.

② 参见温尧：《退出的政治：美国制度收缩的逻辑》，《当代亚太》2019 年第 1 期。

③ 潘晓明：《变动中的国际贸易体系：特朗普政府的调整策略及思路》，《国际关系研究》2018年第 6 期。

④ 约翰·伊肯伯里：《自由主义利维坦：美利坚世界秩序的起源、危机和转型》，上海人民出版社 2013 年版，第 89 页。

⑤ 周琪：《论特朗普的对华政策及其决策环境》，《世界经济与政治》2019 年第 3 期。

一步导致"民粹主义抬头"①。在此过程中，美国行政当局未能制定有效的再分配制度来调节和缓和收入增长的不平衡，而是将矛头转向中美经贸关系和以WTO 为基础的多边贸易自由化，力图通过对国际经贸关系的调整和国际经贸体系的改革来缓和美国的国内社会问题。

第七，美国国家领导人的人格特质。由于权力与外交政策行为之间不存在直接的传输带，权力分配只有通过决策者的认知才能转变为国家的对外政策行为，领导人的人格特质因影响到决策者认知而对外交政策的形成起到了不可忽视的作用。商人出身的特朗普的人格特质决定了他在制定对外贸易政策方面会带有明显的短视性。②

美国对于 WTO 治理体系所造成的颠覆性破坏并没有从根本上跳出 WTO双重二元结构的理论分析框架。考虑到美国与 WTO 体制双向依存的关联关系，虽然美国频频"退群"或以"威胁退群"作为"发声"手段，但美国"不会彻底抛弃、退出和摧毁WTO"③，因为这将为美国招致过高的"退出成本"和"机会成本"④。美国很难抛弃经多轮复杂博弈所形成的全球贸易治理体系而重新打造一个美国利益至上的新 WTO。美国可能选择特定的利益共生群体组建新规则网络的"顶层俱乐部"⑤，在未来国际经贸新规则的制定方面继续占据主导地位。美国不排除在单边权力的威胁下实现对 WTO 体制的再造，以使其更好地服务于美国的特权政治和价值偏好。美国尝试通过削弱 WTO 的治理功能而向其他 WTO 成员施压，以推动实现新的契约平衡，能够使美国少受规则约束从而获得更多权力行使的自由；与此同时抛弃原有的"发展"理念，要挟发展中国家承担更多责任，进一步扩大从其他贸易伙伴处获得的贸易收益，对中国经济发展和话语权提升进行遏制，强化美国的绝对领导权。⑥

---

① 潘晓明：《变动中的国际贸易体系：特朗普政府的调整策略及思路》，《国际关系研究》2018年第 6 期。

② 尹继武等：《特朗普的政治人格特质及其政策偏好分析》，《现代国际关系》2017 年第 2 期。

③ 张杰：《中美战略竞争的新趋势、新格局与新型"竞合"关系》，《世界经济与政治论坛》2020 年第 2 期。

④ 参见温尧：《退出的政治：美国制度收缩的逻辑》，《当代亚太》2019 年第 1 期。

⑤ "顶层俱乐部"将有利于美国重新确立和巩固其在核心规则领域的主导权。参见高程：《从规则视角看美国重构国际秩序的战略调整》，《世界经济与政治》2013 年第 12 期。

⑥ 竺彩华：《市场、国家与国际经贸规则体系重构》，《外交评论》2019 年第 5 期。

本章节的创新点在于梳理了美国与多边贸易体制之间双向作用的逻辑，进一步澄清了美国因素与 WTO 权力导向之间的叠加互动关系。美国是 ITO 的产床、GATT 的助产师、WTO 至关重要的机制建设者、改革推动者和规则再造者。虽然经历了霸权的相对衰退，美国仍然是全球体系中的主导国。WTO 之未来在很大程度上取决于美国在国际贸易事务方面的战略取向。然而美国的极限施压方案是其他 WTO 成员所不能接受的，因为这与 WTO 治理结构的客观变化趋势相违背，也与当代国际法治精神相冲突。美国欲继续在国际经贸秩序中发挥主导性作用，就必须直面多边贸易体制中长期积存下来的结构性问题，并理性回应国际经贸格局所显现出的发展趋势与变化。在国际贸易新规则的主导权逐步成为中美战略竞争的目标之际，竞争的轨迹和结果取决于谁更能提出为国际社会其他国家所认同和尊重的理念主张和建设方案。① 换言之，为促使全体 WTO 成员进行建设性对话和合作，美国的支配地位必须要让位于权力更加分散、更加"扁平化"的共同治理体系②。

考虑到在全球经贸体系中的地位和权重，中国可以在应对 WTO 危机、承担大国责任、开展国际合作等方面有所作为。中国可考虑着手对美国权力的滥用形成权力、制度和理念的多方位制衡，倡导具有包容性和以共识为基础的多边贸易规则和机制，将"自上而下"的"等级式"治理模式转化为"自下而上"的"竞争性"治理模式。③ 中国欲矫正 WTO 治理结构的失衡从而遏制美国权力的滥用、推进全球治理水平的提升，必须经过长期的理念竞争与制度竞争。中国可以充分发挥行为体的"能动性"，致力于缓解 WTO 结构困境，实现与 WTO 治理体系的"共同进化"④。美国政府所倡导的反映少数发达国家利益诉求的排他性全球化，与中国所倡导的反映广大发展中国家利益诉求的包容性全球化在治理理念和模式方面形成了鲜明的对比。⑤ 未来全球治理的发展方向将

① 朱锋：《国际秩序与中美战略竞争》，《亚太安全与海洋研究》2020 年第 2 期。

② 约翰·伊肯伯里：《自由主义利维坦：美利坚世界秩序的起源、危机和转型》，上海人民出版社 2013 年版，第 245 页。

③ 唐世平：《国际秩序的未来》，《国际观察》2019 年第 2 期。

④ 魏玲：《改变自己　塑造世界：中国与国际体系的共同进化》，《亚太安全与海洋研究》2020 年第 2 期。

⑤ 李向阳：《特朗普政府需要什么样的全球化》，《世界政治与经济》2019 年第 3 期。

取决于不同模式的博弈结果。中国还需要进一步提高将先进性理念落实为具体制度的能力以真正提升自身的国际话语权，构建以发展为导向的规则体系。在复合依赖的世界中推进以"一带一路"倡议为代表的更开放包容的地区主义，提升国内规则国际化的能力，[①] 推动多边治理体系和国际经济秩序朝着"善政良治"的方向发展。[②]

第四节　WTO 新成员的权利义务:高昂成本与权责失衡

多边贸易体制从国际贸易组织到关税及贸易总协定，再到世界贸易组织的一路演进过程中，成员数量的增加是最值得关注的领域之一。成员数量的扩大不仅改变了 WTO 内部治理的格局，也导致了新的法律问题的产生。

本章节主要研究新加入成员在加入 WTO 时所涉及到的法律问题，包括加入条件、加入程序以及最终新加入成员做出的加入承诺几个方面的内容。通过聚焦新成员加入 WTO 的谈判，该章节试图选取一个特殊的视角和阶段对双重二元结构理论进行验证，并回答下列问题:WTO 是否是一个具有足够包容性的国际组织? 新加入成员做出了哪些加入承诺，与已有 WTO 成员在权利义务的承担方面有哪些区别? 这些加入承诺对多边贸易体制会造成何种影响? WTO 在新成员加入阶段是否存在系统性的结构失衡，是否存在正式成员通过权力滥用对新成员权利义务构成实质性影响等问题?

新成员加入 WTO 谈判具有鲜明的特殊性。加入 WTO 谈判不同于 WTO 成员间进行的回合谈判。因其发生于 WTO 已有成员与申请加入方之间，不同谈判主体在谈判地位上存在显著差别。故而 WTO 的结构性失衡在加入谈判阶段可能会表现得尤为鲜明。对上述问题的研究要旨还在于要揭示多边贸易体制结构性失衡的延续性。GATT 原始缔约方与后加入成员相比享受着明显的"先

---

① 赵龙跃:《统筹国际国内规则:中国参与全球经济治理 70 年》,《太平洋学报》2019 年 10 月。

② 参见约翰·H. 杰克逊:《国家主权与 WTO:变化中的国际法基础》,赵龙跃等译,社会科学文献出版社 2009 年版,第 175 页。

发优势"。一国（成员方）越早加入多边贸易谈判，它就越具有塑造谈判进程的影响力，且不会面临繁重的成员资格谈判。而谈判结果的不均衡性会固化并累积在 WTO 体制中。研究加入谈判，更能从源头上彰显创始成员与新加入成员的之间成员驱动的非对称性，以及在塑造 WTO 规则能力方面的差异。

新成员加入 WTO 谈判所形成的法律症结主要集中在新加入成员做出的 WTO-plus 和 WTO-minus 两类承诺。新加入成员在加入议定书或工作组报告中承担的超出《WTO 协定》现有要求的义务，又被称为"WTO-plus"义务。WTO-plus 义务是比标准的 WTO 规则更加严格的义务，[①] 具有以下增加成员义务的基本导向：第一，WTO-plus 承诺致力于促进转型经济体的改革。由于 WTO 体制原主要适用于发达成员所谓的市场经济国家，WTO 现有规则中缺乏适用于非市场经济国家的经济义务。[②] 转型经济体国家承担的市场经济承诺要求这些国家对其国内经济体制作出改革，以便与 WTO 体制相融合。第二，WTO 已有成员有通过 WTO-plus 承诺增强国际法在新加入成员域内效力的目的。一些新加入成员对包括 WTO 规则在内的国际法规范在本国国内的法律地位作出了承诺，确认了当国际条约和国际协定与国内法的规定出现冲突时，适用国际条约或协定的要求。而相比之下，大部分国家都没有规定国际条约的直接适用，而是需要转化才能在国内法律体系中赋予其法律地位。[③] 第三，WTO-plus 承诺注重对国际标准的强化。WTO 现有规则在规制成员方隐形贸易保护主义的问题上采用程序取向的检验对隐形贸易保护主义进行审查，而允许各国根据本国情况制定各自的标准，以给予一国政策目标与国家主权以更大的尊重。[④] 但一些新加入成员加入议定书中的 WTO-plus 承诺反映了对反歧视模式的偏离。他们放弃了部分自主规制权，承诺接受国际标准的约束，且同意不采取比国际标准更为严格的认证标准。第四，WTO-plus 承诺压缩了新加入成

[①] Julia Ya Qin, "The Challenge of Interpreting 'WTO-plus' Provision," *Journal of World Trade*, vol.44, no.1, 2010, p.127.

[②] 参见 Anna Lanoszka, "The World Trade Organization Accession Process. Negotiating Participation in a Globalizing Economy," *Journal of World Trade*, vol.35, no.4, 2001, p.579。

[③] John H. Jackson, "Status of Treaties in Domestic Legal Systems：A Policy Analysis," *American Journal of International Law*, vol.86, no.2 1992, p.310.

[④] 约翰·O.麦金尼斯、马克·L.莫维塞西恩：《世界贸易宪法》，张保生等译，中国人民大学出版社 2004 年版，第 96—97 页。

员的贸易规制权空间。相比于 WTO 创始成员承担的义务，新加入成员在加入议定书和工作组报告中作出的 WTO-plus 承诺涉及到主权的进一步让渡。其中一些新加入成员承担的 WTO-plus 义务对国内规制的影响之深，使国家主权面临着前所未有的挑战。

WTO-minus 承诺是与 WTO-plus 承诺相对应的概念。WTO-minus 承诺削弱了现有的 WTO 纪律，允许其他成员违背标准的 WTO 规则，相对应地减少了新加入成员作为 WTO 成员的权利。[①]WTO-minus 承诺通常将不适用 WTO 规则中的过渡期条款作为加入条件。新加入成员加入议定书的标准条款总则中一般都从多边贸易协定生效之日起算新加入成员的过渡期，使得相当一部分过渡期条款对新成员无法适用。许多新成员还作出了不享有多边贸易协定过渡期的 WTO-minus 承诺，例如承诺一加入 WTO 即遵守 TRIPS 协定，不诉诸过渡期安排。[②] 此外，许多新加入承诺还做出了具有歧视性的贸易救济措施。贸易救济措施中的 WTO-minus 承诺首先体现在反倾销和反补贴措施领域。以中国、越南和塔吉克斯坦为代表的少数成员在确定正常价值以计算倾销幅度时，同意进口成员方采用歧视性的"替代国价格"的方法。[③] 其中，中国还被迫承诺遵守更加具有歧视性的特殊保障措施规则。这些歧视性贸易救济措施根本上违背了贸易自由化的理念，严重损害了新加入成员的权益。除过渡期和保障措施外，WTO-minus 承诺还包括 WTO 已有成员对新加入成员做出的保留。例如在中国加入工作组报告附件 7 中，一些 WTO 成员在一些特定领域对中国做出了保留，在中国加入 WTO 后的特定期限内对来自中国的产品维持与 WTO 不符的数量限制和关税。

WTO-plus 和 WTO-minus 承诺均对后申请加入方形成"先例"作用。尽管新成员在做出加入承诺的数量、范围和程度上都存在差别，但是考虑到一些已

---

① 参见 Steve Charnovitz, "Mapping the Law of WTO Accession," George Washington University Law School Public Law Research Paper No.237. (2007-01-19). https：//ssrn.com/abstract=957651。

② 参见 WPR on the Accession of the Kyrgyz Republic, WT/ACC/KGZ/26, WTO Doc. 31 July 1998, para.164。

③ 参见 Protocol on the Accession of the People's Republic of China. Article 15 (a). WPR on the Accession of Viet Nam, WT/ACC/VNM/48, WTO Doc. 27 October 2006, para.255；WPR of Tajikistan, WT/ACC/TJK/30, 6 November 2012, para.164。

有成员在加入 WTO 谈判中设置先例和标准的意愿，① 先加入 WTO 成员作出的加入承诺几乎必然会对后加入成员产生深刻影响。这导致 WTO-plus 和 WTO-minus 承诺被较广泛、持续地纳入到多边贸易体制中，并引发了严重的合法性与正当性危机。虽然加入议定书和工作组报告是在 WTO 成员资格和新加入成员承担的权利义务之间形成了一个审慎的平衡，且新加入成员和 WTO 已有成员均同意并认可新成员为加入 WTO 体制支付"入门费"，然而加入成员方的同意是否足以为歧视性的加入条件提供一个合理的解释基础尚需质疑，因为同意本身并没有为此提供任何理由和法理依据。当考虑到加入谈判过程中不公平的政治现实时，这一理由的不充足性便更加明显。

　　另外，WTO 新加入成员做出的加入承诺与《WTO 协定》已有规则存在冲突。例如《WTO 协定》第 10 条规定了修正 WTO 权利义务的要求，② 在加入过程中变更新成员的权利义务将可能与 WTO 规则相违背，即使新成员权利义务的变更最终获得了协商一致的通过，仍然不能改变新加入承诺与 WTO 修正规则的不一致性。③《WTO 协定》第 13 条互不适用条款的规定也进一步说明了 WTO 加入承诺存在合法性问题。④ 第 13 条清晰地表明不适用的对象是指整个《WTO 协定》和其他多边贸易协定，这说明除非已有成员援引第 13 条对新成员排除适用整个《WTO 协定》，已有成员既无权用其相对优势来挑选其不愿意对新成员适用的 WTO 规则，也无权要求将 WTO 某些规则修改后适用于新成员。⑤ 此外，《WTO 协定》第 16.5 条明确禁止保留，对于诸边协定的保留也必须由特定的诸边协定做出规定。WTO 成员对中国做出的保留直接构成了对《WTO 协定》第 16.5 条的违反。尽管新成员在加入 WTO 时接受了 WTO-plus 和 WTO-minus 承诺，但是这些承诺无论在程序上还是实体上都存在着显著的合法性与正当性问题。

---

① Hardeep Basra, "Increased Legalization or Politicalization? A Comparison of accession under the GATT and WTO," *Journal of World Trade*, vol.46, no.4, 2012, p.952.

② 参见《WTO 协定》第 10 条。

③ Antonio Parenti, "Accession to the World Trade Organization：A Legal Analysis," *Legal Issues of Economic Integration*, vol.27, no.2, 2000, p.156.

④ 参见《WTO 协定》第 13 条。

⑤ 参见 Steve Charnovitz, "Mapping the Law of WTO Accession," George Washington Law Faculty Publications and Other Works, 2013, p.18.

针对新加入成员做出的 WTO-plus 和 WTO-minus 承诺，学界尚需进一步做出剖析和解读。WTO-plus 和 WTO-minus 承诺对多边贸易体制会形成什么样的影响？虽然作为新加入成员与已有成员共同达成的协定，新成员加入 WTO 议定书与工作组报告的内容显然并不完全是公平公正的。为什么会出现这样的现象？为什么规则之治没有确保 WTO 内部治理最终走向平衡？新加入成员与 WTO 已有成员间权利义务失衡背后的原因为何？这一章节将对上述问题做出回应。

由于新加入成员做出的加入承诺将永久性地存在于多边贸易体制中（附失效时限除外），WTO-plus 和 WTO-minus 承诺对于 WTO 体系和规则发展的影响需要被详细分析，也需要被客观而辩证地看待。一方面，不得不承认，WTO-plus 承诺在克服 WTO 规则僵化问题，应对新的贸易形态方面确实具有一定的积极作用；但另一方面，WTO-plus 和 WTO-minus 承诺对 WTO 规则的形成和适用造成了不容忽视的负面影响。特别是 WTO-minus 承诺，通过容许 WTO 已有成员对特定新加入成员采用歧视性贸易措施，破坏了多边贸易体制的公平公正，构成了对 WTO 法治的严重侵害。这一章节从以下几个方面分析了 WTO-plus 和 WTO-minus 承诺对多边贸易体制的影响：

第一，缓解了 WTO 规则僵化的弊端。WTO 的一系列结构性问题导致了 WTO 面临着"条约僵化"的困境，难以有效适应持续变化的环境。而新成员的加入 WTO-plus 义务可能为 WTO 规则的修正和解释困难提供了一种变通式的解决路径。

第二，回应了新形势的发展。随着国际经贸环境的深刻变化，各国经济相互依存，世界经济一体化的程度加深，以信息技术为中心的第四次科技革命对国际贸易产生了深刻的影响，但旧的 WTO 制度未能充分反映出这种变化。加入谈判中形成的加入承诺则为创新、整合现有规则以适应新的国际经济贸易环境提供了契机。

第三，与非歧视原则相违背。WTO-minus 条款中减少已有成员义务的承诺明显与 WTO 规则相冲突，因为这些承诺将允许 WTO 成员针对特定的新加入成员偏离 WTO 规则采取措施。减少了已有成员应当承担的义务，对新加入成员构成明显歧视，严重缺乏合法性和正当性，从根本上背离了 WTO 法治的精神。

第四，导致贸易保护主义的回归。在新加入成员加入WTO的背景之下，带有歧视性的贸易保护主义措施卷土重来，特别是实质上含有灰色区域措施内容且显失公平的特保条款重新被纳入多边贸易体制。[①]

第五，对WTO规则的统一适用提出了新的挑战。新成员加入议定书和工作组报告改变了乌拉圭回合一揽子协定所确立的规则统一适用的方式，每当一个新成员加入WTO，WTO规则就会受到该成员承担的加入承诺的影响。[②]不同新加入成员在作出加入承诺的范围和程度上也存在着广泛的差异。[③]随着新加入的成员的增多，WTO权利义务关系呈现出越来越复杂的特征，WTO规则面临着碎片化的风险。

第六，在WTO规则体系内造成了法律适用困境。WTO-plus和WTO-minus承诺的法律地位的不确定性，可能会导致专家组和上诉机构在适用新加入成员加入议定书时出现法律适用困境。

第七，给发展中成员造成了沉重的执行负担。对于发展中国家而言，加入WTO意味着国内改革的严峻考验和"入世"义务执行的沉重成本。[④]通过第12条进入WTO的成员几乎没有在加入条件上获得特殊与差别待遇。[⑤]发展中国家待遇的给予应当以发展中国家的发展水平为基准，不应在创始成员和新加入成员之间作出区分。新加入成员被迫放弃享受特殊与差别待遇的权利，反而比原始成员承担了更严格的义务，导致发展中国家加入WTO后规则适用上的

---

① Marcia Don Harpaz, "China and the WTO：New Kid in the Developing Bloc?" Hebrew University International Law Research Paper, No.2-07, p.35（2007-02-13）. https：//papers.ssrn.com/sol3/papers.cfm? abstract_id=961768.

② Mitali Tyagi, "Flesh on A Legal Fiction：Early Practice in the WTO on Accession Protocols," *Journal of International Economic Law*, vol.15, no.2, 2012, p.396.

③ 例如，在出口税方面，成员方在承诺的范围和性质上各不相同。以俄罗斯、越南、乌克兰为代表的成员未取消出口税，但是在若干种产品上限定了出口税税率；蒙古和沙特阿拉伯分别取消了山羊绒和废钢铁的出口税，中国取消了除84种产品外所有产品的出口税，黑山共和国取消了所有产品的出口税。参见秦娅：《论WTO出口税制度的改革：自然资源主权、经济发展与环境保护》，吕晓杰、李伶译，《清华法学》2013年第7期。

④ 徐泉：《WTO"新成员"法律地位论析》，《法学评论》2009年第2期。

⑤ Helen Hawthorne, "Acceding to the Norm：The Accession of LDCs to the WTO," *The Hague Journal of Diplomacy*, vol.4, no.1, 2009, pp.28-29.

不公正局面。[①]

　　加入程序和条件背后更深层的制度缺陷和漏洞在于《WTO 协定》第 12 条的规定。WTO 时期的加入规则与 GATT 时期相比存在一定的连贯性。WTO 的建立代表着多边贸易自由化在范围和程度上的加深，但是在 GATT 时期便存在的结构性不平等并没有获得根本性改变。WTO 时期新加入成员必须要通过《WTO 协定》第 12 条加入，第 12 条与 GATT1947 第 33 条具有很大相似之处，规定任何国家或单独关税区都可以通过与 WTO 达成的条件加入 WTO。[②]《WTO 协定》第 12 条是 WTO 主要发达成员迫使新加入成员承担不公正待遇的制度性安排，体现着明显的制度非中性。该条款仅要求申请方按照它与世贸组织议定的"条件"加入《WTO 协定》，却没有对如何达成条件，达成何种条件，谁来主导条件的达成以及达成的条件如何适用的问题作出任何规制。《WTO 协定》第 12 条纵容了 WTO 加入过程与结果的不公平性，是加入程序中权力导向盛行的主要制度根源与必然逻辑归宿。

　　一方面，第 12 条缺乏对于加入谈判过程的规制。加入 WTO 谈判是 WTO 中较为特殊的谈判类型，应当由特殊的 WTO 加入谈判机制来维系。但目前 WTO 整体缺乏谈判机制，第 12 条的简短表述无法负担 WTO 加入谈判机制之重任。该条款首先缺乏对加入 WTO 工作组成员组成的规制。工作组的建立没有在 WTO 体制下被制度化，这一过程几乎是自动完成的。有几个 WTO 成员会参与每一个加入工作组，它们在加入程序中具有连贯而系统的利益，参与每一个工作组使它们能确保其经济利益得到保护。而很多发展中成员由于人力和财政资源的限制无法保证充分的参与。其次，第 12 条缺乏对互不适用条款的适用限制。在加入 WTO 谈判过程中，WTO 已有成员经常以互不适用条款作为威胁，要求新加入成员做出更严格的承诺。该条款成为了主要发达成员对新加入成员，特别是转型经济体施压的"大棒"。第 12 条还缺乏对谈判期限的限制。该条款对于加入谈判的期限未作出任何规定。据统计，36 个新成员加入

① Derk Beinen, Derk Beinen, Mamo Esmelealem Mihretu, "The Principle of Fairness and WTO Accession-An Appraisal and Assessment of Consequences," Society of International Economic Law, Second Biennial Global Conference, University of Barcelona, pp.13-14. (2020-06-30) http://dx.doi.org/10.2139/ssrn.1633043.

② 参见《WTO 协定》第 12 条。

WTO 所花费的时间彼此间有很大的区别，且整体上加入 WTO 的耗时也呈现出上升的趋势。最后，第 12 条缺乏对谈判方式的限制。唯一指导加入谈判的文件是秘书处就加入谈判制订的"指导方针"，但该方针只是根据 GATT/WTO 的加入实践整理而成的加入程序，对于谈判应当遵循什么样的规则和方式没有任何规定。在适用互惠原则的谈判中，市场规模越大的经济体享有更大的谈判筹码，能够以此要求谈判对方作出更多减让。而在加入谈判中，WTO 已有成员不需要承担任何新的义务，而市场规模越大、越能提供出口利益的申请加入方越可能会被迫作出更多的承诺。①

另一方面，第 12 条缺乏对于加入条件的规制。对谈判过程和加入条件监管的双重失范是导致 WTO-plus 和 WTO-minus 承诺负面效应的重要制度性原因。第 12 条对加入条件的规制不足体现为缺乏对加入条件数量和水平的限制。已有成员可以与申请加入方自由谈判任何加入条件，甚至默许针对新加入成员改变现有的 WTO 规则。在 WTO 加入谈判中，新加入成员普遍承担了 WTO-plus 或 WTO-minus 承诺，但无论是 WTO 现行规则还是新加入成员的加入议定书和工作组报告，都未对新加入成员做出此类承诺的理由和差异性作出任何解释。缺乏对加入条件数量和水平的限制，将导致 WTO 已有成员在与申请加入方谈判加入条件时难以保持克制，加大了谈判的难度与复杂性，为新加入成员带来了沉重的执行成本和负担，还会导致不同新加入成员之间承担义务的不平衡。一国的谈判能力、市场份额、地缘政治等多重因素均会对新加入成员做出承诺的数量和水平产生影响。在新加入成员加入承诺问题上，无正当理由的差异性会造成对特定新加入成员的歧视。《WTO 协定》第 12 条这一或许有意为之的规则漏洞成为了 WTO-plus 与 WTO-minus 条款产生的制度性根源，也使得新加入成员实际上处于 WTO"二等公民"的地位。

WTO 应当以共同发展的理念促进第 12 条加入规则的构建完善，抑制加入谈判过程中的权力滥用。应当预先确立新加入成员作出 WTO-plus 和 WTO-minus 承诺的标准，明确阐述在何种情况下，新加入成员可以作出何种 WTO-plus 以及 WTO-minus 承诺，避免使加入谈判完全受制于权力滥用的影响。所有新加入成

---

① 参见 Krzysztof J. Pelc, "Why Do Some Countries Get Better WTO Accession Terms Than Others," *International Organization*, vol.65, no.4, 2011, p.641。

员作出的 WTO-plus 和 WTO-minus 承诺都应当附着正当性理由的说明，防止加入承诺侵蚀多边贸易体制的根基，同时避免新加入成员之间义务承担的过度差异化。新加入成员与 WTO 已有成员达成的加入条件，不应阻碍 WTO 根本目标的实现，更不应据此再加大公平正义的缺失。应当保证申请加入方与 WTO 已有成员谈判的主要争议点及关键性谈判成果的公开化，增加 WTO 已有成员过度使用权力的声誉成本，同时促进申请加入 WTO 的国家和地区为加入谈判做好充分的准备。WTO 秘书处应该做好新加入成员加入承诺的分类和编纂工作，努力促进程序和结果的公开透明。应认识到加入工作组主席在加入 WTO 谈判过程中发挥的关键作用，促使主席能够以中立的身份应对国家间权力的不对等，并在复杂的谈判中协助成员方寻求共同利益，协调文化差异和价值冲突。[1] WTO 还应确保 WTO 已有成员在加入谈判中的权力能得到适当的制衡，给予发展中国家，特别是最不发达国家以更大的谈判余地和技术援助，保障发展中国家能够在加入WTO 过程中，享有与自身经济发展水平相对应的特殊与差别待遇。

新成员加入 WTO 议定书和工作组报告体现了权力阴影下的规则导向。加入谈判过程中，WTO 已有成员与新加入成员处于显著失衡的结构之中。WTO-plus 和 WTO-minus 作为具有特殊性的 WTO 规则体系的组成部分，缺乏充分的合法性与正当性，缺乏足够的公平公正性，缺乏对发展中国家发展需求的关注。一些学者仅把加入 WTO 议定书和工作组报告作为达成的协议，认为是新加入成员必须支付的"入世"成本，却没有反思其背后是不是反映了 WTO 内部治理的问题和缺陷。新加入成员权利义务的失衡持续性累积在多边贸易体制内，充分证明了 WTO 规则导向始终未能摆脱权力导向的制度性沉疴宿疾。

第五节　成员加入议定书法律适用：法律地位与适用解释

继上一章揭示了新加入成员权利义务失衡的法律问题后，这一章节主要解

---

[1] Robert Kanitz, *Managing Multilateral Trade Negotiations: The Role of the WTO Chairman*, London: CMP Publishing Ltd., 2011, p.1.

决新成员加入 WTO 议定书与工作组报告的法律适用问题。法律适用问题既涉及到 WTO 争端解决机构（DSB）对加入议定书的管辖权法律基础，也包括专家组和上诉机构对加入议定书的法律解释。其中，澄清加入议定书在 WTO 体制中的法律地位是解决加入议定书和工作组报告法律适用困境的关键。考虑到新加入成员做出的加入承诺已经相对固化在 WTO 体制中，加入议定书和工作组报告的法律适用将成为维护新加入成员合法权益的最后一道屏障。因此，研究加入议定书和工作组报告的法律适用问题将对新加入成员和 WTO 体制具有重要意义。

迄今为止，提交到 WTO 争端解决机构的案件共 600 件，与新成员加入议定书有关的案件共 36 件，占全部案件总数的 6%。在所有基于加入议定书提起的争端中，我国作为争端方的案件共 31 件，占我国在 WTO 涉案总数的46.97%。[①] 这些数据表明，加入议定书在 WTO 争端解决机制的解释和适用对于我国在 WTO 的权利义务已产生重大的影响，且未来还将持续产生重要影响。因此，学界需要思考如何在这类争端中维护我国的国家利益，避免争端解决机构对新成员加入 WTO 议定书和工作组报告产生缺乏公正性的解释。

新成员加入 WTO 议定书和工作组报告，作为主要约束新加入成员的法律文件，在 WTO 体制内具有十分特殊的法律地位，为专家组和上诉机构在争端解决程序中合法地适用这些法律文件带来了困难与挑战。当前，新成员加入WTO 议定书与工作组报告在法律适用方面还存在以下法律症结：法律属性与地位不清晰，争端解决机构管辖权基础不明确，以及由此导致的专家组、上诉机构在解释中国"入世"议定书过程中存在的公平公正性的欠缺。这些法律症结亟待学术界做出进一步澄清与回应。只有明确了加入议定书在 WTO 体制内的法律地位及与 WTO 已有规则的关系问题，才能确保加入议定书在争端解决机制获得公平公正的适用，防止以我国为代表的新加入成员承担的加入成本在执行阶段被扩大化。

对于加入议定书的法律属性，当前学界有修正、保留、嗣后行为等多种学说，但这些说法或无法自圆其说，或无法解决问题。"修正说"认为，当加入议定书规定的事项超出了 WTO 规则的范围，加入议定书超出的部分可以被视

---

① https：//www.wto.org/english/tratop_e/dispu_e/dispu_agreements_index_e.htm.

为对 WTO 规则的修正。① 然而这一说法存在明显的漏洞，因为在加入程序中改变 WTO 权利义务的行为是违反 WTO 规则的，对 WTO 规则正式的修正必须要通过《WTO 协定》第 10 条作出。②"保留说"认为，根据《维也纳条约法公约》(VCLT) 第 2 条第 1 款 (d) 项以及联合国国际法委员会特别报告员对该条款的解读，新成员加入议定书符合保留的几个要件。但学界的普遍观点认为，"保留"通常只能被理解为减少保留方在条约条款下的负担，而加入规则增加而不是减少了加入方的负担，因此很难被视为"保留"。③ 且《WTO 协定》第 16 条第 5 款明确禁止对任何条款作出"保留"，对多边贸易协定条款的"保留"只能在这些协定允许的限度下作出。"嗣后行为说"认为，加入 WTO 议定书可以依据 VCLT 第 31.3（a）和 31.3（b）条被视为解释 WTO 规则的"嗣后协定"和"嗣后惯例"。④ 但将加入议定书视为该条款所指涉的嗣后协定或惯例只能确保将加入议定书作为解释性文件，且新成员作出的 WTO-plus 和 WTO-minus 承诺对 WTO 规则事实上的修改也很难涵盖在"解释"的范畴之中。"嗣后行为"是否具有条约修改的功能至今未形成定论，且在实践中也未能形成一项习惯国际法规则。⑤WTO 专家组和上诉机构在多个案件中对加入议定书法律地位的界定持回避的态度，特别是关于 WTO-minus 承诺与最惠国待遇间的关系问题。这一回避态度导致新成员加入 WTO 议定书与工作组报告在 WTO 体制内的法律地位一直不甚清晰。

尽管 WTO 专家组和上诉机构已经多次就新成员加入议定书和工作组报告

---

① Claus-Dieter Ehlermann and Lothar Ehring, "Decision Making in the World Trade Organization : Is the Consensus Practice of the World Trade Organization Adequate for Making, Revising and Implementing Rules on International Trade?" *Journal of International Economic Law,* vol.8, no.1, 2005, p.57.

② Antonio Parenti, "Accession to the World Trade Organization," *Legal Issues of Economic Integration*, vol.27, no.2, 2000, p.156. See Julia Ya Qin, The Conundrum of WTO Accession Protocols : In Search of Legality and Legitimacy, *Virginia Journal of International Law*, vol. 55, no.2, 2015, p.403. Steve Charnovitz, "Mapping the Law of WTO Accession," George Washington Law Faculty Publications and other Works, 2013, p.49.

③ Julia Ya Qin, "The Conundrum of WTO Accession Protocols : In Search of Legality and Legitimacy," *Virginia Journal of International Law*, vol. 55, no.2, 2015, p.402.

④ 刘雪红：《从嗣后行为理论看 WTO"加入议定书"性质》，《国际法研究》2015 年第 3 期。

⑤ 刘雪红：《从嗣后行为理论看 WTO"加入议定书"性质》，《国际法研究》2015 年第 3 期。

做出裁决，但这一行使管辖权的基础并没有获得充分、周延的论证。WTO 争端解决机构主要依据加入议定书中的"一体化条款"和"缔约方的同意"行使管辖权。在"中国——汽车零部件案"中，专家组曾表明，依据《中国加入议定书》第 1 部分第 1.2 条，加入议定书是 WTO 协定不可分割的组成部分，由此明确了 WTO 争端解决机制基于"一体化条款"对新成员加入议定书的管辖权。对此，有学者对此提出了质疑。因为"一体化条款"不是《WTO 协定》本身规定的，而是《WTO 协定》及其附件生效后，在新成员加入议定书中规定的。因此加入议定书自身的"一体化条款"不具有充足的权限来使加入议定书成为《WTO 协定》的组成部分。在"中国——汽车零部件案"（DS339）、"中国——原材料案"（DS394）等案件中，专家组将"缔约方同意"作为行使管辖权等基础，因为"所有缔约方都同意《中国加入议定书》构成 WTO 协定不可分割的组成部分，所有缔约方都同意 WTO 成员可以以违反《中国加入议定书》为基础启动 WTO 争端解决程序，所有缔约方都同意工作组报告和加入议定书中的承诺具有约束力，且可以通过 WTO 争端解决机制执行"。[1] 然而将"缔约方同意"作为行使管辖权的理由，这事实上相当于认可了在 WTO 争端解决的程序事项上适用"禁反言"原则，这与 WTO 争端解决机制之前对"禁反言"的适用态度是相违背的。另外，"禁反言"作为一项国际法原则，其适用范围主要限于国际争端的实体性问题上，而该原则是否可以适用于程序性事项仍然存有异议。[2]

　　加入议定书和工作组报告法律地位的模糊性，不仅仅影响了争端解决机构行使管辖权的法理基础，更影响了专家组和上诉机构就议定书和工作组报告争端做出公平公正的裁决。特别是在 WTO 例外是否对加入议定书义务适用的问题上，部分案件的专家组和上诉机构裁决存在逻辑漏洞，加剧了新加入成员权利义务的失衡。专家组和上诉机构以《中国加入议定书》第 11.3 条未能在文本上建立起与 GATT1994 的联系为由，拒绝了中国运用 GATT1994 第 20 条进行抗辩。专家组和上诉机构认为，GATT1994 第 20 条的抗辩只能针对违反

---

[1]　Panel Reports, China-Measures Related to the Exportation of Various Raw Materials (China- Raw Materials), WT/DS394/R, adopted 5 July 2011, paras. 7.114-7.115.

[2]　Megan L. Wagner, "Jurisdiction by Estoppel in the International Court of Justice," *California Law Review*, vol. 74, no. 5, 1986, p.1777.

GATT1994 的措施，因为《WTO 协定》中没有"伞型条款"允许 WTO 成员针对所有违反 WTO 规则的行为诉诸同一例外。相反，每一个 WTO 多边贸易协定都仅对该协定中特定的义务提供其本身的例外和灵活性。在"稀土案"中，中国尝试在《中国加入议定书》和 WTO 多边贸易协定之间建立一般性的联系，仍然未得到专家组和上诉机构的支持。上诉机构认为中国《中国加入议定书》所指加入的"WTO 协定"是指狭义还是广义的并不重要，因为在两种情况下《中国加入议定书》整体均构成"一揽子协定"的组成部分。上诉机构这一论证再一次回避了对加入议定书与多边贸易协定附件之间关系的解释，并排除了未建立明确联系的情况下，WTO 例外对加入议定书和工作组报告的适用。

　　上述案件中专家组和上诉机构的法律解释只关注特定条款的文本和有限的上下文，既没有讨论相关条款的目的宗旨，也没有将所有 WTO 规则视为一个整体来看待。[1] 这样的解释方式有可能会剥夺新加入成员享受 WTO 规则赋予或承认的权利，而该权利的放弃本应以明示的方式作出。加入议定书关于适用例外的沉默不代表没有例外可以适用于议定书中的规则。与此同时，对于一国固有主权的限制也应当被准确、明示地提出。尽管中国谈判和加入 WTO 的过程本身是在行使国家主权，但是这并不说明中国已经无条件地放弃了其固有的主权权益。[2] 专家组和上诉机构《中国加入议定书》过于死板和严格的解释方式打破了 WTO 义务与 WTO 成员方国内政策规制权限的平衡，进一步加剧了WTO 加入谈判过程中形成的新加入成员与已有成员间的结构性失衡。

　　欲解决上述法律问题，需要重新界定争端解决机构行使管辖权的法理基础，还需要厘清加入 WTO 议定书以及工作组报告的法律地位，明确它们与WTO 已有规则之间是什么关系，这些规则之间是否存在冲突？唯有这样才能找到专家组和上诉机构报告的症结所在，从而对第 12 条诱发的法律问题予以矫正，为中国应对后续"入世"议定书争端做好充分准备。

　　笔者支持将 DSB 对新成员加入议定书行使管辖权的依据立足于《WTO 协

---

① Xiaohui Wu, "No Longer Outside, Not Yet Equal：Rethinking China's Membership in the World Trade Organization," *Chinese Journal of International law*, vol.10, no.2, 2011, p.260.

② Shi Jingxia, Yang Xingxing, "Reconciling Environmental Protection with Natural Resources Trade in International Law：A Perspective from China—Rare Earths," *Frontiers of Law in China*, vol. 10, no. 3, 2015, p.563.

定》第 12 条的观点。第 12 条要求国家或单独关税区基于与 WTO 达成的加入条件而加入 WTO，这意味着达成的"条件"将会在加入程序完成后持续有效，使加入条件持续有效的唯一方法就是使其在 DSB 获得可执行性，否则就没有谈判的必要。因为新成员的加入议定书和工作组报告的确是第 12 条所指的加入条件无疑，将第 12 条作为 DSB 间接对加入议定书行使管辖权的依据，并不存在法理上的漏洞。

新成员加入议定书条款与 WTO 已有规则之间存在的冲突需要被澄清。就 WTO-plus 义务而言，大多情况下此类条款不会和 WTO 规则形成冲突，但在特定情况下也有冲突产生的可能性，具体应分析加入议定书中的 WTO-plus 义务是否减损了 WTO 已有规则中规定的成员方权利。而 WTO-minus 条款中减少已有成员义务的承诺是明显与 WTO 规则相冲突的，因为这些承诺将允许已有成员偏离《WTO 协定》及其附件规定的义务。[①] 而专家组和上诉机构在处理 WTO 例外对"入世"议定书和工作组报告的适用问题时，显然忽视了规则之间的冲突问题。专家组和上诉机构将加入议定书与《WTO 协定》及其所附多边贸易协定相互割裂开来。专家组／上诉机构认为，加入议定书是新加入成员与已有成员达成的一项新的平衡，从而将加入议定书确立为与《WTO 协定》附件中的多边贸易协定相独立的新协定。他们还强调，加入议定书仅作为整体与 WTO 已有规则相联系，而不是加入议定书的具体条款与 WTO 一揽子协定中的权利义务存在联系。[②] 通过这种解释，专家组和上诉机构将加入议定书与 WTO 多边贸易协定视为相互割裂、彼此独立的法律文件。但他们的解释仍存在漏洞：即使是相互独立的法律文件，不代表相互之间不会出现内容上的冲突。

在加入议定书与 WTO 规则存在冲突的情况下，加入议定书效力等级的确立将会显著影响加入议定书解释的方式。从"原材料案"和"稀土案"中专家组和上诉机构隐含的裁判逻辑上看，加入议定书能够修改 WTO 已有规则，且具有优先适用的法律地位。专家组和上诉机构之所以要逃避对加入议定书和

---

①　Protocol on the Accession of the People's Republic of China, WT/L/432, 23 November 2001, Article 16.

②　顾宾：《论 WTO 稀土案裁决报告的明显失误和亟宜纠正》，《国际经济法学刊》2015 年第 3 期。

WTO 已有规则的关系作出明确解释是因为这种解释会诱发一系列法律问题：为什么加入议定书可以不顾《WTO 协定》第 10 条关于成员方条约权利义务修正的规定？ WTO-plus 和 WTO-minus 承诺的法理依据何在？ 考虑到这些无法解释的法律问题以及专家组和上诉机构在"原材料案"和"稀土案"中缺乏公正性的裁决结果，笔者建议重新界定加入议定书的法律地位。

议定书可以与部长级会议决定相类比，从而被定性为效力等级低于《WTO 协定》及其附件的法律文件。新成员加入议定书的法律效力与 WTO 部长级会议或总理事会决定有很大的相似之处。首先，在通过方式上，加入议定书与部长级会议／总理事会决定都是由 WTO 所有成员方协商一致通过，但是没有经过成员方国内接受程序（新加入成员除外）。其次，所有新加入成员的加入议定书都是以附件的形式附着在关于新成员加入的 WTO 法律文件之后。这些法律文件的第一句表述通常为，"总理事会会议通过了一项决定，同意某国家或地区以加入议定书中的条件加入 WTO。"这进一步说明了加入议定书与部长级会议或总理事会决定之间的联系。因此欲确定加入议定书的法律地位，可以从部长级会议或总理事会决定的法律地位中获得启示。

将加入议定书和工作组报告视为比《WTO 协定》及其附件效力低一等级的法律文件，可能会引发 WTO-plus 和 WTO-minus 承诺的有效性问题。就 WTO-plus 义务而言，除非 WTO-plus 义务减损了 WTO 已有规则中的成员享有的权利，否则新成员承担的 WTO-plus 义务并不与《WTO 协定》及其所附的多边贸易协定相冲突，新加入成员依旧有遵守的义务。就减少已有成员义务的 WTO-minus 承诺而言，WTO-minus 承诺确实会与 WTO 已有规则相冲突从而产生效力问题。然而，笔者认为倘若 WTO-minus 承诺减少了现有 WTO 成员的义务，这些承诺并不必然无效，而是可以用豁免的规则来得以解释，豁免的适用对象不是新加入成员，而是所有 WTO 已有成员。新加入成员作出的 WTO-minus 承诺基本上满足豁免的条件。但与此同时，WTO-minus 承诺也有与豁免条件不相符的地方。比如豁免需要明确的豁免理由，且部长级会议或总理事会并没有对 WTO-minus 承诺是否需要继续存在进行逐年审议，但这些不相符之处恰恰是 WTO-minus 承诺备受批评之处，也是合法性欠缺之所在。今后对于新加入成员的 WTO-minus 承诺，部长级会议或总理事会可以考虑严格按照豁免的规定遵照执行，否则新加入成员就有权质疑减少已有成员义务的

WTO-minus 承诺的效力，甚至拒绝遵守此类条款。

将加入议定书和工作组报告与部长级会议决定相类比，并界定其效力等级具有重要的法律意义。这一定位不但能使加入议定书和工作组报告的法律地位得以明确，还能约束 WTO 成员与新加入成员谈判明显违背 WTO 原则的加入条件。更重要的是，这一法律地位的界定能够为以我国为代表的新加入成员就是否违反加入议定书义务援引 WTO 例外提供新的解决思路。迄今为止，对于 WTO 例外适用于违反加入议定书义务的抗辩，无论是学界还是我国在相关案件中表明的立场都主要反映为两种思路：第一种思路是在《中国加入议定书》条款和 WTO 已有规则之间建立起一般性的关联。第二种思路是坚持将援引 GATT1994 例外界定为成员固有的权利，因此不需要特别援引均可在货物贸易领域适用。① 但这两种论点在"原材料案"和"稀土案"中均已被否定，在未来可能出现的案件中，专家组和上诉机构推翻先前裁决的可能性较小。而如果确定了加入议定书相比于《WTO 协定》及其附件较低一级的法律地位，则新成员承担的 WTO-plus 义务不能与《WTO 协定》及其附件中成员享有的权利相冲突。因此，在涉及到 WTO 例外的适用问题时，WTO 专家组和上诉机构将不得不审慎对 WTO-plus 义务进行解释，以避免损害了 WTO 已有规则所赋予或确认的成员权利，避免与高一位阶的规则形成法律上的冲突。

概言之，新成员加入 WTO 议定书和工作组报告并非对 WTO 规则做出的保留，也并非能够修改现行 WTO 规则的新的协定和嗣后行为，其恰当的法律地位是与部长级会议或总理事会决定相类似的法律文件，但因《WTO 协定》第 12 条的规定而在 WTO 争端解决机构获得可执行性。作为相对低位阶的法律文件，加入议定书不能与 WTO 已有规则相冲突。WTO-plus 义务不能被解释为剥夺成员援引 WTO 例外的权利，减少已有成员方义务的 WTO-minus 承诺也必须满足豁免的条件才能具有法律效力。对加入议定书法律地位的这一界定能够避免对部长级会议权限的质疑，揭示专家组和上诉机构在案件审理中的裁决漏洞，为我国在 WTO 处理加入议定书争端提供新的解决思路。

---

① 刘敬东：《GATT1994 第 20 条的权利性质分析——对 WTO 上诉机构相关裁决对思考》，《北方法学》2013 年第 1 期。

第六节　美国互惠贸易政策与多边贸易体制

　　本章节主要研究美国互惠贸易政策。包括其内涵、发展演进、影响因素和生成逻辑，旨在通过展现权力在价值理念以及原则规范层面的深刻影响，以进一步诠释双重二元结构在多边贸易体制中的运作模式。互惠既是国际贸易体制形成和演进的基石，又是美国在处理国际经贸关系所遵从的指导性原则规范，因此研究美国互惠贸易政策无论对于全球经济治理还是对于处理中美经贸关系均具有至关重要的意义，在美国频频抛出"互惠"要求，并站在规范制高点指责中国对美国贸易不公平之际，学界需要对美国互惠贸易政策做出系统、深度的解读。面对美国的民粹主义、单边主义和保护主义浪潮，欲就全球贸易治理展开有效对话与合作，有必要系统分析梳理美国互惠贸易政策的历史脉络，厘清美国公平和互惠理念的主要内涵和变化逻辑，有针对性地思考合作及应对思路。

　　互惠规范是联结美国贸易政策与国际贸易体制治理理念的重要枢纽，但因互惠这一概念的模糊性使它容易在不同含义与不同语境下被运用甚至操纵。互惠在不同的学科谱系中具有不同的含义，在不同维度也可能存在不同的指涉。考虑到美国贸易政策在不同时期有不同的侧重点，互惠为美国引领国际经贸规则的制定提供了充分灵活的政策空间，但同时也为单边主义与权力滥用提供了滋生的温床。面对这一复杂的政治法律问题，学界亟需对互惠、特别是美国的互惠作出系统性的认知。首先应当澄清互惠的含义，并理解互惠在美国的贸易政策中是如何体现、如何发展演进的。其次，还应分析互惠在国际贸易体制中发挥了怎样的作用，对国际贸易治理格局和国家间经贸关系会产生怎样的影响。再次，需要回答美国互惠贸易政策演进变化的逻辑和背后的原因是什么，特朗普时期美国的互惠贸易政策在多大程度上表现出特殊性。最后，需要辨识互惠规范是否被滥用，以及中国应当如何对美国互惠贸易政策和诉求做出回应。只有厘清这些问题才能更加深刻理解美国的互惠贸易政策，理性地处理好中美关系，并为中国积极参与未来国际贸易规则的制定做好充分的理论准备。

　　这一章节以体系化的方式澄清了互惠的概念，梳理了美国建国以来的贸易政策流变，分析了国内国际支持基础，总结了美国贸易政策发展演变的逻辑和未来的走向。就基本概念而言，互惠在不同学科体系下具有不同的含义。在经济学和博弈论视角下的互惠大多体现为"一报还一报"的策略。[1] 而人类学与社会学更看重互惠的社会规范内涵，涉及到给予、接受和回报的义务，是维系整个社会的基本作用力。[2] 国际关系中的互惠指两个国家相互给予优势和优待以形成商业关系的基础；还可以形容两国相互作出的行为或反馈。[3] 此外，分析维度和层次的差异性，还可能导致不同类别互惠的产生。比较典型的分类方式包括具体的互惠与扩散的互惠、正面的互惠与负面的互惠、"第一差异的互惠"和全面的互惠。美国贸易政策中的互惠总体上强调公平竞争、市场开放、反对过分的政府干预和搭便车的行为，但在不同时期也呈现出对不同互惠内涵和维度的偏好。

互惠的理念和规范贯穿于美国贸易政策始终。从建国至今，美国互惠贸易政策经历了从以具体的互惠为主到具体与扩散的互惠相结合，从负面的互惠为主到正面与负面的互惠兼顾，从强调第一差异的互惠到强调绝对的互惠的嬗变过程。美国建国至《1934 年互惠贸易协定法案》（RTAA）出台前，美国的互惠贸易政策以民族主义和贸易保护主义为基础，因此是内向型的。虽冠以互惠之名，但这一时期的贸易政策几乎没有真正开放美国市场，[4] 而更多是要求甚至威胁其他贸易伙伴对美国做出让步。[5]《1934 年互惠贸易协定法案》成为了美国实施更加开放贸易政策的转折点，对二战后多边贸易体制的建立产生了深刻影响。通过给予无条件最惠国待遇（MFN），美国开始将扩散的互惠引入贸易政策之中，从而促进了美国互惠贸易政策从双边互惠转化为多边

① Kenneth Oye, "Explaining Cooperation Under Anarchy : Hypotheses and Strategies," *World Politics*, vol.38, no.1, 1985, pp.1-24.

② Mauss 描述了互惠关系中的三种义务：给予、接受和回报。参见 Marcel Mauss, *The Gift, The Form and Reason for Exchange in Archaic Societies*, London : Routledge, 1990, pp.29~31.

③ *The Oxford English Dictionary*, Second Edition Volume XIII, Quemadero-Roaver, Oxford : Clarendon Press, 1989, p.330.

④ Michael J. Gilligan, *Empowering Exporters: Reciprocity, Delegation and Collective Action in American Trade Policy,* Ann Arbor, Michigan : The University of Michigan Press, 1997, p.67.

⑤ Carolyn Rhodes, *Reciprocity, U.S. Trade Policy, and the GATT Regime,* Ithaca : Cornell University Press, 1993, p.14.

互惠。从二战后至 20 世纪 70 年代，美国的对外贸易政策以自由贸易为主线，且以多边框架为主要载体。但随后伴随着日本和欧洲经济的复苏，美国竞争力相对衰落，美国对外贸易政策从内嵌的自由主义转向"公平贸易"。美国开始以国内法作为判断"公平"之标准，对单方面认定的贸易伙伴的"不公平"贸易行为施加制裁措施。特朗普就任总统后，美国的贸易保护主义政策出现了强势回归。美国贸易政策对自由贸易的整体支持态度在特朗普总统任职后发生了实质性的转变。[1]

特朗普任职阶段的美国互惠贸易政策以"严格对等"为主要标志，并体现出以下几点特殊性，标志着在新的国际和国内局势下美国贸易政策的转型。其一，绝对且全面的互惠贸易政策。特朗普政府所宣称的绝对且全面的互惠是一种"镜面"的互惠，相比于美国早期向多边贸易体制中植入的互惠理念已发生了深刻的变化。[2]这种互惠既意味着最终的贸易额的完全对等，还意味着贸易条件的一致和对等。其二，贸易协定的重新谈判。特朗普政府认为美国先前签署的不公平的贸易协定纵容了贸易伙伴对美国的歧视性政策，阻碍了美国经济的发展。必须通过实施单边行为改变之前失败的贸易政策，在新达成的协定中贯彻"美国优先"的战略，使美国不再受"坏协定"的约束。[3]其三，从多边主义向区域主义、再到单边主义的政策转移。美国破坏了具有准司法性质的WTO 争端解决机制，通过使上诉机构陷入瘫痪而弱化多边机制对自身权力的约束。[4]这与前几任政府多边、区域、双边并重的做法存在重要差异。

美国贸易政策发展演进的历史充分表明，公平和互惠并不是一个新的事

---

[1] 夏敏：《美国贸易政策制定中的观念、偏好与策略选择》，《国际经济评论》2018 年第 6 期。贸易保护本身并没有好坏之分，重要的是看它服务于何种宏观经济目标。参见 Arturo Guillén, "USA's Trade Policy in the Context of Global Crisis and the Decline of North American Hegemony," *Brazilian Journal of Political Economy*, vol.39, no.3, 2019, p.402。

[2] Daniel C.K. Chow and Ian Sheldon, "Is Strict Reciprocity Required for Fair Trade?" *Vanderbilt Journal of Transnational Law*, vol.52, no.1, 2019, p.4.

[3] 特朗普政府认为，美国可以利用其他国家对美国的贸易依存度来迫使他国作出更多让步，从而为本国赢得更多利益。Azza Bimantara, "Donald Trump's Protectionist Trade Policy from the Perspective of Economic Nationalism," *Journal Hubungan International*, vol.7, no.2, 2018, p.191。

[4] 孔庆江、刘禹：《特朗普政府的"公平贸易"政策及其应对》，《太平洋学报》2018 年第 10 期。

物，而一直是美国贸易政策制定的基轴，且贯穿于建国以来美国贸易政策的全部阶段。互惠既不等同于自由贸易也不等同于保护主义，却可以成为二者行为的工具。当互惠被用作贸易保护主义的工具时，它的特征和目的是限制贸易；而当其在自由贸易导向的背景下使用时，便表现出贸易促进的特征。互惠理念和规范始终从整体上反映着对美式公平的追求，同时又为美国贸易政策的更新提供了充分的灵活性与调整空间，因而在美国贸易政策中发挥着关键性作用。

美国贸易政策对多边贸易体制和国际贸易格局具有深刻影响，互惠概念的内在模糊性使之成为了美国形塑国际经贸秩序的关键政策性工具。美国熟练利用主要供应方规则、"301条款"、反倾销、反补贴、非贸易关注议题、保障措施和以结果为导向的贸易规制等多种贸易政策工具实现其贸易政策目标。在全球化的背景下，美国互惠贸易政策的影响力并不仅局限于美国国内事务，还决定着美国与其他国家贸易关系的走向，更深刻影响着美国塑造未来国际经贸秩序和规则的基本架构。

互惠理念贯穿于美国贸易政策始终，并在国际、国内多重因素的影响和作用下发展变化。在国际层面上，美国在国际体系中的相对地位上的权重变化在很大程度上影响着美国的互惠贸易政策。当美国拥有绝对的霸权优势，美国更加愿意承担提供国际公共产品的成本而支持多边主义，而每当美国经济出现下滑或面临挑战者的竞争威胁时，美国的单边主义倾向就会明显加强，国际公共产品的供应模式也出现了从霸权供给向全球集体供给和地区供给的部分转换。同时，美国的互惠贸易政策更为关注互惠中的对等因素，通过减少公共产品的提供成本，要求贸易伙伴承担更多的责任以实现经济利益在国际体系中的再分配。大国战略博弈的日趋激烈使美国内顾倾向加重，在塑造国际规则上越来越多地考虑相对收益。[1] 在国内层面，由于互惠的多种内涵和公平贸易的多面性，互惠贸易政策能够在美国国内争取到广泛的政治支持。美国互惠贸易政策的支持者既包括自由贸易者、公平贸易者，也包括民族主义和贸易保护主义者。由于公平贸易和贸易保护主义都可能包含限制贸易的诉求，这两部分群体可能会组成联盟共同反对贸易自由化。前者表现出对互惠、公平等理念以及劳工、环保等问题的高度关注，而后者则反对任何外国竞争者对国内生产和就业带来的

---

[1]　陈积敏：《构建人类命运共同体思想的时代背景》，《学习时报》2018年7月2日，第2版。

挑战。上述因素决定了在未来一段时间美国的贸易政策将会持续重视"互惠"这一元素，且收紧对于"对等"的要求。

美国互惠贸易政策的影响力并不仅局限于美国国内事务，还决定着美国与其他国家贸易关系的走向，更深刻影响着美国塑造未来国际经贸秩序和规则的基本架构。受国际政治经济地位和实力、国内利益集团、以及公众情绪等多重因素影响，美国贸易政策持续地处于调整变化过程中，且表现出特定的生成演进逻辑。即使是特朗普政府"不按常理出牌"的贸易政策转向也内在地包含于"互惠"的动态性与模糊性特点之中，在表现出一定程度的特殊性的同时又在很大程度上遵循了政策演进的规律性。无论是"特殊性"还是"规律性"都对互利共赢的全球治理格局的形成和中美新型大国经贸关系的塑造带来了严峻的挑战。

该章节将美国贸易政策背后的演进逻辑归纳为以下几个方面：

第一，在自由贸易与贸易保护的政策区间摇摆。美国贸易政策虽然以互惠为基轴，但在不同时期表现出偏向"自由主义"与偏向"保护主义"的不同程度的摇摆倾向。自由贸易和贸易保护这一对矛盾始终贯穿于美国对外贸易政策的制定实施过程中，成为了公平和互惠理念在不同历史阶段的表现形式。当美国在国际竞争中占据主导性优势时，美国便极力推崇多边主义和自由贸易；而当美国经济实力相对下降时，就通过指责他国实行不公平贸易而推行公平贸易和贸易保护主义。互惠思想以不同的表现形式影响着美国的贸易政策，随着"自由贸易、公平贸易和贸易保护主义的对立统一"而不断丰富内涵并发展成熟。

第二，在扩散的互惠与具体的互惠间权衡。美国互惠贸易政策展现了从以具体的互惠为主到具体与扩散的互惠相结合，后又逐渐偏向具体的互惠的过程。美国贸易政策在扩散的互惠与具体的互惠间权衡的过程实际上代表着美国对待多边主义的态度。美国愈强调互惠的严格程度和对等程度，对"搭便车"的容忍度就会越低，也更倾向于在少边甚至单边情况下达成协定。

第三，以满足国家利益为首要目的。无论是美国倾向于支持自由贸易还是保护主义，强调具体的互惠还是扩散的互惠，最重要的出发点都是为了满足国家利益。美国在多边贸易体制中的角色以及美国对待多边主义的态度，从根本上取决于现行贸易体制能否够满足美国的国家利益。对国家利益的考量胜过了对自由贸易理念和理想的追求，导致美国时常在"理想主义"与"现实主义"之间做出取舍。

第四，以美式公平理念为政策根源。美国所倡导的公平贸易理念以及互惠原则规范是一个复杂的"多面体"，被用以实现不同的政策目标。既不能代表国际贸易体制中的绝对正义，但也不能被简单地视为美国满足一己私利的借口。美国的互惠贸易政策及其背后的公平理念是在自由贸易、保护主义以及非贸易关注等多重因素基础上形成的混合体，为美国贸易政策和理念的价值判断增加了难度，也为应对美国对外贸易政策和全球治理思路带来了新的挑战。

第五，以单边主义为主要实现途径。尽管美式公平和互惠规范在维护公平竞争方面，确实具有一定程度的理念正当性，但美国在实现公平的价值目标过程中却严重依赖单边主义途径，致使冠以互惠之名的美国贸易政策并不符合互惠之实。美国倾向于通过单方面采取报复措施，迫使其他国家遵守现行国际贸易规则，或在现行规则之外实现新的贸易平衡。在此过程中，美国既是立法者，又是执法者和司法者。这种实力威胁下的利益是无法在多边贸易体制内通过谈判获得的，因而具有鲜明的权力导向属性，导致了权力导向对规则导向的贸易体制的侵蚀。

美国互惠贸易政策的变迁给国际贸易体制带来了严峻的挑战。单边主义和贸易保护主义威胁国际贸易合作，制度霸权始终在冲击国际贸易法治。美国视自身利益决定是否尊重并遵守国际贸易体制的基本原则和规范，且倾向于在不断变化的政治经济环境中对这些原则规范进行重新解释。美国以威胁退出或施加贸易壁垒为手段重新调整国际贸易格局的做法本质上体现了"美国优先"和"单边主义"的思想。美国还在互惠规范上坚持利己主义，对非互惠制度持排斥态度，极大压缩了发展中国家特别是新兴经济体的发展空间，使发展中国家再次面临成为"规则接受者"的被动局面。

面对美国互惠贸易政策对国际经贸关系和国际贸易体制带来的挑战，笔者建议中国可以采取下列应对思路，寻找中美两国最大利益公约数，争取未来国际贸易规则制定的话语权，以积极的态度从以下方面有针对性地应对。首先，积极回应公平贸易诉求，落实可持续发展战略。中国应避免将所有支持公平贸易的群体视为贸易保护主义者而无视其政策主张。对于不同的利益群体，有必要区分其动机，并积极采取应对措施，以防止真正的公平贸易者被贸易保护主义者利用和裹挟，从而给中美经贸合作造带来更大的困扰和阻碍。其次，完善包容性互惠理念，积极争取发展空间。多层次、多类型的互惠内涵给予了该理念以充分空间去包容不同国家价值观和发展模式。单方面确定且不稳定的互惠理念不可能为国际社会普遍接受。[①] 鉴于互惠在国际经贸合作及规则制定方面的指导性作用，中国应思考如何回应美国对互惠理念的操纵，如何利用对互惠理念的塑造参与未来多边和区域贸易体制的改革及规则现代化进程，为自身以及广大发展中国家赢得更多的发展空间。最后，适度提升贸易关系对等程度，积极承担大国责任。在"实力界定收益"的基本逻辑下，中国经济发展水平的提高使得中国在现行多边贸易体制中可以获得的贸易收益也顺势递增。[②] 因此，在享有提供国际公共产品的自主性，[③] 且不被剥夺发展中国家待遇的前提下，[④] 中国有必要接纳并维护现行多边贸易体制内基于机会均等的互惠和公平竞争，适度提高与发达经济体贸易关系对等程度，并在国际规则的制定中发挥与自身实力相称的建设性作用。

综上，我们对于美国的互惠贸易政策的特点可以做如下归纳。第一，互惠并非美国政府的最新关注，互惠和公平理念贯穿于美国贸易政策历史的全过程，构成了美国贸易政策的基础。第二，互惠在美国贸易政治中并不是一个静态意义上的概念，而是在国际体系和国内利益群体的多重影响作用下，处于持续的动态调整和变化之中，且体现出特定的发展变化逻辑和规律。虽然特朗普时期的贸易政策具有一定程度的特殊性，但并没有从本质上跳出这一逻辑规律。第三，互惠的模糊性和类型化导致这一理念容易被操纵和滥用。在国际层面体现为美国以实现互惠为借口打压贸易竞争对手，获取更多相对收益；在国内层面体现为部分进口竞争利益群体借公平贸易之名行贸易保护主义之实。第四，互惠贸易政策是美国用以调整国际贸易秩序与格局的有力

---

① Andrew G. Brown, Robert M. Stern, "Concepts of Fairness in the Global Trading System," *Pacific Economic Review*, vol.12, no.3, 2007, p.294.

② 徐崇利：《二战之后国际经济秩序公正性之评判——基本逻辑、实力兴衰及收益变化》，《经贸法律评论》2019 年第 3 期。

③ 郑永年：《中美关系向何处去》，《联合早报》2019 年 12 月 17 日。

④ 《中国关于世贸组织改革的建议文件》，China's Proposal on WTO Reform, WT/GC/W/773, 13 May 2019。

政策性工具。每当美国的互惠贸易政策偏向具体的互惠甚至绝对的互惠，表明美国从多边主义退缩而走向区域主义甚至单边主义，这是美国按照本国单方意志塑造新一轮国际经贸规则的有利契机和重要途径。动态变化且被单方操纵的互惠理念的背后是美国的权力因素，它不但影响了中美经贸关系的稳定性和可预测性，还严重破坏了以规则为基础的国际贸易法治，为中国应对处理中美关系带来了困难，也对世界各国实现经贸规则的共商、共建、共享、共治提出了巨大的挑战。

第七节　多边贸易体制中的非互惠制度重构

发展中国家成员和发达国家成员在多边贸易体制中关于前者享有何种待遇问题争议由来已久。核心是发展中国家成员待遇的认定及制度安排。基于权力导向和发达成员主导的国际多边贸易体制发展的实践观之，发达国家特别是美国在主导这一机制化的平台进程中，首先考虑的是美国的利益的最大化，以及美国等发达成员所认可的以互惠为基轴的国际贸易体系。广大发展中国家成员在融入多边贸易体系的进程中，也不断通过自身的积极努力，维护发展中国家成员的合法权益，在多边贸易体系规则的建设中，不同程度地把有利自身发展的规则作为有益补充嵌入到多边规则体系之中。以非互惠制度安排为核心的规则改革分歧就是这一规则博弈进程的具体写照。

根据 WTO 双重二元结构理论，在 WTO 价值取向上，笔者提出应以"发展导向"的新理念来制衡"权力导向"进而矫正权力阴影下生成的"规则导向"路径指引。本章节尝试在价值取向层面解决非互惠与互惠原则的关系问题，通过关注多边贸易体制非互惠制度的困境，思考如何对非互惠制度进行重构，以促进非互惠制度更好地服务于发展中国家的特殊发展需求。考虑到非互惠制度对于维护发展中国家利益、推动多边贸易体制规则更新等方面的关键性作用，对这一问题的研究非但没有过时，反而凸显出更重要的理论和现实意义。WTO 成员方经济发展水平存在显著差异的情形下，非互惠制度安排是实现多边主义和合作消除贸易壁垒的客观要求。

非互惠制度在多边贸易体制中的存在具有充分的理论基础。首先，它有助于实现分配正义和实质公平。多边贸易体制的互惠谈判基础，建立在假定所有成员均处于同一发展水平的前提之下，这样的贸易减让方式看似公平，实则导致发展中国家被边缘化，难以为发展中国家提供充分的话语权。多边贸易体制需要实质公平理念和非互惠制度来缩紧发达国家与发展中国家的收入差距和发展鸿沟。[1] 其次，非互惠制度有助于推动 WTO 成员实现共同发展。以等量交换为基础的具体的互惠谈判模式，在一定程度上"形成了美欧等主要发达成员之间贸易自由化进程的硬核"，[2] 导致发展中成员持续地被边缘化。这样的互惠理念难以被视为多边贸易体制的基础。当以美国为首的发达国家在塑造国际规则上越来越多地考虑相对收益，通过绝对、全面的互惠来实现单边主义和制度输出，努力使未来国际经贸规则朝着有利于自身的方向发展，多边贸易体制尤其需要通过非互惠制度的完善与重构来塑造包容性的共同发展理念，保障发展中国家有效参与到全球经贸治理进程中，弥补 WTO 的民主赤字和发展赤字，矫正 WTO 内部治理的结构性失衡。再次，非互惠制度有助于保障发展中国家的主权权益和政策空间。考虑到发展中国家与发达国家在经济发展水平及规则谈判实力等方面的明显差距，有必要通过非互惠制度保障发展中国家享有充分的政策空间，使本国的国内法免受到他国国内政策的直接影响，同时协助发展中国家消减遵守国际经贸规则所产生的执行成本。非互惠制度的完善必须要实际地赋予发展中国家参与全球经济治理的权限，允许发展中国家事先参与非互惠待遇和条件的确立过程，确保这些规则符合自身的发展需求和利益。最后，非互惠制度有助于推动多边谈判取得进展。非互惠制度的完善有利于促进 WTO 成员有效开展在其他规则领域的谈判。WTO 成员在非互惠待遇问题上的分歧阻碍了 WTO 成员在诸多场合下协商一致的达成。面对规则生成过程中两类成员驱动力量的失衡，发展中成员倾向于利用否决权的行使以阻碍对自己不利的贸易规则的通过。而兼顾科学客观标准和各方利益诉求的非互惠制度将成

---

[1] Jai S. Mah, "Special and Differential Treatment of Developing Countries and Export Promotion Policies under the WTO," *The World Economy*, vol.34, no.12, 2011, p.2012.

[2] Carolyn Rhodes, *Reciprocity, U.S. Trade Policy, and the GATT Regime*, Ithaca and London：Cornell University Press, 1993, pp.60-61.

为 WTO 谈判机制的重要补充,^① 指导成员方规则谈判过程中权利义务的分配, 降低谈判难度, 增加协商一致达成的可能性。

非互惠制度指导下的发展中国家待遇并不是一个"是否"应当给予的问题, 而是"如何"给予的问题。在众多 WTO 成员纷纷试图推动 WTO 改革和规则现代化的背景下, 发展中国家的待遇问题再一次成为了改革的焦点。然而, 发达国家与发展中国家之间就发展中国家待遇问题产生了严重的分歧。非互惠制度的设计若想取得成功, 必须将理念层面的哲学分析与经济学、法学的实证研究相结合, 立足多边贸易体制发展的现实, 充分回应不同 WTO 成员群体的利益诉求。

多边贸易体制的非互惠并非一项成功的制度安排。尽管它确实为部分发展中国家带来了些许经济收益, 但它整体而言缺乏法律约束力, 且政治与法律方面的成本严重影响了该制度本身的实际效应。非互惠制度在下述几个方面表现出鲜明的症结和缺陷, 亟需学界对此做出深刻反思。

第一, 缺乏充分的法律约束力。多边贸易体制中一些现行非互惠制度安排具有的内在援助属性, 因而缺乏充分的法律约束力。这些非互惠规则通常将给予优惠的主动权置于给惠方手中, 而发展中国家无法通过参与谈判的方式将非互惠优惠锁定在规则中。

第二, 未以发展中成员的需求为导向。现有非互惠制度未满足发展中成员的需要, 体现为发展中成员具有比较优势的产业未能稳定地享受非互惠待遇。其次还体现在发展中国家未能享有充分的灵活性或过渡期。特别是 WTO 过渡期条款的制定过于随意和武断, 时间的确定大多基于政治上的谈判和妥协, 未能全面考虑和评估发展中国家的执行能力、发展关注和客观需求。^②

第三, 以普惠制为代表的非互惠制度安排, 在一定意义上成为了发达成员实现贸易政策目标的工具。普惠制的运行将多边贸易体制理想状态下的共同治理模式, 转变为给惠国与受惠国之间治理与被治理的关系, 通过向发展中国家

---

① 参见 Nandang Sutrisno, "Substantive Justice Formulated, Implemented and Enforced as Formal and Procedural Justice : A lession from WTO Special and Differential Treatment Provisions for Developing Countries," *Journal of Gender, Race and Justice*, vol.13, no.3, 2010, p.688。

② Bernard Hoekman, "Operationalizing the Concept of Policy Space in the WTO : Beyond Special and Differential Treatment," *Journal of International Economic Law*, vol.8, no.2, 2005, p.406.

强加非贸易领域的国际标准，明显带有服务于自身政策目标的特征，甚至隐藏着贸易保护主义动机。

第四，WTO 成员难以就非互惠待遇的享受主体形成共识。多边层面未能实施的对发展中国家的分类、分化以及"毕业条款"的诉求被转移到单边层面加以解决，并对发展中国家分类产生了溢出效应。与此同时，成员方难以就非互惠待遇的享受主体达成一致是发达成员不愿在非互惠制度上作出实质让步的重要考虑，是多哈回合特殊与差别待遇问题陷入僵局的主要原因，也是美国当下屡次指责 WTO 存在不公平问题之所在。

面对非互惠制度无法充分回应发展中国家需求、无法有效促进发展中国家经济发展等一系列问题，一些发展中国家代表或集团化联盟曾在多哈回合中提出相应的改革方案，以应对长期存在于多边贸易体制中的非互惠制度困境。然而，这些改革提案大都针对特殊与差别待遇条款的具体适用问题，并没有深入到非互惠制度困境的体制性根源。多边贸易体制非互惠制度的困境是结构性和根本性的，难以仅通过对 WTO 特殊与差别待遇条款的小修小补完成，这也意味着对现行非互惠制度的深度改革势在必行。在未来发展中国家待遇问题的谈判以及非互惠制度建构中，发展中国家应反思现行非互惠制度的内在缺陷，避免在解决自身的发展问题上再次陷入被动。

非互惠制度缺失产生的根源主要来自于多边贸易体制非互惠与互惠的"脱嵌"（disembeddedness）。美国贸易政策的影响下建立起来的多边贸易体制中的互惠呈现出不同层次。在具体规则层面，最惠国待遇与具体的互惠相互补充、相互配合。互惠通过减少搭便车的情况，为各国贸易减让提供了动力，而无条件最惠国待遇则内化了具体的互惠谈判中产生的贸易转移效应，降低了谈判成本，扩大了合作范围，保证了缔约方之间的非歧视和平等待遇。二者经过协调在多边贸易体制中相得益彰，并维持了整个多边贸易体制的基本平衡。在规范层面上，互惠的含义实则更为宽泛，应被理解为扩散的互惠或多边的互惠。原则规范层面的互惠在缔约方之间创造了一种团队精神和信任感，有利于全体缔约方协力解决共同面对的挑战。[①] 不同层次的互惠形成了一个互惠体系，成功

---

① Carolyn Rhodes, *Reciprocity, U.S. Trade Policy, and the GATT Regime*, Ithaca：Cornell University Press, 1993, p.93.

处理了发达经济体之间的贸易往来。

在发展中国家维护自身权益的努力下，多边贸易体制虽然承认了非互惠制度及发展中国家待遇存在的必要性，但非互惠理念从来没有真正地在多边贸易体制获得基础性地位。发展中国家提出的非互惠理念并没有对原有的互惠基础形成实质意义上的撼动。多边贸易体制中的互惠与非互惠呈现出了主流与例外的关系。脱离了互惠的非互惠优惠待遇难以从谈判中获得，无法保障发展中国家的充分参与，也不能充分考虑发展中国家的发展需求。因而无法获得法律约束力，最终将沦为"非主流"的制度安排，甚至在性质上变成了发达成员对发展中成员附条件的"恩惠"与"施舍"。

多边贸易体制中非互惠与互惠的相互分离，导致非互惠具体制度难以朝着有约束力的"硬法"方向转变，因为此时的非互惠只具有道义诉求而没有相应的习惯国际法基础。在谈判中锁定非互惠权利义务对非互惠制度设计、谈判模式以及发展中成员的谈判实力和技巧均提出了较高要求。非互惠制度安排难以获得充分法律约束力且难以被有效执行的一项重要原因，在于发达国家内部没有提供关于非互惠优惠的充分动力和政治支持。上述论证再次印证了非互惠制度设计必须嵌入到多边贸易体制的互惠基础之中，实现二者的有机结合和规则适配。想要使非互惠成为有效保障发展中国家权益，且具有充分法律约束力的制度安排，在其制度上的完善和重构方面必须善于利用发展中国家群体，特别是新兴经济体国家的市场力量，以增加谈判的筹码。这是由国际社会的无政府状态以及非互惠的制度特征所共同决定的。因此，想要解决非互惠在制度上的缺陷，不可避免地要处理非互惠与互惠在理念与规范层面上的矛盾。

在互惠与非互惠理念的矛盾背后，是 WTO 成员之间的价值观冲突。多边贸易体制现行非互惠制度的困境，在很大程度上反映出权力博弈过程中成员驱动的非对称性。非对称性的成员驱动是造成非互惠理念与互惠理念的"脱嵌"的重要原因。以美国为首的主要发达成员通过操纵互惠的类型、标准和规则制定，而控制着多边贸易规则的走向。随着新兴经济体国家的崛起，全局治理结构加速变化，发达国家和新兴经济体之间展开了争夺国际经贸规则制定的主导权的博弈，非互惠与互惠理念之间的冲突更加尖锐。以美国为首的发达国家越来越强调相对收益，倾向于从零和博弈的视角看待与新兴经济体的关系，试图借发展中国家待遇问题重新调整 WTO 内部权力结构和利益分配格局。

在分析了非互惠制度困境的结构性根源之后，该章节提出重新建构多边贸易体制的非互惠制度安排。多边贸易体制下具体的非互惠规则应当由单边自主设定向合作谈判设定的方向转变，以增加非互惠规则的法律约束力和可执行性。新的非互惠制度设计应当将非互惠规则的制定锁定在多边贸易体制框架范围内，确保所有 WTO 成员对非互惠规则谈判的有效参与，并包容各成员方的主要关切，引导各成员方做出必要的妥协。非互惠制度设计的路径转化可从以下方面提供参考策略与应对思路。

首先，协调多边贸易体制中非互惠与互惠的关系。非互惠贸易减让要想成为稳定、有约束力的义务就必须在有发展中国家参与的前提下从谈判中取得。这也意味着非互惠理念不能够脱离已有的互惠基础，而应该融入且在一定程度上改良基于互惠原则规范而建立起来的国际贸易秩序。现行多边贸易体制事实上以美国倡导的公平为价值取向，以扩散的互惠为规范，以具体的互惠和无条件最惠国待遇为两个基础性支柱，其中互惠的内涵受美国等发达国家的控制而处于动态的调整变化中。非互惠制度的重塑应当将非互惠确立为多边贸易体制的第三个支柱，与具体的互惠以及无条件最惠国待遇相互补充和协调，共同服务于多边主义扩散的互惠，并塑造更具包容性的公平价值理念。因此，在非互惠制度设计和谈判过程中，应明确其与互惠原则与对等减让之间的关系，以便赋予非互惠贸易减让以有约束力的法律效力。对此，可借鉴有学者提出的"双层决策模式"的应对思路，一方面通过互惠的谈判方式建立起议题之间的关联度，为贸易减让提供动力和约束力；另一方面在具体规则的谈判中建立起非互惠安排，保障发展中国家享有充分的过渡期和灵活性，承担起与其经济发展水平相适应的义务。

其次，要科学完善非互惠制度建构。明确非互惠制度中需要遵守的基本原则和目的宗旨，提高非互惠规则的法律约束力，并提升非互惠制度的法律地位。非互惠应当被视为处理涉及到发展中国家法律关系时必不可少的法律原则，而不能仅被作为最惠国待遇与互惠原则的例外。[1] 提高非互惠规则法律

---

[1] Maria Luiza Kurban Jobim, "Drawing on the Legal and Economic Arguments in Favour and Against 'Reciprocity' and 'Special and Differential Treatment' for Developing Countries within the WTO System," *Journal of Politics and Law*, vol.6, no.3, 2013, p.61.

约束力需要详细阐述非互惠优惠或义务的具体内容和实施标准，将非互惠内容的单边确定模式转化为多边谈判背景下合作确定的模式。[1] 非互惠制度体系还应当具备系统、完整的非互惠规则，从而对发展中成员的发展权益进行充分保障。例如为发展中成员保留适当的灵活性与政策空间，设置科学合理的过渡期安排。与此同时，非互惠制度设计也应当包含对发展中国家享有非互惠减让优惠与灵活性的监督机制，以避免非互惠制度安排被以滥用于机会主义动机。[2] 一整套完备的非互惠制度设计不但会在发展中国家待遇问题上回应两类成员的主要关注、弥合南北矛盾和分歧，还会通过调整成员间权利义务而达成令各成员方满意的收益分配方案，[3] 增加未来在其他谈判领域达成协定的几率。

最后，以义务差别化替代发展中国家地位认定。发展中国家作为一个具有显著异质性的群体，分类和进一步差别待遇已成为多边层面上不可回避的问题。但解决这一棘手政治经济问题的前提条件是不能不顾一国实际发展现状，武断地剥夺一国的发展中国家地位，不能减损一国在必要情形下实施一定的灵活性政策的权利，或者强迫一国承担与本国经济发展水平不相符合的义务。所有这些问题的解决需要经济学家参与制定全面客观的标准，更需要 WTO 成员在多边层面进行复杂的对话和谈判。在底线问题上，发展中国家身份和发展中国家待遇是多边贸易体制中客观存在且不能撼动的重要组成部分。[4] 但与此同时，发展中成员承担义务的差异化是中国可以考虑适度接受并作出妥协的部分。如果 WTO 成员可以基于科学客观的基础，充分考虑发展中国家实际需求，确保不同的 WTO 成员依据不同发展情况承担不同层次的义务，并在满足相应客观条件的情况下享受特定的灵活性，WTO 成员可以淡化或搁置发展中国家身份认定的问题和争议，共同致力于一套与时俱进、科学民主、有约束力的非互惠制度设计。

---

① 参见 Sonia E. Rolland, *Development at the WTO*, Oxford University Press, 2012, pp.312-313。

② Stephanie Switzer, "A Contract Theory Approach to Special and Differential Treatment and the WTO," *Journal of International Trade Law and Policy*, vol.16, no.3, 2017, pp.131-132.

③ Ajit Singh, "Special and Differential Treatment：The Multilateral Trading System and Economic Development in the 21st Century," IDEAS Working Paper Series from RePEc, 2003, p.40.

④ 陈卫东：《"特殊与差别待遇"是世界贸易组织的重要基石》，《理论导报》2019 年第 1 期。

受多边贸易体制非对称性的成员驱动的影响，WTO 现行非互惠制度安排存在着诸多法律症结，面临着严重的制度困境。非互惠制度困境和法律症结是权力阴影下不平衡的规则导向的直接反映。WTO 需要通过促进非互惠与互惠原则相兼容，从而建立起具有包容性的互惠文化。在未来发展中国家待遇问题的谈判以及非互惠制度建构中，发展中国家应努力促进在多边贸易体制框架内落实非互惠安排，避免将非互惠规则建立在单边援助的基础之上，以保障全体 WTO 成员充分参与到具体的非互惠规则谈判过程中，并赋予其法律约束力。与此同时，根据自身的实际发展情况，在互惠与非互惠贸易减让义务间寻求平衡点，积极承担与其发展水平和经济能力相符的义务。未来非互惠制度设计的难点在于如何制定出既符合科学客观标准又尊重发展中国家自主性的规则，以实现对发展中国家待遇做出公平公正的区分与细化。成功的非互惠制度将设计有助于各成员方弥合分歧，搁置发展中成员身份的争议，为未来其他领域的WTO 改革和现代化进程奠定基础。

本书的基本逻辑结构如下：

第一章以 WTO 治理结构的失衡为全书的立论逻辑起点，深入剖析学界公认的"杰克逊范式"所存在的理论局限性和认知的单向性。多边贸易体制近七十多年的发展进程中，其价值取向定位亦发生了重大调整，内部治理的格局与成员力量对比更非往昔同日而语。该章深刻解析了 WTO 中的成员权力的运行机理，通过阐释发达成员和发展中成员在多边贸易体制的互动博弈，揭示出了 WTO 体制的价值取向并非如杰克逊提出的简单地由权力导向自然地过渡到规则导向，而是从"权力导向"向"权力阴影下所生成的规则导向的嬗变"的过程。该章明确提出内嵌于 WTO 体制中的双重二元结构的运行机理是叠加互动的关系，从而在根本上探寻到了 WTO 内部治理结构性失衡的症结与根源。并从价值取向和成员驱动两个方面提出了矫正 WTO 内部治理的结构性失衡、推进 WTO 改革和规则现代化的关键路径。针对 WTO 改革和规则现代化，在价值取向层面的建构上，提出中国应倡导在多边贸易体制通过抑制"权力导向"、维护"规则导向"、倡导"发展导向"推进并实现三者同向发展，以"发展导向"的新理念来制衡"权力导向"进而矫正权力阴影下生成的"规则导向"。在成员驱动模式更新上，应当促进发达成员与发展中成员通过共商共建共享共治，尤其要确保发展中成员在 WTO 中的民主参与权和话语权表达，以"共治"

促进"发展"来推动多边贸易体制朝着更加开放、包容、普惠、平衡、共赢的方向发展，在多边贸易体系中形成利益共同体、规则共同体和治理参与共同体，以顺应当今国际关系新形态下的人类命运共同体建设的需求。

第二章通过打开成员驱动的"黑箱"，分析非对称的成员驱动是如何导致了多边贸易体制的民主赤字和结构性失衡，从而进一步充实并演展了双重二元结构的分析范式。第三章选取了驱动多边贸易体制建立与发展的最重要的成员方——"美国"作为分析的对象，从而呈现了WTO双重二元结构中的美国因素，梳理了美国与多边贸易体制之间双向作用的逻辑，进一步澄清了美国因素与WTO权力导向之间的互动关系。美国主导的自由主义秩序本身孕育了WTO的治理结构危机，而WTO的治理结构失衡又是导致WTO生存发展危机的基础性诱因。因此，本书的前三章通过聚焦多边贸易体制的结构性问题，揭露了WTO的整体性危机与体制症结，并澄清了这种内部治理症结的形成基础。

第四章和第五章选取了一个特殊谈判阶段——关于WTO新成员加入谈判，以此为双重二元结构的实际运作提供实证支持。第四章以双重二元结构的分析视角审视WTO具体规则，既包括作为加入WTO谈判产物的新成员加入议定书和工作组报告，也包括生成这些规则的"上位规则"——《WTO协定》第12条。该章充分阐明WTO规则远非"模范国际法"，而可能是权力与支配的场所，充斥着权力对规则形成的惯性作用。新加入成员在加入阶段遭受了歧视性待遇，导致新加入成员与已有成员间的权利义务失衡。第五章试图通过澄清新成员加入议定书的法律地位、完善对加入议定书的解释方法以矫正WTO加入过程中形成并固化的结构性失衡，通过法律适用和解释的途径实现WTO规则对权力导向的约束。

第六章和第七章通过展现权力在价值理念以及原则规范层面的深刻影响，以进一步诠释双重二元结构在多边贸易体制中的运作模式。第六章揭示了美国依据本国互惠贸易政策目标的变化而引导多边贸易体制价值取向的过程。美国通过娴熟地操纵互惠标准和概念的界定，控制着多边贸易规则的走向，在国际贸易治理过程中拥有着巨大的规则主导优势和主动权，挤压了发展中国家特别是新兴经济体的发展空间，本质上是行使制度霸权的体现。第七章旨在以"发展导向"的新理念来制衡"权力导向"进而矫正权力阴影下生成的"规则导向"，在价值取向层面解决非互惠与互惠原则的关系问题。倡导在 WTO 成员间以对话、协商和谈判的方式达成共识，建立起包容性的互惠理念，并完善非互惠制度建设，以实现通过发展导向重塑 WTO 规则的目的。

第一章　WTO 治理结构的失衡与矫正

　　多边贸易体制存在着深度的内部治理困境，WTO 正面临治理结构危机、规则生成危机、上诉机构运行危机、单边措施滥用危机交织等多重挑战。治理结构失衡是导致 WTO 危机生成的基础性诱因。WTO 治理结构性失衡根源深藏于国际贸易组织（ITO）的酝酿之初，发轫于关税及贸易总协定（GATT）整个运用过程，定型于世界贸易组织（WTO）的发展演进之中，隐匿于 WTO 危机的背后是国际贸易规则主导权的博弈。本章以双重二元结构为分析范式展开论述。学术界关于权力导向与规则导向的二分法指出了权力导向对多边贸易体制的深刻影响，确立了规则导向在处理国家间经贸关系方面的关键性保障功用；但因对规则生成背后的权力因素考量的缺失，"权和导向—规则导向"二分法综合研判的理论解释力受限，其代表性描述"杰克逊范式"并未能对 WTO 治理结构的失衡作出合理的解释，更无法为 WTO 内部治理困境提供可行的破解方案。WTO 双重二元结构理论在分析权力的多种作用形态以及多边贸易规则的生成机理的同时，提出多边贸易体制价值取向上的"权力导向"与"规则导向"二元结构；从成员驱动的维度上，阐释发达成员和发展中成员在多边贸易体制中的互动博弈，揭示成员驱动组合上的二元结构及影响力的失衡格局。价值取向与成员驱动叠加互动的关联性是 WTO 双重二元结构最显著的基本特征，从根本上揭示了 WTO 内部治理结构失衡的症结根源，为制定改革多边贸易体制的中国方案提供了理论依据。针对 WTO 改革和规则现代化，在价值取向层面的建构上，应倡导多边贸易体制通过抑制"权力导向"、维护"规则导向"、推进"发展导向"并实现三者同向发展。由于 WTO 未来的改革路径短期内不会也不可能彻底根除权力导向的制度惯性，需要以"发展导向"的新理念来制衡"权力导向"进而矫正权力阴影下生成的"规则导向"。在成员驱动模式更新上，应当促进发达成员与发展中成员之间直接权益对峙向实现两类成员间的共商共建共享共治发展的同向增量转变，尤其要确保发展中成员在 WTO 中的民主参与权和话语权表达，以"共治"促进"发展"来推动多边贸易体制朝着更加开放、包容、普惠、均衡、共赢的方向发展，以顺应当今国际关系新形态下的人类命运共同体建设的需求。

　　WTO 建立了一套规范化的国际机制来调整国家间经贸关系，并配以有执行力的争端解决机制来保障规则的实施，为国际法治的发展作出了不可磨灭的贡献。"WTO 树立了设置最为精致的和法理论述最为详尽的一个调整范围广泛的多边国际司法性机构的形象"[1]，"改变了拥有诸多先天不足羸弱的GATT"[2]。WTO 的成立，构成了世界国际经济机构中的一道亮丽的风景线，对于"国际经济来说是一个重要的分水岭"[3]。"多边贸易体制，以及作为中心的世界贸易组织（WTO），是我们所拥有的最重要的全球经济管理和发展的工具，"同时"也是有史以来全球经济制度化合作中最为显著的成就"[4]，可以当之无愧地被称为历史上"最重要、最有效、最成功的贸易协定"[5]。但肯定多边贸易体制的治理成效并不意味着可以忽略对 WTO 治理困境和运行机制的反思，"无视作为国际组织的 WTO 所面临的挑战"。[6] 经济全球化背景下，所形成的日益加深的国家间相互依赖的经贸关系，成员权力及实力的不对等，以及客观上存在的价值观冲突，为全球经济治理发展与广泛合作带来了更为严峻的挑战。抑制权力滥用，协调理念冲突并促进成员间平等协作是多边贸易体制不可回避的治理主

---

① 参见约翰·H. 杰克逊：《国家主权与 WTO 变化中的国际法基础》，赵龙跃等译，社会科学文献出版社 2009 年版，第 265 页。

② 参见约翰·H. 杰克逊：《国家主权与 WTO 变化中的国际法基础》，赵龙跃等译，社会科学文献出版社 2009 年版，第 132 页。

③ 参见约翰·H. 杰克逊：《GATT/WTO 法理与实践》，张玉卿等译，新华出版社 2002 年版，第 464 页。

④ 参见彼得·范德博思、单文华：《世界贸易组织原理》，法律出版社 2019 年版，第 42 页。

⑤ 参见杨国华：《为什么 WTO 是模范国际法》，《国际商务研究》2016 年第 6 期。

⑥ 参见安妮·O. 克鲁格：《作为国际组织的 WTO》，黄理平等译，上海人民出版社 2002 年版，第 2 页。

题，亦是判断一个国际组织治理体系和治理能力高下至关重要的衡量指标。从这个角度讲，WTO 治理远非完美无缺，WTO 非对称的成员驱动导致了治理结构的失衡以及多边贸易规则的正当性危机。为矫正失衡的 WTO 治理体系，并为未来多边贸易治理的现代化进程提供助力，WTO 体制内权力的运行机理亟待从学理上进行深度的解构和剖析。

第一节　WTO 的治理结构失衡阐释

一、WTO 面临的多重危机累积交织

受贸易保护主义和单边主义的冲击，隐藏于 WTO 体制中的治理困境逐渐凸显，WTO 正面临自诞生以来发展进程中的最大挑战，并处于亟待变革的关键时刻。当下 WTO 正遭遇着多重严峻且相互交织的治理危机，危机的类型可以被归结为以下方面：

第一，WTO 的治理结构危机。WTO 的治理结构危机是由多边贸易体制长期的治理结构失衡造成的。WTO 存在比较严重的民主赤字。从"主要供应方"的谈判方式到"同心圆"谈判模式，[①]WTO 治理从未彻底摆脱"富人俱乐部"的窠臼，其规则生成与演进的控制权始终掌握在少数发达成员手中。而发展中成员持续被边缘化，新兴经济体和广大发展中国家未能获得与其实力相对应的话语权，整个治理体系仍然呈现出"中心－外围"的结构模式。多边贸易体制下规则体系话语权的争夺、长期的南北对峙以及难以调和的利益分歧加剧了 WTO 体系的结构性矛盾，造成规则谈判结果的显著失衡。由于多边贸易体制采用"反复博弈"的回合谈判模式，任何对先前回合中不平衡的谈判结果的改革要求都必须伴随着新的"出价"，致使谈判结果的失衡被固化在 WTO 回

---

① 关于"主要供应方"的谈判方式，参见伯纳德·霍克曼、迈克尔·考斯泰基：《世界贸易体制的政治经济学——从关贸总协定到世界贸易组织》，刘平等译，法律出版社 1999 年版，第 65—68 页。

合谈判中。①WTO 的治理结构危机是导致多边贸易规则公平公正性欠缺的重要体制性根源。

第二，规则生成危机。世界经济环境已经发生了深刻的变化，复杂的价值链在全球扩展，技术变革下经济结构转型升级，数字经济迅猛发展。② 规则谈判的焦点从货物贸易和边境措施逐渐拓展到国内贸易政策和贸易工具的使用等深层问题。而现有的规则已经无法适应新型贸易发展与贸易业态，更无法应对加速变化的国际情势。从 GATT 到 WTO，多边贸易体制的规则生成机制从"点菜式"加入演变为"协商一致"和"一揽子承诺"，③ 虽然涉及的议题广泛，但形成共识的难度日渐加大。随着 WTO 成员数量的增多和成员利益的多样化，成员间讨价还价的难度和成本进一步攀升，WTO 规则的生成面临着严峻的体制机制障碍。④ 多哈回合的无果而终则充分揭示了 WTO 的规则生成与更新能力的欠缺，WTO 治理结构亟待调整。多哈回合谈判强调发展主题，但该轮谈判在敏感议题和涉及到发展中国家切身利益的议题上迟迟未形成共识。随着谈判的推进，"发达国家自顾倾向加强，在多边领域取多予少，无意在发展问题上作出更大的投入，转而对发展中国家采取分化策略，强调新兴经济体在谈判中要承担更大的责任"。⑤ 以世界贸易组织为代表的多边贸易体制是国际经贸规则的主要制定者，开展多边贸易谈判是该组织推动规则重构的主要方式。WTO 的谈判和规则生成障碍必将导致国际经贸治理的规则赤字，国际经贸关系无法获得充分的调整与规制。

---

① Rorden Wilkinson, "Barriers to WTO Reform : Intellectual Narrowness and the Production of Path-dependent Thinking," in Thomas Cottier and Manfred Elsig, eds., *Governing the World Trade Organization: Past, Present and Beyond Doha*, New York : Cambridge University Press, 2011, p.318.

② Revitalizing Multilateral Governance at the World Trade Organization : Report of the High-Level Board of Experts on the Future of Global Trade Governance, 2018, pp.13-20. https : //www. bertelsmann-stiftung.de/fileadmin/files/BSt/Publikationen/GrauePublikationen/MT_Strengthening_ the_WTO.pdf.

③ 彼得·萨瑟兰等：《WTO 的未来——阐释新千年中的体制性挑战》，刘敬东等译，中国财政经济出版社 2005 年版，第 93—99 页。

④ Revitalizing Multilateral Governance at the World Trade Organization : Report of the High-Level Board of Experts on the Future of Global Trade Governance, p.28.

⑤ 参见潘忠岐：《中国与国际规则的制定》，上海人民出版社 2019 年版，第 165 页。

第三，上诉机构运行危机。美国的单边主义行为是导致上诉机构运行危机的直接诱因。自 2017 年以来，美国以上诉机构存在"越权裁决""审理超期"和法官"超期服役"等多项问题为由，连续 29 次动用一票否决权予以阻挠法官的遴选。美国将上诉机构裁决与遴选挂钩，单方面反对启动对新法官的遴选程序，致使在任法官人数一再缩减。[①] 由于 WTO 成员在争端解决机制的上诉率不断攀升，贸易纠纷复杂性增加以及专业人员数量不足，WTO 争端解决机制效率拖延的问题日益突出，相当一部分案件超过了争端解决的审理时限。[②] 此外，WTO 争端解决机制与规则生成机制之间也逐渐产生了较为严重的失衡问题。新规则的供给不足以及规则在制定过程中的模糊不清，迫使上诉机构不得不以"司法造法"式的法律解释加以应对，这种"司法积极主义"容易导致上诉机构法官越权，致使 WTO 争端解决机制陷入合法性危机。[③] 虽然 WTO 争端解决机制亟待改革和完善，美国的刻意阻挠行为直接导致上诉机构陷入瘫痪，使 WTO 规则治理最精髓的部分受到实质性的破坏，从而给多边贸易体制带来更严重的冲击。到 2019 年 12 月 11 日这一专司国际贸易的"最高法院"已因仅剩最后一名"法官"而无法受理新案件，遭遇世贸组织成立近 25 年来的首次"停摆"危机。世贸组织前总干事阿泽维多警告，全球贸易规则得不到切实履行，世界经济就将倒退回"丛林法则"时代。美国智库卡托研究所专家西蒙·莱斯特也警告，我们将"从一个以规则为导向的（国际贸易）体系向一个以权力为导向的体系转变"。[④] 上诉机构的瘫痪有可能导致 WTO 成员脱离多边贸易体制进行报复与反报复，产生严重的不确定性与治理混乱，甚至使全球经贸关系陷入失序状态。[⑤] 如何继续保证世贸规则的一

[①] 根据《WTO 争端解决规则及程序的谅解》（"DSU"）第 3.2 条的规定，"DSB 的建议和裁决不能增加或减少适用协定所规定的权利义务"。

[②] 约翰·H. 巴顿等：《贸易体制的演进——GATT 与 WTO 体制中的政治学、法学和经济学》，廖诗评译，北京大学出版社 2013 年版，第 75 页。

[③] Tetyana Payosova, Gary Clyde Hufbauder, and Jeffrey J. Schott, "The Dispute Settlement Crisis in the World Trade Organization：Causes and Cures," Peterson Institute for International Economics (PIIE) IDEAS Working Paper Series, PB 18-5, 2018, p.4.

[④] https：//world.huanqiu.com/article/9CaKrnKoeDO.

[⑤] 参见 Hannah Monicen, WTO Official, Appellate Body Members Warn of Coming "Chaos", Inside US Trade Daily Report, May 31, 2019。

致性和可预见性，如何继续捍卫以规则为基础的多边贸易体制，将是摆在世贸组织成员面前的长期难题。

第四，单边措施的滥用危机。为尊重和保护国家经济主权，多边贸易体制为成员单边措施的运用预留了合理的政策空间。单边措施的合法性与现行WTO规则对其规制的模糊与不确定性一直困扰着多边贸易体制的规则治理。然而部分WTO成员却借口维护国家安全目标或推行公平贸易政策而滥用例外条款，无视多边规则，恣意采取单边行为。这些做法已经超出了单边措施的合理实施范畴，走向了单边主义之维，对WTO法治造成了破坏性的打击。[1] 美国令WTO上诉机构陷入瘫痪以迫使其他成员接受美式标准与诉求，从而重塑WTO规则的做法充分表明了美国单边主义的回归，[2] 中美贸易摩擦和冲突进一步加剧了单边主义对多边贸易体制的侵蚀。单边措施的滥用是直接威胁WTO生存的最严峻、最紧迫的危机。少数成员将国内规则凌驾于国际规则之上，以单边确定的标准执行或扭曲现有规则的侵略性单边主义行为势必会引起其他成员采取报复措施，[3] 严重冲击国际政治秩序的稳定和经济的可持续发展，甚至使国际贸易环境回退到以强权政治替代经贸规则的危险境地。[4]

WTO的上述危机相互关联和交织，导致WTO遭受着内忧外患。虽然WTO迫切需要解决的生存危机受中美关系等多重外部因素的联合作用与影响，但治理结构的失衡仍旧是导致WTO危机生成的基础性诱因。由于WTO无法用制度的"笼子"来"驯服"少数成员的权力滥用，发达成员相对于发展中成员而言具有不对称的规则制定的影响力与话语权，WTO规则始终未实现充分

---

[1] 中美贸易摩擦中，美国公然无视WTO规则，运用国内贸易法的201、301、232、337等条款对从包括中国在内的WTO成员进口的商品加征高关税。参见 Statement By U.S. Trade Representative Robert Lighthizer on Section 301 Action, https：//ustr.gov/about-us/policy-offices/press-office/press-releases/2019/may/statement-us-trade-representative。

[2] Richard H. Steinberg, "In the Shadow of Law or Power? Consensus-Based Bargaining and Outcomes in the GATT/WTO," *International Organization*, vol.56, no.2, 2002, p.348.

[3] 沈国兵：《"美国利益优先"战略背景下中美经贸摩擦升级的风险及中国对策》，《武汉大学学报（哲学社会科学版）》2018年第5期。

[4] William R. Sprance, "The World Trade Organization and United States' Sovereignty：The Political and Procedural Realities of the System," *American University International Law Review*, vol.13, no.5, 1998, p.1255.

的公平公正。① 这一结构性失衡使得 WTO 成员间矛盾不断累积升级，成员内部关系分化，加剧了对多边主义和 WTO 的信任缺失。信任的缺失加之 WTO 治理结构对单边主义的规制失范又进一步催生了权力滥用大行其道，导致权力的滥用从合作的框架内溢出到合作的框架外，直接威胁到多边贸易体制的稳定与健康发展。

　　世界贸易组织"所面临的不可否认的中心问题是美国问题"。也就是说"美国将在何种程度上遵守 WTO 规则的内在精神实质和它的成文条款。"② 更值得注意的是美国行政当局对以 WTO 为代表的多边贸易体制所作的新判断与立场定位。美国贸易代表于 2020 年 2 月 28 日向国会递交了特朗普总统的《2020年贸易政策议程和 2019 年度报告》。该报告概述了美国政府的 2020 年主要贸易目标，包括与战略伙伴谈判新的贸易协定，积极执行贸易协定以及改革世界贸易组织（WTO）。其核心在于美国将持续推动和扩展"美国优先的贸易议程"，并通过多种方式"带头努力改变世界贸易组织"。具体内容可以概括为五个方面。其一，要解决美国长期以来的关切，并提出了新的想法和建议推进正在进行的谈判。 其二，美国带头努力评估世贸组织上诉机构的失败，并发布了关于上诉机构的第一份全面研究报告。③ 指出上诉机构存在未经世贸组织成员同意的持续越权情形，从而剥夺了成员的权利，并在未经其同意的情况下对这些成员施加了新的义务。其三，美国将"世贸组织目前锁定在一个过时的关税框架中，该框架不再能反映深思熟虑的政策选择和经济现实。成员们需要从根本上重新考虑美国及其贸易伙伴的关税承诺。"美国通过对世贸组织的"根本性的反思"提出"该机构已经偏离其最初的使命和宗旨。"美国明确提出，必须"将世贸组织限制在其最初的目的，即作为各国谈判贸易协定、监督协定遵守情况和促进解决国际贸易争端的机构。"其四，针对世贸组织的预算，美国提出"世贸组织必须确保实行问责制，并确保支出能够反映其成员国的优先事

---

① 斯蒂芬・M. 沃尔特：《驯服美国权力：对美国首要地位的全球回应》，郭盛、王颖译，上海人民出版社 2008 年版，第 119—124 页。

② 安妮・O. 克鲁格：《作为国际组织的 WTO》，黄理平等译，上海人民出版社 2002 年版，第253 页。

③ https：//ustr.gov/about-us/policy-offices/press-office/press-releases/2020/february/ustr-issues-report-wto-appellate-body.

项。"其五，特朗普总统将继续平衡美国与贸易伙伴的关系，并对其他国家的不公平贸易行为采取迅速行动。美国提出将在与中国已经达成的第一阶段协议的基础之上，"寻求与中国达成第二阶段协议，"同时明确设置了谈判目标，即"继续要求中国进行结构性改革，以及要求其对经济和贸易体制进行其他方面的改变。"①

新型冠状病毒疫情等突发事件加剧了 WTO 治理结构失衡造成的治理困境和前景的不确定性。新冠疫情对全球贸易的剧烈冲击可能会成为单边主义的催化剂，并导致贸易保护主义的持续发酵，② 进一步对以 WTO 为核心的多边贸易体系和国际合作造成破坏。而在 WTO 内部，总干事阿泽维多于 2020 年 5 月明确表示提前离任也增加了 WTO 治理走向的变数。"总干事的提前离任是全球贸易治理失序的反映"③。在 WTO 面临多重危机的背景下，又叠加了美国贸易政策的新变化以及国际性突发事件的冲击，使得解决 WTO 治理结构失衡的问题变得更加复杂和充满了不确定性。

二、WTO 治理结构失衡的基本表征

WTO 治理结构失衡在动态意义上体现为民主赤字。WTO 主要发达成员通过权力优势以多种方式影响并塑造着 WTO 规则的生成，而发展中国家在WTO 决策中的代表性不足，造成 WTO 的规则体系不能充分满足发展中国家的利益诉求。发展中国家以及国际社会弱势群体的利益无法充分表达等难题依然是多边贸易体制所面临的核心挑战，也是 WTO 制度合法性缺陷的重要内

---

① https：//ustr.gov/about-us/policy-offices/press-office/fact-sheets/2020/february/fact-sheet-presidents-2020-trade-agenda-and-annual-report.

② 新冠疫情将导致世界贸易额面临大幅跌略。参见 Trade Set to Plunge as COVID-19 Pandemic Upends Global Economy，8 April 2020，https：//www.wto.org/english/news_e/pres20_e/pr855_e.htm. 新冠疫情会对贸易供给和需求产生影响，并"破坏全球供应链"。参见《熄火与重启——"新冠经济困局"百日观察》，新华网，2020 年 5 月 8 日，http：//www.xinhuanet.com/2020-05/08/c_1125958543.htm。

③ 参见东艳、陈曦：《从 WTO 总干事提前离任透视全球贸易变局》，http：//opinion.caixin.com/2020-05-17/101555115.html。

容。①WTO 采用的协商一致的决策机制并不能保证 WTO 成员均在真实意思表示下取得共识，主要发达成员对决策结果施加了不均衡的影响力与支配力。加之多边贸易体制决策的实质内容大都是在非正式的谈判背景下作出的，少数成员掌控并主导了多边贸易规则的形成。"治理主体性、包容性不足反映了治理体系民主性、公正性欠缺，导致了治理结构的不均衡、不合理，也决定了治理结果的无效和不公。"②成员权力在 WTO 规则生成中的非对称性作用导致 WTO 因民主赤字而面临合法性危机。③

伴随着新兴市场国家的"群体性、梯次性崛起"④，新兴经济体已成为世界格局变化的根本性驱动力量，但新兴经济体国家在多边贸易体制中的代表性与发言权与它们对世界经济增长所作出的贡献明显不匹配。⑤ 随着越来越多的发展中国家加入多边贸易体制，WTO 内部权力结构已发生显著变化。⑥虽然 WTO 确实对于世界权力格局的变化作出了回应，⑦ 但这种回应并没有从根本上改变多边贸易体制的结构性失衡，反而促成了谈判陷入僵局。⑧ 在WTO 体系内部，中国、俄罗斯、印度、巴西等新兴经济体对多边贸易谈判

---

① 赵可金：《从旧多边主义到新多边主义——对国际制度变迁的一项理论思考》，潘忠岐编：《多边治理与国际秩序》，上海人民出版社 2006 年版，第 54 页。

② 李丹：《论全球治理改革的中国方案》，《马克思主义研究》2018 年第 4 期。

③ Manfred Elsig and Thomas Cottier, "Reforming the WTO：The Decision-making Triangle Revisited," in Thomas Cottier and Manfred Elsig, eds, *Governing the World Trade Organization: Past, Present and Beyond Doha World Trade Forum*, New York：Cambridge University Press, p.298.

④ 裴援平：《世界变局中的突出矛盾》，《现代国际关系》2019 年第 2 期。

⑤ 欲将经济实力转化为国际制度性权力，仍需付出艰苦努力。参见习近平：《深入理解新发展理念》，《求是》2019 年第 10 期。参见陈积敏：《构建人类命运共同体思想论析》，《和平与发展》2018 年第 4 期。

⑥ 成员数量变化将影响从 GATT 到 WTO 内部治理权力的结构性变化。截止目前为止，WTO 共有 164 个成员方，接近 80% 均为发展中成员。参见 Constantine Michalopoulos, "The Developing Countries in the WTO," *World Economy*, vol.22, no.1, p.122.

⑦ Dries Lesage and Thijs Van de Graaf, "Analytical Framework and Findings," in Dries Lesage and Thijs Van de Graaf, eds., *Rising Powers and Multilateral Institutions*, Palgrave Macmillan, 2015, pp.3-4.

⑧ Amrita Narlikar, "Adapting to New Power Balances：Institutional Reform in the WTO," in Thomas Cottier and Manfred Elsig, eds., *Governing the World Trade Organization: Past, Present and Beyond Doha World Trade Forum*, New York：Cambridge University Press, 2011, pp.114-118.

的影响与日俱增，WTO 成员不可能绕过它们的同意而达成重要的协议。① 但这些先进的发展中经济体在 WTO 中仅具有说"不"的能力，其否决权并未被转化为影响日程设置以及多边贸易规则制定的权力。②WTO 成员影响WTO 规则制定的结构性失衡的本质并没有改变。③ 少数西方国家对全球贸易治理的权力垄断加深了 WTO 成员内部分裂的危机，影响了 WTO 公平公正的新规则的构建。"抑制在 WTO 学理中所观察到的权力扩张倾向"④，减少发达成员操纵规则生成的机会，仍将是绝大多数 WTO 成员面对的现实困境。

　　WTO 治理结构失衡在静态意义上体现为发展赤字。全球治理以及 WTO内部治理中涌现的许多问题追根溯源"都是发展不平衡不充分造成的"。⑤ 与联合国贸易与发展会议等关注于发展问题的国际组织不同，多边贸易体制一直依据"互惠"的贸易减让来推动贸易谈判。这种以等量交换为基础的具体的互惠谈判模式，在一定程度上"形成了美欧等主要发达成员之间贸易自由化进程的硬核"，⑥ 发展中成员在这一过程中持续地被边缘化。受成员间权力博弈的影响，现行 WTO 规则中充斥着成员权益的失衡，未充分考虑发展中成员利益诉求的条款比比皆是。例如《农业协定》中"蓝箱补贴""国内支持总量"（Aggregate Measure of Support，简称"AMS"）等多项规定对发展中成员利益考虑不足，⑦《服务贸易总协定》（GATS）存在选择性贸易自由化现象，⑧ 以及新加入成员被

① 布鲁斯·琼斯等：《权力与责任》，秦亚青等译，世界知识出版社 2009 年版，第 8 页。

② 在多哈回合农业议题谈判中，中国和印度因对发达成员在农产品补贴等问题上的出价不满，拒绝作出妥协。发达成员将多哈回合的失败归结于巴西、印度、中国等发展中成员拒绝作出减让，这些发达中大国被美国前贸易代表罗伯特·佐利克批评为"做不到国家"（can't do countries）。参见 Amrita Narlikar, "Adapting to New Power Balances：Institutional Reform in the WTO," pp.114-118.

③ 陈积敏：《构建人类命运共同体思想论析》，《和平与发展》2018 年第 4 期。

④ 约翰·O. 麦金尼斯、马克·L. 莫维塞西恩：《世界贸易宪法》，张保生、满运龙译，中国人民大学出版社 2004 年版，第 156 页。

⑤ 习近平：《携手努力共谱合作新篇章——在金砖国家领导人巴西利亚会晤公开会议上的讲话》，《人民日报》2019 年 11 月 15 日。

⑥ Carolyn Rhodes, *Reciprocity, U.S. Trade Policy, and the GATT Regime*, Ithaca and London：Cornell University Press, 1993, pp.60-61.

⑦ 赵维田：《世贸组织〈农产品协议〉解读》，《国际贸易问题》1995 年第 5 期。

⑧ 赵维田：《世贸组织（WTO）的法律制度》，吉林人民出版社 2000 年版，第 347—360 页。

迫承担更严格的 WTO-plus 和 WTO-minus 承诺，等等。①WTO 争端解决机制存在的不公平、不公正性也常常被忽视。虽然 WTO 争端解决机制的强制执行力为其赢得了"皇冠上的明珠"的美誉，但发展中国家运用该机制的成本极高，争端解决机制在客观上仍然更有利于发达国家实现自身利益。② 争端解决机构报告的强制执行主要依赖于报复机制。③ 报复机制的有效性取决于每个成员自身的报复能力，而美国无疑拥有世界上最有效的报复能力。④ 相比之下，大部分发展中成员市场力量贫瘠，即使他们成功地赢得诉讼（更何况赢得诉讼的成本畸高），他们也难以实施有效的报复措施。部分 WTO 规则公平公正性的欠缺，印证了以 WTO 规则为代表的国际经贸规则，不仅仅是各国共同利益的体现，在很大程度上也是实现国家利益的工具并体现着大国意志。⑤

　　WTO 内部治理的民主赤字和发展赤字在一定程度上引发了成员间的信任赤字。虽然一些学者认为秩序的重要性优于公平价值和道德义务，⑥ 但超过了特定的临界值，公正性的缺失将冲击国际政治秩序的稳定和经济的可持续发展。⑦ 随着发展中国家开始挑战发达国家主导下的治理理念，WTO 成员间价

① WTO-plus 承诺是指 WTO 新加入成员在加入议定书或工作组报告中承担的超出 WTO 现有规则要求的义务。WTO-minus 承诺是指允许 WTO 已有成员违背 WTO 规则，从而减少了新加入成员权利的承诺。See Julia Ya Qin, "WTO-plus Obligations and Their Implications for the World Trade Organization Legal System," *Journal of World Trade*, vol.37, no.3, 2003, p.490. See also, Steve Charnovitz, "Mapping the Law of WTO Accession," *George Washington Law Faculty Publications and Other Works*, 2013, p.18。

② Joseph E. Stiglitz and Andrew Charlton, *Fair Trade for All: How Trade Can Promote Development*, Oxford；New York：Oxford University Press, 2005, pp.82-83.

③ Peter M. Gerhart, Archana Seema Kella, "Power and Preferences：Developing Countries and the Role of the WTO Appellate Body," *North Carolina Journal of International Law and Commercial Regulation*, vol.30, no.3, 2005, pp.526-527.

④ 斯蒂芬·M.沃尔特：《驯服美国权力：对美国首要地位的全球回应》，郭盛、王颖译，上海人民出版社 2008 年版，第 29 页。

⑤ 安妮·O.克鲁格：《作为国际组织的 WTO》，黄理平等译，上海人民出版社 2002 年版，第 23 页。

⑥ 参见小约瑟夫·奈、戴维·韦尔奇：《理解国际冲突：理论和历史》，张小明译，上海人民出版社 2018 年版，第 37 页。

⑦ 秩序和正义不能被完全割裂，而须得以平衡。参见小约瑟夫·奈、戴维·韦尔奇：《理解国际冲突：理论和历史》，张小明译，上海人民出版社 2018 年版，第 38 页。

值观冲突亟待调和，零和博弈的思维模式进一步加大了成员间展开有效合作的难度，国家间核心利益的兼容性有所下降。[①] 自多哈回合谈判以来，WTO 成员无法达成共识推动新经贸规则的形成以适应贸易业态的新变化，[②] 各成员方维护多边贸易体制的信心遭受重挫。[③] 而美国和欧盟等主要发达成员意识到难以在多边层面满足自身利益诉求，便转而诉诸双边、区域等其他谈判场域，甚至恣意采取单边措施，给整个多边贸易体制造成了新的压力。[④] 在面临权力博弈引发的合作困境时，解构 WTO 权力的运行机理，反思如何平衡权益、限制权力滥用，并确立公平公正的价值观，将对矫正现有体制的结构性失衡、走向成功的多边贸易治理将产生不容忽视的意义。

三、WTO 治理结构失衡的形成演变

WTO 治理结构的失衡深嵌于多边贸易体制的历史发展进程中。多边贸易体制是在美国的主导下按照美国的价值标准和制度模式在第二次世界大战后建立起来的。多边层面的自由贸易有利于美国维持战后经济繁荣、保障充分就业，同时有利于巩固美国在全球层面的贸易领导地位。[⑤] 美国在二战后致力于通过建立国际贸易组织（ITO）来推动贸易和就业领域的国际合作。[⑥] 虽然历经多次谈判[⑦]、作为妥协结果而最终形成的《ITO 宪章》未能在美国国会获得通

---

① 刘丰：《中美战略竞争的限度与管理》，《现代国际关系》2019 年第 10 期。

② Revitalizing Multilateral Governance at the World Trade Organization：Report of the High-Level Board of Experts on the Future of Global Trade Governance，p.24.

③ 杨国华：《美国对 WTO 规则的三记重创》，《人民论坛》2018 年第 12 期。

④ Eugénia da Conceição-Heldt, "Clash of Negotiations：The Impact of Outside Options on Multilateral Trade Negotiations," *International Negotiation*, vol.18, no.1, 2013, p.121.

⑤ 舒建中：《多边贸易体系与美国霸权——关贸总协定制度研究》，南京大学出版社 2009 年版，第 13 页。

⑥ 建立国际贸易组织计划以美国 1934 年《互惠贸易协定法》为国内法基础，并以《大西洋宪章》及《英美互助协定》第七条确立的原则作为最初谈判依据。参见谭谭：《国际贸易组织（ITO）的失败：国家与市场》，上海社会科学出版社 2010 年版，第 33—69 页。

⑦ Douglas A. Irwin, Petros C. Mavroidis, Alan O. Sykes, *The Genesis of the GATT*, New York：Cambridge University Press, 2008, pp.5-97.

过，① 但主要处理关税谈判问题的关贸总协定得以临时适用。② 关贸总协定制度的建立标志着美国主导下的战后多边贸易体制的形成，因此也在一定程度上可以被视为战后不平等国家间经济关系的制度转化和体现。发达资本主义国家与欠发达国家在世界体系中仍存在着资本主义经济关系上的中心－外围结构，③ 这种结构性不平等地位在反映着发达国家利益与价值体系的多边贸易体制中被固化下来。④

多边贸易体制治理结构的失衡从筹备《国际贸易组织宪章》（《ITO 宪章》）及关贸总协定的诞生之时就已经埋下祸根。关贸总协定从创立之初就被设计为刺激美国战后经济增长、为欧洲的重建提供援助，同时作为保护美国农产品竞争优势的贸易工具。⑤ 多边贸易体制的民主赤字在 GATT 成立之时就已显露端倪。GATT 早期谈判主要集中于制成品、半制成品等美国和欧洲国家具有比较优势的产业，并于此后一直延续着选择性贸易自由化的路径。由于 GATT 缔约方将优惠的市场准入作为突破口进行互惠谈判，缔约方之间显著的实力差距以及深具政治属性的谈判进程造成谈判结果缺乏公正，而谈判规则和程序的缺位更加剧了这一结构性失衡。⑥ 主要供应方的谈判模式奠定了谈判进程实质上是由少部分国家掌控的基本格局。多哈回合出现的非正式化小型部长级会议模

①　安妮·O. 克鲁格：《作为国际组织的 WTO》，黄理平等译，上海人民出版社 2002 年版，第 275—276 页。

②　Douglas A. Irwin, Petros C. Mavroidis, Alan O. Sykes, *The Genesis of the GATT*, pp.119-120.

③　Wallerstein, Immanuel, "The New World Disorder：If the States Collapse, Can the Nations Be United?" in A. Paolini, A. Jarvis and C. Reus-Smit, eds., *Between Sovereignty and Global Governance: The United Nations, the State and Civil Society*, New York：Palgrave, 1998, pp. 171–185.

④　Ethan B. Kapstein, Power, "Fairness and the Global Economy," in Michael Barnett and Raymond Duvall, eds., *Power in Global Governance*, Cambridge：Cambridge University Press, 2005, pp.99-100.

⑤　Rorden Wilkinson, "Barriers to WTO Reform：Intellectual Narrowness and the Production of Path-dependent Thinking," in Thomas Cottier and Manfred Elsig, eds., *Governing the World Trade Organization: Past, Present and Beyond Doha World Trade Forum*, p.316.

⑥　James Scott and Rorden Wilkinson, "China as a System Preserving Power in the WTO," in Dries Lesage and Thijs Van de Graaf, eds., *Rising Powers and Multilateral Institutions*, London：Palgrave Macmillan, 2015, p.201.

式正是美国提倡的主要供应方谈判方式的延伸，[1] 互惠谈判、回合式谈判加之谈判主体间实力水平的差距，使得谈判结果的不平衡在多边贸易体制谈判中不断被累积。[2]

WTO 的建立标志着多边贸易体制从工具属性向全球公共产品属性的过渡与演进。更加广泛的议题、统一适用的规则、更有约束力的争端解决机制无不增加了 WTO 作为国际组织的合法性。[3] 但作为 GATT 规则体系的延续，WTO 从未摆脱源自于 GATT 时代生成的非均衡的体制性影响。剖析 WTO 内部治理的结构性失衡、解决 WTO 治理赤字必须客观分析长期存在于多边贸易体制结构中的根本性问题。

第二节　WTO 治理结构失衡的理论反思

对于多边贸易体制中的结构性失衡问题，现有研究成果缺乏系统严谨的理论分析与梳理。一些研究甚至抛开 WTO 当下的状况讨论其未来的发展，导致理论与实践的相互脱节。本书尝试从多学科多维度的视角系统反思 WTO 内部治理理论，对 WTO 的权力运行与规则生成机理进行分析与破解，力图全面揭示权力的作用形态、权力与规则的互动关系，以及 WTO 成员如何为 WTO 的内部治理提供驱动力。

鉴于美国著名的 GATT/WTO 专家杰克逊教授对于多边贸易体制的演进以及 WTO 制度建构的杰出贡献，学界对于多边贸易体制从 ITO-GATT-WTO 的演进脉络多以"杰克逊范式"为理论框架和分析视角。然而，面对 WTO 治理

---

① Faizel Ismail, "Reforming the World Trade Organization," *World Economics*, vol.10, no.4, 2009, p.134.

② Rorden Wilkinson, "Barriers to WTO Reform : Intellectual Narrowness and the Production of Path-dependent Thinking," in Thomas Cottier and Manfred Elsig, eds., *Governing the World Trade Organization: Past, Present and Beyond Doha World Trade Forum*, pp. 316-317.

③ Kent Jones, *Reconstructing the World Trade Organization for the 21st Century: An Institutional Approach*, New York : Oxford University Press, 2015, p. 52.

体系的结构性失衡，"杰克逊范式"作为一种"单视角"的分析模式，不可避免地凸显了其理论局限。本书通过揭示"杰克逊范式"的理论局限性，尝试建构 WTO 运行机理的双重二元结构理论，以此作为破解 WTO 治理困境的新的分析视角和理论框架。

一、"杰克逊范式"及其理论局限

广受西方学界推崇且有"GATT/WTO 之父"盛誉的美国著名专家杰克逊，曾用"权力导向"和"规则导向"这两个术语概括国家间外交的方式和手段，并藉此来破解多边贸易体制治理困境。他提出"在权力导向的外交方式中，外交官更倾向于用谈判解决争端，因为他可以利用本国的权力在谈判中赢得优势。"[1]"权力导向"的运作方式主要依托于争端双方之间的权力对比现状决定其结果。"而规则导向的方式意味着为社会和成员方的利益制定规则，然后发展出一个机制确保对于规则最大程度的遵守。"[2]"规则导向"中的谈判又主要聚焦于规则的解释，既存规则如能为争端双方在解释及适用规则上提供足够的预测性，则争端双方选择"规则导向"的机会就会大大高于"权力导向"[3]。"权力导向"更强调基于当事双方的权力对比，通过谈判和协议的方式解决争端，而"规则导向"则是根据当事双方先前达成的规范或规则，通过协商或裁决的方式解决争端。[4] 杰克逊认为，对于经济上的事务，只有规则导向路径才能提供让国际市场发挥功能所需的安全性和可预见性，而规则导向路径的产生需要通过世界贸易组织的宪法来促成。[5] 通过对国际经贸发展进程的分析，进而杰克逊又提出"文明的历史可以被描述为从权力导向向规则导向的转变，然

[1] John H. Jackson, "The Crumbling Institutions of the Liberal Trade System," *Journal of World Trade Law*, vol.12, no.2, 2007, p.98.

[2] John H. Jackson, "The Crumbling Institutions of the Liberal Trade System," p.99.

[3] John H. Jackson, "Govermental Disputes in International Trade Relations：A Proposal in the Context of GATT," *Journal of World Trade Law*, vol.13, no.1, 1979, pp.3-4.

[4] John H. Jackson, *The World System: Law and Policy of International Economic Relation*, Combrige：The MIT press, 1997, p.110.

[5] John H. Jackson, "The Crumbling Institutions of the Liberal Trade System," *Journal of World Trade Law,* vol.12, no.2, 2007, p.98.

而在任何情况下都不会达到极端。"在深刻意识到权力与规则之间的关联性后，又指出"正如在现代西方民主国家中所发生的那样，权力导向向规则导向的转变也必然会发生在国际事务中。"① 杰克逊认为 GATT/WTO 的整个发展历史就是要让其在"规则导向"方面越来越强，而在主权政府间的谈判方面越来越弱。②"在国际事务中以规则为准绳这一原则旨在强调规则的安全性和可预见性，这一原则的重要性令一个有效的争端解决机制的吸引力大为增强。""以规则为准绳的价值取向，对于提高规则的可预见性和稳定性的目标显然是非常重要的，而且使人们支持将一切以规则为准作为价值取向的体制。"③ 值得注意的是，杰克逊所指的规则导向具有特定的含义，"规则导向与法治不同，意味着在规则的实施方式上为了适应现实可能有所变通，特别是它包含了一些谈判和讨价还价的余地。任何法律制度必须包容其规则内的灵活性，并经常地调整以适应人类社会实践的需要。"④ 杰克逊致力于解决的根本问题在于，通过"规则导向"获得具有可预见性和安全性的法律规则，同时容许政府利用例外解决短期政治难题。⑤

有关"权力导向"和"规则导向"的核心观点阐释，被概括称为"杰克逊范式"(Jackson's Paradigm)。⑥ 笔者认为，"杰克逊范式"的核心理论有以下四个方面：第一，权力导向意味着在缺乏特定规范和标准的情况下，国家可以凭借国家权

---

① John H. Jackson, "The Crumbling Institutions of the Liberal Trade System," p.100.

② 参见安妮·O.克鲁格：《作为国际组织的 WTO》，黄理平等译，上海人民出版社 2002 年版，第 22 页。

③ 参见约翰·H.杰克逊：《国家主权与 WTO 变化中的国际法基础》，赵龙跃等译，社科文献出版社 2009 年版，第 305 页。

④ John H. Jackson, *The Jurisprudence of GATT and the WTO: Insights on Treaty Law and Economic Relations*, Cambridge University Press, 2000, p.97.

⑤ Roberto Echandi, "The Impact of an Idea : John Jackson's Striving for A Rule-Oriented International Economic System," *Journal of International Economic Law*, vol.19, no.2, 2016, p.359.

⑥ "杰克逊范式"中的首要内容是"权力导向与规则导向相互排斥"，而在杰克逊本人的论述里丝毫没有这样的结论。虽然杰克逊没有分析权力导向与规则导向的相互作用与影响，但他也从未否认权力导向与规则导向可以共存的事实。参见 Matthew S. Dunne III, "Redefining Power Orientation : A Reassessment of Jackson's Paradigm in Light of Asymmetries of Power, Negotiation, and Compliance in the GATT/WTO Dispute Settlement System," *Law and Policy in International Business*, vol.34, no.1, 2002, p.283。

力影响来塑造谈判的结果；第二，规则导向意味着国家间事先制定规则，并建立依靠规则解决纠纷的机制；第三，权力导向意味着国家有行使权力以反对其他国家的自由，规则导向意味着限制国家行使权力规则的存在；第四，国际机制和 GATT/WTO 多边贸易体制的历史反映了权力导向向规则导向的演进。

虽然"杰克逊范式"通过权力导向与规则导向的二分法开启了 WTO 内部治理系统反思的窗口，但杰克逊对权力导向与规则导向的二分法存在明显的局限性。第一，杰克逊主要基于争端解决机制提出了 WTO 的规则导向，而对权力导向影响状态下的规则生成缺乏反思。① 他忽视了如果制定出来的规则本身是不公平的，一个高度法律化的规则执行程序很可能会加深这种不公正性。② 第二，缺乏对"规则导向"的深层价值分析。杰克逊只强调了规则的稳定性和可预测性，没有进一步分析规则背后体现着何种价值追求，服务于谁的利益，体现了谁的权力。③ 第三，"杰克逊范式"将"权力导向"与"规则导向"相互割裂。在他对"权力导向"与"规则导向"的描述中，单向度只强调"规则导向"，而忽视了权力更多是"通过规则"而非"绕过规则"而行使的，更多强调规则对权力的制约作用，从而将权力与规则对立起来，更掩盖了权力对规则形成的惯性作用。第四，权力导向和规则导向是共生的，而不是相互排斥；权力导向意味着在国际制度规定的范围内行使权力的自由，即合作与合法性的原则，规则导向意味着规则和程序的存在，这些规则和程序连同司法裁决一起界定国际制度中合法行为的边界，并使国际组织能够作为共同规则和规范的仲裁者和执行者；第五，国际体系的形成和国际经贸规则演进所展现出来的特点，

---

① 杰克逊曾在有关世界贸易组织争端解决的章节下对权力导向与规则导向的二分法提出如下解释："可以将和平解决争端的手段粗略分成两类：一是基于当事方的力量对比，通过协商方式解决争端；二是根据当事方事先达成的规则，通过协商或裁决的方式解决争端。"参见约翰·H.杰克逊：《世界贸易体制——国际经济关系的法律与政策》，张乃根译，复旦大学出版社 2001 年版，第 120 页。

② Joseph E. Stiglitz and Andrew Charlton, *Fair Trade for All: How Trade Can Promote Development*, p.82.

③ 斯特兰奇认为，不同制度会反映出财富、秩序、公正和自由观念不同比例的组合，而权力在其中起着决定性作用。参见苏珊·斯特兰奇：《国家与市场》，杨宇光等译，上海人民出版社 2012 年版，第 19 页。

就是"在权力导向和规则导向两个极端之间不断转变，而非单向的变化。"①

自杰克逊提出"权力导向"与"规则导向"的划分后，但凡涉及到 WTO 治理理论特别是 WTO 争端解决，"杰克逊范式"均成为难以逾越的理论注脚。"不但在西方，而且在中国都获得了不少（虽不是全部）学界人士的赞许和认同。"② 甚至被不少学者奉为 WTO 治理理论的"圭臬"。在"杰克逊范式"中，规则导向是一个先验性的存在，③ 因而 WTO 规则就被当然地视为"模范国际法"。④ 杰克逊对权力导向和规则导向的界定忽视了 WTO 体系发展动力上存在的发达成员与发展中成员间权益对峙的的二元结构，显然无法解释当下 WTO 治理结构的失衡，也不能解释美国的单边主义为何能凌驾于 WTO 多边主义之上。对于 WTO 所面临的现实问题，需要进行更深层次的理论剖析，特别需要对西方权威学者理论的局限性进行批判，剖析权力因素对 WTO 体制的作用与互动，重构对 WTO 体制理论层面的认知。欲从根本上认识 WTO 治理存在的问题，就必须对 WTO 现有机制和规则进行溯源探究，分析 WTO 结构性失衡背后的权力根源，有必要对"杰克逊范式"进行理论反思，探索建立新的分析范式为 WTO 权力的运行机理提供更加全面的分析路径。

二、新分析范式探索与理论分析

"杰克逊范式"背后隐藏的理论基础在国际关系学上更贴近于新自由制度主义。自由主义的分析视角的优势在于对全球治理的复杂性以及合作需求给予

---

① Glen T. Schleyer, "Power to the People：Allowing Private Parties to Raise Claims before the WTO Dispute Resolution System,"*Fordham Law Review*, vol. 65, no.5, April 1997, p. 653.

② 陈安：《中国特色话语：陈安论国际经济法学》（第一卷），北京大学出版社 2018 年版，第 312 页。

③ 杰克逊主要关注于规则可以发挥的维持体系运行的功能。他认为只有规则可以为潜在的投资或贸易发展机会提供可预见性或稳定性，降低风险成本。参见约翰·H.杰克逊：《国家主权与 WTO 变化中的国际法基础》，第 106 页。

④ 参见杨国华：《为什么 WTO 是模范国际法》，《国际商务研究》2016 年第 6 期。杰克逊曾多次将 WTO 争端解决机制称为国际司法机构中最为重要的司法机制。See John H. Jackson, *The WTO and Changing Fundamentals of International Law,* Cambridge：Cambridge University Press, 2006, pp.134-135。

了充分回应，相互依赖和全球化创造的挑战只能通过更广泛、更有效的国际合作才能得以解决。新自由制度主义关注制度通过何种方式让国家出于自身利益进行理性合作，强调国际制度具有促进国家间合作的独立地位，并认为"国际机制的建立与维持是国家利益判断的结果"。然而，新自由制度主义理论的内在局限性也十分明显，他们倾向于把"制度放置于权力的对立面上"来研究，[①]从而忽略了许多国际组织的治理过程都是在不平等的权力阴影下完成的。[②] 尤其缺乏回应全球治理中谁制定了规则？体现了谁的价值观？谁从中受益？[③] 虽然共同利益驱动国家间开展合作，但是全球治理的过程并不能够被简化为解决集体行动问题的国际公共产品。国际制度和理念在很多时候并非"中立的竞技场"，而是"权力与支配"的场所[④]，最强大的国家主导了"治理"的过程与方案。国际制度、规则和规范在国际社会中扮演着多重角色，它们不仅仅规制和建构行为体，还赋予其行动的权力和能力；规范性理念和道德目的可以成为自利行为的理性化体现，用以影响其他行为体的政治行为。国家间面临着把握共同利益、平衡不平等实力以及协调文化多样性和价值冲突等关键性挑战，这些不平等和冲突的程度经常会使国家间合作变得困难。

现实主义对国际经济秩序以及 WTO 治理的思考方式对于理解 WTO 体制内权力的运行机理具有深刻的价值重塑和影响力。虽然国际制度、规范和规则呈几何数量增长，对国家产生了深远影响，以至于最强大的国家都无法完全掌控；但国家间权力政治的约束和作用力仍然显著，权力不平等还将长期处于国际秩序分析的核心。主要大国，特别是霸权国家对于多边贸易体制生成演变的影响是关键且深远的。[⑤] 霸权稳定论仍然是理解美国贸易政策变迁的重要理论。对美国而言，战后建立在自由贸易基础上的多边贸易体制对美国推行对外

---

① 罗伯特·基欧汉：《霸权之后》，苏长和等译，上海人民出版社 2016 年版，第 86—106 页。

② Robert Gilpin, *The Political Economy of International Relations*, Princeton：Princeton University Press, 1987, p.88.

③ 参见苏珊·斯特兰奇：《国家与市场》，杨宇光等译，上海人民出版社 2012 年版，第 19 页。

④ 《国际层面的不平等比国内层面的不平等要严重得多》，参见 Kenneth Waltz, *Theory of International Politics*, MA：Addison Wesley, 1979, p.143。

⑤ "现代国际体系是一个继承性霸权体系。"张建新：《后西方国际体系与东方的兴起》，《世界经济与政治》2012 年第 5 期。

贸易、维持经济繁荣、保障充分就业、巩固霸权地位具有重要的作用。[①] 虽然霸权国为将自己建立的国际体系扩展到全球，也需要负担一定的提供国际公共产品的成本，[②] 但无论如何，"霸权国家的利益取向在国际规则的制定过程中都扮演着不容忽视的作用"。[③] 由于国内经济增长能够为维持霸权提供力量源泉，霸权国对外贸易政策会体现出一种"追求权力与追求财富的交互运动"。[④] 考虑到权力与经济增长之间的密切关系，在霸权衰落时期，霸权国可能会采用两种路径选择：一是加持维护"霸权地位所需要的权力资源"，二是"减少维持霸权地位所需要承担的义务"与成本。此时"霸权体系的使命已不再是为全球提供稀缺的公共物品"，而更多是霸权国挽救霸权、攫取利益的资源。[⑤] 因此，国际规则作为一定意义上的霸权产物，不可能完全脱离权力的作用，霸权国对待国际规则的态度也会随着霸权国家相对实力的增减而发生变化。

虽然现实主义为阐释国际体系内的权力作用提供了理想的理论基础，囿于物质主义的国际结构本体论的内在理论局限性，对权力的分析还须采用包容性的视角。以新现实主义为代表的国际关系学派倾向于忽视权力的社会维度，因此往往忽视观念以及社会规范同权力之间的双向互动作用。[⑥] 事实上，权力不仅仅是物质的简单反映，也具有深刻的社会属性。一方面身份的文化建构是一种权力形式，大国通常通过制度来夯实和巩固实力，推行自己偏好的价值观，从而将其他国家"锁定"在特定的政策选择中。同时，权力也往往需要通过制度和规范以获得正当性，将权力转化为"权威"。权力的社会

---

① 罗伯特·吉尔平：《国际关系政治经济学》，杨宇光等译，上海人民出版社 2011 年版，第 126—133 页。

② 罗伯特·吉尔平：《世界政治中的战争与变革》，宋新宁、杜建平译，上海人民出版社 2007 年版，第 40 页。

③ 舒建中：《多边贸易体系与美国霸权——关贸总协定制度研究》，南京大学出版社 2009 年版，第 11 页。

④ 张建新：《权力与经济增长——美国贸易政策的国际政治经济学》，上海人民出版社 2006 年版，第 308—309 页。

⑤ 王正毅、张岩贵：《国际政治经济学——理论范式与现实经验研究》，商务印书馆 2003 年版，第 169—170 页。

⑥ 例如以肯尼思·华尔兹为代表的结构现实主义，强调国际关系中冲突与合作的系统性或结构性原因，为国际体系的研究提供了理性的分析路径。参见肯尼思·华尔兹：《国际政治理论》，信强译，上海人民出版社 2017 年版，第 84 页。

维度与观念属性诠释了为何软实力开始获致与硬实力同等的重要性。[①] 正如美国在使其他国家接受其霸权国身份之前，只是一个"在物质方面占优势的国家"[②]。另一方面，国家利益在观念塑造和建构过程中的演进，必然导致国家政策和行为产生相应的变化。国际体系正在经历着长期的社会变迁，道义和伦理在国际关系中依旧起到了不可忽视的作用。软权力、价值理念以及社会规范的影响力为英国学派、建构主义以及其他国际社会学理论分析路径留下了空间。

英国学派通过融合历史学、国际法学与政治哲学的研究方法，在现实主义的无政府逻辑之外增加了社会因素，从而以国际社会的概念补充修正了机械的国际体系概念。[③] 且不同于自由主义以"理性选择机制"来理解国际制度，英国学派认为"次要制度"要受到"首要制度"框架的制约，因此更加注重"历史所建构的规范性结构"，[④] 也相对更加关注国家间的权力作用。英国学派在国际关系学自由主义和现实主义之间开辟了中间地带，利用"多元主义"与"社会连带主义"之间的张力致力于寻找国际社会中秩序与正义的最佳平衡点。[⑤]

以社会学视角审视WTO内部的权力运行机理，既可以避免陷入对国际机制分析的功能主义单一维度，又以动态的、演进的视角避开了"宿命论"的现实主义悲观论调。[⑥] 从组织社会学理论看来，"组织并不仅仅是为实现特定目标而设计出来的履行控制与管理职能的工具实体，而是一种立体、多维度的现象。组织既是对行为者行为的制约力量，又是行为者集体合作的产物"。没有

---

① 约瑟夫·奈：《软实力》，马娟娟译，中信出版社2013年版，第8—11页。

② 亚历山大·温特：《国际政治的社会理论》，秦亚青译，上海人民出版社2014年版，第172页。

③ 参见巴里·布赞：《英国学派理论导论》，颜震译，北京世界知识出版社2018年版，第27页。

④ 首要制度是非人为设计且经演化而来的社会实践，反映了社会成员的共同认同；而次要制度（类似于制度主义者对国际制度的关注）更多表现为国家为特定功能目的服务而有意设计的政府间安排。参见巴里·布赞：《英国学派理论导论》，第31—32页。

⑤ 赫德利·布尔：《无政府社会：世界政治中的秩序研究》，张小明译，上海世纪出版社2015年版，第68页。

⑥ 亚历山大·温特：《国际政治的社会理论》，秦亚青译，上海人民出版社2014年版，第301页。

了行动者，组织本身也不可能存在，"组织与行动者之间是同时出现、同时存在的共生关系"。[①] 行动者建构组织，既是为了实现共同利益目标，也同样期待着通过组织实现自己的利益目标，但不平等的权力关系仍是"集体行动领域中最普遍的关系形态"。[②] 组织社会学理论对于组织的关注是动态的，其研究的重点是组织形成的过程，是以权力关系为核心的行动者们不断建构和解构组织的具体的行动体系。[③] 该理论对于组织成员行动、权力关系以及权力合法性问题的关注，为 WTO 的研究提供了具有启发性的借鉴参考。

概言之，全面深刻解构 WTO 权力运行与规则生成机理，需要在多学科、多维度的理论背景下重新确立分析范式，以兼顾历史性、动态性、以及政治本质的多元性。本章兼顾且融合了国际关系不同学派以及社会学的相关理论，对"杰克逊范式"隐含的理论背景作出必要修正。首先从现实主义的研究视角出发解构 WTO 内部治理中的权力运行机理，同时重视软实力的表现形式，不忽视权力通过制度和观念的影响和作用。由于承认国际体系的社会变迁属性，在阐明 WTO 治理体系的结构性失衡之后，又融合建构主义、现实主义和自由制度主义的理论，提倡用价值理念引导制度建设，同时用均势的思维对权力进行制约，以矫正 WTO 治理结构的失衡。双重二元结构正是在不同学科、学派理论融合的基础之上建立起来的解构 WTO 结构性失衡的分析范式，也将为据此矫正 WTO 治理结构的失衡提供改进思路。

第三节　WTO 运行机理建构：双重二元结构分析范式

相比于"杰克逊范式"的"单向度"认知，WTO 双重二元结构可以为理

---

① 埃哈尔·费埃德伯格：《权力与规则——组织行动的动力》，张月等译，上海人民出版社 2008 年版，第 12 页。

② 埃哈尔·费埃德伯格：《权力与规则——组织行动的动力》，上海人民出版社 2008 年版，第 119 页。

③ 埃哈尔·费埃德伯格：《权力与规则——组织行动的动力》，上海人民出版社 2008 年版，第 3 页。

解多边贸易体制和 WTO 治理结构失衡提供多学科的动态理论视角。WTO 双重二元结构通过分析权力导向与规则导向的互动，以及两类成员间的合作与对抗，揭示了多边贸易体制从始至终无处不在的权力作用，为破解 WTO 治理结构的失衡提供了理论基础。

一、WTO 双重二元结构的学理内涵

WTO 双重二元结构是从价值取向和成员驱动两个视角作为理论分析的逻辑起点，剖析多边贸易体制内部治理结构与规则重塑。

从价值取向的角度检视，WTO 是一个具有权力导向和规则导向的二元结构。权力导向和规则导向之间并非相互排斥，而是相互交织。由于权力的来源和表现形态多样，权力导向的内涵呈现出广泛性的特点。权力既可以表现为硬权力（实力），也可以表现为软权力（软实力）；[①] 既可以来源于社会结构，也可以来源于物质资源和意识形态；既可以通过行为体之间的直接互动而发挥作用，也可以通过制度的创设而间接发挥作用。[②] 申言之，WTO 成员既可以在规则形成过程中直接采取强制性措施或补偿性措施，"以便在最终形成的规则中充分体现自身的利益诉求"；[③] 还可以利用现有制度间接行使权力，以一种"更隐秘的方式塑造着规则的形成"。[④] 因权力通过制度而行使更易使其获得隐秘性与合法性，故制度性权力是 WTO 中频繁被运用的权力类型。转移论坛、威胁退出、影响日程设置、行使否决权均可成为主要成员塑造影响 WTO 规则

[①] 约瑟夫·奈：《论权力》，王吉美译，中信出版社 2015 年版，第 19 页。

[②] 巴奈特和杜瓦尔的四种权力观对权力的不同表现形态作出了总结。该权力观对于权力概念作出了全面的分类——强制性权力、制度性权力、结构性权力和生产性权力。参见 Michael Barnett and Raymond Duvall, "Power in International Politics," *International Organization*, vol. 59, no.1, 2005, p.43。

[③] Richard H. Steinberg, "In the Shadow of Law or Power? Consensus-Based Bargaining and Outcomes in the GATT/WTO," *International Organization*, vol.56, no.2, 2002, p.348.

[④] 例如利用协商一致的决策机制来控制 WTO 日程设置，或通过推动议题在不同组织之间辗转以促成自身满意的谈判结果。在乌拉圭回合谈判期间，NAFTA 的通过增加了美国在多边体制中的谈判筹码。参见 I·戴斯勒：《美国贸易政治》，王恩冕、于少蔚译，中国市场出版社 2006 年版，第 207—209 页。

以满足自身需求的策略。① 权力的不同形态决定了权力导向并非像"杰克逊范式"所界定的那样只能在制度缺乏的情况下存在；恰恰相反，权力经常作用于规则的形成过程中，最终以规则为表现形式。②

在理解 WTO 中的规则导向时，不应简单把规则视为一项"制成品"而忽视其背后的权力因素。WTO 规则导向并非"模范的"国际法治，而是在权力阴影下达成的国际经贸规则。在规则的形成过程中，由于对权力作用缺乏规制进而才导致了生成的 WTO 规则的公平性与公正性的缺失。只要国际社会处于无政府状态中，权力导向与规则导向就势必趋向于形成相互作用而非直接对立的关系。多边贸易体制的发展进程客观上应当被描述为从"权力导向"到"权力阴影下的规则导向"的嬗变。倘若将权力导向与规则导向的关系相互割裂甚至完全对立看待，就丧失了客观认知多边贸易规则的生成机理和 WTO 内部治理的结构性失衡的理论前提。

从成员驱动的角度检视，WTO 是由发达成员和发展中成员两类存在权益对峙的成员组成的契约型国际组织。发达成员始终掌握着主动权和控制权，形塑了国际多边贸易体制规则的设计和发展。发展中成员以集团化联盟的方式积极参与谈判，与发达成员的权力作用相抗衡。但总体来说，发展中成员在 WTO 中并没有获得与其成员数量和实力相匹配的影响力与话语权。尽管发展中成员积极争取自身权益，它们仍处于相对弱势的地位，"无法有效地维护自己的贸易利益"③，也导致现有 WTO 规则始终笼罩在权力失衡的阴影之中。

两类成员在 WTO 中运用的权力以及发挥的影响力是不平衡的，这种不平

---

① 参见 Lloyd Gruber, "Power Politics and the Institutionalization of International Relations," in Michael Barnett, Raymond Duvall, eds., *Power in Global Governance,* Cambridge：Cambridge University Press, 2005, pp.104-106；参见 Gregory Shaffer, "Power, Governance, and the WTO：A Comparative Institutional Approach," in Michael Barnett and Raymond Duvall, eds., *Power in Global Governance*, Cambridge：Cambridge University Press, 2005, p.133。

② Igor Abdalla Medina de Souza, "The Power of Law or the Law of Power? A Critique of the Liberal Approach to the Dispute Settlement Understanding,"*Boletim Meridiano*, vol. 16, no. 150, 2015, p.35.

③ 康斯坦丁·米查洛普罗斯：《WTO 中的发展中国家》，黄震华译，中国商务出版社 2004 年版，第 3 页。

衡性贯穿于多边贸易体制发展始终。在关贸总协定时期，美欧以主要供应方形式下"产品对产品"的方法，将谈判完全聚焦在工业品和发达国家之间进行，发展中国家则被完全排除在谈判过程之外。[①] 虽然发展中成员努力争取特殊与差别待遇，但由此带来的收益仍无法弥补发展中成员在贸易自由化进程中被边缘化的损失。[②] 在乌拉圭回合谈判期间，发展中成员积极参与到以互惠为基础的贸易减让谈判中，被迫作出巨大让步且负担了沉重的履约成本，然而发达成员却长期在农业和纺织品领域维持着很高的保护水平。[③] 多哈发展回合谈判启动后，美国和欧盟基于贸易保护主义倾向，要求作为竞争对手的新兴经济体扩大市场开放，却在农产品等领域继续推行"选择性自由贸易"的模式，在很大程度上造成南北间分歧的难以弥合。[④] 多边贸易体制建立以来的谈判历史表明，两类成员驱动模式的失衡持续造成了不公正的谈判结果，加剧了成员权力对规则生成的非对称性影响。虽然新兴发展中大国的实力提升引致了全球治理格局发生体系性变革，WTO 成员间的对抗性局面和多边贸易体制的非对称成员驱动以及治理结构的失衡并没有从根本上得以改观。

价值取向与成员驱动构成了多边贸易体制中的双重二元结构，叠加互动的关联性是其最显著的基本特征。二者互为一体，构成了作用于 WTO 的两根主轴。权力导向与规则导向是其在价值取向层面的静态反映，发达成员与发展中成员的交互作用则是在成员驱动层面的动态反映，这两个层面互动作用且彼此交织：一方面，WTO 的权力导向与权力阴影下形成的规则导向均是成员驱动不均衡的结果，多边贸易体制从未摆脱过主导国家和大国的深刻影响，现今美国奉行的单边主义、贸易保护主义和经济霸权主义正是权力导向运行的集中表现；另一方面，WTO 成员必然受到权力的影响和规则的制约。

---

① Donatella Alessandrini, *Developing Countries and the Multilateral Trade Regime: The Failure and Promise of the WTO'S Development Mission,* Oxford and Portland：Hart Publishing, 2010, p.56.

② Robert E. Hudec, *Developing Countries in the GATT Legal System*, Cambridge：Cambridge University Press, 2011, pp.83-84.

③ Amrita Narlikar, "Fairness in International Trade Negotiations：Developing Countries in the GATT and WTO," *The World Economy*, vol.29, no.8, 2006, pp.1020-1021.

④ Donatella Alessandrini, *Developing Countries and the Multilateral Trade Regime: The Failure and Promise of the WTO'S Development Mission*, pp.175-176.

WTO 成员既是权力行使的主体，也是权力作用的对象，既是规则的塑造者，也是规则的践行者。双重二元结构的叠加互动构成了解释 WTO 内部治理重要的理论根基，既影响着 WTO 自身的发展，也形塑着 WTO 未来的改革路径。随着发展中成员经济与综合实力的提升，两类成员间力量对比的变化，WTO双重二元结构在成员驱动层面出现了结构性的转变。双重二元结构的叠加互动要求 WTO 规则在价值取向层面上作出适当调整和回应。这种调整因影响到规则的制定权与利益的再分配，引发了既得利益成员的不满，进而"诱发了国际贸易规则主导权的博弈，"[1] 为 WTO 内部治理和成员间合作带来了新的挑战。WTO 成员权力竞逐最终走向对抗还是合作将深刻影响着多边贸易法治与 WTO 的未来。[2]

二、WTO 双重二元结构的成员驱动

WTO 的成员驱动具有不均衡性的运行特点。不同类型的 WTO 成员不平等地享有规则制定权和内部治理权力。原始缔约方较后加入成员相比享受着明显的"先发优势"，[3] 并利用这种先发优势持续掌控并主导着谈判进程，"塑造规则、实施相应措施以保障自身地位并获取足够利益"[4]。多边贸易体制成员驱动的核心由始至今仍持续地操控在少数发达成员的手中。

发达成员在多边贸易体制的发展历程中始终处于主导地位，其作用机制可以通过单边、双边、区域、诸边和多边等多种形式表现出来。鉴于强大的经济实力与谈判能力，主要贸易大国和发达成员能够有效利用诸多驱动和谈判策略来主导多边贸易规则的制定，迫使持反对意见的成员作出妥协，以使多边贸易

---

① 李巍：《国际秩序转型与现实制度主义理论的生成》，《外交评论》2016 年第 1 期。

② 游启明：《中美实力对比变化对国际秩序的影响——权力转移论和新自由制度主义的比较研究》，《国际展望》2019 年第 2 期。

③ Rorden Wilkinson, "Barriers to WTO Reform：Intellectual Narrowness and the Production of Path-dependent Thinking," in Thomas Cottier and Manfred Elsig, eds., *Governing the World Trade Organization: Past, Present and Beyond Doha World Trade Forum*, p.320.

④ Robert Hunter Wade, "What Strategies Are Viable for Developing Countries Today? The World Trade Organization and the Shrinking of 'Development Space,'" *Review of International Political Economy*, vol.10, no.4, p.632.

规则更加贴近自身利益和发展诉求。

第一，美国国内规则的"外溢"。从国际贸易体制演进的整个进程中来看，无论是最初的国际贸易组织，还是关税及贸易总协定再到当下的世界贸易组织，美国国内法中的贸易规则的"外溢"对多边贸易体制规则生成产生了深刻的影响。[1] 美国利用自身法律规则、贸易体系以及法治和文化意识形态渗透并影响全球市场，将法律作为确保美国利益优先的工具，以霸权思维推动全球治理。[2] 多边贸易体制中现存的最惠国待遇原则、主要供应方的谈判方式、农业政策、以及"例外条款"等多项规则均可以从美国国内法中找到根源。[3] 此外，美国主导下的双边贸易协定也对多边规则的形成产生了重大影响，成为"美国构建多边贸易体制的主要雏形"。[4]

第二，威胁转移论坛。论坛转移包括几个相互关联的策略：将议题从一个组织转移到其他组织，在不同组织内推进相同的议程，以及退出当前的组织。[5] 无论采用其中何种策略，这种权力运用策略的实质在于利用"最佳可替代谈判协定"（BATNA）[6] 的力量，BATNA 让有经济实力的主要 WTO 成员能够不依赖多边协定的达成，不顾多边场所的反对声音而在其他论坛中推动与其国家利益更加适配的经贸规则（"go it alone"power）。在乌拉圭回合谈判期间，美国将同时进行的 NAFTA 谈判作为在多边层面牵制欧盟和其他国家的谈判策

[1] 舒建中：《多边贸易体系与美国霸权——关贸总协定制度研究》，南京大学出版社 2009 年版，第 19—33 页。

[2] 强世功：《〈美国陷阱〉揭露了一个骇人听闻的霸凌主义案例》，《求是》2019 年第 12 期。

[3] 参见 I · 戴斯勒：《美国贸易政治》，王恩冕、于少蔚译，中国市场出版社 2006 年版，第 22—23 页。参见徐泉：《美国外贸政策决策机制的变革——美国〈1934 年互惠贸易协定法〉述评》，《法学家》2008 年第 1 期。

[4] 1934—1942 年，美国与 27 个国家谈判了互惠贸易协定，其中包括了 16 个发展中国家。每个协定都包含了互惠关税减让的条款以及其他与 GATT 规则非常相似的义务。美国在 1942 年与墨西哥签订的双边协定被普遍认为对 GATT 最初草案的形成产生了深刻影响。参见 Robert E. Hudec, *Developing Countries in the GATT Legal System*, p.26。

[5] Igor Abdalla Medina de Souza, "An Offer Developing Countries could not Refuse：How Powerful States Created the World Trade Organization," *Journal of International Relations and Development*, vol. 18, no.2, 2015, p.160-161.

[6] Roger Fisher, William Ury, and Bruce Patton, *Getting to Yes*, Boston：Houghton Mifflin, 1991, p.100.

略。① 乌拉圭回合末期，又以退出 GATT 建立新国际组织的做法，迫使发展中国家签署建立世界贸易组织的一揽子协定。还有学者认为，美国阻挠上诉机构法官的遴选，并威胁退出 WTO 的真正目的是以"退出强化发声机制"②，进而彻底解决世界贸易体系与美国现行利益和力量不匹配的矛盾和问题，重塑全球贸易新秩序。这种"以退为进"的能力成为了主要经济体和大国在多边谈判中一项重要的权力来源。③ 发达国家以权力非对称向发展中国家施压，削减了发展中国家的可选择性策略范围，甚至迫使它们接受其本不愿接受的非帕累托改进的结果。④

第三，控制议程设置。议程设置主要是指在规则制定过程中关注哪些问题和不关注哪些问题，如何对关注问题的优先程度进行排序。通过对议程的控制，霸权国家或主要成员方可以使自己关切的问题被优先关注和解决。⑤ 在 GATT 与 WTO 谈判中，议程设置长期以来都是由美国和欧盟掌控。虽然发展中国家也可以提出议程或动议，且被纳入到部长级会议宣言中，但当这些议程或动议正式进入到相关的谈判委员会时，来自于发展中成员的动议会习惯性"流产"。发达成员会通过阻碍协商一致的达成来阻止发展中成员动议的进一步讨论和发展，而选择"绿屋会议"等非正式会议对其感兴趣的议题进行广泛地实质性谈判。⑥ 从动议到提案再到草案文本谈判的过程大都发生于非正式部长级会议中，而大部分发展中成员都被排除在会议进程之外。由于不同的 WTO 成员方就不同的贸易议题和领域具有不同的利益诉求和比较优势，议题设置中的部分成员主导所导致的权力不均衡作用将会深刻影响到谈判程

---

① 参见 I·戴斯勒著：《美国贸易政治》，王恩冕、于少蔚译，中国市场出版社 2006 年版，第 207—209 页。Richard H. Steinberg, "In the Shadow of Law of Power? Consensus-Based Bargaining and Outcomes in the GATT/WTO," p.349。

② 陈志敏、苏长和：《做国际规则的共同塑造者》，《外交评论》2015 年第 6 期。

③ Landau Alice, "Analyzing International Economic Negotiations：Towards a Synthesis of Approaches," *International Negotiation*, vol.5, no.1, 2000, p.12.

④ Richard H. Steinberg, "In the Shadow of Law of Power? Consensus-Based Bargaining and Outcomes in the GATT/WTO," p.349.

⑤ Cecilia Albin, "Using Negotiation to Promote Legitimacy：An Assessment of Proposals for Reforming the WTO," *International Affairs*, vol.84, no.4, 2008, p.761.

⑥ Richard H. Steinberg, "In the Shadow of Law of Power? Consensus-Based Bargaining and Outcomes in the GATT/WTO," pp.354-355.

序的公平公正。[1]

第四，实施分化策略。发达成员对发展中成员实施的分化策略既适用于某一发展中成员群体，也适用于特定的发展中成员联盟。随着以金砖国家为代表的新兴经济体进入到 WTO 主要决策层，它们往往加大了主要成员间达成一致意见的难度。在一些具有明显意见分歧的问题上会采取强硬的立场。[2] 对此，美、欧等发达成员会采用"逐个击破"的策略，运用其市场资源及实力优势在双边谈判中施压分化，一旦发展中成员在双边谈判中作出妥协，就会加速美欧方案在多边层面实施的进程。发展中成员的意志在分化策略中被瓦解，当最终只剩下最不发达成员时，因为被排除在贸易体制之外的成本如此沉重，"最后的防线"几乎"不攻而破"。[3]

第五，发起"同心圆"谈判。多边贸易体制决策的实质内容大都是在非正式的谈判背景下作出的，且这一决策模式体现为以同心圆为表征的驱动模式。多边贸易体制中的倡议通常发起于美国与欧盟的双边谈判中，由美国和欧盟构成的"G2"成为了同心圆非正式谈判的核心。[4] 相较于发展中国家，美国和欧盟有着不可比拟的"议价能力"，通过协调彼此立场并权衡利益，他们能够掌控并主导规则的形成，并从发展中成员身上获取收益。[5] 同心圆的第二层由"四方成员国"（Quad）构成。"四方成员国"（Quad）对多边贸易体制中的谈判结果起着塑造和定型作用。老"四方成员国"[6] 作为一个发达成员联盟具有显著的谈判优势，有着足够的力量来行使否决权并塑造着历届

---

① Cecilia Albin, "Using Negotiation to Promote Legitimacy：An Assessment of Proposals for Reforming the WTO," p.761.

② Amrita Narlikar, "New Powers in the Club：The Challenges of Global Trade Governance", *International Affairs,* vol.86, no.3, 2010, p.722.

③ Igor Abdalla Medina de Souza, "An Offer Developing Countries could not Refuse：How Powerful States Created the World Trade Organization," p.162.

④ Manfred Elsig, "Different Facets of Power in Decision-Making in the WTO", Swiss National Centre of Competence in Research Working Paper, No.23, 2006, p.21.

⑤ 参见法扎尔·伊斯梅尔著：《改革世界贸易组织：多哈回合中的发展中成员》，上海人民出版社 2011 年版，第 120—121 页。

⑥ 老"四方成员国"包含美国、欧共体、日本和加拿大四个成员。

谈判回合的结果。[1] 同心圆的第三层扩大到由 25—30 个成员方构成的非正式决策圈，即"绿屋会议"（也有学者将其称为"WTO 秘密会议"，诟病其不透明），实质上构成了 WTO 最重要的谈判场域。通过控制会议日程，并把其他成员方排除在"绿屋会议"之外，主要发达国家成员促成了对自身更为有利的协议文本。[2] 全体成员方会议（例如正式部长级会议或贸易谈判委员会会议）则位于同心圆的最外层，因成员数量广泛，这一层次的谈判往往难以达成实质性的成果，内层同心圆中发达成员主导的谈判倡议或草案难以在全体成员会议上被更改。[3] 以美欧为核心的主要发达成员正是以同心圆的谈判模式主导并驱动了多边贸易体制规则的生成，发展中成员面临着被边缘化的处境。[4]

第六，主导价值取向。成员驱动不仅仅发生在具体的规则的制定过程中，成员借助于理念、原则、价值等规范元素的指引作用也会对多边贸易规则产生间接却深远的影响。霸权国家在国际社会推行制度霸权也同样需要一定程度的合法性以获得其他国家的认可与追随。如果某一理念通过获得一定程度的"合法性"而成为了主流价值，这一理念背后的权力作用以及所附加的特定政治利益往往会被忽视。[5] 但合法性往往是合法化这一复杂过程的结果，合法化过程

---

① Peter Drahos，"When the Weak Bargain with the Strong：Negotiation in the World Trade Organization，"*International Negotiation*，vol. 8，no.1，p.90. 乌拉圭回合后，巴西和印度取代了日本和加拿大形成了新的"四方"核心谈判集团。然而发展中成员的处境并没有因此而获得明显改善，美国和欧盟仍然享有决定性的谈判优势，巴西和印度也难以代表所有发展中成员。参见 Bernhard Zangl，Frederick Heußner，Andreas Kruck，Xenia Lanzendörfer，"Imperfect Adaptation：How the WTO and the IMF Adjust to Shifting Power Distributions Among Their Member，" *The Review of International Organization*，vol.11，no.2，2016，p.183-184。

② Kent Jones，"Green Room Politics and the WTO's Crisis of Representation，"*Progress in Development Studies,* vol.9，no.4，2009，pp.351-352.

③ Manfred Elsig and Thomas Cottier，"Reforming the WTO：The Decision-Making Triangle Revisited"，p.297.

④ Igor Abdalla Medina de Souza，"An Offer Developing Countries could not Refuse：How Powerful States Created the World Trade Organization，"p.160.

⑤ Matthew Eagleton-Pierce，*Symbolic Power in the World Trade Organization*，Oxford：Oxford University Press，2013，p.70.

本身是有争议且不透明的，难以摆脱权力的影响与博弈。[1] 这些规范性元素不仅会影响到规则谈判者的行为，还可以制造谈判"聚焦点"从而从整体上影响着谈判的走向。[2]"发展回合"、互惠、自由贸易等概念的提出均属于这一范畴。与联合国贸易与发展会议等关注于发展问题的国际组织不同，多边贸易体制将"互惠"理念作为不成文的宪法性原则影响着多边贸易体制的发展，并一直依据"互惠"的贸易减让来推动贸易谈判。以等量交换为基础的具体的互惠谈判模式，在一定程度上"形成了美欧等主要发达成员之间贸易自由化进程的硬核"，[3] 发展中成员在这一过程中持续地被边缘化。以美国为首的主要发达成员操纵着互惠标准和概念的界定，因而控制着多边贸易规则的走向。当自身利益受到威胁时便采用"对等互惠"[4] 等更狭窄、更严格的主观互惠标准，在要求发展中成员承担更多责任的同时减轻自身维持霸权的成本，从而在公平贸易与自由贸易的转换间游刃有余。

从多边贸易体制发展进程审视，发展中成员并非持续扮演多边贸易体制规则被动接受者的角色。传统观点认为，发展中成员在多边贸易体制中长期扮演着被动式和防御性的角色，这样的观点未能公正客观地看待发展中国家在多边贸易体制建设中所发挥的作用。相反，发展中成员不但努力维护自身的利益诉求，还积极塑造着整个多边贸易体制的制度架构和规则走向。[5] 它们通过总结历史经验教训，积极探索适合本国的发展道路和发展模式，不断增进国内经济体制改革，推动扩大对外开放，已经"成为推动自身经济腾起的根本力量"[6]。发展

---

[1]　Matthew Eagleton-Pierce, *Symbolic Power in the World Trade Organization*, p.60.

[2]　Manfred Elsig, "Different Facets of Power in Decision-Making in the WTO," p.14.

[3]　Carolyn Rhodes, *Reciprocity, U.S. Trade Policy, and the GATT Regime*, Ithaca and London：Cornell University Press, 1993, pp.60-61.

[4]　贸易虽然在本性上遵循互惠原则，但由于市场的无边界与政治的有边界，全球贸易难以避免"政治与经济之间的病态的联结"，有学者将其称为"贸易的猜忌"。参见伊斯特凡·洪特：《贸易的猜忌——历史视角下的国际竞争与民族国家》，霍伟岸等译，译林出版社 2016 年版，第 6 页。

[5]　法扎尔·伊斯梅尔：《改革世界贸易组织：多哈回合中的发展中成员》，上海人民出版社 2011 年版，第 1—2 页。

[6]　徐崇利：《二战之后国际经济秩序公正性之评判——基本逻辑、实力兴衰及收益变化》，《经贸法律评论》2019 年第 3 期。

中成员积极要求特殊与差别待遇，努力争取过渡期和普惠制。[①] 他们充分利用现有决策机制和谈判工具，在乌拉圭回合谈判期间把农产品和纺织品议题纳入到谈判议程中，取消了自愿出口限制，并争取到在较长过渡期内执行部分新协议的权利。[②] 更重要的是，"通过采取集团化的策略，许多发展中成员积极为广大发展中国家的整体利益代言"。[③] 发展中成员联盟致力于在多边贸易体制下更有效地参与贸易谈判，并建立了一定的组织形式与谈判平台，形成"集体的声音"，使得少数发达成员垄断"游戏规则"的现象得以部分改观。[④]

从西雅图到多哈 WTO 部长级会议进程中，发展中成员逐渐形成了集团化联盟的热潮。WTO 时期的发展中成员联盟充分吸取了在 GATT 时期不同联盟类型的经验教训，在寻求一致的经济政治基础的同时，注重增强集团内部的凝聚力，以更加成熟的组织形式为发展中成员参与谈判发挥了积极的作用。多哈回合中，上述联盟表现出一定程度的凝聚力与抗压能力，联盟内部积极协调立场，联盟之间定期会晤共同磋商。一些规模较大的发展中成员担负起帮助最不

---

① 1954—1955 审查会议（Review Session）期间，GATT 全体缔约方同意重新修正 GATT1947 第 18 条幼稚产业例外，对为保护幼稚产业和国际收支平衡而设置的贸易壁垒采取了更加积极的支持态度，且放松了互惠原则对发展中国家的适用。1966 年 6 月 27 日，GATT 第四部分正式生效，特殊与差别待遇得以机制化。参见 Pallavi Kishore, "Special and Differential Treatment in the Multilateral Trading System," *Chinese Journal of International Law*, vol.13, no.2, 2014, p.376. 1971 年 GATT 的谈判中首次引入了最惠国待遇的豁免，允许普惠制（"GSP"）持续 10 年；1979 年 GATT 缔约方达成授权条款将 GSP 授权永久化。参见 Norma Breda dos Santos, Rogério Farias and Raphael Cunha, "Generalized System of Preferences in General Agreement on Tariffs and Trade/ World Trade Organization：History and Current Issues," *Journal of World Trade*, vol.39, no.4, 2005, p.652。

② 徐泉：《WTO "一揽子承诺"法律问题阐微》，《法律科学》2015 年第 1 期。

③ 法扎尔·伊斯梅尔：《改革世界贸易组织：多哈回合中的发展中成员》，上海人民出版社 2011 年版，第 38—39 页。

④ 例如，在 2003 年坎昆会议前美欧的联合提案催生了发展中国家组成 20 国集团，20 国集团由巴西牵头，目的是要求发达国家废除扭曲贸易的政策，实质性开放市场。一些发展中成员围绕特殊产品和特殊保障机制形成了 G33 集团，33 国集团由印度尼西亚牵头，要求建立只有发展中国家才能享有的特殊产品和特殊保障机制。最不发达国家、非洲集团国家和 77 个非洲−加勒比海−太平洋国家形成了 G90 集团。90 国集团强调最不发达国家利益，关注棉花和特惠侵蚀问题。参见徐泉：《WTO 体制中成员集团化趋向发展及中国的选择析论》，《法律科学》2007 年第 3 期。参见 Amrita Narlikar, *International Trade and Developing Countries-Bargaining Coalitions in the GATT&WTO*, London；New York：Routledge, 2003, pp.10-14。

发达成员的责任，兼顾它们的特殊处境和发展需求。以二十国集团（成员集团化中的 G20）为代表的发展中成员联盟逐渐超越了相对狭隘的福利主义利益，为发展中成员建立统一的联合阵线奠定了基础。[①] 发展中成员集团化联盟增加了发展中成员的集体谈判优势，促进了南南合作，在一些领域成为了与美国和欧盟"相提并论的主要对话者"[②]。集团化联盟成为了发展中成员为多边贸易谈判和 WTO 内部治理提供动力的主要途径，也为推进多边贸易谈判朝着民主、公平的方向发展作出了重要贡献。[③]

三、WTO 双重二元结构与美国因素

美国既是多边贸易治理的主要缔造者，同时又是追求自身国家利益的最大受益者。美国在建立、推动多边贸易体制发展以促进国际经贸合作方面发挥了不可替代性的作用，同时也借助多边贸易机制和规则获取了巨大的不对称收益，并最终锁定自身在国际体系中的霸权地位。WTO 双重二元结构价值取向与成员驱动层面叠加互动的关联性，决定了美国霸权与多边贸易体制之间存在互利共生、双向依存的逻辑关联。

1. 美国是多边贸易体制的缔造者。二战后美国推动建立了以自由和开放为基础的自由主义国际经济秩序。该秩序的建立推翻了英国以《渥太华协定》为核心的经济政治联盟。通过机制化、组织化的"布雷顿森林体制"最终完成了由"英国治下的和平"（pax Britannica）向"美国治下的和平"（pax Americana）[④] 的历史性嬗变。在二战后形成的美苏对峙格局中，欧洲得益于"马歇尔计划"在政治利益和军事利益上均受到了美国的庇护，美国则利用西方国家对自身物质实力及治理资源的依赖构建了西方统一化市场及国际经贸规

---

① 法扎尔·伊斯梅尔：《改革世界贸易组织：多哈回合中的发展中成员》，上海人民出版社 2011 年版，第 37 页。

② 法扎尔·伊斯梅尔：《改革世界贸易组织：多哈回合中的发展中成员》，上海人民出版社 2011 年版，第 66 页。

③ 徐泉：《WTO 体制中成员集团化趋向发展及中国的选择析论》，《法律科学》2007 年第 3 期。

④ John Gerard Ruggie, "International Regimes, Transactions, and Change：Embedded Liberalism in the Postwar Economic Order," *International Organization,* vol.36, no. 2, 1982, pp.385–388.

则体系，"成为了 ITO 的产床和 GATT 的助产师。"① 自 GATT 建立以来，美国承担了体系维护和市场开放的责任，维护和推动多边贸易体制的发展，② 并利用这一秩序的国际合法性，成功地打开了主要国家的市场，成为了"自由和开放市场竞争中的最大受益者"③。

后 GATT 时代的美国是全球统一大市场的制度输出者和规则引领者。美国在全球推行市场化、私有化和西方世界经济规则的国际化。WTO 的建立标志着世界贸易治理体制由嵌入式自由主义向新自由主义的过渡，④ 也反映了国际贸易体系的"法律化"⑤ 过程。而美国成为这一过程转变的主要推动者。不仅服务贸易、知识产权与投资等美国具有高度竞争优势的领域被纳入到 WTO 的规制范畴，美国还支持建立一个有强制执行力的 WTO 争端解决机制以确保符合本国利益的规则能够得到良好的执行，推动了多边贸易体制朝着"以规则为准绳"⑥ 的方向迈出了关键性一步。

作为多边贸易体制的主要设计者，美国的文化、价值观以及贸易政策定型了多边贸易体制的规范性与功能性轮廓，决定了各国应在多边层面解决何种问题，如何解决以及建立何种机制来解决。⑦ 多边贸易体制不仅仅是权力主导下

① GATT 多轮回和谈判都是在"冷战"背景下进行的，这一时期美国需要联合西方盟友，并拉拢发展中国家对抗苏联阵营的威胁，因此会相对克制地运用权力。Michael Mastanduno, "System Maker and Privilege Taker：U.S. Power and the International Political Economy," *World Politics*, vol.61, no.1, 2009, pp.124-143。

② Michael Mastanduno, "System Maker and Privilege Taker：U.S. Power and the International Political Economy," *World Politics*, vol.61, no.1, 2009, pp.124-125.

③ 潘晓明：《变动中的国际贸易体系：特朗普政府的调整策略及思路》，《国际关系研究》2018 年第 6 期。

④ Kristen Hopewell, *Breaking the WTO: How Emerging Powers Disrupted the Neoliberal Project*, p.54.

⑤ 法律化程度可以从义务性、精确度和授权三个方面来衡量。参见 Kenneth W. Abbott, Robert O. Keohane, Andrew Moravcsik, Anne-Marie Slaughter, and Duncan Snidal, "The Concept of Legalization," *International Organization*, vol.54, no.3, 2000, p.401.

⑥ 参见约翰·H. 杰克逊：《国家主权与 WTO：变化中的国际法基础》，赵龙跃等译，社会科学文献出版社 2009 年版，第 175 页。

⑦ Soo Yeon Kim, *Power and the Governance of Global Trade: From the GATT to the WTO*, Ithaca and London：Cornell University Press, 2010, pp.10-16.

的产物，更是"美国"权力的产物，[①] 因此带有鲜明的"美国制造"标签和印记[②]。多边贸易体制作为"美国式"国际公共产品和战略性工具，服务于不同国际力量格局背景下的美国利益诉求。[③] 美国将多边贸易规则作为传导机制，将自身法律规则、意识形态普遍化的同时把其他国家锁定在特定的政策选择之中，以霸权思维推动全球治理，[④] 形成了所谓的"实力的另一张面孔"[⑤] 的基本格局。

2. 多边贸易体制规则体现出美国权力导向。美国在二战后缔造并延续至今的国际贸易秩序是一种自由主义的国际秩序。它在理想状态下通过国家同意而非胁迫得以维持，从而为国家间进行互惠和机制化合作奠定基础。[⑥] 然而自由主义国际经贸秩序在现实中的运作既可以是相对扁平的，又可以是具有等级性的，主要取决于国家间权力的运作方式。而美国主导的自由主义国际经济秩序绝非在权力的真空中产生，而是建立在现实主义的基础之上，从本质上体现出美国自由主义秩序的内在矛盾性。[⑦] 抽象的自由主义理念为建立美国权力下不平衡的利益分配机制提供了表面的正当性和合法性，而自由主义制度在形式上的、法律上的平等通常掩盖了实质上的不平等。

美国主导建立起来的 WTO 规则体系没有也不可能完全摆脱以权力为导向的价值表征。WTO 规则体系对已有权力关系的强化使得美国主导的国际贸易秩序能够得以巩固和扩展。多边贸易体制规则的美国权力导向性主要体现在 WTO 的规则生成机制上。协商一致原则为成员权力的不对称运用预留了空

---

① John Gerard Ruggie, "International Regimes, Transactions, and Change：Embedded Liberalism in the Postwar Economic Order,"*International Organization*, vol.36, no.2, 1982, pp.385–388.

② 高程：《新帝国体系中的制度霸权与治理路径——兼析国际规则"非中性"视角下的美国对华战略》，《教学与研究》2012 年第 5 期。

③ 高程：《从规则视角看美国重构国际秩序的战略调整》，《世界经济与政治》2013 年第 12 期。

④ 强世功：《〈美国陷阱〉揭露了一个骇人听闻的霸凌主义案例》，《求是》2019 年第 12 期。

⑤ 参见安德鲁·赫里尔：《全球秩序与全球治理》，林曦译，中国人民大学出版社 2018 年版，第 80 页。

⑥ 约翰·伊肯伯里：《自由主义利维坦：美利坚世界秩序的起源、危机和转型》，上海人民出版社 2013 年版，第 14 页。

⑦ Kristen Hopewell, *Breaking the WTO: How Emerging Powers Disrupted the Neoliberal Project*, p.28.

间，反映了潜在的权力关系。[1] 互惠规范的内在模糊性、多层次性[2] 和使用方式的多样性使之既成为美国形塑多边贸易体制的关键政策性工具，又成为了美国满足国内保护主义和狭隘民族利益的重要规则武器。主要供应方规则奠定了谈判进程实质上是由少部分国家掌控的基本格局，贸易谈判的收益不对称地流向权力中心。[3] 权力中心逐渐演变成多边贸易体制的"核心决策层"[4]，进一步巩固和加深了 WTO 谈判及决策过程中的民主赤字。一揽子承诺谈判方式旨在通过建立议题之间的关联而推动参与各方达成妥协，促进规则的统一适用，[5] 但与此同时也被美国和欧共体用作成功打开发展中国家市场的工具。[6]WTO 规则生成机制虽然在表面上体现出对主权平等原则以及对规则导向治理理念的维护，但实质上都蕴含了对权力和实力的遵从。通过保证权力的运作空间，WTO 规则生成机制能够巩固不均衡的治理体系，在不对称的成员驱动力以及

---

① Richard H. Steinberg, "In the Shadow of Law or Power? Consensus-Based Bargaining and Outcomes in the GATT/WTO," p.342.

② 国际关系新自由制度主义的奠基人罗伯特·基欧汉将国际关系中的互惠区分为"具体的互惠"(specific reciprocity) 和"扩散的互惠"(diffuse reciprocity)。具体的互惠是指特定的行为方之间以一种严格限定的顺序，交换等值物品的情形。扩散的互惠关于对等的定义没有那么准确，更强调在整个群体内达成的平衡。行为方可能被视为一个群体而非特定的个体，且交换的顺序并没有被严格限定。参见，Robert Sugden, "Reciprocity : The Supply of Public Goods through Voluntary Contributions, " *Economic Journal,* vol.94, no.376, 1984, pp. 775-776。美国贸易政策的影响下建立起来的多边贸易体制中的互惠呈现出不同层次。在具体规则层面，扩散的互惠和具体的互惠均有相应的制度体现。而最终在多边贸易体制的规范层面上，互惠的含义实则更为宽泛，应被理解为扩散的互惠或多边的互惠。参见 Ethan B. Kapstein, *Economic Justice in an Unfair World: Toward A Level Playing Field*, Princeton and Oxford : Princeton University Press, 2006, p.59. 参见 Daniel C.K. Chow and Ian Sheldon, "Is Strict Reciprocity Required for Fair Trade?" *Vanderbilt Journal of Transnational Law*, vol.52 no.1, 2019, p.4。

③ Soo Yeon Kim, *Power and the Governance of Global Trade: From the GATT to the WTO*, p.95。

④ Soo Yeon Kim, *Power and the Governance of Global Trade: From the GATT to the WTO*, p.148. 有学者提出，多哈回合出现的非正式化小型部长级会议模式正是美国提倡的主要供应方谈判模式的延伸。参见 Faizel Ismail, "Reforming the World Trade Organization," *World Economics*, vol.10, no.4, 2009, p.134。

⑤ Zaki Laïdi, "Towards A Post-Hegemonic World : The Multipolar Threat to the Multilateral Order," *International Politics*, vol.51, no.3, 2014, p.356.

⑥ Richard H. Steinberg, "In the Shadow of Law or Power? Consensus-Based Bargaining and Outcomes in the GATT/WTO," p.360.

权力导向的阴影下生成非中性的 WTO 规则，使治理权限和谈判收益向以美国为首的西方发达成员不对称地倾斜，特别起到了对美国权力的护持作用。

美国主导下的 WTO 规则生成机制是一种"隐藏的加权机制"[1]，其内含的权力导向性为其获得了充分的政治支持，并在一定时间范围内保证了机制本身的稳定性。但这一规则体制对权力的过分巩固与纵容必然导致治理结构的失衡。WTO 具有非正式的"等级性"特征[2]，这种特征一直深嵌在多边贸易体制的治理体系中。因美国的实力和权力运用能力远远大于多边贸易体制中的其他参与方，特别是远超其中的发展中国家，美国处于多边贸易非正式等级体系的最顶端，作为美国盟友的其他发达国家位于美国之下的中上端，大部分发展中国家则处于等级体系的最底端。WTO 规则导向和自由主义理念背后隐藏的权力导向阴影和强权政治创造巩固了等级式治理结构，构成了 WTO 治理结构体系中最大的不稳定因素。WTO 等级式治理结构所导致的显著不平等造成了 WTO 内部治理的民主赤字与正当性危机。而新兴经济体和其他发展中成员对于 WTO 治理结构的挑战又触发了 WTO 体制内规则主导权的争夺和博弈。多边贸易体制的结构性危机在某种程度上正是美国自由主义秩序的"伪善"造成的。美国自由主义秩序的内在矛盾性使其不可避免的带有"自我毁灭的基因"[3]。

3. 强化 WTO 体制的变革要以美国的诉求为基轴。虽然美国对 WTO 上诉机构官员选任的阻挠和单边措施的滥用引发了 WTO 自诞生以来最大的发展

[1] Kristen Hopewell, *Breaking the WTO: How Emerging Powers Disrupted the Neoliberal Project*, p.59. 此外，有学者提出："制度不仅仅关系到解决共同问题或推广共同价值等自由目标，也是反映和巩固权力等级和强国利益的权力场。"参见安德鲁·赫里尔：《全球秩序的崩塌与重建》，林曦译，中国人民大学出版社 2017 年版，第 38 页。

[2] 参见约翰·伊肯伯里：《自由主义利维坦：美利坚世界秩序的起源、危机和转型》，上海人民出版社 2013 年版，第 33 页。WTO"同心圆"的谈判模式证实了 WTO 实质上的等级治理结构。另外，美国主导的全球化进程本质上具有排他性，其主导者是美国及其有共同利益的志同道合者，目标是维护美国及其盟友的领先地位。参见李向阳：《特朗普政府需要什么样的全球化》，《世界政治与经济》2019 年第 3 期。

[3] 参见安德鲁·赫里尔：《全球秩序与全球治理》，林曦译，中国人民大学出版社 2018 年版，第 319 页。另有学者提出，单极状态的终结不是由其他大国的崛起导致的，单极状态本身就孕育了其自身死亡的种子。参见阿米塔·阿查亚：《美国世界秩序的终结》，袁正清、肖莹莹译，上海人民出版社 2014 年版，第 168 页。

与生存危机，但美国对于 WTO 治理体系所造成的颠覆性破坏，并没有从根本上跳出 WTO 双重二元结构的理论分析框架。美国看似消极对待多边主义和 WTO 治理，实则"以退为进"主动出击重塑 WTO 规则。美国频频"退群"或以"威胁退群"作为"发声"手段，但并"不会彻底抛弃、退出和摧毁WTO"[①]，这将招致过高的"退出成本"和"机会成本"[②]。更重要的是由于"还没有找到更具吸引力的可以替代 WTO 的国际组织"，"美国退出选择仍然有限"[③]，美国很难抛弃经多轮复杂博弈所形成的全球贸易治理体系，进而重新打造一个美国利益至上的新 WTO。[④] 美国不排除会在确保满足其利益诉求的前提下实现对 WTO 体制的再造，以使其更好地服务于美国的特权政治和价值偏好。美国尝试通过削弱 WTO 的治理功能而向其他 WTO 成员施压，以推动实现新的契约平衡，能够使美国少受规则约束从而获得更多权力行使的自由；与此同时抛弃原有的"发展"理念，要挟发展中国家承担更多责任，进一步扩大从其他贸易伙伴处获得的贸易收益。[⑤] 美国还想要通过更新 WTO 规则对中国经济发展和话语权提升进行遏制，从而在成员驱动层面强化自身绝对的、排他性的主导权。而此次新冠疫情撕裂了全球既有的贸易合作和相互依赖关系，[⑥]恰好为美国实行超强贸易保护措施、实现"规则制华"提供了借口和抓手[⑦]。考虑到双重二元结构在权力导向与成员驱动层面的叠加互动，"美国式"具有排他性的 WTO 改革方案无疑会加深 WTO 治理中结构性失衡的矛盾，使得未来 WTO 权力阴影下的规则导向的特征得到强化。

美国对 WTO 规则进行美国式再造的战略意图受国内和国际、微观和宏观

① 　张杰：《中美战略竞争的新趋势、新格局与新型"竞合"关系》，《世界经济与政治论坛》2020 年第 2 期。

② 　参见温尧：《退出的政治：美国制度收缩的逻辑》，《当代亚太》2019 年第 1 期。

③ 　参见参见安妮·O. 克鲁格：《作为国际组织的 WTO》，黄理平等译，上海人民出版社 2002 年版，第 283 页。

④ 　张杰：《中美战略竞争的新趋势、新格局与新型"竞合"关系》，《世界经济与政治论坛》2020 年第 2 期。

⑤ 　竺彩华：《市场、国家与国际经贸规则体系重构》，《外交评论》2019 年第 5 期。

⑥ 　陈向阳：《把脉新冠疫情六大国际战略影响》，《大众日报》2020 年 5 月 4 日，第 4 版。

⑦ 　"规则制华"是指"利用并塑造国际规则及国际机制的非中性性质钳制中国影响力的扩展"。参见高程：《新帝国体系中的制度霸权与治理路径——兼析国际规则"非中性"视角下的美国对华战略》，《教学与研究》2012 年第 5 期。

等多重因素的共同互动影响。在国内层面，现代金融业和服务业占据了美国经济的主要份额，资本外流加速了美国"产业的空心化"[1]，制造业出现了尤为严重的衰退。经济全球化对不同产业收益的影响扩大了美国国内阶层之间贫富差距，导致"民粹主义抬头"[2]。而美国行政当局将矛头转向中美经贸关系和以 WTO 为基础的多边贸易自由化，力图通过对国际经贸关系的调整和国际经贸体系的改革来缓和美国的国内社会问题。[3] 在国际层面，随着越来越多的发展中国家加入了多边贸易体制，发展中国家在 WTO 体制内阻却了美国和西方发达成员对 WTO 治理权限的垄断。[4] 中国与多边贸易体制互动与调适的过程尤其挫败了美国的战略预期。美国历史上一直希望通过把中国拉入由美国主导的国际经济体系，以实现按照其意愿对中国加以"塑造"的战略目的。而如今美国认为中国特有的经济体制"冲击"并"破坏"了公平竞争的市场环境，WTO 现有规则非但"不能充分约束中国的非市场经济行为，反而捆绑了美国自己的手脚"[5]。随着美国对 WTO 体制在规则更新、约束中国、打开发展中国家市场、提供霸权收益等方面的不满情绪持续增长，美国在 WTO 框架内接受规则约束的意愿也随之减退。在美国领导人及其精英团队特质的影响下，[6] 美国做出了重大的贸易政策决策转型。想要按照本国意愿更新 WTO 规则，以扩大制度非中性所带来的收益，并"钳制崛起大国的权势扩展"[7]。通过追求公平贸易的制度收缩战略减轻美国所承担的国际经贸秩序的成本和战略负担，以此维护美国实力地位，实现强力"护持美国霸权"的战略性调整[8]。

美国对 WTO 规则体系进行美国式再造的过程仍然是通过多边、区域、双

---

① 周琪：《论特朗普的对华政策及其决策环境》，《世界经济与政治》2019 年第 3 期。

② 潘晓明：《变动中的国际贸易体系：特朗普政府的调整策略及思路》，《国际关系研究》2018 年第 6 期。

③ 周琪：《论特朗普的对华政策及其决策环境》，《世界经济与政治》2019 年第 3 期。

④ Amrita Narlikar, "New Powers in the Club：The Challenges of Global Trade Governance," *International Affairs*, vol.86, no.3, 2010, p.722.

⑤ 陈凤英、孙立鹏：《WTO 改革：美国的角色》，《国际贸易问题研究》2019 年第 2 期。

⑥ 商人出身的特朗普人格特质，造成了美国在制定对外贸易政策方面更加自私。参见尹继武等：《特朗普的政治人格特质及其政策偏好分析》，《现代国际关系》2017 年第 2 期。

⑦ 参见温尧：《退出的政治：美国制度收缩的逻辑》，《当代亚太》2019 年第 1 期。

⑧ 李永成：《特朗普对美国自由霸权主义的继承与调整》，《现代国际关系》2019 年第 5 期。

边以及单边几种途径并行推进。在多边层面通过利用既有规则"成功实现"了阻挠法官遴选，致使 WTO 上诉机构陷入瘫痪，也不排除因 WTO 运行机制日益背离美国利益转而以"断供"（不缴纳会费）方式使其无法运转；在区域层面升级原有区域贸易协定，主导创制了更加符合美国利益和价值取向的《美墨加贸易协议》（USMCA），同时通过多次发表美日欧联合声明，提出具有针对性极强的 WTO 改革方案动议；在双边层面联合欧盟及加拿大，并滥用单边主义措施向中国极限施压。美国多层面推进核心利益的"组合拳"反映了"美国优先"的精致战略性安排，将现行国际经贸秩序中的权力导向运用到了极致，严重冲击了 WTO 成员间平等合作、协同发展的理念，进一步加重了 WTO 内部治理的结构性危机。

美国是 WTO 至关重要的改革推动者和规则再造者。虽然经历了权力的相对衰退，美国仍然是全球体系中的主导国。WTO 的未来在很大程度上取决于美国在国际贸易事务方面的战略取向。然而美国的极限施压方案是其他 WTO 成员所不能接受的，因为这与 WTO 治理结构的客观变化趋势相违背，也与当代国际法治精神相冲突。美国助推 WTO 结构性失衡的战略决定了 WTO 改革进程必然困难重重。美国若欲继续在国际经贸秩序中发挥主导性作用，必须直面多边贸易体制中长期积存下来的结构性问题，并理性回应国际经贸格局所显现出的发展趋势与变化，促使全体 WTO 成员进行建设性对话和合作。若想为成功的 WTO 改革和规则现代化治理进程奠定基础，美国的权力滥用必须受到制约，美国的支配地位必须要让位于权力更加分散、更加"扁平化"的共同治理体系[1]。

四、WTO 双重二元结构的理论意蕴

相比于"杰克逊范式"而言，双重二元结构理论在剖析与矫正 WTO 内部治理的结构性失衡方面具有以下理论价值和实践意义。

1. 解释了 WTO 治理结构失衡的根源。WTO 双重二元结构作为剖析多边

---

[1] 约翰·伊肯伯里：《自由主义利维坦：美利坚世界秩序的起源、危机和转型》，上海人民出版社 2013 年版，第 245 页。

贸易体制运行的元概念，契合了破解 WTO 理论建构、规则生成、谈判推动以及成员共治的基础。双重二元结构通过在价值取向和成员驱动两个层面的分析，揭示出规则生成过程中的权力作用。一方面，多边贸易体制的规则是在权力的作用下形成的，WTO 的规则导向从未摆脱权力的阴影；另一方面，两类成员不平衡的影响力，特别是成员中的大国作用使得 WTO 内部治理结构发生扭曲。双重二元结构的叠加互动共同构成了多边贸易体制发展的全貌，因而成为认知 WTO 结构性危机根源的重要理论基础。

2. 揭示出权力对多边贸易体制的影响。国际贸易关系与国际政治权力始终存在逻辑关联。国际贸易结构是由国家间的权力和利益决定的，国际贸易关系既是权力作用的产物，同时也是权力运行的源泉。国际关系权力结构始终根本性地影响并制约着国际多边贸易制度和规则的建立和发展。WTO 双重二元结构理论充分论证了国际政治经济权力、国际经贸关系以及多边贸易体制规则之间的互动与逻辑关联，否认把权力与规则割裂对立的理论假设。通过澄清权力阴影下规则生成的基本原理和路径，WTO 双重二元结构阐示了多边贸易体制从始至终无处不在的权力作用形态与表征。

3. 为阐明 WTO 运行机理提供了动态的分析范式。WTO 双重二元结构是一种动态理论系统，它对于多边贸易体制以及 WTO 规则的认知并不是先验的和静止的。通过对成员驱动的阐释，WTO 双重二元结构理论客观认知了组织成员的主体能动性，以及成员与组织之间的互动关联，从而达到了将非对称性的成员驱动与多边贸易体制中的权力导向结合起来加以分析的全新视角。WTO 治理结构和治理体系正处于变革创新的关键时刻，WTO 双重二元结构不但能够为 WTO 结构性危机的酝酿、发轫、定型与凸显的全过程提供解释力，在此基础上也将为未来 WTO 治理结构的完善与现代化建设提供新的思考路径。

4. 为制定 WTO 改革和规则现代化方案提供了着力点和路线图。对于多边贸易体制所面临的治理困境，WTO 的部分核心成员提出了差异性较大的改革方案。①2018 年 9 月 18 日欧盟率先发布关于 WTO 现代化的改革动议，希望继续推进部分"多哈发展回合"（DDA）议题并扩大谈判议程，以使该体制

---

① 参见廖凡：《世界贸易组织改革：全球方案与中国立场》，《国际经济评论》2019 年第 2 期。

重获平衡和实现公平竞争。① 美国则明确表现出从自由贸易的立场上退却，转而支持以对等原则为前提的"公平贸易"，② 借口一些国家利用发展中国家身份获利，将发展中成员待遇作为改革重大议题。③2019 年 5 月 23 日美日欧发表第六次联合声明，就控制第三方非市场主导政策、强化产业补贴规则和国企规则、制止强制性技术转让政策、促进数字贸易和电子商务等问题达成共识。④ 而中国则在坚持 WTO 改革的"三项基本原则"⑤ 的基础上呼吁"解决威胁 WTO 生存的关键和紧迫的问题"，"提高 WTO 在全球经济治理中的相关性"，"提高 WTO 的运作效率"，并"增强多边贸易体制的包容性"。⑥ 可见，成员方在协调与管控 WTO 未来发展模式和新规则谈判问题上的分歧巨大。

　　WTO 改革方案上的差异展现了各国为维护经贸利益的战略制高点而进行的争夺国际经贸规则制定主导权的博弈。将 WTO 危机归咎于以中国为代表的新兴经济体的"不公平"贸易行为，⑦ 是发达成员平衡新兴经济体的竞争压力、

---

① 参见 "WTO Modernization Introduction to Future EU Proposals". http: // trade. ec. europa. eu/doclib/ docs/2018/september/tradoc_157331.pdf。

② President Trump's 2018 Trade Policy Agenda and 2017 Annual Report（美国 2018 年贸易政策议程暨 2017 年度报告）https：//ustr.gov/sites/default/files/files/Press/Reports/2018/AR/2018％ 20Annual％ 20Report％ 20I.pdf。

③ 参见 An Undifferentiated WTO: Self-declared Development Status Risks Institutional Irrelevance, WTO Document, WT/GC/W/757, 16 January 2019。参见 2019 Trade Policy Agenda and 2018 Annual Report of the President of the United States on the Trade Agreements Program, https：// ustr.gov/sites/default/files/2019_Trade_Policy_Agenda_and_2018_Annual_Report.pdf, p.110。

④ "Joint Statement on Trilateral Meeting of the Trade Ministers of the United States, European Union, and Japan", https：//ustr.gov/about-us/policy-offices/press-office/press-releases/2019/may/ joint-statement-trilateral-meeting? from=groupmessage&isappinstalled=0.

⑤ 《中国关于世界贸易组织改革的立场文件》提出了中国改革世贸组织的三个基本原则和五点主张。三个基本原则为："维护多边贸易体制的核心价值""保障发展中成员的发展利益""遵循协商一致的决策机制"。五点主张为："维护多边贸易体制的主渠道地位""优先处理危及世贸组织生存的关键问题""解决贸易规则的公平问题并回应时代需要""保证发展中成员的特殊与差别待遇以及尊重成员的发展模式"。参见 http：//www.mofcom.gov.cn/article/i/jyjl/ k/201812/20181202818736.shtml。

⑥ China's Proposal on WTO Reform, WT/GC/W/773, 13 May 2019.

⑦ CSIS, "U.S. Trade Policy Priorities：Robert Lighthizer, United States Trade Representative", https：//csis-prod.s3.amazonaws.com/s3fs-public/publication/170918_U.S._Trade_Policy_Priori- ties_Robert_Lighthizer_transcript.pdf.

重塑多边贸易体制新规则的战略需求，[①] 却刻意掩盖了 WTO 治理困境的重要结构性根源[②]。WTO 治理结构的失衡是解决 WTO 危机不可回避的结构性问题和关键性难题。无论是未来 WTO 的改革方案还是规则现代化的治理进程都必须触及到 WTO 内部治理的结构性矛盾，通过所有成员形成合力才能推动建设具有持久性与合法性的 WTO 制度规则完善。

第四节　WTO 治理结构失衡矫正：以"共治"促"发展"

欲矫正 WTO 治理结构的失衡，同时破解双重二元结构视阈下的权力运行及规则生成机理，需要从价值取向和成员驱动两个维度做出积极应对和主动回应。在价值取向层面，未来的 WTO 治理亟需明确特定的价值理念，以制衡"权力导向"，变革被权力扭曲的既有规则，解决 WTO 的发展赤字问题。国际经贸规则的形成体现了利益博弈的结果，但是规则之所以成为规则，并不仅仅是划分利益的简单公式，"其基础仍然是有说服力的价值观念和国际法的相应法理基础。"[③] 在成员驱动模式的更新上，则需要通过促进发达成员与发展中成员通过共商共建共享共治，[④] 确保发展中成员在 WTO 中的民主参与权和话语权表达，弥补 WTO 的民主赤字和治理赤字。由于国际体系内无处不在的权力作用，以及成员间实力差异的实际影响，在双重二元结构的任意一个维度上做出更新和改进都是艰巨和充满挑战的，但这并不意味着多边经贸治理将会永远停滞不前。相反，治理结构的改善与提升必将会对动态变迁中的国际社会和国际秩序产生积极的影响。

---

① 潘忠岐等著：《中国与国际规则的制定》，上海人民出版 2006 年版，第 161 页。

② 朱锋：《国际秩序与中美战略竞争》，《亚太安全与海洋研究》2020 年第 2 期。

③ 潘忠岐等著：《中国与国际规则的制订》，上海人民出版社 2006 年版，第 181 页。

④ "治理是只有被多数人接受才会生效的规则体系"。在全球治理中，"合法性问题与道德关怀"已称为无法回避的问题。参见詹姆斯·N. 罗西瑙：《没有政府的治理》，张胜军、刘小林译，江西人民出版社 2006 年版，第 5—7 页。

一、价值取向再定位：以发展导向重塑规则体系

虽然推动贸易自由化已成为 WTO 的核心任务之一，但作为一个正式的国际组织，WTO 却始终没有明确其宗旨和价值取向。[①] 价值取向的缺位不但导致了贸易自由化和其他发展目标之间的失衡，也放任了成员权力的滥用和对 WTO 规则的扭曲。"规则滞后"是治理失灵的基本原因，[②] 全球性治理理念、原则和方式不能适应全球化的迅速发展和全球性问题的大量涌现，规则的供应在数量与质量上落后于实际的需求。然而，为 WTO 确立价值理念的过程是复杂且充满挑战的。由于价值理念对于制度规则建设具有引领作用，其背后往往充斥着权力的博弈。"生产性权力"[③]"象征性权力"[④] 等概念均说明了价值可能导致的非中性以及无处不在的权力渗透。

WTO 价值取向的重构，应当处理好由权力导向向规则导向、再向发展导向的演进，三者内在的梯次递进和同向发展应当是多边贸易体制改革的可行路径依赖。"发展导向"作为一个具有充分包容性的价值取向，在一定程度上规避了价值非中性带来的风险。发展导向以互利共赢为基础，突出体现在基于责任共同体、利益共同体的人类命运共同体大道之中。新自由主义主导的全球化导致发展失衡、发展缺位和发展赤字，是国际社会面临的最突出问题。[⑤]2012年党的十八大报告中首次提出，要倡导人类命运共同体意识，在追求本国利益时兼顾他国合理关切。[⑥] 党的十九大报告全面阐述了人类命运共同体的思想，呼吁建设持久和平、普遍安全、共同繁荣、开放包容、清洁美丽的世界，推动

---

① 程大为：《WTO 体系的矛盾分析》，中国人民大学出版社 2009 年版，第 176—177 页。

② 秦亚青：《全球治理失灵与秩序理念的重建》，《世界经济与政治》2013 年第 4 期。

③ 生产性权力通过共有知识体系建构了不同的社会主体的身份和利益，意味着塑造共有知识的权威。Michael Barnett and Raymond Duvall, "Power in International Politics," *International Organization*, vol. 59, no.1, 2005, p. 55。

④ 布尔迪厄将象征性权力理解为"通过以伪装的、习以为常的形式再现经济与政治权力来强制性地推行理解与适应社会世界的方式的能力"。戴维·斯沃茨：《文化与权力——布尔迪厄的社会学》，陶东风译，上海译文出版社 2006 年版，第 103 页。

⑤ 魏玲：《改变自己塑造世界：中国与国际体系的共同化》，《亚太安全与海洋研究》2020 年第 2 期。

⑥ 参见胡锦涛：《坚定不移沿着中国特色社会主义道路前进，为全面建成小康社会而奋斗》，人民出版社 2012 年版，第 6 页。

经济全球化朝着更加开放、包容、普惠、平衡、共赢的方向发展，尊重世界文明多样性。① 在纪念改革开放四十周年大会上，习近平总书记再次提出"促进共同发展的外交政策宗旨，推动建设相互尊重、公平正义、合作共赢的新型国际关系"。② 中国以"共享发展"和"发展引导"为基本原则，推进国际经贸秩序的不断变革。"发展"意味着全体 WTO 成员的共同发展。在 WTO 中确立发展导向能够给予每一个成员利益以最低限度的保障，防止最弱势的群体因国际合作而遭受利益损失，反对 WTO 治理体系因权力滥用而出现治理结构的显著失衡。概言之，"发展导向"能够制衡"权力导向"进而矫正权力阴影下生成的"规则导向"。

"发展导向"的开放性意味着该理念在 WTO 体制中的具体内涵处于动态调整状态中。旨在破解 WTO 中的"发展"具体应当包含哪些维度？什么才是"发展导向"下的"公平正义"？如何实现"公平正义"？正如美国所追求的"公平贸易"与发展中国家语境下的"公平贸易"有着截然不同的思想和文化源流，③ 何者才是 WTO 的价值取向？对于这些问题的回答又不可避免地要再次陷入到成员权力与价值观的博弈之中。

不同的思想流派对此可能会选择不同的应对路径。崇尚经院哲学的政治哲学家希望通过诉诸人类理性自上而下地制定普遍适用的规范和标准，以作为思考全球正义的框架。④ 但是所谓的"人类理性"并不能被证明具有普适性，判断者也不具备"绝对中性"的价值取向。一些怀疑论者则对能否建立"跨文化

---

① 参见习近平：《决胜全面建成小康社会，夺取新时代中国特色社会主义伟大胜利》，人民出版社 2017 年版，第 16 页。

② 参见习近平：《在庆祝改革开放 40 周年大会上的讲话》，《人民日报》2018 年 12 月 19 日。

③ 美国的公平贸易政策以"互惠"为核心理念。参见刘振环：《美国贸易政策研究》，法律出版社 2010 年版，第 253—254 页。发展中国家则更关注实质公平和分配正义。参见 Proposal for a Framework Agreement on Special and Differential Treatment，WT/GC/W/442. 19 September 2001. See also, Special and Differential Treatment Provisions：Joint Communication from the African Group in the WTO, WTO Document, TN/CTD/W/3/Rev.1, 24 June 2002。

④ 正如经院哲学所持有的符合论真理观，认为真理就是与实在事物相符的话语陈述。参见安德鲁·赫里尔：《全球秩序与全球治理》，林曦译，中国人民大学出版社 2018 年版，第 348—349 页。

的品德"持怀疑态度，因而坚持将价值取向排除在国际制度之外。[①] 但拒绝讨论价值取向本身也构成了一种立场，它可能意味着对权力的放任，"还可能通过创造出文化不可调和的假象而服务于自我利益的满足。"[②] 除此之外，一个更具可行性也是内含于"发展导向"理念本身的一项解决路径便是诉诸程序正当性，以促进主体间通过交往而达成共识。程序正当性作为一种"输入正当性"[③]，强调全球正义通过对话、协商和谈判而获得，而非从抽象理性的原则中演绎出来。在程序正当性的引领下，WTO 成员可以通过共商、辩论、妥协而共同确定发展导向的具体内涵，并以此指引多边贸易体制规则的建构，矫正权力阴影下的规则导向。

诉诸程序正当性是以国家间共同利益和价值观为基础，通过国家间合作，共同促进国际规则制定与变革的进程，因而具有其显著的理念优势。

第一，尊重世界文化的多样性和体制的包容性。由于每一种文化都有其产生的历史背景和存在的合理性，不同文化之间的对话和交流尤为重要。[④] 国际话语权不应被任何一个特定利益或实力集团永久性掌握在手中。[⑤] 特别是进入 21 世纪后，新兴发展中大国的实力提升导致了全球治理格局发生了体系性变革，这种变化了的国际力量格局使得国际体制的包容性问题变得更为迫切。面对 WTO 治理结构的体制性失衡和公平公正的欠缺，发展导向的价值理念能够通过增加包容性而促进实现 WTO 体制变革的动态平衡，例如在责任分担、收益分配的机制改革方面，更多考虑成员的发展权等基本人权需求。[⑥] 发展导向将在规则谈判和改革议程中汲取非互惠的价值理念，并依据发展中成

---

① Frank J. Garcia, *Trade, Inequality, and Justice: Toward a Liberal Theory of Just Trade,* Ardsley, New York：Transnational Publishers, 2003, pp.9-10.

② 章国锋：《关于一个公正世界的"乌托邦"构想》，山东人民出版社 2001 年版，第 175 页。

③ 参见 Fritz Scharpf, *Governing Europe: Effective and Democratic?* Oxford: Oxford University Press, 1999。

④ 章国锋：《关于一个公正世界的"乌托邦"构想》，山东人民出版社 2011 年版，第 177 页。

⑤ 参见安德鲁·赫里尔：《全球秩序与全球治理》，林曦译，中国人民大学出版社 2018 年版，第 353 页。

⑥ 参见 Gregory Shaffer, "Power, Governance, and the WTO：A Comparative Institutional Approach," p.138。另外，也有学者从经济学角度提出互惠原则与普惠制相结合的重要性，参见科依勒·贝格威尔、罗伯特·W. 思泰格尔：《世界贸易体系经济学》，雷达等译，中国人民大学出版社 2005 年版，第 86—87 页。

员所处的不同发展阶段，给予其履行义务的合理且可行的的过渡期安排，"以期建立起共赢的可持续发展模式"。① 发展导向的实质性具体内涵是开放且处于动态变化之中的，因为无论是道德理念还是国际法规则的重塑都难以彻底摆脱国家实践而在真空中进行。② 同样，程序正当性对于包容性的塑造也是相互的和动态的。它契合了构建人类命运共同体的思想，拒绝以"一种制度替代另一种制度""一种文明替代另一种文明"，而是提倡"不同社会制度、不同意识形态、不同历史文明、不同发展水平的国家"之间能够"相互尊重、平等协商"。

第二，促使 WTO 成员循序渐进地协调确立 WTO 的价值取向及制度规范。WTO 成员无法仅通过程序正义便就普适性的价值理念达成共识，但 WTO 成员可以由低到高逐渐形成更紧密的共识，以应对经济全球化带来的现实挑战和对国家间合作的迫切需求。最低层面上，WTO 成员可以通过程序正当性达成最低限度的共识，以寻找到成员间的"最大利益公约数"。成员间的"最大利益公约数"，强调"各个国家都把自己所遇到的最棘手问题、所面临的最基本需求和最紧迫的未来关切聚集在一起，寻求各国彼此共同关切的领域"。③ 因此也是"有限的"人类命运共同体理念的内在含义，它虽非人类的最高理想，却能促使各国在求同存异的现实基础上达成最低限度的一致性。在更高层面上，WTO 成员可以进一步协调促进不同理念的相互融合，以实现理念间的和谐共存。就彼此间难以协调的分歧，WTO 成员可以事先明确自身的核心利益和底线，在坚守底线的同时，探寻彼此的可谈判空间，并达成适当的妥协，以防止"完美主义"立场可能带来的合作困境与谈判破裂的风险。④WTO 核心成员充分的"政治意愿和灵活性"将有助于推动多边谈判达成新的利益平衡，从而推动国际经贸治理实现新的突破。⑤

---

① Ethan B. Kapstein, "Power, fairness, and the global economy," in Michael Barnett, Raymond Duvall, eds., *Power in Global Governance*, Cambridge: Cambridge University Press, 2005, p.97.

② 参见莱斯利·A. 豪:《哈贝马斯》，陈志刚译，中华书局 2014 年版，第 49—50 页。

③ 参见何志鹏、都青:《新时代中国国际法治思想》，《国际关系与国际法学刊》2018 年第 8 期。

④ 布鲁斯·琼斯等:《权力与责任》，秦亚青等译，世界知识出版社 2009 年版，第 19 页。

⑤ 潘忠岐:《中国与国际规则的制定》，上海人民出版社 2019 年版，第 167 页。

二、成员驱动的再平衡：促进成员共商共建共享共治

作为一个以"成员驱动"为基本特征的国际经贸组织，更新现有的成员驱动模式应是实现 WTO 改革和规则现代化的重要突破口。在成员驱动层面，唯有避免少数成员对规则的操纵和扭曲，推动实现由发达成员和发展中成员的直接对抗向成员间共商共建共享共治发展的同向增量转变，才能确保 WTO 规则制定的公平公正，从根本上解决 WTO 面临的治理困境。[①]

促进 WTO 成员共商共建共享共治既是从动态意义上再平衡成员驱动的客观需要，也是为实现静态意义上的发展导向而诉诸程序正当性的内在要求。因为国际经济事务的平等参与权与民主决策权是国家经济主权的重要组成部分，发展中国家有权要求充分、有效地参与到多边贸易体制的谈判和决策过程当中。[②] 但一些西方国家所把持的国家经济主权的双重标准恰恰折射出 WTO 中成员驱动的失衡，将发展中成员的主权置于事实上被抑制的状态。[③] 随着越来越多的发展中国家加入多边贸易体制，由少数西方国家主导制度设计的"俱乐部模式"因民主赤字而逐步丧失了合法性，越发难以为继。[④]WTO 成员的

---

① "我们要推进国际关系民主化，不能搞'一国独霸'"或'几方共治'，世界命运由各国共同掌握，国际规则应该由各国共同书写，全球事务应该由各国共同治理，发展成果应该由各国共同分享。"参见习近平：《共同构建人类命运共同体——联合国日内瓦总部的演讲》，《人民日报》2017年1月20日，第1版。

② 徐泉：《国家经济主权论》，人民出版社2006年版，第59页。

③ 一些学者提出过主权无用论与过时论的观点。例如路易斯·亨金提出，在法律的目的上，主权这一概念应当作为"时代遗物被放到历史的书架上"。参见路易斯·亨金：《国际法：政治与价值》，张乃根等译，中国政法大学出版社2005年版，第146—148页。杰克逊曾提出传统的主权观念已经过时，而现代主权的问题是权力在"横向"和"纵向"上的分配。参见约翰·H. 杰克逊：《国家主权与 WTO 变化中的国际法基础》，第87页。参见 Stephen D. Krasner, *Sovereignty: Organized Hypocrisy*, New Jersey：Princeton University Press, 1999, p.3. 然而与此同时，1994年乌拉圭回合协议在美国引发了近十年的"主权大辩论"。参见陈安：《美国1994年"主权大辩论"及其后续影响》，《中国社会科学》2001年第5期。乌拉圭回合协议的反对者认为 WTO 被赋予了过多的国际贸易规制权，导致美国的利益得不到充分的保障。参见 Ralph Nader, "WTO Means Rule by Unaccountable Tribunals," *Wall Street Journal*, August 17, 1994, p.A12.

④ 赵可金：《从旧多边主义到新多边主义——对国际制度变迁的一项理论思考》，潘忠岐编：《多边治理与国际秩序》，上海人民出版社2006年，第53页。

平等治理需要确保各成员方在 WTO 合作治理中权利平等、机会平等、规则平等，以更好地反映世界经济格局新现实，使新兴市场国家和发展中国家拥有充分的代表性和发言权。[①] 在此进程中，WTO 唯有致力于改变对于发达成员的"结构性偏袒"[②]，才能解决长期困扰多边贸易体制的整体性危机与体制症结。增加新兴经济体国家和发展中国家代表性和发言权，是当前 WTO 内部治理的可行、必行路径，也是实现 WTO 改革和规则现代化推进成员共享共治的切实举措。

WTO 成员可通过"道德""制度"和"权力"三种途径促进这一目标的实现。哈贝马斯在其经典的"交往行为理论"中提出了"交往理性"[③]的概念，并提出重建交往理性的重要前提便是实现"话语意志"的平等和自由。其藉此发展出的"话语伦理学"可以为程序正当性理念下，WTO 成员如何改善民主赤字并实现共同治理提供理想化的范本。[④] 具言之，理想的沟通交流模式应当是一种"纯粹的辩论"，通过主体间交换实证及规范性主张而实现交往的理性，进而达成共识。每一个有语言和行动能力的主体应当在"自觉放弃使用权力和暴力的前提下"[⑤]，自由、平等地参与话语的论证。而由于道德和制度是密切联系的，道德理念可以指引着制度建设，话语伦理学的核心原则可以在构建完善 WTO 谈判机制的过程中得到实施和贯彻。谈判机制将有利于多边贸易体制更加全面的规则导向的形成，且在平衡成员驱动模式、抑制权力滥用等方面发挥积极作用。

通过建立谈判机制而实现程序正当性的做法仍然难逃"权力阴影"的悖论。以福柯为代表的专注于权力研究的学者对"交往理性"和"话语伦理"持批判

---

① 习近平：《中国发展新起点，全球增长新蓝图——在二十国集团工商峰会开幕式上的主旨演讲》，《中国经济周刊》2016 年第 36 期。

② 希玛·萨普拉：《国内政治与为 WTO 寻求新的社会目标：发出国内协商声明的倡议》，黛布拉·斯蒂格编：《世界贸易组织的制度再设计》，汤蓓译，上海人民出版社 2011 年版，第 224 页。

③ Jürgen Habermas, *The Theory of Communicative Action*, Boston：Beacon Press, 1984, p.397.

④ 话语伦理学是从交互主体间的话语实践或理性论辩中推演而来的道德共识。参见宫瑜：《交往理性与道德共识——哈贝马斯话语伦理学研究》，中国社会科学出版社 2017 年版，第 113 页。

⑤ 章国锋：《关于一个公正世界的"乌托邦"构想》，山东人民出版社 2011 年版，第 152 页。

性态度，①认为哈贝马斯式的交往理性有过于理想化之嫌。虽然合理的谈判规则与程序有利于限制和消解权力的运用，但在现实的国际社会中，拥有了权力才能制定程序和规则，程序和规则的制定本身就是权力行使的体现。没有权力的占有和运用，任何社会程序和社会结构都无法维系。②另外即使保证了规则谈判程序的公平公正，WTO 成员间权力与实际能力的不对称性也可能会削减部分成员"政治参与"的有效程度，发展中成员仍然需要提高自身的实力与政治能动性以实现哪怕最低程度的程序正义。③

WTO 未来的改革路径短期内不会也不可能彻底根除权力导向的制度惯性，相反，必要且受到制约的权力导向是保障多边贸易体制前行的动力保障。正如时任中国常驻 WTO 大使张向晨在 2019 年 12 月在 WTO 召开的 2019 年度第五次总理事会上，针对上诉机构总理事会决议草案因美国阻挠未能获得通过，上诉机构将暂停运转时所指出的，因为"一个成员一意孤行"滥用权力并阻挠法官遴选，"就可以使上诉机构瘫痪，这反映了多边贸易体制的脆弱性。"④但这并不意味着规则的作用能够被忽视，现行国际经贸规则即使存在着不合理的一面，但总体上仍维护了国际经贸关系所必需的基本秩序，为市场经济活动提供了稳定性和可预见环境。⑤加之公平公正的规则导向的建立与完善是一个不断增进的过程，且通过规则和规范而表达的实力远比不借助规则的实力更具可接受性。WTO 成员可在继续维护多边贸易体制的主渠道地位及核心价值的基础上进行增量改革，逐步完善并调整现有规则，而无须对多边贸易体制进行激进式革命。⑥考虑到国际制度对于国际合作的重要性以及权力导向的制度惯性，可以考虑通过以下三个方面的相互配合共同促进 WTO 成员共商、共建、共享、共治的实现，以推动形成权力导向、规则导向与发展导向之间的互动作用，实现三者之间的同向性发展。

---

① 福柯：《权力与话语》，陈怡含译，华中科技大学出版社 2017 年版，第 241 页。

② 福柯现代性思想的核心是权力。参见福柯：《权力与话语》，第 253 页。

③ 参见安德鲁·赫里尔：《全球秩序与全球治理》，林曦译，中国人民大学出版社 2018 年版，第 366—367 页。

④ http：//big5.mofcom.gov.cn/gate/big5/wto.mofcom.gov.cn/article/xwfb/201912/20191202921236.shtml.

⑤ 参见潘忠岐：《中国与国际规则的制定》，上海人民出版社 2019 年版，第 173—174 页。

⑥ 陈志敏：《全球治理体系的中国式增量改进战略》，《当代世界》2014 年第 8 期。

　　第一，完善 WTO 自身的规则生成机制。WTO 作为一个国际组织，具有一定的权力和自主性以协调国家行动。①WTO 改革与规则现代化的过程也是不断界定、调整与完善 WTO 治理权限的过程。为防止 WTO 规则制定过程中的结构性失衡与权力的滥用，WTO 自身的规则生成机制需做出相应调整，以确保互利共赢、公平公正的多边贸易规则的形成。首先，尊重各成员方的提案权，明确议题设置和草案起草的规则和权限，确保发展中成员的提案能够在相关谈判委员会获得充分的讨论和尊重。其次，建立谈判议题小组主席的遴选机制，避免任意一方成员对谈判小组主席的职能行使施加影响，确保各谈判小组主席能够尊重各方利益诉求，不偏不倚地行使职权，制定出兼顾各方利益诉求的"主席案文"。最后，促进小型部长级会议的机制化、常态化。成员驱动的 WTO 没有常设性的立法机构，绝大部分的规则谈判均发生在多边贸易谈判回合之中。② 然而在协商一致原则的要求下，WTO 成员数量的广泛性和利益的多样化导致成员难以达成共识，市场对于政策规范的高需求与多边谈判的低效率之间的矛盾越发尖锐。③ 对此，WTO 可将小型部长级会议谈判作为部长级会议的前置谈判程序，以解决 164 个成员方的达成"共识"的难题。

　　小型部长级会议需要被机制化、常态化，不宜继续延用以"绿屋会议"为代表的非正式的谈判模式。④ 特别是在参会成员的选择问题上，必须通过自下而上的民主程序，充分考虑不同发展水平成员的代表性，制定一套有章可循、清晰完善、灵活可行的制度配给。有学者建议在 WTO 中设立一个常设性的管理委员会，行使类似于联合国安理会或世界银行执行董事会的职责。"该机构将对大会负责，并向总干事提供指导。"它能够参与 WTO 治理的战略性设计

---

① 迈克尔·巴尼特、玛莎·芬尼莫尔：《为世界定规则：全球政治中的国际组织》，薄燕译，上海人民出版社 2009 年版，第 29—43 页。

② 尤里·达杜什、奇都·奥萨奎：《加入世界贸易组织和多边主义：世界贸易组织成立 20 年以来的案例研究和经验总结》，屠新泉等译，对外经济贸易大学出版社 2016 年版，第 100—101 页。

③ 盛建明、钟楹：《关于 WTO"协商一致"与"一揽子协定"决策原则的实证分析及其改革路径研究》，《河北法学》2015 年第 8 期。

④ 由于小范围谈判的成功之处也可能导致其在合法性、代表性以及透明度方面存在致命弱点。参见傅星国：《WTO 决策机制的法律与实践》，上海人民出版社 2009 年版，第 240 页。

并协助设定优先事务以扩展组织授权。① 以发展为导向的国际法治治理理念要求在该机构的设立过程中将善治作为关键性原则，确保管理委员会"具有代表性、问责性和透明性，并在决策制定功能中有力、有效。"在选举管理委员会成员时，考虑"平等的地理上的代表性、不同经济发展水平国家的代表性、占世界贸易的份额，以及地区一体化"等多重因素。并设计一种"轮值式"的方案，让所有的WTO成员有机会在管理委员会中担任职务。② 在WTO决策面临困境之时，常态化、机制化的小型部长级会议可以一种渐进式的改革方式为WTO规则生成机制的完善提供进路。

第二，增强发展中成员间的互动与联合。发展中成员间的联合能够通过借助"均势"③ 的形成增强发展中国家在权力政治中的谈判能力，以提高谈判结果的正当性，并实现资源与权力格局的实质性调整。在WTO体制内，发展中成员可以强化以集团化联盟的方式参与小型团体会议，对内协调立场，对外集体参与谈判，在多边贸易谈判获得集体行动利益，并发挥建设性作用。④WTO在制定未来的规则生成机制时可充分考虑这些非正式集团的做法与经验。⑤ 此外，中印两国还可以在促进发展中国家互动联合问题上保持密切合作。中国与印度作为WTO成员中的发展中大国，"仍然具有发展中国家的一般性特征，为实现发展的充分性和平衡性目标，"在包括农业问题、电子商务、投资便利化等改革议题的谈判中仍"具有重要的防守利益"。在产业补贴问题上，美欧日三方联合提出要增加禁止类补贴，要改变上诉机构对公共机构的裁决，印度认为这是剥夺发展中国家的政策空间，"是对公平正义基本原则的野蛮践踏，将对以规则为基础的贸易体制的合法性造成损害"。中印两国"应当让所有发展中国家都认识到这种做法的危害，加强政策协调，维护好发展中国家的政策

---

① 黛布拉·斯蒂格、纳塔莉娅·希普科夫斯卡娅：《WTO的内部管理：改善的空间》，黛布拉·斯蒂格编：《世界贸易组织的制度再设计》，上海人民出版社2011年版，第142—143页。

② 黛布拉·斯蒂格、纳塔莉娅·希普科夫斯卡娅：《WTO的内部管理：改善的空间》，黛布拉·斯蒂格编：《世界贸易组织的制度再设计》，上海人民出版社2011年版，第142—143页。

③ G.J. Ikenberry, *After Victory: Institutions, Strategic Restraint and the Rebuilding of Order after Major Wars,* Princeton, NJ：Princeton University Press，2001，pp.10-17.

④ 参见傅星国：《WTO决策机制的法律与实践》，上海人民出版社2009年版，第177页。

⑤ 希玛·萨普拉：《国内政治与为WTO寻求新的社会目标：发出国内协商声明的倡议》，黛布拉·斯蒂格编：《世界贸易组织的制度再设计》，上海人民出版社2011年版，第136页。

空间。"同时两国也应当清醒地认识到"特殊与差别待遇不是给予发展中国家的什么特权，而只是发展中国家可以使用的一种政策工具，通过技术援助、能力建设、更长的过渡期等形式、必要的豁免义务等，帮助发展中国家切实地参与到多边贸易体制中来。"① 中国也应积极促成发展中成员集团化联盟在 WTO 决策中的合法地位，努力协调好发展中成员的立场，借助并积极利用发展中成员集团化发展趋势的力量，团结应对发达国家的贸易强权和贸易霸权，对现行国际经贸体系中存在的不公平不合理之处提出建设性的改进方案。②

此外，新兴经济体和发展中国家在 WTO 体制外的合作平台也可以成为 WTO 内部治理的重要补充。对于许多发展中国家而言，区域主义可以作为推动其有效参与全球经济治理的辅助路径，以实现全球化背景下自身谈判实力的最大化。③ 区域主义背后的市场规模塑造了一系列能力与筹码，促使在区域层面上发展起来的规范、实践和标准有机会在多边层面得以确立，进而在区域治理与 WTO 治理之间形成"以外促内""内外互补"的局面。④ 例如，"一带一路"倡议可以为探索适应广大发展中国家需求的经济合作模式提供载体；"金砖国家"（BRICS）、"上海合作组织"（SCO）、"亚洲太平洋经济合作组织"（APEC）等协商对话平台也可为增强多边治理绩效，防止治理失序提供有益的补充。发展中成员还可以在 WTO 外探索运用更具代表性与包容性的经济治理平台。例如以二十国集团（G20）为代表的经济治理平台能够在 WTO 内部治理陷入困境的情形下，在一定程度上填补 WTO 治理赤字，促进主要成员方的磋商协作，为各成员方提供合作的关键动力。⑤G20 作为主要发达国家同新兴市场和发展中国家平等对话协商的重要平台，不但保持了对国家主权的基本尊重，还在一定程度上抵消了政治本土化对全球治理的牵制，表现出代表性、领导力和

---

① 见张向晨大使 2020 年 2 月 29 日出席印度浦那 WTO 改革专题研讨会时的发言。http：//wto. mofcom.gov.cn/article/xwfb/202003/20200302940545.shtml。

② 徐泉：《WTO 体制中成员集团化趋向发展及中国的选择析论》，《法律科学》2007 年第 3 期。

③ 参见潘忠岐：《中国与国际规则的制定》，上海人民出版社 2019 年版，第 20 页。

④ 陈志敏：《全球治理体系的中国式增量改进战略》，《当代世界》2014 年第 8 期。

⑤ 参见 Bernard Hoekman, "Revitalizing the Global Trading System：What Could the G20 Do?" *China and World Economy*, vol.24, no.4, 2016. pp.41-50。

一定程度上的凝聚力，[1] 代表着全球经济治理进程的重大进步。[2]

  第三、中国作为 WTO 成员应当积极承担主动作为的大国责任。中国在多边贸易体制中的角色应当由参与者向推动者转换，最终以大国的责任担当承担起规则引领者新的角色定位。国际关系中的领导权在国际制度的创设中起着建设性的作用。[3] 在美国提供国际公共产品的领导权意愿式微之际，WTO 成员中的大国亟需在 WTO 内适度承担主动作为的大国责任，扮演与自身发展水平相适应的领导者角色，积极贡献治理资源，以弥补责任赤字。[4] 中国可以利用其在多边贸易体制中的权重充分发挥行为体的"能动性"，致力于缓解 WTO 结构困境，实现与 WTO 治理体系的"共同进化"[5]。中国政府明确提出将"坚定支持多边贸易体制"，"愿意为国际社会提供更多国际公共产品"，也将"积极推动更高水平对外开放"。[6] 然而中国在 WTO 改革中担任的领导角色既不应是支配性和强制性的，也不应当是完全利己的，[7] 而是具有中国特色的协进型国际领导角色，是一个"共生的国际规则体系"的"共塑者"[8]。中国提出的改革倡议既要增强 WTO 治理的绩效，化解治理危机，防止治理失序，还应具有包容性，以获得最大限度的 WTO 成员方的认同和支持。特别是在国际贸易新

---

① Pascal Lamy, "Is Globalization in Need of Global Governance?" Raymond Aron Lecture-Brookings Institution；Washington, October 28, 2013.

② Andrew F. Cooper, "The G20 and Rising Powers：An Innovative but Awkward Form of Multilateralism," in Dries Lesage and Thijs Van de Graaf, eds., *Rising Powers and Multilateral Institutions*, Palgrave Macmillan, 2015, p.280.

③ 陈琪、管传靖：《国际制度设计的领导权分析》，《世界经济与政治》2015 年第 8 期。

④ 参见 Charlies P. Kindleberger, "Dominance and Leadership in the International Economy：Exploitation, Public Goods, and Free Rides," *International Studies Quarterly*, vol.25 no.2, 1981, p.6, 8。作者认为，美国斯穆特－赫利关税法是胡佛总统拒绝提供领导权并拒绝承担大国责任所致。在美国试图辞去世界经济的领导角色后，需要其他继任者承担相应的提供国际公共产品的责任，以提供世界经济的稳定器。

⑤ 魏玲：《改变自己 塑造世界：中国与国际体系的共同化》，《亚太安全与海洋研究》2020 年第 2 期。

⑥ 参见《中国与世界贸易组织》白皮书，中国人民共和国国务院新闻办公室，http：//www.gov.cn/xinwen/2018-06/28/content_5301884.htm。

⑦ 陈志敏、周国荣：《国际领导与中国协进型领导角色的构建》，《世界经济与政治》2017 年第 3 期。

⑧ 陈志敏、苏长和：《做国际规则的共同塑造者》，《外交评论》2015 年第 6 期。

规则的主导权逐步成为中美战略竞争的目标之际，竞争的轨迹和结果取决于谁更能提出为国际社会其他国家所认同和尊重的理念主张和建设方案。[①] 实现领导力协同并形成共识、推进共治是支撑 WTO 规则现代化的重要保障。

在联合各方利益共同体推进 WTO 改革和治理的过程中，中国有必要处理好以下几层关系。

首先是中美间经贸关系。中美关系是世界上最重要的双边关系之一，对全球经贸秩序和稳定有着深刻的影响。[②] 如何在中美战略竞争加剧的背景下，对竞争进行管理，建立包容性竞争关系，将成为长期考验着中美双方的关键性课题。[③] 如果中美两方回到 WTO 框架内理性处理贸易摩擦，积极探索双方潜在的合作空间，[④] "将政治问题法律化、规则化"[⑤]，则能够为解决 WTO 治理困境并推动 WTO 规则现代化提供关键性动力。2019 年 12 月 13 日，经过中美两国经贸团队的共同努力，双方在平等和相互尊重原则的基础上，已就中美第一阶段经贸协议文本达到一致。原定于 12 月 15 日的中美双方加征关税也宣告取消，避免了中美贸易摩擦进一步升级。[⑥] 中美第一阶段经贸协议体现了中美双方的关切，"是一份在平等和相互尊重基础上形成的互利共赢协议。"达成协议的事实说明，互利共赢是中美经贸合作必须把握的主流，双方始终尊重对方国家尊严、主权、核心利益，就能够克服前进中出现的困难。[⑦] 我们应当充分认识到这份协议的临时性、偶然性，基于各种复杂的因素，中美贸易摩擦仍将具有长期性和严峻性，双方的"结构性矛盾"仍然没有得到根本性解决，所签署的协议仍然面临诸多国内法律程序，日后能否顺利执行仍有待于进一步观察。在国

---

① 获得成员广泛认可的高认同国际领导权可以获得其他成员自愿有力的支持，而低认同的国际领导权力只能得到消极配合甚至抵制。参见徐秀军：《规则内化与规则外溢——中美参与全球治理的内在逻辑》，《世界经济与政治》2017 年第 9 期。参见管传靖、陈琪：《领导权的适应性逻辑与国际经济制度变革》，《世界经济与政治》2017 年第 3 期。参见朱锋：《国际秩序与中美战略竞争》，《亚太安全与海洋研究》2020 年第 2 期。

② 裘援平：《世界变局中的突出矛盾》，《现代国际关系》2019 年第 2 期。

③ 刘丰：《中美战略竞争的限度与管理》，《现代国际关系》2019 年第 10 期。

④ 王辉耀：《WTO 的历史困局与变革之路》，《参考消息》2018 年 9 月 24 日。

⑤ 周密等：《美国霸凌主义下，全球经贸体系将如何演变》，《世界知识》2018 年第 22 期。

⑥ 协议涵盖知识产权、技术转让、农业、金融服务、货币、扩大贸易和争端解决 7 个方面。http://www.scio.gov.cn/xwfbh/xwbfbh/wqfbh/39595/42254/index.htm。

⑦ https：//finance.sina.com.cn/china/gncj/2020-01-16/doc-iihnzhha2718901.shtml。

际组织和规则领域，美国不承认中国市场经济和发展中国家地位，单方面施压
WTO 规则的修改等问题，尚未得到完全解决。美国提出在与中国已经达成的
第一阶段协议的基础之上，"寻求与中国达成第二阶段协议，"同时明确设置了
谈判目标，即"继续要求中国进行结构性改革，以及要求其对经济和贸易体制
进行其他方面的改变。"① 美国的战略立场的强化更增加了中美在 WTO 体制中
进行合作的复杂性。

其次，中国和欧盟在捍卫多边主义、反对单边主义和贸易保护主义方面有
着共同利益诉求。② 二者都主张维护以规则为基础的国际秩序，希望通过多边
协商方式完善多边贸易体系。③ 新任欧委会主席冯德莱恩在给贸易委员霍根的
Mission Letter 中强调"欧盟处于以规则为基础的多边体系的中心"，明确"欧
盟的首要任务是引领 WTO 改革"。④ 中欧双方可分别代表发达成员和发展中成
员的利益诉求，发挥各自优势协调两类成员的立场，⑤ 维护 WTO 的权威性和有
效性。

再次，中国还应继续维护好与发展中国家的关系，在美国的领导意愿式微
和 WTO 成员结构发生重大变化之际，联合新兴经济体和发展中国家为全球治
理规则提出更好的思路，弥补权力真空。⑥ 中国与其他发展中国家的合作则是
矫正 WTO 治理结构失衡、提升治理结构包容性的关键之所在。中国与发展中
国家的合作能够在一定程度上抵抗美国等发达国家在双边关系中的权力滥用倾
向，不仅避免发展中国家被"分而治之"，也避免使中国自身陷入孤立无援的
危险境地。

最后，中国改革开放的历史进程和实践表明，中国只有主动扩大对外开
放，打破国内不合理的资源和要素垄断，积极探索国内制度创新经验，才能够

---

① https：//ustr.gov/about-us/policy-offices/press-office/fact-sheets/2020/february/fact-sheet-presi-
   dents-2020-trade-agenda-and-annual-report.
② "欧洲认为，在反对美国单边主义方面，中国是可以合作的伙伴。"胡健：《角色责任成长路
   径：中国在 21 世纪的基础战略性问题》，上海世纪出版集团 2010 年版，第 141 页。
③ 黄友红等：《为新时期中欧关系发展注入新动力》，《人民日报》2018 年 11 月 25 日，第 3 版。
④ http：//wto.mofcom.gov.cn/article/xwfb/202002/20200202937089.shtml.
⑤ 王辉耀：《中欧合作共同推进 WTO 现代化改革》，《北京青年报》2019 年 2 月 24 日，第 A02 版。
⑥ 唐世平：《国际秩序的未来》，《国际观察》2019 年第 2 期。

适应全球贸易体制的变革，为中国乃至世界经济的增长提供充分动力。[1] 在全球治理体系处于调整变革的关键时期，中国应主动承担国际责任，坚定维护和支持多边贸易体制和开放型世界经济，推动 WTO 治理与中国国内治理的良性互动；以主动的结构性改革推进中美第二阶段贸易谈判，在对外经贸体制、产业发展体制、知识产权体制等方面着力改革，彻底解决中美贸易冲突，并改进自身发展体制，不仅可以回应美日欧等国的诉求，从根本上化解中美贸易摩擦，改善中国与整个国际社会的经贸关系，也符合中国自身的战略利益，是实现中美双赢的正确选择。

未来国际社会共同建构的"共同发展价值观体系"将是任何一个国家无力阻挡的"世界多元化多极化格局"[2]。中国与西方大国主导的国际规则的互动已经进入到一个全新发展阶段，即中国与更多的国家一起共同参与国际规则改革、完善和重塑国际规则体系的新阶段。同时对于国际规则体系，尤其是全球经贸规则治理的重要平台世界贸易组织而言，其中任何一个成员方都无法单凭一已之力垄断规则的制定，只有经过国际社会的主要力量和合作方的共同参与，共同治理，普遍和持久的国际经贸规则才能形成并得到维护。"中国秉持共商共建共享的全球治理观"的同时，面对多边贸易体制出现的多重内生危机和各种挑战，还应当强调 WTO 所有成员共同参与治理。"共商"多边贸易体制的发展大计，"共建"多边贸易体制规则体系，"共享"多边贸易体制惠及全球的各种利益，以"共治"推进 WTO 所有成员参与到 WTO 改革和规则现代化的进程中。中国应"积极发展全球伙伴关系，扩大同各国的利益交汇点，推进大国协调合作"。[3] 中国的积极主动作为将有利于弥补全球治理赤字，真正成为"全球治理变革进程的参与者、推动者、引领者"[4]。

---

[1] 陈建奇：《中国开放型经济的新发展、新挑战及新战略》，《国际贸易》2015 年第 9 期。

[2] 张杰：《中美战略竞争的新趋势、新格局与新型"竞合"关系》，《世界经济与政治论坛》2020 年第 2 期。

[3] 中国可充分利用"二十国集团"（G20）、"金砖国家"（BRICS）、"上海合作组织"（SCO）、"亚洲太平洋经济合作组织"（APEC）、中美、中欧、中国－东盟等区域性对话与合作平台，加强一带一路沿线国家的合作。参见管传靖、陈琪：《领导权的适应性逻辑与国际经济制度变革》，《世界经济与政治》2017 年第 3 期。

[4] 习近平：《加强对全面依法治国的领导》，《求是》2019 年第 4 期。

第五节　结　语

当下全球经贸规则治理面临前所未有的挑战。现有的全球经济治理体系已经不能适应国际格局变化，更无法适应新兴经济体群体性崛起和话语权提升的要求，代表性和公平性出现不足，二战后由西方主导打造的世界治理体系和规则日益与时代脱节。与此同时，在 WTO 面临危机之际，亟需从理论根源处找寻 WTO 内部治理结构失衡的原理和解决方案。"杰克逊范式"描述关于权力导向与规则导向的二分法开启了 WTO 内部治理反思的窗口，但由于缺乏对规则生成背后的权力作用分析和理论认知的局限性，"杰克逊范式"未能为 WTO 治理结构的失衡提供深度的解释力。存在于 WTO 体制中的非对称性的成员驱动与多边贸易体制中的成员权力滥用已是不争的客观事实。合理地约束少数成员方权力滥用、防止权力对规则体系权威性的破坏，应当成为 WTO 改革和规则现代化的核心命题之一。WTO 双重二元结构的叠加互动机理贯穿于多边贸易体制发展的全过程。WTO 双重二元结构关注了权力的多种作用形态以及多边贸易规则的生成机理，得出 WTO 现有的价值取向是从"权力导向"到"权力阴影下的规则导向"演进的结论；又通过引入成员驱动视角中的发达成员和发展中成员互动博弈这一维度，在成员驱动的层面呈现了 WTO 规则形成过程中成员影响力的失衡，关注了组织成员的主体能动性。WTO 双重二元结构从根源处契合了 WTO 的内部治理症结和结构性失衡的原因，揭示了权力对多边贸易体制的影响，为制定改革多边贸易体制的中国方案提供了理论支撑。WTO 双重二元结构价值取向与成员驱动层面叠加互动的关联性，决定了美国权力与多边贸易体制之间存在互利共生、双向依存的关联关系。内嵌于 WTO 体制中的权力导向反哺了美国权力。美国助推 WTO 结构性失衡的战略决定了 WTO 改革进程必然困难重重。要矫正 WTO 治理结构的失衡，WTO 在价值取向层面应当以"发展导向"的理念来抗衡"权力导向"，抑制"规则导向"背后的权力滥用，善于运用法治，实现权力导向、规则导向和发展导向三者之间的同向性发展。在成员驱动层面，重视发达成员与发展中成员共商、共建、共享和共治，保障发展中成员在多边贸易体制中的平等参与权和民主决策权，以"共治"促进"发展"来推动多边贸易体制朝着更加开放、包容、普惠、平衡、共赢的方向发展。必须认识到 WTO 未来的改革路径短期内不会也不可能彻底根除权力导向的制度惯性，权力导向、规则导向再叠加上成员驱动的非均衡性因素，表明必要且受到制约的权力导向是保障多边贸易体制前行的动力保障。中国倡导以人类命运共同体为牵引，在 WTO 成员间构筑利益共同体、责任共同体和规则共同体。唯有从结构上剖析 WTO 内部治理的困境症结，才能真正有效破解 WTO 结构性危机，促使多边贸易体制朝着更加公平公正的方向发展。WTO 双重二元结构理论正是基于对上述问题的剖析，尝试为中国提出系统的 WTO 改革与完善方案提供积极的理论支撑。

第二章 多边贸易体制"成员驱动"问题

多边贸易体制中的成员驱动是一个包含了多重维度一体化的特定概念。它既是一种 WTO 的内部治理模式，也是一种谈判和决策方式，作为一种 WTO 体制运行的动力来源，更是维护成员国经济主权的制度保障。从多边贸易体制建立至今，成员驱动的演进过程中呈现出成员类型化、多轨制与非均衡性的特征，导致成员驱动的实践偏离了理论上的国家主权平等，走向了权力滥用与权力失衡，诱发了 WTO 内部治理的结构性危机，减损了"协商一致"决策模式下规则产生的公平性与公正性，影响了 WTO 成员间的合作前景，也制约着 WTO 的改革和规则现代化的进程。成员驱动是 WTO 双重二元结构运行的重要组成部分，是多边贸易体制权力导向与规则导向交织在动态层面的反映。国家利益作为主权国家体系形成的产物，决定着国家的具体目标和行动方式，是国际关系中驱动国家互动的最基本要素。

欲打开成员驱动这一 WTO 动力机制运行的"黑箱"，分析非对称的成员驱动是如何导致了多边贸易体制的民主赤字和结构性失衡，需要揭示不同类型 WTO 成员的驱动策略。不同类型的成员在驱动多边贸易体制运转的过程中发挥的作用不同。少数成员可以置多数发展中成员的利益于不顾，利用其权力和实力塑造多边贸易规则以满足自身利益；甚至为掌控规则制定主导权并减少国际公共产品的提供成本而偏离多边主义，走向区域、双边和单边主义。在多边谈判中，GATT 原始缔约方与后加入成员相比享受着明显的"先发优势"，持续操控并主导着谈判进程。发起"同心圆"谈判、控制议程设置、实施分化策略、威胁转移论坛、行使否决权、主导价值取向等行为成为了发达成员驱动 WTO 运行和规则制定过程中广泛采取的驱动策略，使得许多发展中成员在"层层趋进"的谈判进程中被边缘化。发展中成员也并非持续扮演多边贸易体制规则被动接受者的角色。他们创造了自己的动力，并通过总结历史经验教训，积极探索适合本国的发展道路和发展模式。通过采取集团化联盟的策略，少数发达成员垄断"游戏规则"的现象得以部分改观。但发展中成员努力参与多边贸易体制的实践并没有从根本上改变 WTO 的结构性失衡和成员驱动的非对称模式，多边贸易规则生成与发展的控制权始终掌握在少数发达成员手中。

本章理论创新在于通过阐释发达成员和发展中成员在多边贸易体制的互动博弈，揭示 WTO 中的成员权力的运行方式和 WTO 规则的生成机理。多边贸易体制的成员驱动及其非均衡性充分验证了 WTO 内部治理受成员权力滥用的深刻影响。面对类型化、非对称性的成员驱动导致的 WTO 结构性失衡，WTO 需要作出结构性改革与调整，以实现成员驱动模式的更新，改变对于发达成员的结构性偏袒。应当促进发达成员与发展中成员以"共治"促进"发展"，构建基于责任共同体、利益共同体和规则治理共同体相统一的新型经济合作模式，推动多边贸易体制朝着更加开放、包容、普惠、平衡、共赢的方向发展。必须坚持维护多边主义，通过完善多边贸易体系的制度设计，建立、完善谈判机制，规制不对称的成员驱动和成员权力的滥用。扩大发展中国家的参与权和决策权，让发展中国家能够积极深入地参与到国际经贸体制的设计、改革和治理过程中。唯有避免少数成员对规则的操纵和扭曲，推动发达成员和发展中成员的共商共建共享共治，才能确保 WTO 规则制定的公平公正，从结构上解决 WTO 面临的治理困境。

尽管许多国际组织也被称为"成员驱动"，WTO 无疑是当之无愧的成员驱动的国际组织典型。整个立法过程由全体成员方掌控，这几乎成为 WTO 奉行的基本教条。[①]WTO 成员驱动的属性如此鲜明，以至于有学者认为与其将"WTO"看成一个国际组织，不如说它只是一个主权国家选择适用的名称和标签，而这个标签下的实质是 164 个国家和单独关税区开展经济贸易合作，从

---

① Manfred Elsig and Thomas Cottier, "Reforming the WTO：the Decision-Making Rriangle Revisited，" in Thomas Cottier, Manfred Elsig eds., *Governing the World Trade Organization: Past, Present and Beyond Doha*, New York：Cambridge University Press, 2011, p.292.

而减少贸易壁垒以增进贸易流量的行为。[1] 因此，成员驱动事实上是 WTO 运转的精髓，这一运行机理对 WTO 规则生成、内部治理以及发展演进各方面都产生了深刻的影响，在展现出 WTO 独特制度优势的同时也导致了 WTO 无法正常运行的诸多问题。然而"成员驱动"在实际运用中已经被泛化为一个笼统的概念，与其相关的许多问题并没有得到充分揭示与思考：出现了何为成员驱动，哪些成员驱动，如何驱动，因何驱动，成员驱动会导致什么样的结果等诸多问题。本章将逐一对上述内容进行分析和阐述，以期对"成员驱动"这一 WTO 基本的动力引擎提供较为全面的梳理和解读。

第一节　多边贸易体制成员驱动的法律属性

"成员驱动"的字面含义是指国际组织的成员为国际组织的运转提供动力。在多边贸易体制中，成员驱动是一个包含了多重维度的一体化的特定概念。在体制层面，成员驱动是一种 GATT/WTO 的内部治理模式；在机制层面，成员驱动是一种谈判和决策模式；在主权国家层面，成员驱动是维护成员国经济主权的制度保障。

一、多边贸易体制的内部治理模式

从广义上讲，成员驱动代表着多边贸易体制的治理模式。WTO164 个成员的贸易部长或外交官掌控着 WTO 全部立法进程和部分司法、行政事务，并排除了公民、非政府组织以及其他经济体的充分有效参与。[2] 在相互依赖的国际经济贸易背景下，WTO 全体成员为解决共同面临的挑战在 WTO 内部寻求合

---

① James Bacchus, "A Few Thoughts on Legitimacy, Democracy, and the WTO," *Journal of International Economic Law*, vol.7, no.3, 2004, p.668.

② Ernst-Ulrich Petersmann, "Between 'Member-Driven' WTO Governance and 'Constitutional Justice': Judicial Dilemmas in GATT/WTO Dispute Settlement," *Journal of International Economic Law*, vol.21, no.1, 2018, p.106.

作，共同引领多边贸易体制的发展演进，并集体为该体制的"齿轮"提供运转动力。成员驱动的共同治理理念也代表了一种美好希冀并反映在《WTO 协定》序言中。序言文本呼吁全体成员为提高生活水平、保证充分就业、提高实际收入、实现可持续发展等目标而共同采取行动。① 然而，成员驱动并不当然带来 WTO 全体成员的共同治理，事实上无论是全球治理还是多边贸易体制的内部治理，在现实中远未达到理想状态下的共同治理模式。当今国际社会是一个无政府社会，WTO 并非超国家机构，由成员驱动的 WTO 为政府间权力政治留下了广阔的运行空间。

在 WTO 内部治理过程中，一些国家发挥了领导性作用，其他参与国家则根据自身策略的分化分别扮演追随者、搭便车者和干扰者的角色。多边贸易体制中的领导作用是指在国际贸易关系或制度设计中的组织、塑造和引导性的支配作用。② 领导权的行使者可以通过强制、设置议程、塑造观念、协调不同利益关系等多种途径引导、协调、塑造国际经贸事务的集体行动。③ 而多边贸易体制的参与者，会依据对制度安排的预期收益、成本承担能力等多种因素判断采取追随或搭便车的策略。④ 除了对国际经贸规则起推动作用的行为体，同样值得关注的是对多边贸易体制规则起阻碍作用的成员方。⑤WTO 成员驱动模式下成员享有的否决权会导致 WTO 治理中干扰者的产生。干扰者会因其利益受到制度的创建和运行的消极影响，或因自己的意图未体现在制度设计中而采取干扰策略。因此干扰者也可能成为潜在的领导者。

成员担任的角色并非一成不变，而是会随着成员实力和意愿的变化而调整。优秀的领导角色应当通过提高权力的合法性，协调、兼容不同成员方的国家利益，通过提高利益的兼容度而争取更多的支持者，⑥ 提高 WTO

① 参见"Marrakesh Agreement Establishing the World Trade Organization"。

② 庞中英:《效果不彰的多边主义和国际领导赤字:兼论中国在国际集体行动中的领导责任》,《世界经济与政治》2010 年第 6 期。

③ 陈琪、管传靖:《国际制度设计的领导权分析》,《世界经济与政治》2015 年第 8 期。

④ 陈琪、管传靖:《国际制度设计的领导权分析》,《世界经济与政治》2015 年第 8 期。

⑤ 研究成员治理既要关注主要成员如何对国际经贸规则做"加法"也要研究如何做"减法"。参见温尧:《退出的政治:美国制度收缩的逻辑》,《当代亚太》2019 年第 1 期。

⑥ 管传靖、陈琪:《领导权的适应性逻辑与国际经济制度变革》,《世界经济与政治》2017 年第 3 期。

治理的效率。

二、多边贸易体制谈判和决策方式

除了成员共同治理的内涵外，成员驱动更多地与"协商一致"的谈判和决策方式相联系。虽然《WTO 协定》第 9 条第 1 款为 WTO 决策规定了投票的可能性，但是 GATT 和 WTO 实践中，协商一致是主要的决策方式。《WTO 协定》第 9 条第 1 款规定，"世界贸易组织应当实行 GATT1947 所遵循的协商一致的决策方式，除非另有规定，若无法经协商一致作出决定，争论事项应通过投票表决。"该条款的脚注进一步解释了协商一致："如果在决定作出时，与会成员没有正式对提出的决定表示反对，则视为达成了协商一致。"[①] 协商一致决策方式的优势在于作出的决定容易获得广泛的支持和良好的执行。[②] 协商一致给予所有成员以理论上的否决权，成员能够通过行使否决权而阻碍对其不利的决定的产生，以免多数成员支持的决定被强加于自身。[③] 由于寻求协商一致的过程包括寻求妥协的过程，协商一致的决策方式还会影响到决定的实质内容，最终达成的一致意见往往能够反映不同成员的重要考虑和影响力。[④]

但协商一致是一种支持现状的决策模式，达成一致意见的困难程度导致协商一致在实践中暴露出一些弊端。首先，协商一致可能导致 WTO 决策的过程变得繁琐和低效。[⑤] 对于 164 个有着不同经济发展水平的成员，达成一致意见本身就是困难的，很容易使 WTO 谈判和决策陷入瘫痪。[⑥] 特别是当 WTO 治

[①] Footnote 1 to the WTO Agreement.

[②] Claus-Dieter Ehlermann, Lothar Ehring, "Decision-making in the World Trade Organization," *Journal of International Economic Law*, vol.8, no.1, 2005, p.66.

[③] Peter Van Den Bossche, Lveta Alexoviov, "Effective Global Economic Governance by the World Trade Organization," *Journal of International Economic Law*, vol.8, no.3, 2005, p.671.

[④] Thomas Cottier and Satoko Takenoshita, "The Balance of Power in WTO Decision-Making : Towards Weighted Voting in Legislative Response," *Aussenwirtschaft,* vol.58 no.2, 2003, p.178.

[⑤] Thomas Cottier, "Preparing for Structural Reform in the WTO" *Journal of International Economic Law*, vol.10, no.3, 2007, p.497.

[⑥] Peter Van Den Bossche, Lveta Alexoviov, "Effective Global Economic Governance by the World Trade Organization," p.671.

理无法适应新的贸易业态时，这种决策方式容易使 WTO 陷入危机。其次，协商一致决策没有配套的谈判机制，而成员的经济实力和谈判能力的差距可能导致达成协商一致的过程中充满了妥协、劝服、压力甚至胁迫。最后，协商一致的立法过程与反向协商一致的争端解决机制的结合导致了 WTO 的内在矛盾和失衡。在长期缺乏立法回应的情况下，独立、自动的争端解决机制可能会因司法造法的倾向而影响 WTO 体制的合法性。[1]

三、维护成员经济主权的制度保障

"协商一致"被称为能够维护国家主权的民主的决策方式。[2] 尽管 WTO 已经从仅处理关税问题的关贸总协定演变为协调、监管广泛国际贸易事务的国际经济组织，其在实践中承袭的"协商一致"的决策方式使得主权国家在享受并承担国际贸易权利义务方面保留了最终决定权。[3] 协商一致的决策机制反映出 WTO 并非对国家主权构成威胁的超国家机构，而是具有契约性特征的国际组织。[4] 由于在谈判中，每一成员都有权自主判断某一协定是否对其有利，从而决定是否签署某一协定，关贸总协定和 WTO 协定在理论上确保了每一个成员方在国际经贸合作关系中的收益都能增加，是帕累托改进的体现，[5] 也避免了"多数人的暴政"，满足了作为国际法律观念基石的国家同意理论。[6] 因此，至少从理论上讲，协商一致的决策方式构成了维护国家主权的制度屏障，保证了

① Claus-Dieter Ehlermann, Lothar Ehring, "Decision-Making in the World Trade Organization," p.69.

② Manfred Elsig and Thomas Cottier, "Reforming the WTO：The Decision-making triangle revisited," p.297.

③ Susan M. Hainsworth, "Sovereignty, Economic Integration, and the World Trade Organization," *Osgoode Hall Law Journal*, vol.33, no.3, 1995, p.606.

④ Carsten Herrmann-Pillath, "Reciprocity and the Hidden Constitution of World Trade", *Constitutional Political Economy*, vol.17, no.3, 2006, pp.143-144.

⑤ J. Michael Finger and L. Alan Winter, "Reciprocity in the WTO," in Bernard Hoekman, Aaditya Mattoo, and Philip English, eds., *Development, Trade, and the WTO: A Handbook*. World Band Publications, 2002, p.50.

⑥ 参见约翰·H. 杰克逊：《国家主权与 WTO 变化中的国际法基础》，赵龙跃等译，社会科学文献出版社 2009 年版，第 245 页。

国际义务与国家主权之间的审慎平衡。[①]

　　然而实践中多边贸易体制的成员驱动并没有确保所有成员平等、完整地享有国家经济主权。一些西方国家所持有的国家经济主权的双重标准恰恰折射出WTO 中成员驱动的失衡，将发展中成员的主权置于事实上被抑制的状态。[②] 受自身资源禀赋、经济发展水平、谈判能力等多种因素限制，在成员驱动 WTO治理过程中，发展中国家的平等参与权与民主决策权未得到充分保护。然而西方主权理论为部分 WTO 成员的主权抑制状态提供了说辞。一方面，西方主权理论在处理与自身国家主权相关的事务时，坚持强调主权的不容侵犯性质；另一方面，在与发展中国家的互动交往中，又秉持主权过时论的立场。[③] 西方国家所持有的国家经济主权的双重标准折射出多边贸易体制中成员驱动的失衡，也暴露了多边贸易体制中存在的民主赤字危机。

第二节　成员驱动下多边贸易体制的演进

　　现实中多边贸易体制的发展脉络并未展现理论上成员驱动的基本内涵。多边贸易体制实际发展演进中的成员驱动并不意味着"全体成员驱动"，而是成员间类型化地不均衡驱动。在这种驱动模式下的多边贸易体制演进过程中，美国起着主导性与决定性作用，欧盟、日本等主要发达成员起着重要作用，而发展中成员起着相对弱势但具改革属性的作用。

---

① Tomer Broude, *International Governance in the WTO: Judicial Boundaries and Political Capitulation*, London：Cameron, 2004, p.289.

② 例如，路易斯·亨金提出，在法律的目的上，主权这一概念应当作为"时代遗物被放到历史的书架上"。参见路易斯·亨金：《国际法：政治与价值》，张乃根等译，中国政法大学出版社 2005 年版，第 146—148 页。杰克逊曾提出传统的主权观念已经过时，而现代主权的问题是权力在"横向"和"纵向"上的分配。参见约翰·H.杰克逊：《国家主权与 WTO 变化中的国际法基础》，赵龙跃等译，社会科学文献出版社 2009 年版，第 87 页。

③ 黄仁伟、刘杰著：《国家主权新论》，时事出版社 2004 年版，第 91 页。

一、多边贸易体制的发展脉络

考虑到美国贸易政策对于战后建立的布雷顿森林体系的影响，想要揭示多边贸易体制下的成员驱动，就势必要对美国贸易政策进行深度剖析，且有必要追溯到美国早期的贸易政策以寻求美国贸易政治的内核。

1. GATT 建立之初的美国贸易政策

作为二战后实力最强大的国家，美国贸易政策对多边贸易体制的生成和发展起到了举足轻重的作用。美国贸易政策的内核在不同的政治经济环境下可能会有不同的外在表现形式，但"美国利益优先"的内在属性却始终深刻影响着多边贸易体制的演进，并在历史的轮回中得以印证。

美国从来不是一个完全奉行自由贸易政策的国家，"重商主义"和"保护主义"一直是美国贸易政策中不可或缺的组成部分。1934 年前的美国贸易政策以民族主义和贸易保护主义为基础，因此这一时期的互惠贸易法案以避免竞争和威胁贸易伙伴作出让步为谈判目标，从未真正开放美国市场来争取外国市场准入。美国保护主义的贸易政策在 1930 年达到了顶峰。[1]《斯穆特——霍利关税法》引发了贸易伙伴的一系列报复行为，限制了世界经济的发展，在一定程度上构成了战争爆发的导火索。[2]

他国的报复和世界贸易萧条使得旧有美国贸易政策和极端贸易保护主义备受质疑。1934 年后，美国采取了自由主义的互惠策略，《1934 年互惠贸易协定法案》成为了美国贸易政策历史上的关键性转折点，但这种转折并非"颠覆性"的。1934 年法案并没有采取自由放任的经济政策，而是保留了互惠原则和对美国产业的保护。[3] 虽然互惠与无条件最惠国待遇的结合使得互惠不再被作为一种贸易保护的政策工具来使用，[4] 但是谈判过程中的对等减让加上总统实施惩罚性报复措施的权力说明美国从未摒弃公平贸易而追求自由贸易。由于美国

---

① Carolyn Rhodes, *Reciprocity, U.S. Trade Policy, and the GATT Regime*, Ithaca：Cornell University Press, 1993, p.48.

② Carolyn Rhodes, *Reciprocity, U.S. Trade Policy, and the GATT Regime*, p.49.

③ Carolyn Rhodes, *Reciprocity, U.S. Trade Policy, and the GATT Regime*, p.70.

④ Carolyn Rhodes, *Reciprocity, U.S. Trade Policy, and the GATT Regime*, p.61.

贸易政策中"美国利益优先"的内核是根深蒂固的，贸易保护主义与霸权主义时常会打着公平贸易的幌子卷土重来。

2. ITO 的筹备与 GATT 的建立

美国贸易政策中"美国利益优先"的内核，使得 ITO 与 GATT 的筹备与建立具有难以根除的工具属性。美国利用自身法律规则、贸易体系以及法治和文化意识形态渗透并影响全球市场，将法律作为确保美国利益优先的工具，以霸权思维推动全球治理。[①] 多边贸易体制是在美国的主导下按照美国的价值标准和制度模式在第二次世界大战后建立起来的。多边层面的自由贸易有利于美国维持战后经济繁荣、保障充分就业，同时有利于巩固美国在全球层面的贸易领导地位。[②] 美国在二战后致力于通过建立国际贸易组织（ITO）来推动贸易和就业领域的国际合作。[③] 虽然历经多次谈判[④]、作为妥协结果而最终形成的《ITO 宪章》未能在美国国会获得通过，[⑤] 但主要处理关税谈判问题的关贸总协定得以临时适用。[⑥] 关贸总协定许多规则和例外的生成都来源于美国国内法，深深刻上了美国贸易政策和利益取向的烙印。[⑦] 关贸总协定制度的建立标志着美国主导下的战后多边贸易体制的形成。

美国《1934 年互惠贸易协定法案》在多边贸易体制的筹备建立过程中发挥了至关重要的作用。互惠与无条件最惠国待遇的结合成为了 GATT 的两大

[①] 强世功：《〈美国陷阱〉揭露了一个骇人听闻的霸凌主义案例》，《求是》2019 年第 12 期。

[②] 舒建中：《多边贸易体系与美国霸权——关贸总协定制度研究》，南京大学出版社 2009 年版，第 13 页。

[③] 建立国际贸易组织计划以美国 1934 年《互惠贸易协定法》为国内法基础，并以《大西洋宪章》及《英美互助协定》第七条确立的原则作为最初谈判依据。参见谈谭：《国际贸易组织（ITO）的失败：国家与市场》，上海社会科学出版社 2010 年版，第 33—69 页。

[④] Douglas A. Irwin, Petros C. Mavroidis, Alan O. Sykes：*The Genesis of the GATT*, New York：Cambridge University Press, 2008, pp.5-97.

[⑤] 安妮·O. 克鲁格：《作为国际组织的 WTO》，黄理平等译，上海人民出版社 2002 年版，第275—276 页。

[⑥] Douglas A. Irwin, Petros C. Mavroidis, Alan O. Sykes, *The Genesis of the GATT*, pp.119—120.

[⑦] 参见舒建中：《多边贸易体系与美国霸权——关贸总协定制度研究》，南京大学出版社 2009年版，第 30—33 页。参见 I·戴斯勒著：《美国贸易政治》，王恩冕、于少蔚译，中国市场出版社 2006 年版，第 22—23 页。

关键性支柱。无条件最惠国待遇与具体的互惠（specific reciprocity）相互补充、相互配合。[①] 前者降低了双边谈判成本，避免了贸易转移效应，拓展了国家间合作范围；[②] 后者则限制了"搭便车"的可能性，回应了成员方国内的政治现实，并为成员间共同削减贸易壁垒提供了动力源泉。[③] 然而互惠与无条件最惠国待遇之间内在地存在着张力，且二者在多边贸易体制中所占的比重处于持续的变化之中。互惠标准的模糊性导致这一概念隐藏了操纵与被操纵的权力关系。[④] 当具体的互惠所占比重过大时，不可避免地会影响无条件最惠国待遇的适用，导致主要成员偏离多边主义，走向区域、双边甚至单边主义。

3. 主要供应方规则驱动下的 GATT 早期谈判

GATT 谈判采用主要供应方的谈判模式。只有缔约方单独或集体构成某一产品的主要供应方，方可向产品进口方在互惠的基础上要求减让。[⑤] 这一谈判模式既通过将公共产品私有化而有效地防止了"搭便车"的行为，又奠定了谈判进程实质上是由少部分国家掌控的基本格局。而由于发展中国家难以构成某一产品的主要供应方，他们在这一过程中被边缘化了。虽然无条件最惠国待遇能够确保发展中国家非互惠地享受发达成员的贸易减让成果，但是这种非互惠利益在本质上依附于发达国家间的互惠减让，并未通过贸易谈判而规则化、义务化。[⑥] 受主要供应方规则的影响，发展中国家难以实质性地参与多边贸易谈判，其具有比较优势和关键利益的产业和领域被排除在多边贸易自由化的范畴之外。

尽管 GATT 前几轮回合在发达国家间的贸易自由化中取得了突破性的进

---

① Robert O. Keohane, "Reciprocity in International Relations", *International Organization*, vol.40, no.1, 1986, p.25.

② Bernard M. Hoekman and Michel M. Kostecki：*The Political Economy of the World Trade System: the WTO and Beyond*, Oxford：Oxford University Press, 2009, p.42.

③ Carsten Herrmann-Pillath："Reciprocity and the Hidden Constitution of World Trade,"p.149.

④ Robert O. Keohane, "Reciprocity in International Relations,"p.8.

⑤ 参见"Rules and Procedures for the Dillon and Kennedy Rounds, Factual Note by the Secretariat", MTN/W/8, GATT Doc. 25 February 1975, p.3.

⑥ Nicolas Lamp："How Some Countries Became Special", *Journal of International Economic Law*, vol.18, no.4, 2015, p.765.

展，但农产品领域的贸易壁垒依然如故，[1] 且工业化国家集体采取了歧视性方式应对发展中国家的纺织品和服装产业。《国际棉纺织品短期安排》在被引进多边贸易体制之初只覆盖了有限的产品范围，但当工业化国家习惯将其作为满足国内贸易保护主义需求的工具时，国际棉纺织品短期安排演变为长期安排，覆盖了更广泛的产品类别，并牵涉到更多的发展中国家。[2] 随后《国际棉纺织品长期安排》又转变为《多种纤维协定》由发达国家以更歧视性的方式对抗发展中国家的纺织品和服装出口。

4.东京回合——贸易保护主义的复苏

东京回合的贸易自由化谈判从关税领域扩展到非关税壁垒，增加了贸易自由化的深度和广度。然而，该回合在处理自愿出口限制和有序销售协定方面没有任何进展，纺织品和农产品两个关键领域仍然游离于 GATT 纪律之外。[3]1974—1975 年间，工业化国家经历了严重的经济衰退，激发了普遍的贸易保护主义情绪。随着这一时期美国权力式微，美国推动开放式贸易体制的意愿也逐渐下降。[4]20 世纪 70、80 年代，发达国家实施了一系列以自愿出口限制为代表的进口限制措施，各国广泛援引国内不公平贸易立法以阻止来自发展中国家的竞争冲击。[5] 东京回合期间发达国家涌现的贸易保护主义情绪表明，在经济困难时期多边贸易体制规则未能有效应对民族主义与贸易保护主义压力。[6]

---

[1]　Donatella Alessandrini, *Developing Countries and the Multilateral Trade Regime*, Oxford and Portland：Hart Publishing, 2010, p.56.

[2]　Rorden Wilkinson, *Multilateralism and the World Trade Organization: The Architecture and Extension of International Trade Regulation*, Routledge, 2000, p.61.

[3]　Andrew G. Brown, *Reluctant Partners: A History of Multilateral Trade Cooperation 1850-2000*, The University of Michigan Press, 2003, pp.114-115.

[4]　Andrew G. Brown, *Reluctant Partners: A History of Multilateral Trade Cooperation 1850-2000*, pp.116-117.

[5]　Donatella Alessandrini, *Developing Countries and the Multilateral Trade Regime*, Oxford and Portland：Hart Publishing, 2010, p.67.

[6]　Andrew G. Brown, *Reluctant Partners: A History of Multilateral Trade Cooperation 1850-2000*, p.125.

5. 乌拉圭回合与 WTO 的建立——失衡的南北谈判

乌拉圭回合谈判开始后，发展中国家希望借此次谈判废除《多种纤维协定》，修订保障措施条款，加强非歧视性的多边规则。为此它们愿意进行互惠的谈判并在服务贸易、知识产权等领域作出相应妥协。发展中国家在此次谈判中获得了一些收益，自愿出口限制措施被禁止了，保障措施的实施被规范化。然而由于美国的反对，乌拉圭回合在反倾销措施的改革留了缺口，导致发达国家行业利益集团仍可以为保护主义目的而滥用反倾销立法，因而减损了其他领域歧视性措施的改革成果。① 农产品领域虽然实现了边境措施的关税化，但该领域整体贸易自由化进展依旧十分缓慢。《纺织品与服装协议》（ATC）虽然规定分四个阶段逐步取消配额制度，发达国家直到最后一个阶段才予以实施。而另一方面，服务贸易、投资、知识产权等议题被成功纳入多边贸易体制，并受到强有力的争端解决机制保障执行，这些协定中给予发展中国家的短暂的过渡期安排根本不足以消化沉重的执行成本。乌拉圭回合贸易协定综合来看是对发展中成员颇不平衡的贸易谈判结果。

6. 多哈回合——WTO 危机的显现

不平衡的乌拉圭回合协定为 WTO 时代成员内部分裂的扩大化埋下了隐患。在 WTO 西雅图部长级会议上，欧盟和美国一直试图加入"新加坡议题"和劳工问题，发展中国家则表示在"执行议题"得到解决之前拒绝发起新一轮谈判，双方均拒绝作出任何妥协。最终西雅图部长级会议在非政府组织的游行示威中以失败告终。② 在 2003 年坎昆部长级会议上，WTO 谈判再次遭遇"滑铁卢"。美国和欧盟通过频繁的双边协商互相接受了对方扭曲贸易的农业支持政策，导致了美欧双方与发展中成员在农产品贸易上的分歧难以弥合，奠定了坎昆会议失败的基调。随后因"新加坡议题"被纳入总理事会主席草案引起了发展中国家激烈的反抗，WTO 成员在"新加坡议题"上的分歧成为了坎昆会

---

① Rorden Wilkinson, *Multilateralism and the World Trade Organization: The Architecture and Extension of International Trade Regulation*, Routledge, 2000, pp.92-93.

② Kent Jones, *Who's Afraid of the WTO?*, New York：Oxford University Press, 2004, pp.19-20.

议失败的直接导火索。[①]

多哈回合至今 WTO 规则谈判的失败值得反思。WTO 成员在实质问题上的意见分歧自然是造成 WTO 危机的重要因素，如果所有成员都能就谈判的协定达成一致意见，WTO 就能顺利地运转。但成员在实质问题上的分歧绝非 WTO 陷入危机的根本原因，因为意见分歧和利益冲突是国际合作与全球治理中的正常现象，正是这种现实的存在才需要国际组织通过内部治理来平衡不同的利益诉求，才需要有效的决策机制来解决有争议性的问题。[②] 因此，造成 WTO 危机的根本原因是结构性的，[③] 成员驱动的决策机制内在地引发了成员权力运用的不平衡，而谈判机制的缺失导致权力制衡的缺位，也进一步反映了 WTO 内部治理的制度赤字。

二、多边贸易体制的演变逻辑

梳理多边贸易体制的建立与发展的历史可以发现，WTO 治理结构失衡的根源深藏于国际贸易组织（ITO）的酝酿之初，发轫于关税及贸易总协定（GATT）整个运用过程，定型于世界贸易组织（WTO）的发展演进过程之中。多边贸易体制演进的线索背后始终存在着一条成员驱动的主轴。成员驱动是多边贸易体制权力导向与规则导向交织在动态层面的反映。多边贸易体制发展过程中，成员驱动的演进逻辑展现出类型化、多轨制、不平衡的主要特征。

（一）多边贸易体制成员的类型化

多边贸易体制成员驱动呈现的第一个变化是成员数量"由少到多"，发展

---

① 法扎尔·伊斯梅尔著：《改革世界贸易组织：多哈回合中的发展中成员》，上海人民出版社 2011 年版，第 43 页。

② Claus-Dieter Ehlermann and Lothar Ehring："Decision-Making in the World Trade Organization：Is the Consensus Practice of the World Trade Organization Adequate for Making, Revising and Implementing Rules on International Trade?" *Journal of International Economic Law*, vol.8 no.1, 2005, p.53.

③ Manfred Elsig and Thomas Cottier："Reforming the WTO：The Decision-Making Triangle Revisited," p.290.

中成员比例不断增大。随着多边贸易体制的扩员，发展中国家在 GATT/WTO 中的比例显著上升。关贸总协定创立之初，只有 23 个原始缔约方，其中有 10 个是发展中国家。① 之后发展中成员在 GATT/WTO 中的比例逐渐上升，到 了 1970 年，关贸总协定成员增至 77 个成员，其中有 52 个发展中国家。1987 年乌拉圭回合期间，关贸总协定成员总数为 95 个，其中发展中国家有 65 个， 1997 年 WTO 成员共 132 个，发展中国家 98 个。② 截至目前为止，WTO 一共 有 164 个成员方，接近 80%的成员均为发展中国家。③

多边贸易体制成员驱动呈现的第二个变化是成员身份的类型化，且不同类型的成员在驱动多边贸易体制运转的过程中发挥的作用不同。美国作为战后霸权国在建立起多边贸易体制过程中的作用是独一无二的。以美国和欧盟组成的"G2"掌控着多边贸易体制的发展走势和多边贸易规则的主导权。以"老四方成员"为代表的主要发达成员在 WTO 内部治理中发挥着关键性作用。发展中成员在多边贸易体制中并不只是扮演着被动式和防御性的角色，而是努力争取对多边贸易体制的制度架构和规则走向产生影响，这种影响甚至具有改革色彩。其中大型发展中成员和新兴经济体国家在发展中成员群体中发挥了领导性作用，最不发达国家借助其他发展中国家的力量也逐步争取自身的权益。因此，发展中成员的驱动逻辑是从外围向中心靠拢，由边缘化走向南北合作与对抗。然而，由于成员间实力水平差异，WTO 成员的类型化导致成员驱动的实践偏离了理论上的国家主权平等，走向了权力滥用与权力失衡。在成员数量增多后，成员驱动呈现出"由多到少"的现象，意味着少数成员可以置多数发展中成员的利益于不顾，利用其权力和实力塑造多边贸易规则以满足自身利益；甚至为掌控规则制定主导权并减少国际公共产品的提供成本而偏离多边主义，走向区域、双边和单边主义。

---

① 舒建中：《多边贸易体系与美国霸权——关贸总协定制度研究》，南京大学出版社 2009 年版， 第 253 页。

② Constantine Michalopoulos, "The Developing Countries in the WTO," *World Economy*, vol.22, no.1, p.122.

③ 参见 https：//www.wto.org/english/thewto_e/whatis_e/tif_e/org6_e.htm.

（二）成员贸易政策的多轨制

多边贸易体制不等同于多边主义。多边主义只是其中一种选择路径，"必须把多边组织从多边主义制度中区分开来"①。WTO 规则不仅容纳了多边主义，也为区域主义和诸边协定留下了规制空间。多边主义制度包含了不可分割性和扩散的互惠性，前者在多边贸易体制中体现为无条件最惠国原则，后者则意味着整个群体内长期达成的平衡，并不依靠具体的对等交换。② 一个富有远见的行为体更倾向于依靠多边主义来解决合作问题，而非利用自身权力获取短期利益。但是在现实世界的全球治理中，多边主义通常被看作一种工具性手段而非目的。自利的国家只有在能够实现自身目的时才会寻求多边主义。在面临短期利益选择时，它们可能会减损多边主义中不可分割性和扩散性互惠两大要素，通过抵制"搭便车"将公共产品私有化，进而走向单边主义。当多边层面的规则制定难以获得满意的结果时，霸权国家或主要发达经济体也会选择通过"多轨"贸易政策引领、促成多边层面的谈判目的。

在区域层面，美国自 20 世纪 80 年代就采取了多边主义与区域主义的"双管齐下"的贸易政策。乔治·布什总统完成了北美自由贸易协定（NAFTA）谈判，克林顿总统则推动 NAFTA 在国会获得通过。NAFTA 不仅成为关贸总协定多边主义的替代方案，也是"促进各国就乌拉圭回合协议达成一致的巨大推动力量"，使得乌拉圭回合协议这项广泛、综合性的贸易协定完全符合美国的利益诉求。③ 如今美国更激进地运用了类似的策略，一边欲使 WTO 争端解决机制陷入瘫痪，一边将《美墨加贸易协定》（USMCA）打造为未来谈判的模板，④ 意图先在"小圈子"内就核心议题达

① Lisa L. Martin ："Interests, Power, and Multilateralism," *International Organization*, vol.46, no.4, 1992, p.767.

② 约翰·鲁杰：《多边主义》，苏长和等译，浙江人民出版社 2003 年版，第 12—13 页。

③ 张建新：《权力与经济增长——美国贸易政策的国际政治经济学》，上海人民出版社 2006 年版，第 188 页。

④ 参见 Agreement between the United States of America, the United Mexican States, and Canada Text, https：//ustr.gov/trade-agreements/free-trade-agreements/united-states-mexico-canada-agreement/agreement-between。

成一致，再逐步"扩容"，以达到重塑多边贸易规则的效果。[1]"规则制定的区域化演进有利于主要大国的单项输出，减弱了发展中国家在多边规则建构中的话语权。"[2]

在双边层面，大国和贸易强国更容易凭借权力优势获得偏向自身利益甚至带有歧视性的协定。美国发现相比于复杂的多边谈判，制裁威胁下的双边谈判更能有效地按照其喜好塑造世界，[3]在双边协定中获取的利益可能是从多边贸易体制中难以取得的。例如美国在 20 世纪 70、80 年代开始推行以产品为基础的互惠。1986 年美国和日本谈判半导体贸易协定，以保证美国国内制造的产品进入日本市场的数量。[4]这事实上是一种被管理的贸易，阻碍了一国比较优势的发挥，严重损害了多边贸易体制非歧视原则。[5]而今美国政府更加强调对等，否定各个成员经济发展阶段与水平的差异性。要求广大新兴和发展中国家都实施和美国相同的关税水平，否则就是不公平。[6]美国政府希望国会通过新的《美国互惠贸易法案》授权总统拥有更广泛的施加关税的权力，以促使总统能够不受约束地抛开 WTO 进行双边谈判，为不同国家设定不同水平关税。[7]

在单边层面，美国以维护国家安全、公平贸易等作为托词，将国内规则凌驾于国际规则之上，以单边确定的标准执行现有规则或扭曲现有规则。一国的经济单边主义还可以体现为在国际经济规则制定过程中，试图使本国制定的规则为多数国家所接受。[8]最为典型的运用单边措施的例子是美国国内法中的"301 条款"。"301 条款"给予美国总统以及美国贸易代表在磋商失败的情况下

① 陈凤英、孙立鹏：《WTO 改革：美国的角色》，《国际问题研究》2019 年第 2 期。
② 王秋雯：《国际竞争规则重塑进程中的中国话语权构建》，《当代世界与社会主义》2019 年第 4 期。
③ Gerard and Victoria Curzon："Non-Discrimination and the Rise of 'Material' Reciprocity"，*The World Economy*，vol.12 no.4，1989，p.492.
④ Gerard and Victoria Curzon："Non-discrimination and the Rise of 'Material' Reciprocity"，p.489.
⑤ Richard H. Snape："Reciprocity in Trade Agreements"，in Deepak Lal and Richard H. Snape eds.，*Trade, Development and Political Economy*，New York：Palgrave，2001，pp.147-155.
⑥ 何伟文：《世贸组织改革须以加强多边为方向》，《环球时报》2018 年 9 月 25 日，第 14 版。
⑦ All Information (Except Text) for H.R. 764- United States Reciprocal Trade Act. https：//www.congress.gov/bill/116th-congress/house-bill/764/all-info.
⑧ 李向阳：《国际经济规则的形成机制》，《世界经济与政治》2006 年第 9 期。

单边采取报复措施的权力。"301 条款"报复威胁下的谈判不同于区域、诸边甚至双边背景下的平等互利的谈判，而是具有国家单方政策协调性质的谈判。谈判日程完全由美国设置，美国可以决定外国的哪些做法是不公平的，并要求该国单方面修改贸易政策。"301 条款"所打击的"歧视性"行为并不限于多边贸易规则所禁止的歧视性行为，也包括 GATT/WTO 规则所允许的措施，因此"301 条款"能够单边地创造新的政治法律标准，该条款是典型的侵略性单边主义的经典例证，破坏了美国的多边贸易承诺以及多边贸易规则的制度基础，还有可能引起其他贸易伙伴的报复行为。①

总之，美国和欧盟等成员运用多轨贸易政策以达成两个目的：第一，提高他们在 WTO 多边贸易谈判中的筹码。为促使国际经贸规则更符合自身利益，他们通过双边和区域谈判的同步进行把持有不同意见的国家各个击破，②甚至不惜运用单边主义威胁迫使其他国家作出让步，再通过双边、区域层面的谈判成果促进多边层面的谈判优势。第二，减少提供国际公共产品或国际制度设计领导权的成本。减少成本的核心思路就是偏离"无条件最惠国待遇"以减少"搭便车"的现象。因此，大国贸易政策从多边主义到区域主义再到单边主义的过程是一个歧视性递增的过程，也是愈发强调"公平贸易"和"对等"的过程。有学者认为，美国的领导力已经"逐渐转型为以单边主义为基础、以多边协调为辅的领导力"③。随着特朗普政府过度破坏多边贸易体制而倚重双边谈判，实施重商主义、民族主义和美国优先的贸易政策，并利用美国权力优势实施非法贸易制裁，美国在全球经济治理中的领导力根基也受到了削弱和冲击。④

---

① William R. Sprance, "The World Trade Organization and United States' Sovereignty：The Political and Procedural Realities of the System," *American University International Law Review*, vol.13, no.5, 1998, p.1255.

② Gregory Shaffer："Power, Governance, and the WTO：A Comparative Institutional Approach," in Michael Barnett, Raymond Duvall, eds., *Power in Global Governance*, Cambridge：Cambridge University Press, p.133.

③ 参见张云：《全球单向依存迷思与美国未来的国际领导力》，http：//cn.chinausfocus.com/m/41483.html。

④ Ernst-Ulrich Petersmann, "How should WTO Members React to Their WTO Crises," *World Trade Review*, vol.18, no.3, 2019, p.516.

（三）成员驱动的持续非均衡性

虽然多边贸易体制的成员驱动经历了成员数量"由少数向多数"的转变，但是随后驱动途径发生了由"多边向多轨"的转化。即使是在多边谈判中，也并非全体 WTO 成员都平等地享有规则制定权和 WTO 内部治理的权力。首先，GATT 原始缔约方与后加入成员相比享受着明显的"先发优势"。一国越早加入多边贸易谈判，它就越具有塑造谈判进程的影响力，且不会面临繁重的成员资格条件。[1] 有学者将这一先发优势描述为"通过塑造规则、实施相应措施以保障自身地位并获取足够利益，与此同时禁止后加入者获取同样的优势"[2]。这就解释了为何关贸总协定围绕着原始缔约方以及发达国家的利益需要而设计，积极促进制成品、半制成品以及工业产品的贸易自由化却将农产品排除在外。其次，造成贸易谈判结果不平衡的另一关键因素是，具有"先发优势"那一少部分成员持续掌控并主导着谈判进程。关键成员通过"多轨"渠道战略性地施加谈判压力，并通过"同心圆"谈判模式，控制、引领着多边贸易规则的制定，许多发展中成员在"层层趋进"的谈判进程中被边缘化。因此，多边贸易体制成员驱动的核心由始至终持续地掌握在少数国家或成员的手中，成员驱动的非均衡性一直存在。最后，GATT/WTO 的谈判模式是"反复博弈"的回合谈判。每一轮的谈判结果都是相互影响，而非独立的。任何对先前回合中不平衡结果的改革要求都必须伴随着新的"出价"，因此成员方之间实力水平的差距导致谈判结果中的不平衡被固化在多边贸易体制的回合谈判中。[3]

---

① Rorden Wilkinson, "Barriers to WTO Reform：Intellectual Narrowness and the Production of Path-dependent Thinking", in Thomas Cottier, Manfred Elsig eds., *Governing the World Trade Organization: Past, Present and Beyond Doha*, New York：Cambridge University Press, 2011, p.320.

② Robert Hunter Wade, "What Strategies Are Viable for Developing Countries Today?" The World Trade Organization and the Shrinking of 'Development Space'", *Review of International Political Economy*, vol.10, no.4, 2003, p.632.

③ Rorden Wilkinson, "Barriers to WTO Reform：Intellectual Narrowness and the Production of Path-dependent Thinking", p.318.

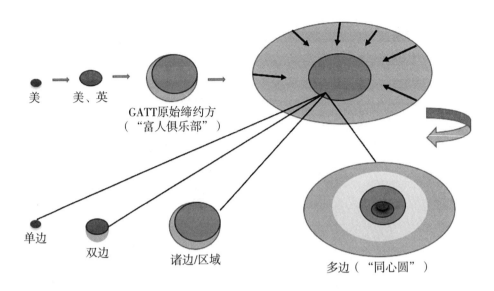

图示 3：同心圆谈判结构示意

第三节　多边贸易体制中成员的驱动策略

许多制度主义者将成员驱动的制度建立的过程视为集体的努力，但现实是多边贸易体制的成员方在制度建立的过程中对最终的结果形成了不成比例的影响。[①] 在为多边贸易规则提供动力和影响力方面，发达成员和发展中成员采取了不同的驱动策略。

一、发达成员的驱动策略

鉴于强大的经济实力与谈判能力，主要贸易大国和发达成员能够有效利用以下诸多驱动和谈判策略主导多边贸易规则的制定，迫使持反对意见的成员作

[①] Lloyd Gruber，"Power Politics and the Institutionalization of International Relations," in Michael Barnett, Raymond Duvall, eds., *Power in Global Governance*, Cambridge：Cambridge University Press, p.102.

出妥协，以使多边贸易规则更加贴近自身利益和发展诉求。

1. 发起"同心圆"谈判

由于在 164 个成员中达成协商一致是一个极其繁琐的过程，多边贸易体制决策的实质内容大都是在非正式的谈判背景下作出的，且这一决策模式体现为以同心圆为表征的不同层次。这些非正式的部长级会议并非 WTO 正式机构，因此没有正式的 WTO 规则规定被邀请的成员范围以及主持会议的具体人选。多边贸易体制中的倡议通常发起于美国与欧盟的双边谈判中，由美国和欧盟构成的"G2"成为了同心圆非正式谈判的核心。[1] 相较于发展中成员，美国和欧盟有着不可比拟的"议价能力"，通过协调彼此立场并权衡利益，他们能够掌控并主导规则的形成，并从发展中成员身上获取收益。[2] 同心圆的第二层由"四方成员国"（Quad）构成。老"四方成员国"[3] 作为一个发达成员联盟具有显著的谈判优势，有着足够的力量来行使否决权并塑造着历届谈判回合的结果。[4] 在 2004 年"七月框架协定"后，老四方逐渐被 G6（美、欧、日、加、印、巴）替代。同心圆的第三层扩大到由 25—30 个成员方构成的非正式决策圈，这一谈判场所通常被称之为"绿屋会议"（秘密会议）。绿屋会议在部长或大使层面召开，既可以处理一般性的议题也可以处理具体议题。由于大部分发展中国家被排除在这一谈判场所之外，绿屋会议被经常性地批评为缺乏透明度与包容性。[5] 而全体成员方会议（例如正式部长级会议或贸易谈判委员会会议）则位于同心圆的最外层，因成员数量广泛，这一层次的谈判往往难以达成实质性的成果，内层同心圆中发达成员主导的谈判倡议或草案难以在全体成员会议上被

---

① Manfred Elsig, "Different Facets of Power in Decision-Making in the WTO," Swiss National Centre of Competence in Research Working Paper, No.23, 2006, p.21.

② 参见法扎尔·伊斯梅尔著：《改革世界贸易组织：多哈回合中的发展中成员》，上海人民出版社 2011 年版，第 120—121 页。

③ 老"四方成员国"包含美国、欧共体、日本和加拿大四个成员。

④ Peter Drahos, "When the Weak Bargain with the Strong：Negotiation in the World Trade Organization," *International Negotiation*, vol. 8, no.1, p.90.

⑤ Manfred Elsig, "Different Facets of Power in Decision-Making in the WTO," p.22.

更改。① 以美、欧为核心的主要发达成员正是以同心圆的谈判模式主导并驱动了多边贸易体制规则的生成。

2. 控制议程设置

议程设置主要是指在规则制定过程中关注哪些问题和不关注哪些问题，如何对关注问题的优先程度进行排序。通过对议程的控制，霸权国家或主要成员方可以使自己关切的问题被优先关注和解决。由于缺乏明确统一的议程设置的标准或规则，WTO 只能通过协商一致来确定哪些议题包含在 WTO 权限范围内，哪些议题应当获得优先考虑。② 而发达成员和大国在议程设置的过程中能够发挥不对等的影响力来最终左右贸易回合谈判的议程设置结果。在GATT 与 WTO 谈判中，议程设置长期以来都是由美国和欧盟掌控。③ 虽然发展中国家也可以提出议程或动议，且被纳入到部长级会议宣言中，但当这些议程或动议正式进入到相关的谈判委员会时，来自于发展中成员的动议会习惯性"流产"。发达成员会通过阻碍协商一致的达成来阻止发展中成员动议的进一步讨论和发展，而选择绿屋会议等非正式会议对其感兴趣的议题进行广泛地实质性谈判。④ 从动议到提议到草案文本谈判的过程大都发生于非正式部长级会议中，而大部分发展中成员都被排除在会议进程之外。由于不同的WTO 成员方就不同的贸易议题和领域具有不同的利益诉求和比较优势，议题设置中的部分成员主导导致的权力不均衡作用将会深刻影响到谈判程序的公平公正。⑤

---

① Manfred Elsig and Thomas Cottier, "Reforming the WTO：The Decision-Making Triangle Revisited," p.297.

② Cecilia Albin, "Using Negotiation to Promote Legitimacy：An Assessment of Proposals for Reforming the WTO," *International Affairs*, vol.84, no.4, 2008, p.761.

③ Richard H. Steinberg, "In the Shadow of Law of Power? Consensus-Based Bargaining and Outcomes in the GATT/WTO," *International Organization*, vol.56, no.2, 2002, p.355.

④ Richard H. Steinberg, "In the Shadow of Law of Power? Consensus-Based Bargaining and Outcomes in the GATT/WTO," pp.354-355.

⑤ Cecilia Albin, "Using Negotiation to Promote Legitimacy：An Assessment of Proposals for Reforming the WTO," p.761.

3.实施分化

发达成员对发展中成员实施的分化策略既适用于某一发展中成员群体，也适用于特定的发展中成员联盟。在运用上述"同心圆"谈判模式时，大多数发展中成员通常位于同心圆外围。为促使发展中成员接受内层同心圆的建议或方案，发达成员会对其采取分化策略，而最困难也最关键的一步就是确保较大发展中成员和新兴经济体的支持。随着以金砖国家为代表的新兴经济体进入到WTO主要决策层，它们往往加大了主要成员间达成一致意见的难度。因为这些新兴经济体国家具有与发达国家不同的发展阶段和国内政治经济现状，在一些具有明显意见分歧的问题上会采取强硬的立场。[①] 对此，美、欧等发达成员会采用"逐个击破"的策略，运用其市场资源及实力优势在双边谈判中施压，一旦发展中成员在双边谈判中作出妥协，就会加速美欧方案在多边层面实施的进程。因此，发展中成员的意志在分化策略中被瓦解，当最终只剩下最不发达成员时，"最后的防线"几乎"不攻而破"，因为被排除在贸易体制之外的成本如此沉重，它们不得不接受对其不利的谈判结果。[②]

发达成员同时进行双边与多边谈判，以达到对发展中成员联盟实施分化策略的做法也是屡见不鲜。[③] 在发起乌拉圭回合谈判期间，由24个发展中成员组成的"强硬派"（hardliners）曾强烈反对在贸易体制中纳入服务贸易、知识产权等新议题。美国和欧盟则分别对"强硬派"的领导成员施压，导致反对新议题的24个成员减少到10个成员，最终新议题仍被纳入多边贸易体制中。[④] 在多哈回合，一些发展中国家联盟也在双边谈判的诱惑和压力中开始分化。例如

① Amrita Narlikar, "New Powers in the Club：The Challenges of Global Trade Governance," *International Affairs*, vol.86, no.3, 2010, p.722.

② Igor Abdalla Medina de Souza, "An Offer Developing Countries could not Refuse：How Powerful States Created the World Trade Organization," *Journal of International Relations and Development*, vol. 18, no.2, 2015, p.162

③ Gregory Shaffer, "Power, Governance, and the WTO：A Comparative Institutional Approach," in Michael Barnett, Raymond Duvall, eds., *Power in Global Governance*, Cambridge：Cambridge University Press, 2005, pp.133-135.

④ Igor Abdalla Medina de Souza, "An Offer Developing Countries could not Refuse：How Powerful States Created the World Trade Organization," p.171.

发展中国家的"志同道合集团"（LMG）曾极力反对在解决乌拉圭回合协定导致的执行议题之前开展任何新的谈判，并拒绝向发达成员作出任何让步。但是"四方集团"开始有针对性地与 LMG 中的特定成员方进行双边谈判，并以给予它们优惠待遇为诱惑要求其放弃对新加坡议题的反对立场。同时，一些国家还被警告如果不软化立场就会面临被撤销优惠待遇的风险。最终，分化策略在发展中成员联盟中产生了"多米诺效应"，新一轮的"多哈发展议程"正式发起。[①]

4.威胁转移论坛

论坛转移包括几个相互关联的策略：将议题从一个组织转移到其他组织，在不同组织内推进相同的议程，以及退出当前的组织。[②] 无论采用其中何种策略，这种权力运用策略的实质在于利用"最佳可替代谈判协定"（BATNA）[③] 的力量，BATNA 让有经济实力的主要 WTO 成员能够不依赖多边协定的达成，不顾多边场所的反对声音而在其他论坛中推动与其国家利益更加适配的经贸规则（"go it alone"power）。换言之，这种"走开"的能力成为了主要经济体和大国在多边谈判中一项重要的权力来源。[④] 这项权力的行使削减了发展中小国的可选择策略范围。只要维持成员资格所需要的成本小于被现有体制排除在外的成本，这些国家甚至可能会接受绝对收益为负的多边贸易协定，以免本国在经济全球化与国际贸易合作的浪潮中被孤立和边缘化。[⑤]

大国和主要发达成员在国际经贸谈判中广泛地使用了威胁转移论坛的策略。例如由于美国和欧盟无法在国际知识产权组织（WIPO）中获得知识产权议题的多数支持，就把该议题转移到 GATT 项下，进而在 1994 年催生了

---

① 阿姆里塔·纳利卡：《权力、政治与WTO》，陈泰丰、薛荣久译，外语教学与研究出版社 2007 年版，第 244 页。

② Igor Abdalla Medina de Souza, "An Offer Developing Countries could not Refuse ：How Powerful States Created the World Trade Organization," p.160-161.

③ Roger Fisher, William Ury, and Bruce Patton, ‘*Getting to Yes*' Boston ：Houghton Mifflin, 1991, p.100.

④ Landau Alice, "Analyzing International Economic Negotiations ：Towards a Synthesis of Approaches", *International Negotiation,* vol.5, no.1, 2000, p.12.

⑤ Gruber, Lloyd, "Power Politics and the Free Trade Bandwagon", *Comparative Political Studies*, vol. 34, no.7, 2001, pp.703–741.

TRIPS 协定。20 世纪 80 年代末，发达国家提出在 OECD 国家内建立自由贸易与投资区域，自由贸易与投资安排中的所有权益只能由 OECD 国家享有，以此为发展中国家制造了谈判压力。此外，与乌拉圭回合谈判同时进行的 NAFTA 谈判也被视为美国牵制欧盟和其他国家的谈判策略。这些谈判策略的运用迫使对特定立场持反对态度的成员作出让步和妥协。①

在威胁转移论坛策略中不得不提到的是乌拉圭回合谈判末期，发达国家退出 GATT 建立新国际组织的做法，这一举措直接造成了乌拉圭回合不平衡的贸易协定的达成。因为如果发展中国家拒绝签署建立世界贸易组织的一揽子协定，他们在之前 GATT 回合谈判中获得的贸易减让以及最惠国待遇就会全部丧失。②发展中国家不但要面临美国和欧盟不受约束的农产品贸易政策，还会失去其出口产品进入到发达国家的市场准入机会。发达国家退出现有论坛的策略正是利用了不同国家间非对称的相互依赖，并通过模拟创造出"无政府状态"向发展中国家施压，迫使发展中国家接受其本不愿接受的非帕累托改进的结果。③

5：行使否决权

否决权在理论上并非发达成员的专利，每一成员方都具有行使的权利。随着以金砖国家为代表的新兴经济体国家的崛起，这些经济体逐渐靠近 WTO 核心决策层，它们也从未吝惜通过行使否决权而阻止对其不利的贸易规则的产生。④但发展中国家在 WTO 中的影响力仍在很大程度上局限于说"不"的能力，而难以在多边贸易治理和规则制定过程中发挥建设性和引领性作用。⑤有学者认为，国际组织真正意义上的"成员驱动"，要求 WTO 成员坐在"驾驶员"的位置上实际地进行驾驶和操作，而不仅仅只会按下"刹车"来制动。⑥从这个

① Richard H. Steinberg, "In the Shadow of Law of Power? Consensus-Based Bargaining and Outcomes in the GATT/WTO", p.349.
② Manfred Elsig, "Different Facets of Power in Decision-Making in the WTO", p.20.
③ Richard H. Steinberg, "In the Shadow of Law of Power? Consensus-Based Bargaining and Outcomes in the GATT/WTO", p.349.
④ Amrita Narlikar, "New Powers in the Club：The Challenges of Global Trade Governance", p.719.
⑤ 屠新泉：《我国应坚定支持多边贸易体制、积极推进全球贸易治理》，《国际贸易问题》2018 年第 2 期。
⑥ Claus-Dieter Ehlermann, Lothar Ehring, "Decision-Making in the World Trade Organization,"p.71.

意义上，尽管 WTO 中发达成员和发展中成员都会运用否决权来阻断于己不利的贸易规则的生成，但是在对 WTO 这一国际组织"以退为进"的驱动效果上，主要发达成员和大国显然更胜一筹。有学者认为，美国阻挠上诉机构法官的遴选，令上诉机构陷入瘫痪，并威胁退出 WTO 的真正目的是"希望一次性彻底解决世界贸易体系与美国现行利益和力量不匹配的矛盾和问题"。美国即便退出 WTO，也不会走向"孤立主义"，而是将继续采取多轨策略，并将立场不一致的国家各个击破，逐步做大自己的"朋友圈"，最后重塑全球贸易新秩序。

6. 主导价值取向

成员驱动不仅仅发生在具体的规则的制定过程中，通过影响多边贸易体制的价值取向，成员借助于理念、原则、价值等规范元素的指引作用也会于多边贸易规则产生间接却深远的影响，这些规范性元素不仅会影响到规则谈判者的行为，还可以制造谈判"聚焦点"从而从整体上影响着谈判的走向。[1]"发展回合"、互惠、自由贸易等概念的提出均属于这一范畴。例如作为关贸总协定支柱性甚至宪法性原则的互惠理念，长期以来影响着多边贸易体制的发展。以美国为首的主要发达成员操纵着互惠标准和概念的含义，因而控制着多边贸易规则的走向。当自身利益受到威胁时便采用更狭窄、更严格的主观互惠标准，从而在公平贸易与自由贸易的转换间游刃有余。

全球治理从协调行为主体实践的功能和角度来看，似乎类似于一项机器的技术性运转，但容易被忽视的是，一些被认可的价值和理念在全球治理机器的背后驱动并控制着他的运作。[2]霸权国家在国际社会推行制度霸权也同样需要一定程度的合法性以获得其他国家的认可与追随。但合法性往往是合法化这一复杂过程的结果，合法化过程本身是有争议且不透明的，难以摆脱权力的影响与博弈。[3]如果某一理念通过获得一定程度的"合法性"而成为了主流价值，它就容易被视为"中立"的，而这一理念背后的权力作用以及所附加的特定政

---

① Manfred Elsig, "Different Facets of Power in Decision-Making in the WTO," p.14.

② Igor Abdalla Medina de Souza, "An Offer Developing Countries could not Refuse : How Powerful States Created the World Trade Organization," pp.159.

③ Matthew Eagleton-Pierce, *Symbolic Power in the World Trade Organization*, Oxford : Oxford University Press, 2013, p.60.

治利益往往会被忽视。[①] 因此 WTO 成员在提出相应理念从而影响多边贸易体制的价值取向方面，面临着更高层面的对抗与较量。在这一问题上，受制度变迁的路径依赖的影响，GATT 创始成员方无疑具有天然的竞争优势。

二、发展中成员集团化联盟

发展中国家是多边贸易体制中一股独特的力量，发展中成员驱动过程并非被动跟随多边贸易体制运转的过程。相反，发展中国家创造了自己的动力，[②] 它们通过总结历史经验教训，积极探索适合本国的发展道路和发展模式，不断增进国内经济体制改革，推动扩大对外开放，已经"成为推动自身经济腾起的根本力量"[③]。发展中国家自身的动力源与多边贸易体制的动力相互作用，导致发展中成员既希望维护现有多边贸易秩序又对现有规则体系具有充分改革意愿。

发展中成员的驱动方式和策略主要是通过集团化联盟。联盟是指国家集团内部的合作和协调，且集团内部成员能够意识到其集体行为存在的状态。[④] 在国际关系理论中，国际体系内部国家实力水平的差异将会导致联盟利益的产生。弱国具有天然倾向形成联盟以对抗强国。[⑤] 由于在中心—外围的国际权力结构中被边缘化，发展中国家除了组成联盟以寻求保护、应对共同挑战之外，几乎没有其他更能体现自身意志的策略选择。[⑥] 因此在多边贸易体制谈判中，发展中成员逐渐增加了对联盟建设的投入以影响其在贸易谈判中的收益。"通过采取集团化的策略，许多发展中成员积极为广大发展中国家的整体利益代

---

① Matthew Eagleton-Pierce, *Symbolic Power in the World Trade Organization*, p.70.

② Robert E. Hudec, *Developing Countries in the GATT Legal System*, Cambridge：Cambridge University Press, 2011, p.4.

③ 徐崇利：《二战之后国际经济秩序公正性之评判——基本逻辑、实力兴衰及收益变化》，《经贸法律评论》2019 年第 3 期。

④ J. P. Singh, "Coalitions, Developing Countries, and International Trade：Research Findings and Prospects," *International Negotiation*, vol.11, no.3, 2006, pp.499-500.

⑤ I. William Zartman, "*Positive Sum: Improving North-South Negotiations*," New Brunswick, N.J.：Transaction Books, 1987.

⑥ J. P. Singh, "Coalitions, Developing Countries, and International Trade：Research Findings and Prospects", pp.503-504.

言"。① 发展中成员联盟致力于在多边贸易体制下更有效地参与贸易谈判，并建立了一定的组织形式与谈判平台，形成"集体的声音"，使得少数发达成员垄断"游戏规则"的现象得以部分改观。②

在 GATT 时期，发展中成员集团化联盟最初体现为以阵营为特征的（bloc-type）传统联盟类型，较为典型的是非正式集团（Informal Group）以及由其发展而来的 G10。③ 这类联盟成员之间没有共同的经济利益基础，而是展现出"相互捧场"的利益诉求（logrolled interests）（一些成员会对其他成员追求的目标给予政治和外交支持，同样他们自己也会获得其他成员的类似支持）。④ 真正使这类联盟获得一定程度凝聚力的因素是成员方的共同观念，即第三世界国家应当团结起来对抗发达国家，提高自身的谈判地位。然而联盟内部不同的利益诉求导致这类联盟总体上是松散的。虽然从非正式集团中衍生出来的 G10 展示出强硬的谈判立场和姿态，一些小型发展中国家希望获得更多灵活性并与发达成员达成某种妥协，这种难以弥合的内部分歧导致联盟最终失败。但非正式集团以及 G10 作为早期发展中国家合作模式，仍然帮助发展中国家以集团化联盟的形式表达了自身意志并增强了话语权。⑤

对 G10 形成挑战的另一种联盟类型是"议题为基础的联盟"（issue-based coalition）。最为典型的是 G20⑥ 及其所发展出的"牛奶咖啡联盟"。由于以议题为基础，这类联盟将服务贸易领域有共同立场的国家和地区聚集在一起，其

---

① 法扎尔·伊斯梅尔：《改革世界贸易组织：多哈回合中的发展中成员》，上海人民出版社 2011 年版，第 38—39 页。

② 参见徐泉：《WTO 体制中成员集团化趋向发展及中国的选择析论》，《法律科学》2007 年第 3 期。

③ 参见 Amrita Narlikar, "*International Trade and Developing Countries–Bargaining Coalitions in the GATT&WTO*", Routledge, 2003, p.7。

④ Amrita Narlikar, "*International Trade and Developing Countries–Bargaining Coalitions in the GATT&WTO*", p.60.

⑤ 例如在乌拉圭回合谈判期间，G10 在软化 GATS 协定使其更多考虑到发展中国家权益的问题上发挥了重要的作用。Amrita Narlikar, "*International Trade and Developing Countries–Bargaining Coalitions in the GATT&WTO*", p.76。

⑥ G20 包括孟加拉、智利、柬埔寨、中国香港、印度尼西亚、象牙海岸、牙买加、马来西亚、墨西哥、巴基斯坦、菲律宾、罗马尼亚、新加坡、斯里兰卡、韩国、泰国、土耳其、乌拉圭、赞比亚和扎伊尔。

内部结构相对简单。G20 及"牛奶咖啡联盟"较为关注小型发展中国家的诉求，并在议程设置和谈判策略上展示出相当程度的灵活性。这种灵活姿态使其成为了"谈判式联盟"（negotiating coalitions），与 G10 所代表的"阻却性联盟"（blocking coalition）形成了对比。①

从西雅图到多哈 WTO 部长级会议期间，发展中成员集团化联盟的热潮达到了新的高度。WTO 时期的发展中成员联盟充分吸取了 GATT 时期不同联盟类型的经验教训，在寻求一致的经济政治基础的同时，注重增强集团内部的凝聚力，以更加成熟的组织形式为发展中成员参与谈判发挥了积极的作用。例如，2003 年坎昆会议前美欧联合提案催生了发展中成员在印度和巴西的领导下形成 G20 集团。该集团要求对农产品国内支持措施进行更加积极的削减，调和了印度与巴西之间的分歧，要求发达成员在开放国内市场和取消出口补贴问题上作出实质性让步。② 由印度尼西亚牵头，来自中美洲、拉丁美洲、非洲、南亚以及东南亚等地的 20 多个成员方组成了"战略产品和特殊保障机制联盟"，后来成员方扩大到 33 个，形成了 G33（33 国集团）。G33 建议，发展中国家应被允许指定特定产品为战略产品，就这些产品免于承担新的义务，同时要求建立只有发展中成员才能享有的特殊保障机制（SSP），以保护发展中成员国内市场免受进口激增带来的冲击。此外，由非洲集团、"非－加－太"国家集团以及最不发达国家组成了 G90（90 国集团），G90 代表最不发达国家的利益，在特殊与差别待遇、特殊保障机制、棉花问题以及特惠侵蚀等问题上呈现出积极的参与态势。③

多哈回合中，上述联盟表现出一定程度的凝聚力与抗压能力，联盟内部积极协调立场，联盟之间定期会晤共同磋商。一些规模较大的发展中成员担负起帮助最不发达成员的责任，考虑它们的特殊处境和发展需求。以 G20 为代表的发

① Amrita Narlikar, *International Trade and Developing Countries–Bargaining Coalitions in the GATT&WTO*, p.97.
② 徐泉：《WTO 体制中成员集团化趋向发展及中国的选择析论》，《法律科学》2007 年第 3 期，第 141 页。
③ Dilip K. Das, "Special Treatment and Policy Space for the Developing Economies in the Multilateral Trade Regime," *The Estey Centre Journal of International Law and Trade Policy*, vol.8, no.1, 2007, p.52.

展中成员联盟逐渐超越了相对狭隘的福利主义利益，为发展中成员建立统一的联合阵线奠定了基础。[①] 发展中成员集团化联盟增加了发展中成员的集体谈判优势，促进了南南合作，在一些领域成为了与美国和欧盟"相提并论的主要对话者"[②]。集团化联盟成为了发展中成员为多边贸易谈判和 WTO 内部治理提供动力的主要途径，也为推进多边贸易谈判朝着民主、公平的方向发展作出了重要贡献。[③]

第四节　多边贸易体制成员驱动的症结分析

成员驱动本身是一个中性词，并不必然是 WTO 需要改革的对象。但是成员驱动中的非对称性以及少数成员主导会导致 WTO 内部治理的结构性失衡，引发多边贸易体制的民主赤字，影响成员合作结果和多边贸易规则的公平公正。

一、成员驱动的结构冲突

（一）多边贸易体制的民主赤字

WTO 结构框架内纳入了部分带有民主元素的制度设计，这也使 WTO 乍看起来符合一个民主的国际组织的基本特征。这些元素包括由"一成员一票"（实践中，WTO 极少使用）所保障的全体成员方的平等地位、协商一致所赋予的成员平等参与决策的权利、以规则为准绳的争端解决机制等等。然而这种粗浅的解读忽略了 WTO 体制框架内成员权力不对称的事实。成员物质资源、发展水平、谈判能力等方面的差距导致 WTO 民主在许多情况下"徒有其表"。

---

① 法扎尔·伊斯梅尔著：《改革世界贸易组织：多哈回合中的发展中成员》，上海人民出版社 2011 年版，第 37 页。

② 法扎尔·伊斯梅尔著：《改革世界贸易组织：多哈回合中的发展中成员》，上海人民出版社 2011 年版，第 66 页。

③ 徐泉：《WTO 体制中成员集团化趋向发展及中国的选择析论》，《法律科学》2007 年第 3 期，第 146 页。

对于非正式谈判机制的依赖进一步加剧了成员间资源和权力的不平衡。形式上的民主结构和实质上的权力导向之间的反差充分暴露了 WTO 内部治理中的民主赤字。[1]

随着新兴市场国家和发展中国家群体性崛起，全球经济治理逐步呈现出多元化的格局。[2] 然而基于第二次世界大战后形成的以西方为中心的治理模式却未能从本质上适应国际权力格局演变的新情况、新现实；少数成员操纵着多边贸易体制的发展进程，将一己私利置于国际社会集体利益之上，导致治理过程缺乏民主，全球治理供给不足且效率低下。[3] 虽然新兴经济体国家在 WTO 中能够有效地行使否决权，但仍然缺乏实质性地塑造多边贸易规则的机会和能力。相比于新兴经济体而言，一般发展中国家在多边贸易体制面临的民主赤字问题则更加严峻。近年来，新兴经济体随着自身实力不断增强，在自由主义国际经济秩序中可获得"增量收益"[4]，多边贸易体制对于新兴经济体的不公正状况得到了轻微改观。但对于一般发展中国家，特别是最不发达国家而言，国际经贸秩序的失衡状态未得到根本上的改善。[5] 一些小型发展中国家与主要发达经济体从国际经济秩序中获得的相对收益的分配差距甚至还在逐渐扩大。

面对发展中成员整体在多边贸易体制代表性不足的情况，WTO 更需要从根源上解决民主赤字问题，促使 WTO 谈判和决策过程从始至终、从上到下都具备包容性。[6] 申言之，提高发展中成员的民主参与不应仅仅体现在最后的决策过程中，而应当贯穿于从议程设置到非正式会议再到正式会议的全过程；不仅要体现在具体规则的谈判过程中，也要体现在发展模式、价值取向、原则理

---

[1]　Machael Strange, "Discursivity of Global Governance：Vestiges of 'Democracy' in the World Trade Organization," *Alternatives: Global, Local, Political*, vol.36, no.3, 2011, p.241.

[2]　王鹏：《世界和平与发展的力量不断壮大：发展中国家助力世界多极化》，《人民日报》2019年2月15日，第9版。

[3]　王新奎：《增强制定经贸规则的能力提高制度性话语权》，《国际贸易问题》2016年第11期。

[4]　徐崇利：《新兴国家崛起与构建国际经济新秩序——以中国的路径选择为视角》，《中国社会科学》2012年第10期。

[5]　徐崇利：《二战之后国际经济秩序公正性之评判——基本逻辑、实力兴衰及收益变化》，《经贸法律评论》2019年第3期。

[6]　Manfred Elsig and Thomas Cottier, "Reforming the WTO：The Decision-Making Triangle Revisited," p.301.

念的平等对话和协商交流过程中。民主与发展有着千丝万缕的紧密联系，多边贸易体制规则制定与内部治理的民主与合法性是促使其实现发展导向的程序保障。在权力阴影与经济外交胁迫下生成的规则不可能促进第三世界国家和整个世界的发展。①

（二）多边贸易规则中的权力导向

国际制度是国家之间基于权力与利益互动博弈的结果。现实主义者一般认为国际制度优先服务于国家利益，强国以符合自身意志和利益的方式以工具性的手段利用制度，而弱国很难利用权力和实力控制制度的生成和发展以使其服务于自身利益。② 战后建立的国际经济秩序是以美国为主导建立起的自由主义国际经济秩序，采取的是"实力界定收益"③ 的市场化逻辑。虽然形式上多边贸易体制规则是平等的，但实质上贸易规则带来的收益具有分配性和非中性。发达成员由于经济、政治实力的优势从多边贸易规则中获得的整体收益大于发展中成员。自由主义国际关系学者和法律实证主义者忽视了 WTO 体制内结构性、宪法性的不平衡。④ 他们没有提出质疑为什么现有规则而非其他规则可以最终被固化下来，现有规则体现了谁的利益，反映了何种价值。⑤ 他们没有解释为何财产权被重新定义以使得知识产权的保护被纳入到国际贸易合作的范畴，而发展中成员享有比较优势的农产品的保护水平却居高不下。他们也没有解释为何发达成员一方面通过强调自由贸易和比较优势意图在服务贸易、投资等领域打开发展中成员市场，而另一方面打着公平贸易的旗号滥用贸易救济措

---

① Bhupinder Chimni, "The WTO, Democracy and Development. A View from the South," in Carolyn Deere-Birkbeck ed., *Making Global Trade Governance Work for Development: Perspectives and Priorities from Developing Countries*, Cambridge University Press, 2011, p.270.

② 陈琪、管传靖：《国际制度设计的领导权分析》，《世界经济与政治》2015 年第 8 期。

③ 徐崇利：《二战之后国际经济秩序公正性之评判——基本逻辑、实力兴衰及收益变化》，《经贸法律评论》2019 年第 3 期。

④ Igor Abdalla Medina de Souza, "An Offer Developing Countries could not Refuse：How Powerful States Created the World Trade Organization," p.157.

⑤ 苏珊·斯特兰奇：《国家与市场》，杨宇光等译，上海人民出版社 2012 年版，第 19 页。

施，肆意展开反倾销调查以削弱出口方成员的竞争优势。[1] 成员驱动的 WTO 治理模式和谈判机制在试图给予成员主权以充分尊重的同时，也为部分成员权力滥用提供了平台，导致在权力阴影下生成的多边贸易体制规则难以兼顾各个成员方的国家利益，也进而导致规则公平性与公正性的部分缺失。

（三）权力博弈引发的合作困境

国家通过国际制度展开合作，但国际制度并不必然确保国家间的合作。在当今世界当中，单个国家无法依靠自己的力量来面对各种挑战，国家间相互依赖程度的加深催生了在许多问题上进行合作的内在需求。[2] 由于国际社会缺乏中心化的法律权威来建立、裁决和执行国际规则，互惠在国际关系中发挥着重要的作用。[3] 新自由制度主义者已借助"囚徒困境"的博弈模型，以科学的实验结果论证了"一报还一报"的互惠策略有助于在长期的重复博弈中产生合作的结果。[4] 然而新自由制度主义者过分偏重于合作带来的绝对收益而低估了相对收益的重要性。因为互惠缺乏明确的标准，新自由制度主义者并没有对博弈模型中权力的不对等性给予充分的讨论。[5] 在不平衡的权力作用下决策者的行动并非完全自愿且不受限制的，导致最终的合作结果可能会牺牲一方的利益而使另一方获利。国际制度是国家之间用以维持或促进合作，以解决共同问题的手段，然而制度并不能确保国家之间的合作，国际制度中权力、利益以及责任的分配问题，甚至会引发冲突。[6] 这种冲突和紧张的局势恰好反映在多边贸易体制的内部治理过程中。

WTO 复杂、冗长又缺乏成果的谈判过程，充分展现了 WTO 成员间的利益冲突和权力博弈。所有成员方都清楚，谈判回合中达成的合作结果和分配效

---

①　Shaffer, "Power, Governance, and the WTO：A Comparative Institutional Approach," p.139.

②　Robert O. Keohane, "Reciprocity in International Relations," p.14.

③　Robert O. Keohane, "Reciprocity in International Relations," p.1.

④　罗伯特·阿克赛尔罗德：《合作的进化》，吴坚忠译，上海人民出版社 2007 年版，第 36 页。

⑤　罗伯特·基欧汉：《霸权之后》，苏长和等译，上海人民出版社 2016 年版，第 71—73 页。

⑥　陈琪、管传靖：《国际制度设计的领导权分析》，《世界经济与政治》2015 年第 8 期。

应将会长期固化在多边贸易规则之中。[1] 任何一方都不愿接受一个其认为"不公平"的谈判结果。WTO 成员在想要尽可能更多地获取到相对收益的同时，[2] 还需要平衡其试图获得的国际领导权地位、国际声誉以及维护国际公共产品所需负担的成本。由于在全球治理领域享受较多权力和利益的发达国家尽力推脱义务，而新兴国家无法获得与其实力相匹配的治理权力，责任赤字也成为 WTO 成员间出现合作困境的重要原因。在面临权力博弈引发的合作困境时，平衡、限制权力滥用，矫正现有体制的结构失衡，尽可能使谈判结果更加趋近于公平公正，对于成员突破困境走向集体合作和共同治理具有关键性作用。全球治理中的"公平"和"效率"价值并非如一些学者所理解的可以厚此薄彼的割裂关系，[3] 特别在新兴经济体群体性崛起的多极化时代，公平在一定程度上是获得效率的必要条件。因此，全球治理应当是一个平等协商的过程，即"通过平等协商解决不同问题领域的责任分担和利益共享"[4]。为避免权力冲突和博弈引发的合作困境，从旧有的制度框架内沿袭的结构性权力失衡以及类型化、不平衡的成员驱动模式必须进行相应的改革。

（四）单边主义对多边主义的侵蚀

受少数国家权力滥用的影响，当今以规则为基础的多边主义全球治理体系正面临着单边主义、霸权主义、民粹主义、贸易保护主义等多重威胁。虽然"多边主义是第二次世界大战后世界秩序保持基本稳定的重要基础"，且国际社会普遍认可了多边主义蕴含的平等协商、开放包容、合作共赢等精神对世界和平和发展的重大意义，[5] 面对狭隘与短视的国家利益，多边主义的治理理念和机制遭受了重创。[6] 诚然，区域主义与多边主义并非"水火不容"

---

[1] Manfred Elsig and Thomas Cottier, "Reforming the WTO：The Decision-Making Triangle Revisited," p.294

[2] Igor Abdalla Medina de Souza, "An Offer Developing Countries could not Refuse：How Powerful States Created the World Trade Organization," pp.158-159.

[3] 苏珊·斯特兰奇：《国家与市场》，杨宇光等译，上海人民出版社 2012 年版，第 19 页。

[4] 秦亚青、魏玲：《新型全球治理观与"一带一路"合作实践》，《外交评论》2018 年第 2 期。

[5] 吴志成：《多边主义是人心所向》，《理论导报》2018 年第 10 期。

[6] 何亚非：《当今世界需要坚持和重塑多边主义》，《中美聚焦》2019 年 8 月 14 日。

的关系，前提是 WTO 成员方善意地遵守 WTO 对于区域贸易协定相关规则，并维护好二者之间的平衡。也有学者认为区域贸易协定在处理非传统贸易问题上具有优势，因而可以成为全球贸易协定的模板从而对全球贸易自由化产生促进作用。① 但许多区域贸易协定脱离了多边贸易规则的控制，且被一些国家战略性地运用以获得不平衡的多边贸易谈判的筹码。② 此外，发达国家在双边协定中豁免其敏感部门的贸易保护主义措施，或运用单边措施向贸易对手施加压力。③ 这种带有明显歧视性的单边主义对多边贸易体制带来的冲击是致命性的。

造成 WTO 成员偏离多边主义的主要原因是其战略性追求短期利益而对多边贸易体制的工具性利用。虽然国际经贸合作的最终目的是促进以平等待遇和非歧视原则为基础的多边主义，然而 GATT/WTO 的建造者事实上从未认真考虑过多边承诺。WTO 的行政机构非常无效，且无力依据变化的经济形势作出相应的决策。主要发达成员方受短期国家利益的左右，对多边主义缺乏真正的信任。也因此，战后国际经济法治从未从真正意义上建立起能够超越主要发达国家狭隘政治经济利益、且具有连贯性的规则体系和国际治理。国际贸易理念的转化会引起国际经贸规则的潜在变化，甚至导致单边主义对多边主义的侵蚀。④ 事实也证明，当美国从狭隘的民族利益出发界定本国利益的阻力减少，美国就会更多地转向单边主义。而为应对变化无常的美国贸易政策，欧洲和东亚也不得不发展以地区为中心的治理结构，积极寻求保护自身利益的途径。⑤

---

① Roberta Benini and Michael G. Plummer, "Regionalism and Multilateralism：Crucial Issues in the Debate on RTAsx," *Economic Change and Restructuring*, vol.41, no.4, p.270.

② Eugénia da Conceição-Heldt, "The Clash of Negotiations：The Impact of Outside Options on Multilateral Trade Negotiations," *International Negotiation*, vol.18, 2013, p.113.

③ Daniel W. Drezner, *All Politics is Global: Explaining International Regulatory Regimes*, Princeton University Press, 2007.

④ Julio Faundez, Celine Tan, *International Economic Law, Globalization and Developing Countries*, Northampton MA：Edward Elgar Publishing, 2010, p.29.

⑤ 约瑟夫·格里科、约翰·伊肯伯里:《国家权力与世界市场:国际政治经济学》，王展鹏译，北京大学出版社 2008 年版，第 301 页。

二、成员驱动的动力来源

国家利益是主权国家体系形成的产物，"是国际关系中驱动国家互动的最基本要素"，它决定着国家的具体目标和具体行动。[①] 国际关系古典现实主义将国家利益界定为对权力的追求，其基本组成部分就是本国的生存和安全。新现实主义更加强调物质力量的作用，且把结构性因素看做界定利益模式的决定性因素。"利益决定制度，权势的分布状况决定利益"[②] 在国家利益并非一成不变的，而是要受到内生变量与外生变量的影响，因此处于动态的形成与调整过程中。WTO 主要成员国家利益的变化在一定程度上解释了多边贸易体制规则的发展演进趋势。虽然乌拉圭回合增加了多边贸易体制的规则导向，并不意味着发达成员在任何时候都坚定地遵守非歧视原则和规范，相反在它们在国际贸易合作进程中会不断地违背这项承诺，这取决于他们如何去界定本国的国家利益。依据变化着的国家利益，主要发达成员可以把控多边贸易体制的发展趋向、主导新的多边贸易规则的生成，或通过对 GATT/WTO 价值理念的再解释而重塑多边贸易规则。[③]

在多边贸易体制内，国家利益驱使下的国家间博弈通常体现为规则制定主导权的博弈。"一国建立起该国主导的国际制度的过程，是对权力资源的投资。"[④] 因为国际社会正在走向以发展问题为核心的"规则世界"，而围绕规则制定所展开的国际规则主导权的博弈正逐渐取代结盟对抗成为大国政治的主导内容。[⑤] 由于国际经贸规则的非中性，规则难以兼顾所有国家的利益，因此各国在参与全球化过程中都力图最大限度地影响国际经济规则的制定。[⑥] 然而，各国间实力差距造成了各国影响国际经济规则制定的能力上的不平衡。多边贸易体制建立与发展的历史表明，只有少数国家深入参与并塑造了国际经贸制度

① 李少军：《论国家利益》，《世界经济与政治》2003 年第 1 期。

② Arthur A. Stein, "Coordination and Collaboration：Regimes in an Anarchic World," *International Organization*, vol.36, 1982, no.2, p.319.

③ Andrew G. Brown：*Reluctant Partners: A History of Multilateral Trade Cooperation 1850-2000*, pp.167-168.

④ 陈琪、管传靖：《国际制度设计的领导权分析》，《世界经济与政治》2015 年第 8 期。

⑤ 李巍：《国际秩序转型与现实制度主义理论的生成》，《外交评论》2016 年第 1 期。

⑥ 陈琪、管传靖：《国际制度设计的领导权分析》，《世界经济与政治》2015 年第 8 期。

安排从而使之更符合自己的利益需要。[①] 也只有少数拥有领导权的国家利用对制度运作的优势影响力，将自己的理念和价值观植入制度安排，通过将对自己有利的规则多边化，进而从中获得"额外制度收益"。[②]

发展中国家群体力量的崛起为多边贸易体制规则领导权的博弈增添了新的张力。多边贸易体制最初是在美国主导下，美英协调立场共同建立起的调整国际经贸关系的重要国际规则体系。随着越来越多的发展中成员加入以及新兴经济体国家参与引领国际经贸规则的建设，多边贸易体制内的权力博弈逐渐加剧。"在权势相对衰落的情形下，美国希望通过改进现有制度和创设新制度来护持自身权力，延续制度红利"，[③] 为此甚至不惜采取破坏现有规则体系并威胁退出的方式。但无论是威胁退出还是直接退出，美国都没有放弃影响未来多边贸易规则制定的权力，在本质上都是为了实现为本国利益"发声"的目的——即通过改革现有规则和塑造未来规则发展方向，调整现有体制中的收益分配，以使国际经贸规则更好地服务于本国利益。

新现实主义和新自由主义都认为国家是利己的，认为追求自我利益是国家利益的核心。[④] 但二者最大的争议在于绝对利益还是相对利益最终左右着国家行为，[⑤] 对于这一问题的回答也直接影响着对国家合作前景的预判和分析。国家间经贸合作的博弈虽非零和博弈，但新现实主义和新自由主义在这一问题上的纠葛，进一步证实了国家间合作既具有潜力和空间，同时也伴随着严峻的挑战和困难。在多边贸易体制中，受绝对利益驱使的成员驱动将有助于 WTO 成员谈判新规则，以合作应对全球化带来的新挑战，而受到相对利益驱使的成员驱动将导致无止境的权力滥用，最终使国家间博弈走向"共同利益困境"（例如囚徒困境)[⑥]。换言之，倘若各国过于强调相对收益的获取，甚至将国际制度操纵为满足自身利益的战略工具，则不可避免地会造成国家间的矛盾和冲突，

---

① 李向阳：《国际经济规则的形成机制》，《世界经济与政治》2006 年第 9 期。

② 陈琪、管传靖：《国际制度设计的领导权分析》，《世界经济与政治》2015 年第 8 期。

③ 温尧：《退出的政治：美国制度收缩的逻辑》，《当代亚太》2019 年第 1 期。

④ 亚历山大·温特：《国际政治的社会理论》，秦亚青译，上海人民出版社 2014 年版，第 232 页。

⑤ Joseph M. Grieco, "Anarchy and the Limits of Cooperation：A Realist Critique of the Newest Liberal Institutionalism," *International Organization*，vol.42 no.3, pp.495-498.

⑥ Arthur A. Stein, "Coordination and Collaboration：Regimes in an Anarchic World," pp.304-305.

进而导致治理失效。[①] 因此，多边贸易体制和国家间经济合作的未来在很大程度上取决于大国和主要发达经济体能否以长远的眼光界定其国家利益，把国际社会的集体利益视为国家利益的一部分，像一个负责任的大国一样"自律"，[②] 注重权力行使的合法性，避免权力的过分滥用。同时也考验着 WTO 成员能否推动 WTO 这一曾在调整国际经贸关系中发挥重要作用的国际经济组织进行结构性改革，在改善民主赤字、确保分配正义的同时，协调成员方创造出更多的合作潜能。

第五节　多边贸易体制成员驱动的法律规制

广大发展中国家在 WTO 中的参与度不够、发言权不足是 WTO 长期以来面临合法性危机的重要根源。WTO 改革的核心应当是扩大发展中国家的参与权和决策权，让发展中国家能够积极深入地参与到国际经贸体制的设计、改革和治理过程中。[③] 要想破解类型化、不均衡的成员驱动带来的 WTO 治理难题必须坚持维护多边主义，通过完善多边贸易体系的制度设计规制成员权力的滥用。

一、增强 WTO 组织机构的授权

多边贸易体制的合作严重受限于一些国家的单边主义和权力滥用。这些国家以维护国家主权和国家安全为借口，拒绝在多边层面的充分授权，利用本国权力优势控制国际规则的制定和发展。[④] 为改善这种状况，可以考虑适度增加对 WTO 组织机构的进一步授权，进而提高多边贸易体制自身的能动性。多边

---

① 李巍：《国际秩序转型与现实制度主义理论的生成》，《外交评论》2016 年第 1 期。

② 斯蒂芬·M. 沃尔特：《驯服美国权力：对美国首要地位的全球回应》，郭盛、王颖译，上海人民出版社 2008 年版，第 202 页。

③ 刘敬东：《WTO 改革的必要性及其议题设计》，《国际经济评论》2019 年第 1 期。

④ Manfred Elsig and Thomas Cottier, "Reforming the WTO：The Decision-Making Triangle Revisited," p.289.

贸易体制从 ITO-GATT-WTO 的发展演进过程中，成员驱动（特别是少数成员主导）的属性过于明显，掩盖了其本身作为一个国际组织的独立性。有效的国际组织和治理机制不仅仅只是一个谈判场所，而应该能为规则的生成发挥能动的独立的作用。① 因此有学者认为，现行的 WTO 从根本属性上仍然处于正式的国际组织与国际会议之间。②WTO 的成立并未改变其前身 GATT 固有的"契约"性质，仍然缺乏现代治理的所应当具有的权威。③

增强对组织机构的授权并不代表要放弃"协商一致"的成员驱动模式，而是利用中立的第三方机构调整、制衡 WTO 内不对称的权力作用，为成员驱动"保驾护航"。尤其是在规则谈判领域，WTO 成员可以授权增加总干事或秘书处的权力，通过超国家行为者的介入补充并管理成员间的权力博弈。有学者建议，当 WTO 成员中没有符合标准和任职要求的主席可供选择时，可以考虑从秘书处职员中选任中立、客观的"超国家机构"主席承担相应职务。④ 这项授权将有助于加速谈判进程，避免 WTO 谈判和决策程序陷入无止境的重复对抗。⑤

认为超国家机构的权力必然导致国家主权受损的观点是有失偏颇的。现行的国际体制并不再像古典现实主义者所认为的那样，由自给自足的主权国家自私地追求国家利益，而不必考虑他国的行为政策。相互融合和相互依赖的世界经济发展进程使一国的行为会对他国造成深刻的影响。因此逐渐出现的国家间经济融合趋势需要一个更加强大的以规则为基础的法律框架，通过各国共同的主权让渡认可和保护各国共同利益。⑥ 以规则为导向的国际机制应当包含一系

---

① Peter Van Den Bossche, Lveta Alexoviov, "Effective Global Economic Governance by the World Trade Organization," p.683.

② Peter Van Den Bossche, Lveta Alexoviov, "Effective Global Economic Governance by the World Trade Organization," p.684.

③ 刘敬东：《WTO 改革的必要性及其议题设计》，《国际经济评论》2019 年第 1 期。

④ Faizel Ismail, "Reforming the World Trade Organization," *World Economics*, vol.10, no.4, 2009, p.141.

⑤ Manfred Elsig and Thomas Cottier, "Reforming the WTO：The Decision-Making Triangle Revisited," p.302.

⑥ Susan Hainsworth, "Sovereignty, Economic Integration, and the World Trade Organization," *Osgoode Hall Law Journal,* vol.33, no.3, 1995, p.621.

列有效、准确、可执行并为所有成员方接受的标准，确保每一成员都有充足的话语权进行法律"输出"，平等地参与国际事务合作和全球治理。因此，主权在国际层面的适当让渡是必要的，国际规则体系不仅不会替代、反而会补充国家主权和国际体制机制参与者的国家利益。[①] 同理，一个成功的 WTO 会增强国家的经济主权和独立性，[②] 真正威胁到国家主权的从来都不是良善的国际法治，而是权力阴影下生成的被扭曲的规则和权力滥用。

二、建立多边贸易体制谈判机制

自 WTO 成立以来，WTO 的立法功能几乎陷入停滞，多哈谈判无疾而终，成员分歧难以弥合，WTO 无法适应国际经济贸易新形态的发展变化对多边贸易规则进行调整、补充和更新。[③]GATT/WTO 日常工作的模式以及 WTO 各个委员会、大会的程序在这些年中并未发生实质性的变化，WTO 是一个成员驱动的谈判论坛而非多边机构的"咒语"依然盛行。[④] 因此，WTO 的谈判必须进行结构性地改革和调整。有必要全面建立起多边贸易体制的谈判机制，使其与协商一致的决策过程相互配合，以达成更加公平、平衡的成员驱动模式。

首先，设立的谈判机制应将非正式小型部长级会议机制化、规范化、常态化。在承认其在促进成员达成共识方面的作用和必要性的同时，建立有章可循、清晰完善的制度配给。事先告知会议安排，事后向未参会成员披露会议议程和谈判结果。[⑤] 其次，谈判机制还应规范多边贸易谈判的议程设置。议程设置权对于所有 WTO 成员而言都是不可或缺的重要权利，奠定了整个谈判的基础，包含在谈判议程中的议题必须在 WTO 成员中获得广泛支持，否则谈判成功的几率就会大打折扣。因而这项权利应确保为所有 WTO 成员所享有，谈判

---

① Susan Hainsworth, "Sovereignty, Economic Integration, and the World Trade Organization," p.591.

② James Bacchus, "A Few Thoughts on Legitimacy, Democracy, and the WTO," p.670.

③ 廖凡：《世界贸易组织改革：全球方案与中国立场》，《国际经济评论》2019 年第 2 期。

④ 托马斯·科蒂尔：《一种 WTO 决策制定的双层次分析法》，黛布拉·斯蒂格编，《世界贸易组织的制度再设计》，汤蓓译，上海人民出版社 2011 年版，第 49 页。

⑤ Cecilia Albin, "Using Negotiation to Promote Legitimacy：An Assessment of Proposals for Reforming the WTO," p.767.

议程的建立需要国家内部与国家之间开展广泛的、正式化的磋商程序。[①]最后，WTO 谈判机制还应对发展中成员以集团化联盟的方式参与 WTO 小团体会议的做法给予制度支持与保障。[②]WTO 谈判机制的建立可以进一步完善 WTO 多边主义制度。制度不仅仅是集体行动的工具，还是秩序的基础所在。[③]特别是在以美国为代表的核心成员既可以促成也可以破坏现有国际经贸规则体系的情形下，WTO 更应当建立基于规则的国际经贸秩序，使最强大的国家在制定、遵守规则面前不能随心所欲，让权力的使用获得合法性。[④]

三、规制 WTO 谈判主席的作用

在多边贸易体制中，"自上而下"的主席驱动与"自下而上"的成员驱动并行存在，并相得益彰。前者主要作用于多边贸易谈判的程序控制，后者则作用于对谈判实体内容和结果的制约，由于谈判程序会对谈判结果产生重要影响，因此 WTO 主席是 WTO 规则谈判过程中的关键性角色。主席对于谈判程序的控制包含"制定会议议程、确定谈判模式、确定发言顺序和时间、决定结束谈判"等多项内容，[⑤]主席在程序问题上的自由裁量权在很大程度上决定着谈判的成败。然而当下 WTO 主席角色的运作尚未被充分地规范化。有学者认为，发达成员对于作为贸易谈判委员会主席（TNC 主席）的 WTO 总干事的行动产生了潜移默化的影响。总干事在设置会议议程、制定正式或非正式谈判文本等活动中很大程度上接纳了主要发达成员的立场和建议。[⑥]此外，主席的选任程序时常是在没有 WTO 成员参与的情况下暗中进行的，一些发展中国家的

---

① Bernard Hoekman, "Proposals for WTO Reform：A Synthesis and Assessment," The World Bank Policy Research Working Paper, 2011, p.345.

② 傅星国：《WTO 决策机制的法律与实践》，上海人民出版社 2009 年版，第 177 页。

③ 布鲁斯·琼斯等：《权力与责任》，秦亚青等译，世界知识出版社 2009 年版，第 42 页。

④ 布鲁斯·琼斯等：《权力与责任》，秦亚青等译，世界知识出版社 2009 年版，第 33—36 页。

⑤ Robert Kanitz, *Managing Multilateral Trade Negotiations: The Role of the WTO Chairman*, London, CMP Publishing Ltd., 2011, p.66.

⑥ Richard H. Steinberg, "In the Shadow of Law or Power? Consensus-Based Bargaining and Outcomes in the GATT/WTO," p.356.

谈判代表很多情形下都没有机会指定他们认可的主席。[①] 在很多重要会议上首先发言的总是老"四方成员",其次是其他有影响力的谈判者,而多数发展中国家的"声音"则相对显得无关紧要。[②]

在增强对国际组织授权的情况下,更需要进一步提高对 WTO 主席行动的规范化,以防止主席权力的滥用。主席自上而下的权力不应是独立的或专断的,而是对成员自下而上权力的协调与补充,为实现民主和平衡的成员驱动提供保障。因此,在肯定 WTO 主席在谈判中拥有一定自由裁量权和行动灵活性的同时,有必要制定更具体清晰的规则对主席权力予以一定的限制和规范。促使 WTO 主席能够以中立的身份应对国家间权力的不对等,并在复杂的谈判中协助成员方寻求共同利益,协调文化差异和价值冲突。[③] 特别是在议程设置等问题上,虽然主席能够最终决定将哪些议题纳入到会议谈判范畴之中,但这一决定必须遵循经成员认可的既定程序和规则。[④] 清晰的谈判规则和主席的遴选规则将有助于创造一个更加包容、透明的谈判进程,让 WTO 主席能够站在公正、客观的立场上为促进 WTO 成员平等协商,改善 WTO 内部不均衡的成员驱动作出贡献。

第六节　结　语

WTO 内部治理的结构性危机,在动态上可归因于成员驱动及其非对称性所引发的权力滥用与权力失衡。在 WTO 双重二元结构中,成员驱动是结构运行的重要组成部分,是多边贸易体制生成与发展的动力机制,是权力导向与规则导向交织在动态层面的反映。成员驱动的非均衡性减损了"协商一致"决策模式下规则产生的公平性与公正性,影响了 WTO 成员间的合作前景,也制约着

---

① Robert Kanitz, *Managing Multilateral Trade Negotiations: The Role of the WTO Chairman*, p.22.

② Robert Kanitz, *Managing Multilateral Trade Negotiations: The Role of the WTO Chairman*, p.65.

③ Robert Kanitz, *Managing Multilateral Trade Negotiations: The Role of the WTO Chairman*, p.1

④ Cecilia Albin, "Using Negotiation to Promote Legitimacy：An Assessment of Proposals for Reforming the WTO," p.768.

WTO 的改革和规则现代化的进程。通过对成员驱动的模式的解构，可以使权力作用下的多边贸易体制的内部运行机理得以清晰的呈现。充分印证了 WTO 体制的建立和发展，并非如杰克逊提出的简单地由权力导向自然地过渡到规则导向，而应是从"权力导向"向"权力阴影下所生成的规则导向的嬗变"的过程。

成员驱动的逻辑脉络伴随着多边贸易体制的发展演进，为体制的建立和发展提供了根本动力。成员驱动虽然是个中性词，但在演进过程中出现了成员类型化、多轨制与非均衡性的特征，多边贸易规则生成与发展的控制权始终掌握在少数发达成员手中。发达成员因经济实力与谈判水平优势可以利用发起同心圆谈判、影响议程设置、实施分化策略、威胁转移论坛、行使否决权、主导价值取向等多种驱动方式和策略；发展中成员则主要利用集团化联盟的方式增加发展中成员集体的影响力与话语权，希望摆脱多边贸易体制"中心－外围"的治理模式，以自身的发展动力为多边贸易体制输入改革性力量。但两类成员驱动力量的总体不对称，仍导致了多边贸易体制的民主赤字和结构性失衡，减损了"协商一致"决策模式下规则产生的公平性与公正性。

随着新兴经济体国家实力的提升，以美国为代表的发达国家与以中国为代表的新兴市场与发展中国家在全球治理规则上的"制定－接受"关系开始发生转变，既有国际规则的利益分配格局的不合理性更加凸显。美国主导的国际利益格局无法根据国际政治现实的变化自我调整，且无法满足以中国为代表的崛起国家的新利益诉求，这也是现行国际秩序面临危机的重要原因。而对新兴大国而言，矫正 WTO 结构性失衡、摆脱规则被动内化路径并引领国际经贸新规则的制定将是一个漫长的过程，它不仅取决于自身实力的持续提升，还因既有的制度惯性而面临着较大的外部阻力。

面对失衡的成员驱动的影响，WTO 需要作出相应的结构性改革和调整。增强对组织机构的授权，提高 WTO 自身治理能力。建立、完善谈判机制，以规制不对称的成员驱动，有效避免成员权力的滥用。还应提高秘书处等机构的作用以加强"契约式"规则体系的治理能力，为国家在政治决策、政治参与、政治监督等环节提供充分的制度保障。与此同时，WTO 应致力于扩大发展中国家的参与权和决策权，让发展中国家能够积极深入地参与到国际经贸体制的设计、改革和治理过程中。促进 WTO 成员通过反复互动建立相互信任，提高相互间利益的兼容度，推动全球经济治理由西方垄断话语体系向多边话语体系转变。崛起中的发展中国家也需努力提高自身的制度性话语权，在不断增强国家硬实力的基础上，夯实国际话语权的价值基础，深入发掘和充分利用各种国际话语权资源，提高谈判技巧和话语经验，将实力转化为能够塑造其他行为体预期和行为的影响力，争取国际经贸规则的解释权和建构权，提高对全球经济治理的建设性参与程度。唯有遏制住少数成员权力的滥用，矫正成员驱动的非对称性，才能推动发达成员和发展中成员在 WTO 多边贸易体系建构共商共建共享共治的规则治理共同体，最终实现多边贸易体制公平、包容、可持续的发展。

第三章　WTO 体制中的美国因素

　　WTO 正受困于长期累积的治理结构危机和当下的生存与发展危机。美国主导的自由主义秩序本身孕育了 WTO 的治理结构危机，而 WTO 的治理结构失衡又是导致 WTO 生存发展危机的基础性诱因。作为 GATT 和 WTO 的总设计者，美国为作为国际公共产品的多边贸易体制提供了运行动力，但与此同时也借助多边贸易机制和规则获取了巨大的不对称收益，并最终锁定自身在国际体系中的霸权地位。美国的文化、价值观以及贸易政策定型了多边贸易体制的规范性与功能性轮廓，决定了各国应在多边层面解决何种问题，如何解决以及建立何种机制来解决。多边贸易体制不仅仅是权力主导下的产物，更是"美国"权力的产物，因此带有鲜明的"美国制造"标签和印记。

　　WTO 结构性危机在某种程度上是美国自由主义经济秩序的"伪善"造成的。美国主导的自由主义国际经济秩序绝非在权力的真空中产生，而是建立在现实主义的基础之上，从本质上体现出美国自由主义秩序的内在矛盾性。WTO 规则导向和自由主义理念背后隐藏的权力导向阴影和强权政治创造并巩固了等级式治理结构，是形塑 WTO 治理结构体系中最大的不稳定因素。而新兴经济体和其他发展中成员对于 WTO 治理体系的反作用，在一定程度上撼动了美国的 WTO 治理理念以及美国权力可获取的相对收益，因而触发了 WTO 规则主导权的争夺。

　　美国对 WTO 上诉机构官员选任的阻挠和单边措施的滥用，引发了 WTO 自诞生以来最大的发展与生存危机。美国对多边主义和 WTO 支持态度的逆转可能受成员间权益格局调整、中美在 WTO 体制内外的博弈、WTO 治理权限向发展中成员的过渡以及美国国内的反全球化趋势等多重因素的影响。然而美国对于 WTO 治理体系所造成的颠震性破坏并没有从根本上跳出 WTO 双重二元结构的理论分析框架。考虑到美国与 WTO 体制双向依存的关联关系，美国"不会彻底抛弃、退出和摧毁 WTO"，而是可能选择特定的利益共生群体组建国际贸易新规则网络的"顶层俱乐部"，在未来国际经贸新规则的制定方面继续占据主导地位。美国不排除利用单边权力的威胁实现对 WTO 体制的再造，以使 WTO 规则更好地服务于美国的特权政治和价值偏好，对中国经济发展和话语权提升进行遏制，进而强化美国的绝对领导权。

本章的理论创新在于梳理了美国与多边贸易体制之间双向作用的逻辑关联，进一步澄清了美国因素与 WTO 权力导向之间的叠加互动关系。美国既是多边贸易体制的缔造者、推动者，也是在其霸权地位难以为继的情况下多边贸易体制的破坏者。美国权力与多边贸易体制之间存在互利共生、双向依存的逻辑关联，前者为后者提供动力与支持，后者为前者提供霸权收益与合法性依托。但随着越来越多的发展中国家加入多边贸易体制，美国与多边贸易体制的双向依赖关系面临着重新调整的双重压力。美国欲继续在国际经贸秩序中发挥主导性作用，就必须直面多边贸易体制中长期积存下来的结构性问题，并理性回应国际经贸格局所显现出的发展趋势与变化，将自身支配地位让位于权力更加分散、更加"扁平化"的共同治理体系。美国排他性治理模式调整的失败可能会导致 WTO 结构性矛盾的凸显和危机的全面爆发。

考虑到中国在国际经贸体系中的混同身份及影响力的扩展，中国可以充分发挥行为体的"能动性"，致力于缓解 WTO 结构困境，实现与 WTO 治理体系的"共同进化"。中国应努力推动与欧盟及发展中国家的密切合作，促进中美形成有管控的竞争合作关系，并努力提升自身的国际话语权和制度竞争力，以对美国权力的滥用形成来自权力、制度和理念的多方位制衡，推动多边治理体系和国际经济秩序朝着"善政良治"的方向发展。

2017 年以来，美国对外贸易政策出现了重大调整。特朗普政府以"美国优先"为指导原则，大行单边主义和贸易保护主义，对现有国际经贸秩序造成了严重冲击。作为全球化时代的霸主，美国仍然主导着国际经济规则的制定过程，而成员驱动的 WTO 必将持续受到美国权力因素的深刻影响。为应对 WTO 面临的多重危机，捍卫国际贸易法治的既有成果，有必要厘清美国权力与国际经贸规则双向作用的共生逻辑，从而对未来美国与 WTO 体制及其他成员之间可能形成的互动关系作出理性的分析预判。

第一节　美国在多边贸易体制中的角色分析

一、美国作为多边贸易体制缔造者

二战后美国推动建立了以自由和开放为基础的自由主义国际经济秩序。该秩序的建立推翻了英国以《渥太华协定》为核心的经济政治联盟。通过机制化、组织化的"布雷顿森林体制"最终完成了由"英国治下的世界"（pax Britannica）向"美国治下的世界"（pax Americana）的历史性嬗变。作为世界最大的权力中心，美国以势不可挡的政治和经济权力按照自身利益诉求塑造了国际秩序，摒弃了依赖于领土扩张和殖民规则的传统帝国主义模式，利用其在世界资本主义中的核心地位构建了美国霸权体系。[1]

美国是多边贸易体制最重要的缔造者和倡导者。多边贸易体制是在美国的主导下按照美国的价值标准和制度模式建立起来的。[2] 美国原本致力于通过建立国际贸易组织（ITO）来推动贸易和就业领域的国际合作，并与英国就取消帝国特惠制展开了激烈的博弈。[3] 虽然历经多次谈判、作为妥协结果而最终形成的《ITO 宪章》受美国宪法性制衡因素未能在美国国会获得通过，但主要处理关税谈判问题的关贸总协定得以临时适用，标志着美国主导下的战后多边

---

[1]　Kristen Hopewell, *Breaking the WTO: How Emerging Powers Disrupted the Neoliberal Project*, Stanford University Press, 2016, p.24.

[2]　美国用制度作为平台推广自己偏好的价值观，并把其他国家锁定在特定的政策选择之中。参见安德鲁·赫里尔：《全球秩序的崩塌与重建》，林曦译，中国人民大学出版社 2017 年版，第 73 页。

[3]　Soo Yeon Kim, *Power and the Governance of Global Trade: From the GATT to the WTO*, Ithaca and London：Cornell University Press, 2010, p.38.

贸易体制的形成。[1] 多边贸易体制的建立是美国政策计划的产物,包含了美国国内政治理念、政策和实践的国际化,也是美国霸权确立的标志。[2] 美国利用这一秩序的国际合法性,成功地打开了包括欧洲在内主要国家的市场,成为了"自由和开放市场竞争中的最大受益者"[3]。

二、美国作为多边贸易体制推动者

尽管美国对多边贸易体制的推动始终伴随着自身的保护主义措施,自GATT 建立以来,美国承担了体系维护和市场开放的责任,客观上维护和推动了多边贸易体制的发展。[4]20 世纪 70、80 年代起,随着欧洲和日本的崛起,美国的竞争力相对下降。[5] 面对国内外的贸易保护主义压力,美国维持了自身作为最开放的主要经济体的地位,并将贸易自由化作为美国对外贸易政策的主旋律。[6]

WTO 的建立标志着世界贸易治理体制由嵌入式自由主义向新自由主义的过渡,[7] 也反映了国际贸易体系的法律化过程。[8] 而美国是这一转变的主要推动者。不仅服务贸易、知识产权与投资等美国具有竞争优势的领域被纳入到

---

① 舒建中:《多边贸易体系与美国霸权——关贸总协定制度研究》,南京大学出版社 2009 年版,第 163—179 页。

② 舒建中:《多边贸易体系与美国霸权——关贸总协定制度研究》,南京大学出版社 2009 年版,第 262 页。

③ 潘晓明:《变动中的国际贸易体系:特朗普政府的调整策略及思路》,《国际关系研究》2018 年第 6 期。

④ Michael Mastanduno, "System Maker and Privilege Taker : U.S. Power and the International Political Economy," *World Politics*, vol.61, no.1, 2009, pp.124-125.

⑤ Andrew G. Brown, *Reluctant Partners: A History of Multilateral Trade Cooperation 1850-2000*, The University of Michigan Press, 2003, p.110.

⑥ Michael Mastanduno, "System Maker and Privilege Taker : U.S. Power and the International Political Economy," p.125.

⑦ Kristen Hopewell, *Breaking the WTO: How Emerging Powers Disrupted the Neoliberal Project*, p.54.

⑧ 法律化程度可以从义务性、精确度和授权三个方面来衡量。参见 Kenneth W. Abbott, Robert O. Keohane, Andrew Moravcsik, Anne-Marie Slaughter, and Duncan Snidal, "The Concept of Legalization," *International Organization*, vol.54, no.3, 2000, p.401。

WTO 的规制范畴，美国还支持建立一个有强制执行力的 WTO 争端解决机制以确保符合本国利益的规则能够得到良好的执行，推动了多边贸易体制朝着"以规则为准绳"的方向迈出了关键性一步[①]。尽管争端解决机制限制了美国权力的自主运用空间，从而降低了美国在权力导向在国际贸易体系中的议价优势，但美国仍然积极推动了 WTO 争端解决机制的司法化。[②] 这一方面是由于美国更担心其他国家非关税壁垒的使用会严重阻碍美国的出口收益；另一方面美国迫切需要为本国具有竞争优势的出口行业创造更开放的国际环境。[③] 与此同时，美国行政当局运用 WTO 的遵约义务来抗衡在国会长期弥漫的保护主义立法取向，并动员亲自由化的利益集团向国会施压，从而改变了美国国内贸易政治的既有均衡，抵抗了来自国内外的贸易保护主义压力。[④] 通过一个法律化程度更深的正式国际组织来强化自由贸易秩序，其行为逻辑也符合美国的整体经济利益。

三、美国作为多边贸易体制破坏者

当下 WTO 正面临自诞生以来最大的发展与生存危机，而以特朗普为代表的美国行政当局成为了这一危机的主要制造者。[⑤] 美国用反全球化和"美国优先"的方法来破解美国当前的问题，[⑥] 把本国利益建立于他国利益之上，以零和博弈的思维处置国家间贸易合作。[⑦] 美国通过否认 WTO 长期以来的有效性，

① 参见约翰·H.杰克逊：《国家主权与 WTO：变化中的国际法基础》，赵龙跃等译，社会科学文献出版社 2009 年版，第 175 页。

② 田野：《国家的选择：国际制度、国内政治与国家自主性》，上海人民出版社 2014 年版，第 139—140 页。

③ 屠新泉：《GATT/WTO 中的美国：建设者和破坏者的双重角色》，《世界经济研究》2004 年第 12 期。

④ 田野：《国家的选择：国际制度、国内政治与国家自主性》，上海人民出版社 2014 年版，第 148—150 页。

⑤ 潘晓明：《变动中的国际贸易体系：特朗普政府的调整策略及思路》，《国际关系研究》2018 年第 6 期。

⑥ 周琪：《论特朗普的对华政策及其决策环境》，《世界经济与政治》2019 年第 3 期。

⑦ Joseph S. Nye, JR, "The Rise and Fall of American Hegemony," *International Affairs*, vol.95, no.1, 2019, p.75.

动摇现有国际贸易规则体系的基础，推动以美国国家利益为向导的国际贸易规则改革。① 美国贸易政策的转型加剧了国家间利益的分化，尤其使得中美合作领域变得更为狭窄。

相比于以规则为基础的多边主义，美国更依赖双边谈判中的权力运用。在多边层面，破坏了具有准司法性质的争端解决机制，通过使上诉机构陷入瘫痪而弱化多边机制对自身权力的约束。② 在区域层面，重新谈判美韩自由贸易协定和北美自由贸易协定，并在新达成的 USMCA 中大幅提高原产地规则门槛，以实现制造业的回流。③ 以强化美国产业以及本土的竞争优势和经济实力为出发点，通过贸易保护措施重塑全球价值链以打击新兴大国在全球价值链中的竞争力。④ 此外，美国还主动挑起与中国的贸易战，通过单边措施的运用向中国施压。美国这种基于机会主义的践踏规则的做法，以市场竞争收益最大化为标准，赤裸地暴露出美国试图在权力政治的角逐中达到获取优势地位的政治意愿。

严格的互惠和公平贸易逐渐演变为美国贸易政策的重心。美国的互惠贸易政策强调"镜面"的互惠，或绝对的互惠。⑤ 不但意味着最终的贸易额的完全对等，还强化着贸易条件的一致性，为单边主义措施的滥用留下了极大政策空间。美国认为其先前签署的不公平的贸易协定纵容了贸易伙伴对美国的歧视性政策，美国需要让其他国家承担更多的责任，以实现美国与其他国家经贸关系的全面"互惠"与"再平衡"。⑥ 美国从狭隘的国家利益角度出发，制定的对外贸易政策严重侵蚀了美国主导建立起来的多边贸易体制的根基，给已有全球

---

① 潘晓明：《变动中的国际贸易体系：特朗普政府的调整策略及思路》，《国际关系研究》2018年第6期。

② 孔庆江、刘禹：《特朗普政府的"公平贸易"政策及其应对》，《太平洋学报》2018年第10期。

③ June Park, Troy Stangarone, "Trump's America First Policy in Global and Historical Perspectives：Implications for US-East Asian Trade," *Asian Perspective*, vol.43, no.1, 2019, p.2.

④ 潘晓明：《变动中的国际贸易体系：特朗普政府的调整策略及思路》，《国际关系研究》2018年第6期。

⑤ Daniel C.K. Chow and Ian Sheldon, "Is Strict Reciprocity Required for Fair Trade?" *Vanderbilt Journal of Transnational Law*, vol.52, no.1, 2019, p.4.

⑥ Arturo Guillén, "USA's Trade Policy in the Context of Global Crisis and the Decline of North American Hegemony," *Brazilian Journal of Political Economy*, vol.39, no.3, 2019, p.403.

经济治理体系造成的影响是激进的和颠覆性的。①

第二节　美国权力与多边贸易体制的双向依存

自 GATT 建立至今，美国与多边贸易体制之间维持着互利共生、双向依存的逻辑关联②。这是美国自由主义经济秩序形成发展至今所形成的显著特征。美国是 GATT 和 WTO 的总设计者，为作为国际公共产品的多边贸易体制提供了运行动力，同时也借助多边贸易机制和规则获取了巨大的不对称收益，并最终锁定自身在国际体系中的地位。一旦这种双向依存所构建的平衡被打破，具有充分能动性的多边贸易体制其他成员就会尝试重塑自身与多边贸易体制的关系，从而引发国际经贸秩序的调整和变革。

一、推动多边贸易体制建立

美国在建立、推动多边贸易体制发展以促进国际经贸合作方面发挥了不可替代性的作用。制度主义者强调国际机制对促进国家间合作的重要价值。③ 尽管国家间存在着共同利益和相互依赖，但合作的结果并不必然产生，它在很大程度上存在于行为体的互动模式中。④ 国际机制可以向成员国提供可靠的信息和信息交流渠道，通过建立法律责任模式解决信息不确定的问题。国际机制的建立促使各行为体通过协调行动来降低冲突的危险，进而也降低了交易成本，使得承诺更为可信，并促成了互惠的合作。⑤ 美国在建立多边贸易体制机制方

---

① 庞中英：《动荡中的全球治理体系：机遇与挑战》，《当代世界》2019 年第 4 期。
② "美国在建立国际规则和维持国际秩序的过程中，与体系之间形成了共容利益"。参见高程：《从规则视角看美国重构国际秩序的战略调整》，《世界经济与政治》2013 年第 12 期。
③ 罗伯特·基欧汉：《霸权之后》，苏长和等译，上海人民出版社 2016 年版，第 66 页。
④ 罗伯特·基欧汉：《霸权之后》，苏长和等译，上海人民出版社 2016 年版，第 69 页。
⑤ 门洪华：《霸权之翼：美国国际制度战略》，北京大学出版社 2007 年版，第 38—39 页。

面的领导作用，有利于提高经济活动的可预见性和稳定性，[1] 保障市场的有效运行，更好地推动各国就贸易自由化、共同削减贸易壁垒展开有效合作。

然而新自由主义者关于国家为促进互益性合作而建立国际机制的理论，并没有触及到甚至回避了国家间权力不平等的现实。尽管一些新自由主义者意识到，各个行为者在权力上的不平等以及行动的非自愿性，承认国际机制的形成不会产生全面的福利收益。但他们认为国际机制的功能性理论虽然无法解决权力不平等和分配不均衡的问题，至少有助于在形式之上作出增量改革。[2] 因此该理论更倾向于维护现有秩序，对于权力滥用以及结构性失衡等问题缺乏敏感度。[3] 在全球治理面临深刻危机的今天，这种新自由主义的理性选择模型已无法充分破解国家间合作的困境。

二、主导多边贸易体制治理

国际关系中的领导权，是指一国未来实现集体目标而使用自身权力资源组织协调集体行动的能力。[4] 需要综合运用议价手段、谈判技巧和知识创新等多重要素。霸权国家为保证自身的权力地位，可能会通过决定制度安排的基本结构和形式在国际制度设计方面发挥领导作用，[5] 这种领导作用将有助于解决国家间谈判过程中的不确定性问题，使制度创设更容易实现。[6] 领导权的类型具有多样性。[7] 虽然美国通过多边贸易体制行使领导权的方式主要基于多边主义的制度型领导，单边主义和霸权主义领导模式也在多边贸易体制的形成和演进

---

① 约翰·H.杰克逊：《国家主权与 WTO：变化中的国际法基础》，赵龙跃等译，社会科学文献出版社 2009 年版，第 106 页。

② Robert O, Keohane, *Power and Governance in a Partially Globalized World*, London：Routledge, 2002, p.53.

③ Robert O, Keohane, *Power and Governance in a Partially Globalized World*, p.58.

④ G. John Ikenberry, "The Future of International Leadership," *Political Science Quarterly*, vol.111, no.3, 1996, pp.387-388.

⑤ G. John Ikenberry, "Institutions, Strategic Restraint, and the Persistence of American Postwar Order," *International Security*, vol.23, no.23, 1998/1999, pp.43-78.

⑥ Oran R. Young, "The Politics of International Regime Formation：Managing Natural Resources and the Enironment," *International Organization*, vol.43, no.3, 1989, pp.373-374.

⑦ 陈琪、管传靖：《国际制度设计的领导权分析》，《世界经济与政治》2015 年第 8 期。

过程中发挥了不可忽视的作用。

作为多边贸易体制的主要设计者，美国的文化、价值观以及贸易政策定型了多边贸易体制的规范性与功能性轮廓，决定了各国应在多边层面解决何种问题，如何解决以及建立何种机制来解决。① 多边贸易体制不仅仅是权力主导下的产物，更是"美国"权力的产物，② 因此带有鲜明的"美国制造"标签和印记③。美国将多边贸易规则作为传导机制，将自身法律规则、价值理念普遍化的同时，把其他国家锁定在特定的政策选择之中，以霸权思路推动全球治理，④ 形成了所谓"实力的另一张面孔"的基本格局⑤。

三、多边体制保障非对称的霸权收益

美国既是多边贸易治理的主要缔造者，同时又是一个追求自身国家利益的最大受益者。尽管制度有利于解决集体行动问题，且同时具有分配性和非中性，⑥ 能够在行为体中创造"赢者"与"被边缘化者"。⑦ 美国作为多边贸易体制的主要缔造方，能够确保多边贸易规则在很大程度上与美国的利益相契合。考虑到规则收益具有一定程度的稳定性，多边贸易体制规则能在未来权力分配发生变化的时候仍然继续为主导国提供保护。

多边贸易体制为美国的非对称权力提供了多重收益。第一，美国在大部分多边贸易规则的制定领域享有超强的比较优势。《服务贸易总协定》（GATS），《与贸易有关的知识产权协定》（TRIPS）以及《与贸易有关的投资措施协定》

① Soo Yeon Kim, *Power and the Governance of Global Trade: From the GATT to the WTO*, pp.10-16.
② John Gerard Ruggie, "International Regimes, Transactions, and Change：Embedded Liberalism in the Postwar Economic Order," *International Organization,* vol.36, no. 2, 1982, pp.385–388.
③ 高程：《新帝国体系中的制度霸权与治理路径——兼析国际规则"非中性"视角下的美国对华战略》，《教学与研究》2012 年第 5 期。
④ 强世功：《〈美国陷阱〉揭露了一个骇人听闻的霸凌主义案例》，《求是》2019 年第 12 期。
⑤ 参见安德鲁·赫里尔：《全球秩序与全球治理》，林曦译，中国人民大学出版社 2018 年版，第 80 页。
⑥ 陈琪、管传靖：《国际制度设计的领导权分析》，《世界经济与政治》2015 年第 8 期。
⑦ Soo Yeon Kim, *Power and the Governance of Global Trade: From the GATT to the WTO*, p.9.

(TRIMs）等 WTO 规则从根本上契合美国的利益。[1] 以规则为导向的 WTO 争端解决机制进一步减少了美国推行这些规则的治理成本。第二，美国国内规则的外溢避免了其履行国际义务所需要的规则建立、调整和变革的成本。而发展中国家为遵守国际规则和国际标准往往需要大量的投入。[2] 第三，美国相比于其他成员方而言更容易掌握对外政策的灵活度。美国始终未像其他国家一样受到多边贸易规则的充分约束，并始终保留着在与本国利益不符时打破现有规则的特权。例如美国曾为了执行本国的《农业调整法案》，在 1955 年申请获得了对农产品领域削减关税和取消数量限制义务的无条件豁免。这一豁免完全违背了关贸总协定的基本精神，使美国在推行农产品贸易自由化谈判中处于特殊的优势地位。[3]"美国例外主义"不断植入多边贸易规则体系的过程直观地展现了多边贸易体制为美国带来的非对称霸权收益。

四、多边体制强化美国权力的合法性

多边贸易体制为美国在国际贸易领域的权力行使提供了合法性。通过制订共同规则和规范而得以展示的权力比不借助规则的权力更能让人接受，[4] 因为制度能够通过对外交政策提供一种"正当性缓冲"，使不平等权力得到巩固和正当化。[5] 规则和制度不但可以提高美国权力运用的可预见性因而得到其他国家的支持，还能降低美国对他国的强制成本。[6] 加之权力具有社会属性，可以借助于规则来获得正当性辩护，从而转化成"权威"。[7] 如果其他国家认同美

---

① Kristen Hopewell, *Breaking the WTO: How Emerging Powers Disrupted the Neoliberal Project*, p.50.

② 曲博：《合作问题、权力结构、治理困境与国际制度》，《世界经济与政治》2010 年第 10 期。

③ Soo Yeon Kim, *Power and the Governance of Global Trade: From the GATT to the WTO*, pp.69-75.

④ 安德鲁·赫里尔：《全球秩序的崩塌与重建》，林曦译，中国人民大学出版社 2017 年版，第 332 页。

⑤ 安德鲁·赫里尔：《全球秩序与全球治理》，林曦译，中国人民大学出版社 2018 年版，第 81 页。

⑥ 约翰·伊肯伯里：《自由主义利维坦：美利坚世界秩序的起源、危机和转型》，上海人民出版社 2013 年版，第 72 页。

⑦ 安德鲁·赫里尔：《全球秩序与全球治理》，林曦译，中国人民大学出版社 2018 年版，第 43 页。

国主导建立的规则因符合程序和道德规范而具有合法性和正当性，就会在更大程度上将现有规则吸收和内化，因而减少主动挑战美国领导权的可能性，美国主导下的自由主义经济秩序就会越发稳定。[①] 出于上述原因，美国就会从长远的利益考虑出发，将自己与协商而得的规则和制度相捆绑，克制地行使权力。[②]

　　美国与多边贸易体制的双向依赖关系，使得权力在以成员驱动为特征的多边贸易体制中得以延续。然而随着越来越多的发展中国家加入 WTO，美国与多边贸易体制的双向依存关系越来越多地面临着调整的压力。美国排他性治理模式调整的失败，必然会转向单边权力的滥用，进而直接导致 WTO 结构性矛盾的凸显和危机的全面爆发。

第三节　霸权逻辑与 WTO 治理结构

　　WTO 治理结构危机是多边贸易体制形成演进过程中长期积累形成的危机。WTO 治理从未彻底摆脱"富人俱乐部"的窠臼，其规则生成与演进的控制权始终掌握在少数发达成员手中。而发展中成员持续被边缘化，整个治理体系呈现出"中心－外围"的等级式治理结构。WTO 治理结构危机是美国自由主义霸权逻辑的副产品和衍生物。想要揭露从而矫正 WTO 治理结构的失衡，有必要对美国权力的运行逻辑予以澄清。

一、多边贸易体制内美国权力运行逻辑

1. 自由主义理念掩盖下的非对称权力行使

---

① 斯蒂芬·M.沃尔特：《驯服美国权力：对美国首要地位的全球回应》，郭盛、王颖译，上海人民出版社 2008 年版，第 130 页。

② 约翰·伊肯伯里：《自由主义利维坦：美利坚世界秩序的起源、危机和转型》，上海人民出版社 2013 年版，第 50 页。

美国在二战后缔造并延续至今的国际贸易秩序是一种自由主义的国际秩序。自由主义国际秩序是指具有开放性并主要以规则为基础的秩序。它在理想状态下通过国家同意而非胁迫得以维持，从而为国家间进行互惠和机制化合作奠定基础。[1] 然而自由主义国际经贸秩序在现实中的运作既可以是相对扁平的，又可以是具有等级性的，主要取决于国家间权力的运作方式。而美国主导的自由主义国际经济秩序，绝非在权力的真空中产生，而是建立在现实主义的基础之上，从本质上体现出美国自由主义经济秩序的内在矛盾性。抽象的自由主义理念为确立美国权力主导下不平衡的利益分配机制，提供了表面的正当性和合法性，而自由主义制度在形式上、法律上的平等通常掩盖了实质上的不平等。[2]

美国对新自由主义政策和自由贸易原则的运用是选择性的。[3] 尽管通过"华盛顿共识"反复宣称自由贸易和市场开放的好处，美国推崇的自由贸易主要是在国家主权领土范围内进行，而从未在对外贸易政策中支持过单边自由贸易。[4] 美国为迎合本国的竞争优势迫使发展中国家在服务贸易、知识产权等领域作出妥协，[5] 却继续在农产品和纺织品等领域维持较高的贸易壁垒，并采用关税保护和关税升级对国内产业实施贸易保护；运用反倾销、反补贴、保障措施等贸易救济措施限制进口竞争；运用自愿出口限制进行贸易管理；运用单边主义措施打开外国市场；最后运用公平贸易政策来掩盖贸易保护主义行为并推行双重标准。多边主义和自由市场理念在很大程度上被美国视为打开他国市场并获取经济收益的政治性工具，而"华盛顿共识"成为了重振

---

[1] 约翰·伊肯伯里：《自由主义利维坦：美利坚世界秩序的起源、危机和转型》，上海人民出版社 2013 年版，第 14 页。

[2] Kristen Hopewell, *Breaking the WTO: How Emerging Powers Disrupted the Neoliberal Project*, p.28.

[3] Donatella Alessandrini, *Developing Countries and the Multilateral Trade Regime: The Failure and Promise of the WTO's Development Mission*, Oxford and Portland：Hart Publishing, 2010, p.13.

[4] 当美国在国际竞争中占据主导性优势时，美国便极力推崇多边主义和自由贸易；而当美国经济实力相对下降或在竞争中处于不利地位时，就通过指责他国实行不公平贸易而推行公平贸易和贸易保护主义。刘振环：《美国贸易政策研究》，法律出版社 2010 年版，第 253 页。

[5] 屠新泉：《GATT/WTO 中的美国：建设者和破坏者的双重角色》，《世界经济研究》2004 年第 12 期。

美国经济及恢复美国国际地位的理论武器。[1] 通过"华盛顿共识"完成的新自由主义理念转型限制了发展中国家使用特定贸易政策工具的权利。[2] 美国选择性自由贸易实践和双重标准，充分显示了自由主义国际贸易秩序中的非对称的权力运用。

2. 强制性权力与制度性权力的交替运用

美国权力在多边贸易机制和规则形成和发展过程中发挥着不可忽视的作用。国际制度总是政治和权力斗争妥协的产物，反映在制度构建时的权力关系当中。对于权力关系的分析，可以解释美国如何建构了多边贸易体制，并使其更好地服务于本国的利益。虽然多边贸易体制的治理结构是以成员间谈判和最终达成的协议为基础的，但是这种同意并不能排除胁迫和施压成分，而是表现为从"不情愿的默许到完全彻底的拥护"的区间。[3] 这一区间解释了多边贸易体制的规则导向是在权力的阴影下产生的这一特有表征。

在多边贸易机制建构和新规则谈判阶段，美国广泛运用了强制性权力和制度性权力。前者是指一行为体以威胁、强迫等方式对另一行为体实施的直接控制；后者是一行为体通过制度设计获得长期收益从而实现对另一行为体的间接控制。[4] 在国际规则的谈判过程中，美国不但对发展中国家实施了胁迫、诱导和分化，还综合运用了论坛转移、控制议程、"同心圆"谈判、多轨制以及威胁退出等多种谈判策略，以保证美国享有规则制定主导权和控制权。[5] 随着国际制度和规则的生成，强制性权力更多被转移为制度性权力，以更加稳定且更

[1] Gary P. Sampson, *The WTO and Sustainable Development*, United Nations University Press, 2005, p.207.

[2] Gary P. Sampson, *WTO and Global Governance*, pp.29-30.

[3] 约翰·伊肯伯里：《自由主义利维坦：美利坚世界秩序的起源、危机和转型》，上海人民出版社 2013 年版，第 59 页。

[4] Michael Barnett and Raymond Duvall, "Power in Global Governance," in Michael Barnett and Raymond Duvall eds., *Power in Global Governance*, Cambridge University Press, 2005, p.3.

[5] 约翰·伊肯伯里：《自由主义利维坦：美利坚世界秩序的起源、危机和转型》，上海人民出版社 2013 年版，第 96 页。

具合法性的方式发挥作用。① 但当制度性权力无法保障美国的不对称收益和主导国地位时，美国就可以摆脱规则约束，在多边贸易体制框架外以直接的方式运用强制性权力，或在权力的威胁下实现对现有制度的重新调整，以使其更好地服务于美国的特权政治和价值偏好。

二、多边贸易体制规则的美国权力导向

分析美国权力阴影下的 WTO 治理结构，需要澄清多边贸易体制机制通过何种方式既反映又强化了不平等的政治权力关系。② 国际机制包含原则、规范、规则和决策程序。③ 美国依赖权力主导建立起来的 WTO 机制，以权力为价值导向并为权力而服务，因而具有强化已有权力关系的特征，使得美国主导的国际贸易秩序能够得以巩固和拓展。多边贸易体制的美国权力导向性主要体现在 WTO 的规则生成机制上。通过保证权力的运作空间，WTO 规则生成机制能够巩固不均衡的治理体系，在不对称的成员驱动力以及权力导向的阴影下生成非中性的 WTO 规则。WTO 规则生成机制对权力的反映、巩固和反哺作用可以从以下方面得以体现。

第一，协商一致原则。协商一致是 GATT 和 WTO 决策程序中的一项基本原则，要求决策的达成必须没有一个在场的成员正式表示反对。相比于加权投票制，协商一致更能反映国家主权平等的国际法基本理念，因此使得 WTO 决策结果具有了形式上的合法性。④ 从规则导向的视角出发，协商一致的决策机制允许弱国阻止对其不利的谈判结果产生，因而会促进达成所有成员都接受的帕累托改进的协定。⑤ 然而，由于协商一致原则为成员权力的不对称运用预留了运行空间，该原则背后实际掩盖着"隐形的加权制"并反映

① Soo Yeon Kim, *Power and the Governance of Global Trade: From the GATT to the WTO*, p.11.
② 安德鲁·赫里尔：《全球秩序与全球治理》，林曦译，中国人民大学出版社 2018 年版，第 239 页。
③ 罗伯特·基欧汉：《霸权之后》，苏长和等译，上海人民出版社 2016 年版，第 58 页。
④ Richard H. Steinberg, "In the Shadow of Law or Power? Consensus-Based Bargaining and Outcomes in the GATT/WTO," *International Organization*, vol.56, no.2, 2002, p.342.
⑤ Richard H. Steinberg, "In the Shadow of Law or Power? Consensus-Based Bargaining and Outcomes in the GATT/WTO," p.345.

潜在的权力关系[1]。美国之所以会同意在多边贸易体制采用协商一致的决策机制，是因为美国在此过程中运用权力的能力使得正式的加权投票制变得不再必要。[2]

第二，互惠规范。互惠是多边贸易体制形成和演进的基石，同时也是贯穿于美国贸易政策制定的基轴。[3]互惠是一个具有模糊性的概念，不仅内在包含了多种类别和含义，还持续地被赋予新意和解释，因而从来没有隔绝权力的影响力。特别是在和发展中国家的双边关系中，美国更容易通过运用权力获得不对称收益。[4]互惠概念的内在模糊性、多层次性[5]和使用方式的多样性使之具有了双重工具特征：互惠贸易政策既是美国形塑多边贸易体制的关键政策性工具，又成为了美国满足国内保护主义和狭隘民族利益的重要规则武器。而今美国行政当局将"互惠"界定为贸易额和贸易条件的完全对等，[6]为美国对他国实施贸易制裁、重新谈判贸易协定、以及提出更加有利于美国利益的 WTO 改革方案提供了规范性依据。互惠规范在为协商制定的 WTO 规则提供合法性的同时，也为美国制度性权力的运用提供了庇护。

---

[1] Kristen Hopewell, *Breaking the WTO: How Emerging Powers Disrupted the Neoliberal Project*, p.59.

[2] 参见 Richard H. Steinberg, "In the Shadow of Law or Power? Consensus-Based Bargaining and Outcomes in the GATT/WTO," p.342。

[3] Sean D. Ehrlich, "The Fair Trade Challenge to Embedded Liberalism," *International Studies Quarterly*, vol.54, no.4, 2010, p.1014.

[4] Joseph E. Stiglitz, "Fair Trade," *The National Interest*, No.95, 2008, p.23.

[5] 国际关系新自由制度主义的奠基人罗伯特·基欧汉将国际关系中的互惠区分为"具体的互惠"（specific reciprocity）和"扩散的互惠"（diffuse reciprocity）。具体的互惠是指特定的行为方之间以一种严格限定的顺序，交换等值物品的情形。扩散的互惠关于对等的定义没有那么准确，更强调在整个群体内达成的平衡。行为方可能被视为一个群体而非特定的个体，且交换的顺序并没有被严格限定。参见 Robert Sugden, "Reciprocity：The Supply of Public Goods through Voluntary Contributions，" *Economic Journal,* vol.94, no.376, 1984, pp.775-776。美国贸易政策的影响下建立起来的多边贸易体制中的互惠呈现出不同层次。在具体规则层面，扩散的互惠和具体的互惠均有相应的制度体现。而最终在多边贸易体制的规范层面上，互惠的含义实则更为宽泛，应被理解为扩散的互惠或多边的互惠。参见 Ethan B. Kapstein, *Economic Justice in an Unfair World: Toward A Level Playing Field*, Princeton and Oxford：Princeton University Press, 2006, p.59。

[6] Daniel C.K. Chow and Ian Sheldon, "Is Strict Reciprocity Required for Fair Trade?" *Vanderbilt Journal of Transnational Law*, vol.52, no.1, 2019, p.4.

第三，主要供应方规则。主要供应方规则的核心要义是，只有缔约方单独或集体构成某一产品的主要供应方，方可向产品进口方在互惠的基础上要求减让，[1]且从进口方提供的贸易减让中收益最多的主要供应方应该比其他非主要供应方提供更多、更互惠的贸易减让，目的是避免"搭便车"的现象。主要供应方的谈判模式奠定了谈判进程，实质上是由少部分国家掌控的基本格局，而由于发展中国家难以构成某一产品的主要供应方，他们在这一过程中被边缘化。因此，主要供应方是一种典型的以权力为导向的谈判方式，市场规模决定了贸易谈判中的权力基础，贸易谈判的收益将不对称地流向权力中心。[2]以主要供应方为代表的权力中心逐渐演变成多边贸易体制的"核心决策层"[3]，进一步巩固和加深了 WTO 谈判及决策过程中的民主赤字。多哈回合出现的非正式化小型部长级会议模式正是美国提倡的主要供应方谈判模式的延伸。[4]

第四，一揽子承诺谈判方式。一揽子承诺要求所有谈判方就谈判协定作为一个整体达成一致意见，而不能任意选择规则。旨在通过建立议题之间的关联而推动参与各方达成妥协，促进规则的统一适用，并阻止"搭便车"的情况。[5]发展中国家若想在农产品、纺织品等领域获得贸易减让，就必须在服务贸易、知识产权等领域承担与发达国家一致的义务。[6]在乌拉圭回合末期，一揽子承诺被用于迫使发展中国家接受所有乌拉圭回合协定。美国和欧共体通过建立 WTO，并威胁对拒绝加入 WTO 的国家停止适用 GATT1947 义务的方式结束了乌拉圭回合谈判，成功打开了发展中国家市场。[7]

---

[1] 参见 "Rules and Procedures for the Dillon and Kennedy Rounds, Factual Note by the Secretariat", MTN/W/8, GATT Doc. 25 February 1975, p.3。

[2] Soo Yeon Kim, *Power and the Governance of Global Trade: From the GATT to the WTO*, p.95.

[3] Soo Yeon Kim, *Power and the Governance of Global Trade: From the GATT to the WTO*, p.148.

[4] Faizel Ismail, "Reforming the World Trade Organization," *World Economics*, vol.10, no.4, 2009, p.134.

[5] Zaki Laïdi, "Towards A Post-Hegemonic World：The Multipolar Threat to the Multilateral Order," *International Politics*, vol.51, no.3, 2014, p.356.

[6] Mathias Risse, *On Global Justice*, Princeton University Press, 2012, p.348.

[7] Richard H. Steinberg, In the Shadow of Law or Power? Consensus-Based Bargaining and Outcomes in the GATT/WTO, p.360.

上述 WTO 规则生成机制虽然在表面上体现出对主权平等原则以及对规则导向治理理念的维护，但实质上都蕴含了对权力和实力的遵从，使治理权限和谈判收益向以美国为首的西方发达成员不对称地倾斜，因此特别起到了对美国霸权的护持作用。WTO 规则生成机制是一种隐藏的加权机制，其内含的权力导向性为其获得了充分的政治支持，并在一定时间范围内保证了机制本身的稳定性。①

三、多边贸易体制呈现出等级治理结构

二战后建立起来的国际贸易秩序对权力的过分巩固与纵容，必然导致治理结构的失衡。WTO 具有非正式的"等级性"特征②，这种特征一直深嵌在多边贸易体制的治理体系中。因美国的实力和权力运用能力大于多边贸易体制的其他参与方，特别是远超其中的发展中国家，美国处于多边贸易非正式等级体系的最顶端，作为美国盟友的其他发达国家位于美国之下的中上端，大部分发展中国家则处于等级体系的最底端。WTO"同心圆"的谈判模式证实了 WTO 实质上的等级治理结构。③ 大部分 GATT/WTO 规则都是"美国制造"或美国联合欧盟、日本等发达成员"共同制造"，而大部分发展中国家在此过程中被边缘化，以中国为代表的 WTO 新加入成员甚至不得不在加入程序中全面接受自身未参与制定的规则。④

---

① "制度不仅仅关系到解决共同问题或推广共同价值等自由目标，也是反映和巩固权力等级和强国利益的权力场。"参见安德鲁·赫里尔：《全球秩序的崩塌与重建》，林曦译，中国人民大学出版社 2017 年版，第 38 页。

② 参见约翰·伊肯伯里：《自由主义利维坦：美利坚世界秩序的起源、危机和转型》，上海人民出版社 2013 年版，第 33 页。WTO"同心圆"的谈判模式证实了 WTO 实质上的等级治理结构。另外，美国主导的全球化进程本质上具有排他性，共同主导者是美国及其有共同利益的志同道合者，目标是维护美国及其盟友的领先地位。参见李向阳：《特朗普政府需要什么样的全球化》，《世界政治与经济》2019 年第 3 期。

③ 关于"主要供应方"的谈判方式，参见伯纳德·霍克曼、迈克尔·考斯泰基：《世界贸易体制的政治经济学——从关贸总协定到世界贸易组织》，刘平等译，法律出版社 1999 年版，第 65—68 页。

④ 斯蒂芬·M.沃尔特：《驯服美国权力：对美国首要地位的全球回应》，郭盛、王颖译，上海人民出版社 2008 年版，第 30 页．

　　然而 WTO 等级式的不平等治理结构无法保证长期的稳定。没有任何理论能够证明美国注定领导世界，单极秩序的终结也并不意味着全球必将陷入无序状态。① 事实上，美国主导的自由主义经济秩序一直处于不断的调整变化之中，在其从"冷战"时期的国际秩序向"冷战"后的世界秩序过渡的过程中，不断接受着来自新兴经济体和其他发展中国家的挑战。虽然新兴大国是现有秩序的受益者，且并不试图推翻现行自由主义国际经济秩序，但新兴经济体和发展中国家持续挑战着美国权力的运用方式已是不争的事实。② 发展中国家并不是现有秩序和制度的被动接受者，他们挑战着美国权力的非对称基础、单边主义措施的运用、主权的双重标准以及贸易收入分配不公平等现有体制的多重问题。③ 特别是当"冷战"后两极体系内部的自由主义秩序向全球扩展，单极霸权不可避免地具有滥用倾向，多边贸易体制内的结构性失衡加剧，多边贸易体制内成员方对等级性治理结构的反对和抗拒也相应地产生。④

　　WTO 规则导向和自由主义理念背后隐藏的权力导向阴影和强权政治，成为 WTO 治理结构体系中最大的不稳定因素。WTO 等级式治理结构所造成的显著不平等，造成了 WTO 内部治理的民主赤字与正当性危机。而新兴经济体和其他发展中成员对于 WTO 治理结构的挑战又触发了 WTO 体制内规则主导权的争夺和博弈。因此，多边贸易体制的结构性危机，在某种程度上是美国自由主义经济秩序的"伪善"造成的。美国自由主义秩序的内在矛盾性使其不可避免的带有"自我毁灭的基因"。⑤

---

① 阿米塔·阿查亚：《美国世界秩序的终结》，袁正清、肖莹莹译，上海人民出版社 2016 年版，第 27 页。

② 发展中国家甚至运用自由主义国际经济秩序自身的基本原则和理念来质疑并抗衡美国权力的运用方式。Kristen Hopewell, *Breaking the WTO: How Emerging Powers Disrupted the Neoliberal Project*, p.19。

③ 阿米塔·阿查亚：《美国世界秩序的终结》，袁正清、肖莹莹译，上海人民出版社 2014 年版，第 63 页。

④ 约翰·伊肯伯里：《自由主义利维坦：美利坚世界秩序的起源、危机和转型》，上海人民出版社 2013 年版，第 197 页。

⑤ 约翰·伊肯伯里：《自由主义利维坦：美利坚世界秩序的起源、危机和转型》，上海人民出版社 2013 年版，第 3 页。

第四节　阻挠 WTO 运行的美国因素

尽管发展中国家在多边贸易体制下对规则体系话语权的争夺，加剧了 WTO 体系的结构性矛盾，真正使 WTO 陷入生死存亡的并非来自新兴经济体和发展中成员的挑战，而是多边贸易体制的缔造者——美国的阻碍，从而使 WTO 面临旧病新疾、内忧外患。在美国这一多边贸易体制发展最大变量的作用下，WTO 未来的发展走向具有很大的不确定性。

一、美国阻碍 WTO 上诉机构的有效运行

美国为破坏 WTO 体制运行所采取的一系列举措，同样体现了制度性权力与强制性权力的交互运用。美国通过阻挠协商一致的达成成功阻止了上诉机构法官的选任，从而使上诉机构陷入被"打瘫致残"的状态，这一过程体现了美国相比于其他 WTO 成员而言显著不对称的制度性权力。根据《关于争端解决规则和程序的谅解》第 17 条关于上诉审查程序的相关规定，如果上诉机构成员出现空缺，成员的补选应当经由 WTO 成员方协商一致通过。而出于对上诉机构所谓"越权裁决""超期审理"等问题的不满，美国屡次阻挠上诉机构法官的遴选，并希望借机削弱争端解决机制的法律化程度对权力运用的限制。[①] 美国凭借"一己之力"便使 WTO 规则治理最精髓的部分受到实质性的破坏，给 WTO 带来灾难性打击。WTO 面临的生存危机正以极端的方式体现了 WTO 治理机制背后的权力导向性，以及成员驱动的非对称性特点。

美国在 WTO 体制外向中国挑起贸易摩擦的做法则体现了美国强制性权力的回归。在使上诉机构陷入瘫痪之后，美国不再担心被以规则为导向的争端解决机制束缚手脚，开始绕过规则直接行使权力向他国施压。美国借口维护国家安全目标或推行公平贸易政策而滥用例外条款，无视多边规则，恣意采取单边行为，对从包括中国在内的 WTO 成员进口的商品加征高关税。这些做法已经

---

① 石静霞:《世界贸易组织上诉机构的危机与改革》,《法商研究》2019 年第 3 期。

超出了单边措施的合理实施范畴，走向了单边主义之维，对 WTO 法治造成了破坏性的打击，说明了"美国无论在遵守还是违背国际规则方面均享受着自己制定的特权"①。WTO 治理结构对单边主义的失范又进一步催生了权力滥用大行其道，导致权力的滥用从 WTO 机制框架内溢出到 WTO 框架外，直接威胁到多边贸易体制的稳定与健康发展。

二、美国削弱 WTO 体制功能的成因分析

2017 年以来美国政府采取激进贸易政策的原因受下列国内和国际、微观和宏观等多重因素共同作用影响，其中 WTO 的治理结构失衡是导致 WTO 生存危机的基础性诱因。

（一）成员间的权益格局调整。多边贸易体制经历了从"冷战"到单极霸权再到后单极霸权的不同历史时期。国际格局背景的转变会相应地影响美国的对外经贸政策。GATT 多轮回和谈判都是在"冷战"背景下进行的，这一时期美国需要联合西方盟友，并拉拢发展中国家对抗苏联阵营的威胁，因此会相对克制地运用权力。② 但当"冷战"结束后，世界体系进入单极霸权时代，美国在施展权力时更少地受到外部约束和制衡，这也导致美国在选择国家战略和对外政策方面拥有很大的自主裁量权。③ 随着以中国为代表的新兴经济体国家的崛起，世界格局很快进入到后单极或多极时代，美国面对其国际社会地位会更多感到身份焦虑，因此加深了美国对于狭隘国家利益的追逐，甚至不惜以牺牲稳定的国际秩序为代价。④

当美国的单极实力正在衰落时，美国就其自身的主导地位与他国进行重新

---

① 高程：《新帝国体系中的制度霸权与治理路径——兼析国际规则"非中性"视角下的美国对华战略》，《教学与研究》2012 年第 5 期。

② Michael Mastanduno, "System Maker and Privilege Taker：U.S. Power and the International Political Economy," p.143.

③ 约翰·伊肯伯里：《自由主义利维坦：美利坚世界秩序的起源、危机和转型》，上海人民出版社 2013 年版，第 127—129 页。

④ 王玉主、蒋芳菲：《特朗普政府的经济单边主义及其影响》，《国际问题研究》2019 年第 4 期。

协商的动机便会增强。① 特朗普时期的美国政府威胁退出并使 WTO 陷入停摆的做法，实质上是一种致力于重塑国际经济秩序的单边主义行为，② 反映了美国对国际收益分配格局的不满。通过追求公平贸易并实施以退为进的策略调整，美国旨在采取制度收缩的战略减轻美国维护国际经贸秩序的成本和战略负担，以此达到维护美国实力地位并"护持美国霸权"的目的③。

（二）中美在 WTO 体制内外的博弈。中美两方作为崛起大国和守成国之间的博弈既直接发生在二者之间，又发生于中美两方与 WTO 体制的互动之中。美国历史上一直希望通过把中国拉入由美国主导的国际经济体系，来实现按照其意愿对中国加以"塑造"的战略目的。然而中国被吸纳进美国主导建立的自由主义经济秩序的同时，必然会形成反向塑造多边贸易体制的动力。④ 特别是中国的改革开放并不只依赖于外力的倒逼，而是以我为主，注重内部因应。⑤ 这就进一步决定了中国与 WTO 体制的互动是双向的，中国正日益自信地供给有别于美国的国际公共产品。中国与多边贸易体制互动与调和的过程挫败了美国的战略预期。美国认为，中国特有的经济体制"冲击"并"破坏"了公平竞争的市场环境，WTO 现有规则不但"不能充分约束中国的非市场经济行为，反而捆绑了美国自己的手脚"⑥。因此美国试图使 WTO 陷入瘫痪状态、对中国实施单边制裁的行为在很大程度上是美国对华战略失败的反馈。⑦ 美国希望通过在 WTO 体制内、外向中国施压以进一步推动中国按美国对设想进行结构性改革，维护美国在世界体系内的非对称权力地位与收益。

（三）WTO 治理权限向发展中成员的过渡和调整。随着越来越多的发展中国家加入了多边贸易体制，这些国家必然会在与多边贸易治理结构的互动过程中对整个治理体系产生反作用。发展中国家具有自身的内生动力，并在

① 约翰·伊肯伯里：《自由主义利维坦：美利坚世界秩序的起源、危机和转型》，上海人民出版社 2013 年版，第 7 页。
② 王辉：《特朗普"选择性修正主义"外交的特点及影响》，《现代国际关系》2019 年第 6 期。
③ 李永成：《特朗普对美国自由霸权主义的继承与调整》，《现代国际关系》2019 年第 5 期。
④ June Park, Troy Stangarone, "Trump's America First Policy in Global and Historical Perspectives：Implications for US-East Asian Trade," p.7.
⑤ 石静霞：《国际贸易投资规则的再构建及中国的因应》，《中国社会科学》2015 年第 9 期。
⑥ 陈凤英、孙立鹏：《WTO 改革：美国的角色》，《国际贸易问题研究》2019 年第 2 期。
⑦ 李俊久：《美国特朗普政府对华贸易冲突的权力逻辑》，《东北亚论坛》2019 年第 2 期。

WTO 体制内扮演了越来越重要的作用。中国、印度、巴西等成员方不仅进入到 WTO 内部决策层，还对规则谈判和适用的过程产生了深刻影响。在汲取乌拉圭回合谈判两类成员权益失衡教训的基础上，发展中成员更加注重发展中国家联盟内部的凝聚力，与发达成员的权力作用相抗衡，阻滞了美国和西方发达成员对 WTO 治理权限的垄断。[①] 发展中国家对于 WTO 治理体系的反作用在一定程度上，撼动了美国的 WTO 治理理念以及美国权力可获取的相对收益。因此美国想要重新按照本国意愿改进现有 WTO 制度，以延续制度非中性所带来的收益，并"钳制崛起大国的权势扩展"[②]。

（四）以权力为导向的 WTO 规则生成机制对发展中成员实力的反馈。以权力为导向的 WTO 规则生成机制虽然有利于发达成员主导 WTO 内部治理，但同时也在一定程度上反映出了发展中成员对美国自由主义霸权逻辑的挑战以及发展中成员集团化联盟所产生的权力关系变化。国际货币基金组织和世界银行采用的加权投票制倾向于反映静态的、历史性的权力关系，而相比之下，WTO 的协商一致决策机制则对权力的流动性更加敏感。

发展中成员虽然难以在 WTO 内部治理中发挥引领性作用，却有能力在 WTO 新规则谈判过程中阻却协商一致结果的达成。随着 WTO 成员数量的增多和成员利益的多样化，成员间形成共识的难度日渐加大，讨价还价的成本进一步攀升，导致 WTO 立法功能陷于停滞，自由化进程放缓，WTO 规则的更新面临着严峻的体制机制障碍。[③] 美国对多边贸易体系实质控制力减弱的事实，进一步增加了美国对 WTO 治理体系的不满情绪。[④]

（五）以规则为导向的争端解决机制的制约。国际制度和规则既是推行非对称权力的工具，也会对主导国的权力运用产生某种约束。欲把 WTO 建设成有效的国际机构来打开国外市场，就必须对这一国际组织给予适当的授权。然

---

① Amrita Narlikar, "New Powers in the Club：The Challenges of Global Trade Governance," *International Affairs,* vol.86, no.3, 2010, p.722.

② 参见温尧：《退出的政治：美国制度收缩的逻辑》，《当代亚太》2019 年第 1 期。

③ Revitalizing Multilateral Governance at the World Trade Organization：Report of the High-Level Board of Experts on the Future of Global Trade Governance, p.28.

④ 潘晓明：《变动中的国际贸易体系：特朗普政府的调整策略及思路》，《国际关系研究》2018 年第 6 期。

而 WTO 争端解决机制所展现出的规则导向性对权力构成了有效的制约，即便是作为多边贸易体制缔造者的美国，仅凭单方之力也难以完全地掌控 WTO 规则的法律适用过程，这就是为何"美国对 WTO 争端解决机制的挫败感越来越强的原因所在"①。在是否支持多边主义和以规则为基础的国际秩序这一问题上，美国会作出基于成本—收益的理性权衡。② 随着美国对 WTO 体制在规则更新、约束中国、打开发展中国家市场、提供霸权收益等方面的不满持续增长，美国在 WTO 框架内接受规则约束的意愿也随之降低。

（六）美国国内的反全球化趋势。经济全球化在美国社会产生的副作用日益凸显。跨国公司的全球化布局使得美国在某些产业内集聚优势，而在另外的一些产业遭受激烈冲击，③ 资本外流加速了美国"产业的空心化"④，导致某些群体失业和收入下降，制造业出现了尤为严重的衰退。经济全球化对不同产业收益的影响延伸至美国收入分配领域，从而扩大了美国国内阶层之间贫富差距，进一步导致各阶层分化和"民粹主义抬头"⑤。在此过程中，美国联邦和州政府未能制定有效的再分配制度来调节和缓和收入增长的不平衡。为了迎合美国民众，美国行政当局将矛头转向中美经贸关系和以 WTO 为基础的多边贸易自由化，力图通过对国际经贸关系的调整和国际经贸体系的改革来缓和美国的国内社会问题。⑥

（七）美国国家领导人的人格特质。根据新古典现实主义的理论，国际体系中的权力分配对国家对外行为的影响是间接和复杂的。国际体系的压力通过作用于单元层面上的干预性变量起作用。⑦ 换言之，权力与外交政策行为之间

① 安德鲁·赫里尔：《全球秩序与全球治理》，林曦译，中国人民大学出版社 2018 年版，第 75 页。
② 约翰·伊肯伯里：《自由主义利维坦：美利坚世界秩序的起源、危机和转型》，上海人民出版社 2013 年版，第 89 页。
③ 潘晓明：《变动中的国际贸易体系：特朗普政府的调整策略及思路》，《国际关系研究》2018 年第 6 期。
④ 周琪：《论特朗普的对华政策及其决策环境》，《世界经济与政治》2019 年第 3 期。
⑤ 潘晓明：《变动中的国际贸易体系：特朗普政府的调整策略及思路》，《国际关系研究》2018 年第 6 期。
⑥ 周琪：《论特朗普的对华政策及其决策环境》，《世界经济与政治》2019 年第 3 期。
⑦ Gideon Rose, "Neoclassical Realism and Theories of Foreign Policy," *World Politics*, vol. 51, no. 1, 1998, p.146.

不存在直接的传输带，权力分配只有通过决策者的认知才能转变为国家的对外政策行为。因此，领导人及其所带领的政治团队的人格特质，因影响到决策者认知而对外交政策的形成起到了不可忽视的作用。商人出身的特朗普的人格特质，与其组建的工作团队整体上又具有"反建制派"倾向[1]，在处理对外事务方面缺乏连贯战略。特朗普的个人特质以及特朗普政府以忠诚度为基础搭构的"核心小圈子决策"，决定了美国在制定对外贸易政策方面会更加短视和自私。[2]

三、美国调整 WTO 关系定位的方案研判

针对 WTO 关系的定位，美国理论上可能采取"退出 WTO、极限施压以实现利益最大化、在小范围内建立新的贸易协定、与 WTO 成员合作推进 WTO 改革"等几种不同的立场和策略。下文将逐一对上述几种策略进行梳理和分析。综合研判的结论是：美国选择退出 WTO 或平等合作推动 WTO 改革的可能性较小，WTO 成员可能在 WTO 体制内外面临长期的博弈和对峙。

（一）退出 WTO。在最极端的情况下，退出 WTO 也是美国理论上可以作出的选项。退出一项国际组织可以起到"发声的效果"[3]。倘若美国退出了WTO，必将在双边和区域层面加速推动相关国际制度的改革和重组，以重拾不对称实力优势。然而退出 WTO 的机会成本可能会阻碍美国真正作出这一决定。虽然 WTO 面临着规则更新的体制机制障碍，但是 WTO 已有规则在调整国家间经贸关系方面发挥着举足轻重的作用。如果美国冒然退出，势必会减少美国自身在多边贸易体制内的影响力，将很大一部分国际贸易事务的领导权让与欧盟、中国等其他 WTO 成员，造成自身权势的相对衰落。[4] 考虑到美国已没有能力建立一个把以中国为代表的发展中国家排除在外的封闭市场，美国

① 刁大明：《特朗普政府对外决策的确定性与不确定性》，《外交评论》2017 年第 2 期。
② 尹继武等：《特朗普的政治人格特质及其政策偏好分析》，《现代国际关系》2017 年第 2 期。
③ 温尧：《退出的政治：美国制度收缩的逻辑》，《当代亚太》2019 年第 1 期。
④ 张杰：《中美战略竞争的新趋势、新格局与新型"竞合"关系》，《世界经济与政治论坛》2020 年第 2 期。

建立起具有可替代性的国际贸易治理体系的可能性较小，美国不会轻易退出WTO 而放弃自身在世界贸易体系中的领导地位。[①]

（二）极限施压以实现在 WTO 体制内的利益最大化。美国当下正在选择的策略是通过削弱 WTO 的治理功能而向其他 WTO 成员施压，以推动实现更有利于美国的 WTO 改革方案。美国正寻求建立新的契约平衡，能够使美国少受规则约束从而获得更多权力行使的自由；与此同时抛弃原有的"发展"理念，要挟发展中国家承担更多责任，进一步扩大从其他贸易伙伴处获得的贸易收益，强化美国的绝对领导权。[②] 然而美国这一利益诉求几乎是不可能实现的，因为这与 WTO 治理结构的客观变化趋势相违背，也与当代国际法治精神相冲突。美国的极限施压方案是其他 WTO 成员所不能接受的契约，即使对于美国的盟友而言也是如此。可以预见的是，在各国利益重新博弈的过程中，WTO部分功能可能在较长一段时间内陷入停滞。[③] 如果特朗普政府执意按美国的要求改革 WTO 以获取更多特权及不对称收益，则有可能使 WTO 面临彻底被边缘化的风险。[④]

（三）在小范围内建立新的贸易协定。美国可能选择特定的利益共生群体组建国际贸易新规则网络的"顶层俱乐部"[⑤]，以塑造 WTO 改革议程对中国形成有效制约，并在未来国际经贸新规则的制定方面继续占据主导地位。美国积极推动美欧日三方在非市场导向政策和行为议题上形成联盟，并连续多次发布联合声明，[⑥] 提出在产业补贴、国有企业、技术转让、市场导向条件等方面制

---

① 参见 Jacob M. Schlesinger, Risks From The WTO's New Power Vacuum；With the U.S. Flipping from Champion of Free Trade to Lead Skeptic，the Global Trade Body's Relevance is at Stake，*Wall Street Journal (Online)*，2017。

② 竺彩华：《市场、国家与国际经贸规则体系重构》，《外交评论》2019 年第 5 期。

③ 张杰：《中美战略竞争的新趋势、新格局与新型"竞合"关系》，《世界经济与政治论坛》2020 年第 2 期。

④ 王辉：《特朗普"选择性修正主义"外交的特点及影响》，《现代国际关系》2019 年第 6 期。

⑤ "顶层俱乐部"将有利于美国重新确立和巩固其在核心规则领域的主导权。参见高程：《从规则视角看美国重构国际秩序的战略调整》，《世界经济与政治》2013 年第 12 期。

⑥ https：//ustr.gov/about-us/policy-offices/press-office/press-releases/2019/may/joint-statement-trilateral-meeting? from=groupmessage&isappinstalled=0。

定新规则，以推动 WTO 向能够更好规制中国的方向变革，实现"规则制华"。[①] 此类三方议程很有可能在日后逐步完善形成一组诸边协定，从而在 WTO 内部形成双轨制。[②]

美国及其他发达成员理论上可能会单独向发展中国家施压，采取逐个击破的方式，将发展中国家纳入到新的诸边协定中去，最后实现或孤立或改造中国的目的，以彻底打掉中国的体制优势。[③] 但这一战略目的对于美国而言并不容易实现。因为现如今发展中国家群体性崛起并形成能够与发达成员相抗衡的力量，以中国为代表的新兴经济体驱动了全球治理格局的改变，[④] 美国对发展中成员实施各个击破策略的难度远大于 GATT 时期。与此同时，美国与其盟友之间的战略互信也在降低。在美国不愿对其权力作出以规则为基础的有效约束的情况下，发达成员内部也很难就新的贸易协定的达成取得实质性进展。

（四）与 WTO 成员合作推进 WTO 改革。美国与其他 WTO 成员合作推进 WTO 改革，是唯一能从结构上和实质上解决 WTO 危机，并推动 WTO 规则现代化的解决方案。在全体 WTO 成员进行建设性对话和合作的过程中，美国的支配地位必须要让位于权力更加分散、更加"扁平化"的共同治理体系[⑤]。美国尤其需要与新兴大国共享治理权限，以弥补信任赤字，新兴大国也需要重新定义和调整自身角色，在维护和调整多边贸易秩序过程中发挥更大的作用。美国与新兴国家的关系是任何可能产生的协调体系的重要组成部分，也是决定着 WTO 体制是否能继续向更加进步的方向发展的关键性因素。

然而当下 WTO 成员距离合作推进 WTO 改革和规则现代化还具有很长距离。因为美国始终未能放弃以美国为中心的治理理念，目前也无意推动更具包

---

① "规则制华"是指"利用并塑造国际规则及国际机制的非中性性质钳制中国影响力的扩展"。参见高程：《新帝国体系中的制度霸权与治理路径——兼析国际规则"非中性"视角下的美国对华战略》，《教学与研究》2012 年第 5 期。

② 李向阳：《特朗普政府需要什么样的全球化》，《世界政治与经济》2019 年第 3 期。

③ 有学者担心发展中国家会面临二次"入世"的窘境，参见李向阳：《特朗普政府需要什么样的全球化》，《世界政治与经济》2019 年第 3 期。

④ 李文：《大变局下中美关系的"变"与"不变"》，《人民论坛·学术前沿》2020 年 4 月 21 日。

⑤ 约翰·伊肯伯里：《自由主义利维坦：美利坚世界秩序的起源、危机和转型》，上海人民出版社 2013 年版，第 245 页。

容性的多边主义路径。WTO 成员之间可能需要经历一系列包含竞争甚至冲突的长期复杂的互动过程才能最终实现 WTO 成员的共同治理。

第五节　制衡美国权力的路径探索与中国对策

WTO 的未来发展在很大程度上受制于美国在国际贸易事务方面的战略取向。虽然经历了霸权的相对衰退，美国仍然是全球体系中的主导国。[①] 美国欲继续在国际经贸秩序中发挥主导性作用，就必须直面多边贸易体制中长期积存下来的结构性问题，并理性回应国际经贸格局所显现出的发展趋势与变化。因此 WTO 危机能否从结构上予以调整的关键性因素，就在于美国能否放弃部分霸权利益并与其他成员共享治理权限。考虑到在全球经贸体系中的地位和权重，中国可以在应对 WTO 危机、承担大国责任、开展国际合作等方面有所作为。中国可考虑从以下路径着手对美国权力的滥用形成权力、制度和理念的多方位制衡，倡导具有包容性和共识基础的多边贸易规则和机制，将"自上而下"的"等级式"治理模式转化为"自下而上"的"竞争性"治理模式。[②]

一、推动与欧盟及发展中国家的密切合作

中国与欧盟在捍卫多边主义、反对单边主义和贸易保护主义方面有着共同利益诉求。[③] 二者都主张维护以规则为基础的国际秩序，希望通过多边协商方式完善多边贸易体系。欧盟和中国是否能够形成稳定的伙伴关系，取决于中欧

---

① 约翰·伊肯伯里:《自由主义利维坦:美利坚世界秩序的起源、危机和转型》,上海人民出版社 2013 年版,第 271 页。
② 唐世平:《国际秩序的未来》,《国际观察》2019 年第 2 期。
③ "欧洲认为,在反对美国单边主义方面,中国是可以合作的伙伴。"胡健:《角色责任成长路径:中国在 21 世纪的基础战略性问题》,上海世纪出版集团 2010 年版,第 141 页。

能否正视在不以美国为中心的情况下两方达成潜在合作结果的可能性。① 上诉机构停摆期间中国与欧盟联合其他十多个世贸组织成员建立多方临时上诉仲裁的做法，便可视为中欧两方合作处理 WTO 危机的成功范例。② 而中国与其他发展中国家的合作则是矫正 WTO 治理结构失衡，提升治理结构包容性的关键之所在。中国与发展中国家的合作，能够在一定程度上抵抗美国等发达国家的权力滥用倾向，不仅避免发展中国家被"分而治之"，也避免使中国自身陷入孤立无援的危险之中。

　　中国与欧盟和其他发展中成员的合作非但能够对美国的权力形成抗衡，还构成了当下以规则约束美国权力的前提和基础。虽然弱国"具有以制度来约束强国的倾向"③，但是当主导国不愿受到制度约束时，"以法律和规则为基础形成的牵制力是很薄弱的"④，事实上美国也正欲摆脱多边规则对自身权力行使的束缚。因此，如果中国能够在满足共同利益的基础上联合其他有合作意向的 WTO 成员，形成一个更加稳定的均衡状态，把美国拉回谈判桌的可能性就越大，WTO 成员也更有可能完善以规则为基础的秩序以对权力滥用形成制约，甚至专门建立权力垄断与滥用的制衡机制。⑤ 在美国无论如何都拒绝合作的情况下，其他国家可以寻找最大利益公约数，并考虑以此为基础建立新的规则，以确保在没有美国参与的情况下继续国家间合作。此时美国拒绝合作的成本会增加，而对新规则的影响力会显著减少；即使美国日后有能力重塑现有规则，美国仍然会在很大程度上被其他国家合作制定的规则所约束。⑥

① 唐世平：《国际秩序的未来》，《国际观察》2019 年第 2 期。

② 参见商务部新闻办公室：《中国与欧盟等世贸组织成员决定建立多方临时上诉仲裁安排》，2020 年 3 月 27 日，http：//www.mofcom.gov.cn/article/ae/ai/202003/20200302949253.shtml? from=groupmessage&isappinstalled=0。

③ 斯蒂芬·M.沃尔特：《驯服美国权力：对美国首要地位的全球回应》，郭盛、王颖译，上海人民出版社 2008 年版，第 122 页。

④ 约翰·伊肯伯里：《自由主义利维坦：美利坚世界秩序的起源、危机和转型》，上海人民出版社 2013 年版，第 249 页。

⑤ 约翰·H.杰克逊：《国家主权与 WTO：变化中的国际法基础》，赵龙跃等译，社会科学文献出版社 2009 年版，第 312 页。

⑥ 斯蒂芬·M.沃尔特：《驯服美国权力：对美国首要地位的全球回应》，郭盛、王颖译，上海人民出版社 2008 年版，第 124 页。

二、促进中美形成可管控的竞争合作关系

WTO 改革事关全球经贸秩序的未来，只有各成员间联手合作才可能引领其前行。中美双方在 WTO 体制内的合作不但能推动 WTO 走出危机，也将为稳定中美双边关系大局提供新的动力。[①] 未来只要美国不改变自身资本主义国家的性质，中国继续实行开放政策，中美经贸关系就难以全面脱钩，中美两方便仍有共同利益与合作空间。[②] 但随着中美关系中竞争性的因素渐趋增强，如何在中美战略竞争加剧的背景下，对竞争进行管理，建立包容性竞争关系，也将成为长期考验着中美双方的关键性课题。[③] 中美之间的冲突只要被限定在两国危机可管控的范围以内，便可能通过磨合产生长期性战略合作机遇。而一旦中美竞争关系失去管控走向零和博弈，则会进一步加剧美国权力的滥用倾向，使全球经贸秩序陷入不确定性的风险之中。中国在寻求与美国展开合作时可以充分调动美国国内利益群体的支持，注重对美国国内矛盾的回应，从而借助美国国内力量加快促进中美关系回归理性。[④] 考虑到中国贸易政策对美国产生的实际损益可以成为美国是否愿意回归规则导向的重要变量，[⑤] 中国也可以加大深化改革开放的步伐，进一步释放市场潜能，推动中美双方回归 WTO 框架内理性处理贸易纠纷。

三、提升自身的国际话语权和制度竞争力

中国欲矫正 WTO 治理结构的失衡从而遏制美国权力的滥用、推进全球治理水平的提升，必须承受长期的理念竞争与制度博弈。因为现有国际体系是一个自助体系。"拥有不同实力基础、利益诉求和发展目标的主权国家形成共同

---

① 陈凤英、孙立鹏：《WTO 改革：美国的角色》，《国际贸易问题研究》2019 年第 2 期。

② 李文：《大变局下中美关系的"变"与"不变"》，《人民论坛·学术前沿》2020 年 4 月 21 日。

③ 周琪：《论特朗普的对华政策及其决策环境》，《世界经济与政治》2019 年第 3 期。

④ 例如在北方国家所焦虑的制造业空心化问题与南方国家所不满的受益不均问题之间找到平衡点。参见王中美：《新南北矛盾与多边体系的困境》，《国际经贸探索》2019 年第 4 期。

⑤ 约翰·伊肯伯里：《自由主义利维坦：美利坚世界秩序的起源、危机和转型》，上海人民出版社 2013 年版，第 85—86 页。

政策、采取共同行动的难度很大。"[1] 中国可以利用其在多边贸易体制中的权重充分发挥行为体的"能动性",致力于缓解 WTO 结构困境,实现与 WTO 治理体系的"共同进化"[2]。特朗普政府所倡导的反映少数发达国家利益诉求的排他性全球化,与中国所倡导的反映广大发展中国家利益诉求的包容性全球化在治理理念和模式方面形成了鲜明的对比。[3] 未来全球治理的发展方向将取决于不同治理模式的博弈结果。

相比于美国非对称权力主导下的排他性治理理念与等级式治理体系,中国所倡导的包容性治理理念所引导的共同治理模式,并不意味着对现有秩序的推倒重来,而是意味着治理权限与方式的调整。[4] 但这一调整充分体现了理念上的进步性与道义上的优越性。首先,包容性的全球治理蕴涵着共商、共建、共享、共治的理念,赋予了所有国家参与全球治理的权限与自主制定发展政策的空间。"真实的和有效的民主一定是本土培育出来的",包容性治理理念有利于将强国进行强制和干预的风险最小化,并确保弱国拥有在全球事务上共治以及在国内事务上自治的权利。[5] 其次,能否顺利接纳和管理新兴国家的崛起是"既有国际体系是否富有弹性及稳定前景的关键"。[6] 而包容性的全球治理理念更适应发展中国家群体性崛起的现实。[7] 在后单极时代,谁能顺应时代潮流,提出创新理念,解决人类面临的困难,谁就能获得更大的国际社会认同度。因此,在范围和宗旨上具有包容性的多边主义,远比普适性价值观输出和排他性

---

[1] 徐秀军:《经济全球化时代的国家、市场与治理赤字的政策根源》,《世界经济与政治》2019年第10期。

[2] 魏玲:《改变自己,塑造世界:中国与国际体系的共同进化》,《亚太安全与海洋研究》2020年第2期。

[3] 李向阳:《特朗普政府需要什么样的全球化》,《世界政治与经济》2019年第3期。

[4] 约翰·伊肯伯里:《自由主义利维坦:美利坚世界秩序的起源、危机和转型》,上海人民出版社2013年版,第4页。

[5] 安德鲁·赫里尔:《全球秩序与全球治理》,林曦译,中国人民大学出版社2018年版,第33页。

[6] 何帆等:《全球治理机制面临的挑战及中国的对策》,《世界经济与政治》2013年第4期。

[7] 一个好的规范性理念必须能够与制度现实进行有效融合。参见 Chios Carmody, Frank J. Garcia & John Linarelli, in Chios Carmody, Frank J, Garcia and John Linarelli, eds. *Global Justice and International Economic Law: Opportunities and Prospects*, New York：Cambridge University Press, 2012, p.291。

治理模式更具有可行性和合法性。①

但包容性共同治理理念的优越性并不意味着中国的全球治理方案可以迅速更新美国自由主义经济秩序。② 当今美国仍然是最具备全球经济治理机制主导力量的经济体，其所倡导的排他性全球化模式仍有可能占据优势地位，中美两国必将在 WTO 体制内外经历长期激烈的制度竞争和博弈。③ 在此期间，中国要善于在中美之间求同存异，追求各方共赢的包容性利益，寻找相互间的最大公约数，而避免制度竞争陷入你死我活的局面。④ 同时，中国还需要进一步提高将先进性理念落实为具体制度的能力以真正提升自身的国际话语权，构建以发展为导向的规则体系。在复合依赖的世界中推进以"一带一路"倡议为代表的更开放包容的地区主义，提升国内规则国际化的能力，⑤ 推动多边治理体系和国际经济秩序朝着"善政良治"的方向发展。⑥

第六节　结　语

作为全球化时代的霸主，美国深刻影响着国际经贸秩序的走向。美国既是多边贸易体制的缔造者、推动者，也是在其霸权地位难以充分巩固的情况下多边贸易体制的破坏者。美国权力与多边贸易体制之间存在互利共生、双向依存的逻辑关联。一旦这种双向依存所构建的平衡被打破，具有充分能动性的多边贸易体制成员就会尝试重塑自身与贸易体制关系，从而引动国际经贸秩序的调整和变革。WTO 正受困于长期累积的治理结构危机和当下的生存危机，其中

---

① 阿米塔·阿查亚：《美国世界秩序的终结》，袁正清、肖莹莹译，上海人民出版社 2014 年版，第 84 页

② 李向阳：《特朗普政府需要什么样的全球化》，《世界政治与经济》2019 年第 3 期。

③ 张杰：《中美战略竞争的新趋势、新格局与新型"竞合"关系》，《世界经济与政治论坛》2020 年第 2 期。

④ 潘忠岐：《中国与国际规则的制定》，上海人民出版社 2019 年版，第 176 页。

⑤ 赵龙跃：《统筹国际国内规则：中国参与全球经济治理 70 年》，《太平洋学报》2019 年 10 月。

⑥ 约翰·H. 杰克逊：《国家主权与 WTO：变化中的国际法基础》，赵龙跃等译，社会科学文献出版社 2009 年版，第 312 页。

长期的治理结构失衡是导致 WTO 生存危机的基础性诱因。受自由主义理念掩盖下的非对称权力运用的影响，整个 WTO 治理体系呈现出"中心－外围"的等级式治理结构，而新兴经济体和其他发展中成员对于 WTO 治理结构的挑战又触发了 WTO 体制内治理权限的争夺。尽管发展中国家在多边贸易体制下对规则体系话语权的争夺加剧了 WTO 体系的结构性矛盾，使 WTO 陷入生存危机的直接原因是多边贸易体制的缔造者——美国的阻碍。当前美国选择退出 WTO 或平等合作推动 WTO 改革的可能性较小，WTO 部分功能可能在较长一段时间内陷入停滞，WTO 成员可能在 WTO 体制内外面临长期的权力博弈和立场僵持。全球经济治理的未来将部分取决于既有反映少数发达国家利益诉求的排他性全球化模式，与中国所倡导的反映广大发展中国家利益诉求的包容性全球化之间的博弈。学界可以进一步研究探索中国倡导的包容性治理理念与美国倡导的排他性普适理念之间的张力与兼容度，推动中国与其他 WTO 成员在共同维护多边贸易体制的同时，推进现有国际经贸秩序实现平稳改革，避免失去管控的大国竞争摧毁和撕裂现有规则体系和既有秩序。

第四章　WTO 新加入成员权利义务失衡问题

新加入成员加入 WTO 所涉及到的加入条件、加入程序以及最终做出的加入承诺等诸多法律问题，反映了不均衡的 WTO 内部治理结构以及权力阴影下的规则导向。WTO 加入过程这一特殊的内部治理阶段，折射出新加入成员与 WTO 已有成员间以及新加入成员相互之间的四重失衡，包括加入程序失衡、谈判力量失衡、权利义务失衡以及由此造成的 WTO 内部治理结构的失衡。而《WTO 协定》第 12 条对权力滥用的失范是导致加入程序中权力导向盛行，以及新加入成员权利义务失衡的主要制度根源与必然逻辑归宿。

WTO 加入程序的失衡，主要表现在 WTO 新加入成员相比于 GATT 时期需要经过更加复杂艰苦的谈判过程，且整体耗时呈现上升趋势。36 个新成员加入 WTO 的耗时差异显著，转型经济体的加入时间明显高于平均值。谈判力量的失衡体现在申请加入方，需先后在双边与多边层面就具体的加入条件与 WTO 已有成员进行谈判。新加入成员明显处于弱势地位，且被迫作出单边承诺。权利义务的失衡集中体现在新加入成员被迫做出的 WTO-plus 和 WTO-minus 承诺。这些承诺涉及的领域广泛，且具有促进转型经济体改革、增强国际法在新加入成员域内效力、强化国际标准、压缩新加入成员的贸易规制权空间等鲜明特征与导向性。对于新加入成员义务的额外施加与权利的剥夺，造成了新加入成员与 WTO 已有成员之间权利义务的失衡，而新加入成员间加入承诺的显著差异也导致了新加入成员相互之间权利义务的失衡。谈判程序、谈判地位以及谈判结果的失衡共同导致了 WTO 内部治理的结构性失衡。一方面，GATT 原始缔约方与后加入成员相比享受着明显的"先发优势"和塑造谈判进程的影响力；另一方面，先加入成员对后申请加入方在作出加入承诺方面形成先例作用，造成谈判结果的不均衡性固化并累积在 WTO 体制中。虽然 WTO-plus 承诺在克服 WTO 规则僵化问题，应对新的贸易形态方面确实具有一定的积极作用，但 WTO-plus 和 WTO-minus 承诺对 WTO 规则的形成和适用造成了不容忽视的负面影响。它们对 WTO 规则的统一适用提出了新的挑战，造成了 WTO 新加入成员在义务承担方面的歧视性待遇，为发展中成员造成了沉重的执行负担，损害了多边贸易体制的公平与公正。与此同时，固化在 WTO 体制中的新成员加入 WTO 议定书和工作组报告因具有法律地位的不确定性，引发了 WTO 新加入成员加入承诺的法律适用困境。

WTO 加入程序导致的四重失衡的制度性根源在于《WTO 协定》第 12 条的规定。第 12 条是 WTO 主要发达成员迫使新加入成员承担不公正待遇的制度性安排，体现着明显的制度非中性。该条款仅要求申请方按照它与世贸组织议定的"条件"加入《WTO 协定》，却没有对如何达成条件，达成何种条件，谁来主导条件的达成以及达成的条件如何适用的问题作出任何规制。该条款对加入谈判过程和条件的规制漏洞，纵容了 WTO 加入过程与结果的不公平性，使整个 WTO 加入程序笼罩在权力的阴影之下，是加入程序中权力导向盛行的主要制度根源与必然逻辑归宿。

双重二元结构为分析 WTO 加入程序的结构性失衡，提供了理论依据和更全面的分析视角。在动态层面，WTO 已有成员与新加入成员之间形成了显著失衡的成员驱动模式，加入谈判过程中存在成员权力滥用的倾向；在静态层面，《WTO 协定》第 12 条表现出对已有成员的利益偏袒，纵容了对新加入成员的歧视性待遇，新加入成员权利义务的失衡在多边贸易体制内持续性累积，充分证明了 WTO 规则导向始终未能摆脱权力导向而存在。欲矫正新成员加入 WTO 过程中的结构性失衡，WTO 应当以共同发展、共同治理的理念促进《WTO 协定》第 12 条加入规则的构建完善，加强第 12 条对加入程序和条件的规制，避免新加入成员之间义务承担的过分差异化，保证发展中成员享有足够的发展空间，促进程序和结果的公开透明，从而合理抑制权力的滥用，促进建立公平、均衡和包容的多边贸易体制。

自 WTO 成立以来，已有 36 个国家和地区通过《马拉喀什建立 WTO 协定》

（《WTO协定》）第12条加入WTO。这些成员大多为发展中国家，其19个国家是转型经济体国家，[1]6个国家是最不发达国家。[2] 已经递交了申请但尚未完成加入程序的国家共有21个，[3] 其中4个是转型经济体国家，[4] 尽管这些国家在加入WTO时面临着诸如经济转型、政治困境、资源短缺等不同的挑战，它们均意识到加入WTO对其本国以及整个国际社会的深刻意义。[5]《WTO协定》第12条是申请加入的国家和地区进入WTO的"起跑线"，构成了WTO成立以来规制WTO加入程序的准入门槛。然而，该条款的规定模糊而简约，为WTO规则导向的法治化进程留下了规则漏洞。系统认识《WTO协定》第12条并破解其制度困境为维护新加入成员权益、捍卫多边贸易体制等问题的学术研讨提供了新思路。

第一节　"加入规则"：GATT向WTO的演进

在加入规则由GATT时期向WTO时期的演进过程中，路径依赖成为了一

---

① 参见Transition Economies：An IMF Perspective on Progress and Prospects，http：//www.imf.org/external/np/exr/ib/2000/110300.htm#I. 参见Man-Keung Tang, Shang-Jin Wei. The Value of Making Commitments Externally：Evidence from WTO Accessions, *Journal of International Economics*, 2009, Vol.78, no2, p.217。

② 6个最不发达国家分别是尼泊尔、柬埔寨、瓦努阿图、老挝、也门和利比里亚。

③ 参见Accessions in progress，https：//www.wto.org/english/thewto_e/acc_e/acc_e.htm。

④ 这些国家分别是阿塞拜疆、白俄罗斯、塞尔维亚和乌兹别克斯坦。

⑤ 从国内需求的角度看，加入WTO可以使申请加入方获得WTO成员给予的永久最惠国待遇，使申请加入方有权利用有约束力的争端解决机制对抗贸易伙伴的贸易保护主义措施；有助于一国参与到国际贸易规则的制定中，减少贸易谈判的成本；还可以为政府的改革提供政治推动力，防止改革回退。从外部压力的角度看，经济全球化的挑战要求各国在多边层面上推进自由贸易，随着越来越多的国家加入WTO，WTO之外的国家和地区面临日益被边缘化的危险。加入成员贸易壁垒的消除也有利于WTO已有成员出口机会的增加，使其受益于更加稳定可预期的商业环境。参见Olivier Cattaneo, Carlos A. Primo Braga, "Everything You Always Wanted to Know about WTO Accession（But Were Afraid to Ask），" Policy Research Working Paper 5116, p.5,（2009-11-01）http：//documents.worldbank.org/curated/en/440471468331183983/pdf/WPS5116.pdf。

个典型的特征。即使 WTO 的成立体现了机构发展轨迹的标志性变化，这种变化不会完全脱离初始目的，并且会体现强大成员方的利益。[①]

一、GATT 时期的加入规则

GATT 时期申请加入成员主要通过两种方式加入关贸总协定。首先，在 GATT 时期加入的 128 个成员中，有 47 个是通过 GATT1947 第 33 条进入的，第 33 条要求申请加入方与其他缔约方就加入 GATT 达成条件。[②] 由于小型贸易国家在全球贸易份额中所占的比例很小，GATT 已有成员没有充足的动力进行艰苦的谈判，因此 GATT 时期的加入谈判相对简单。[③] 其次，还有 64 个后殖民地国家是通过 GATT1947 第 26 条第 5 款（c）项加入的。该条款允许后殖民地国家以一种最简单的方式迅速加入 GATT，他们无需经过加入谈判，只需要同意将其原宗主国的贸易减让承诺适用于自身，便可以成为实质上的 GATT 成员。

二、WTO 时期的加入规则

WTO 时期的加入规则与 GATT 时期相比存在一定的连贯性。WTO 的建立代表着多边贸易自由化在范围和程度上的加深，但是在 GATT 时期便存在的结构性不平等并没有获得根本性改变。WTO 时期新加入成员必须要通过《WTO 协定》第 12 条加入，第 12 条与 GATT1947 第 33 条具有很大相似之处，规定任何国家或单独关税区都可以通过与 WTO 达成的条件加入 WTO。[④]《WTO 协

---

① 参见 Hardeep Basra, "Increased Legalization or Politicalization? A Comparison of accession under the GATT and WTO," *Journal of World Trade*, vol.46, no.4, 2012, pp.940-941。

② 参见 GATT 1947，第 33 条。

③ 在乌拉圭回合之前，GATT 加入条件基本是基于关税减让表的谈判，因此谈判并不复杂，通常都会在 18 个月内完成，且 GATT 时期大部分的加入谈判会与各回合的关税减让谈判同步进行。乌拉圭回合时期，GATT 的加入难度上升，因为随着加入 GATT 的意义的增大，GATT 的"门票价格"也在逐步走高。（参见 Hardeep Basra, "Increased Legalization or Politicalization? A Comparison of accession under the GATT and WTO," *Journal of World Trade*, vol.46, no.4, 2012, p.945。

④ 参见《WTO 协定》第 12 条。

定》第 12 条规定：

> "1. 任何国家或在处理其对外贸易关系及本协定和多边贸易协定
> 规定的其他事项方面拥有完全自主权的单独关税区，可按它与世界贸
> 易组织议定的条件加入本协定。
> 2. 有关加入的决定应由部长级会议作出。部长级会议应以世界贸
> 易组织成员的三分之二多数批准关于加入条件的协议。"

在谈判的模式上，尽管没有完全的透明度和充足的成文规则，但是存在
着关于谈判的长期惯例和最佳实践。WTO 秘书处通过分析前期加入谈判的实
践，整理出了加入程序的指导规则。[①] 当申请方向 WTO 总干事表明加入意愿，
总理事会将考虑其意愿并建立工作组，指定工作组主席。工作组成员的资格对
WTO 所有成员开放。工作组建立后，加入工作正式启动，申请加入方将面临
复杂的准备工作，并承担沉重的谈判压力。第一，申请方需要准备外贸体制备
忘录，在其备忘录中应详细阐述外贸政策并提供相关的统计数据。由于备忘录
所需涉及的内容非常广泛，申请方会面临着繁重的工作量。第二，若工作组成
员提出书面问题要求申请方就其对外贸易体制进行澄清，申请方必须做出书面
回应。第三，申请加入方需先后在双边与多边层面就具体的加入条件与 WTO
已有成员进行谈判。双边谈判是加入谈判过程中最具实质性的阶段，在该阶
段，每一个 WTO 成员都可以就自身的利益关注与申请方进行谈判，已有成员
对申请加入方提出的要求可能会超越 WTO 成员承担的义务范围。一旦双边谈
判结束，工作组将会向部长级会议提交报告，谈判进入多边程序性谈判阶段。
如果议定书草案被部长级会议通过，加入 WTO 议定书就会在申请方接受后 30
天生效。[②] 尽管未形成正式的加入程序规则，上述要求已成为新加入成员加入

---

① 参见 Accession to the World Trade Organization：Procedures for Negotiations under article XII，
WTO Doc. WT/ACC/1 of 24 March 1995。WTO 秘书处还提供了四项技术注释文件对 WT/
ACC/1 予以补充。参见 WT/ACC/4，WT/ACC/5，WT/ACC/8 以及 WT/ACC/9Corr.1。

② Andrew D. Mitchell，Joanne E. Wallis，"Pacific Pause：The Rhetoric of Special & Differential
Treatment，the Reality of WTO Accession，" *Wisconsin International Law Journal*，vol.27 no.4，
2010，pp.683-685.

WTO 的普遍惯例。

三、GATT 与 WTO 加入规则的辨析

无论是加入的难度，还是新成员所面临的承担现有义务的压力，WTO 的加入过程都为申请方施加了更大的挑战。随着成员方数量的增加，申请加入方需要进行越来越多的双边谈判；随着多边贸易规则从规制关税措施到非关税措施的延伸，新加入成员需要在越来越多的领域承担艰巨的任务。WTO 与 GATT 时期的加入规则总体来说是一脉相承的，但是仍然在以下几个方面存在着区别：

1. 承担现有义务的范围不同。在关贸总协定的临时适用议定书中，GATT 创始缔约方被允许在不与其现行立法相冲突的情况下最大程度地适用关贸总协定的第二部分。[1]1948 年后新加入 GATT 的成员通常也有权在不违背现有立法的前提下适用总协定。GATT 时期加入议定书的模板通常在总体规定的第一部分包含"祖父条款"，要求新加入成员遵守 GATT 第一、三、四部分的规定，在不与加入时有效的现行立法冲突的情况下，最大限度地遵守第二部分的规定。[2] 而在 GATT 乌拉圭回合谈判时，"祖父条款"的特权被废除，成员方必须"一揽子"地接受所有乌拉圭回合谈判的成果。此外，在 GATT 时期新加入成员可以在加入时对 GATT1947 特定规则作出保留，[3] 而保留在《WTO 协定》第 16.5 条被明确禁止。[4]

2. 是否有临时加入的规定不同。"临时加入"是一个在 1955 年到 1975 年间使用的概念，该概念是日本在 1953 年提出，为了促进日本在下一轮贸易谈

---

① 参见 Provisional Application of the General Agreement, Article 1 (b)。

② 参见 GATT Index. Article XXXIII. P.1024。

③ 《瑞典加入 GATT 议定书》第 4 段对于 GATT 第 11 条的适用提出了保留，目的是允许瑞典依据其国内法实施进口限制，第 5 段又对于 GATT 第 15.6 条提出保留。参见 GATT Index. Article XXXIII. P.1027。

④ 参见《WTO 协定》第 16 条第 5 款。"对于本协定不允许作出保留。对于多边贸易协定任何条款的保留都必须在这些协定允许的范围内作出。"

判前加入 GATT。① 在临时加入期间，申请加入方与 GATT 缔约方之间的贸易
关系受 GATT1947 规则的调整。临时加入是允许申请方快速加入 GATT 的一
种变通措施，这一规定在 WTO 时期已不存在，申请加入 WTO 的国家和地区
必须在与已有成员达成充分的加入条件的基础上正式地加入。

3. 是否需要谈判不同。除了在 GATT1947 第 33 条下通过谈判的方式加入，
GATT1947 第 26 条第 5 款（c）项还规定了新独立国家以快速简单的方法自动
加入 GATT 的规则，因此不需要谈判新的加入条件。② 与 GATT1947 第 26 条第
5 款（c）项的规定不同，通过《WTO 协定》第 12 条加入的成员都需要经过
复杂艰苦的谈判过程。

四、WTO 对 GATT 加入规则的延续

尽管 GATT 时期的加入规则与实践与 WTO 时期存在差异，但是这种变化
并没有从根本上背离多边贸易体制创设的初始目的，并将继续反映在机构形成
中起主要作用的发达成员的利益。加入条件的确定从 GATT 时期起就掌握在
原始缔约方手中。GATT 原始缔约方在 1949 年 GATT"安纳西回合"中主要就
GATT 的加入条件进行了讨论，③GATT 缔约方在此轮谈判中制定了 GATT 加入
议定书模板。④ 虽然 GATT 的加入成本更低，谈判相对容易，这丝毫不代表已
有成员缺少对于加入程序的主导权。相反，低成本的加入决定可能只是已有发
达成员，在特定的国际政治背景下作出的战略性决策。那些在全球贸易中所占

---

① 参见 Proposal Submitted by the Japanese Government for a Provisional Arrangement for the Regu-
lation of Japanese Commercial Relations with the Contracting Parties, L/109, 24 August 1953。

② 参见 GATT 1947 第 26 条第 5 款（c）项。

③ 即使在 GATT 第 33 条的加入规则下，在安纳西回合中 GATT 原始缔约方似乎并没有与申请
加入的成员进行逐一的谈判，而是起草了"安纳西加入 GATT 议定书"，由加入成员和已有
成员签署。签署了议定书并获得已有成员 2/3 多数同意的申请方将被允许加入 GATT。参见
Accession to the General Agreement, Note by the Executive Secretary, GATT Document, GATT/
TN.1/38, 5 September 1949。参见 Draft Decision Relating to Accession to the General Agreement
on Tariffs and Trade, GATT Document, GATT/CP.3/WP.1/9, 6 May 1949。

④ 参见 Contracting Parties Third Session Draft Protocol for the Accession of Governments Participa-
tion in the Tariff Negotiations at Annecy, France, in 1949, GATT Document, GATT/OP.3/W.1 5
April, 1948。

据较小份额的申请加入方不足以为已有成员提供艰苦谈判的动机，[①] 而已有成员会特别关注那些具有较大贸易份额的国家，并对这些国家施以更苛刻的加入条件。因此，WTO 与 GATT 加入规则与实践的差异，不但未从根本上改变多边贸易体制加入程序中权力的作用，反而印证了主要成员对加入过程的主导，以及权力在加入规则中的延续。

第二节 《WTO 协定》第 12 条下新成员的权利义务失衡

新成员作出的加入 WTO 承诺显著地缺乏公平公正性。包括最不发达成员在内的全部新加入成员均承担了或多或少的 WTO-plus 义务，印证了缴纳 WTO"入门费"已成为惯例。与此同时，以我国为代表的一些新加入成员还承担了明显具有歧视性的 WTO-minus 承诺，体现了新加入成员为加入 WTO 所付出的高昂成本和遭受的不公正待遇。

一、WTO-plus 承诺

新加入成员在加入议定书或工作组报告中承担的超出《WTO 协定》现有要求的义务应被称为"WTO-plus"义务。WTO-plus 义务是比标准的 WTO 规则更加严格的义务。[②] 新加入成员承担的货物或服务贸易减让表的市场准入承诺，虽然也是加入议定书的组成部分，但由于所有成员承担的 GATT1994 和 GATS 减让表中的承诺都是国别性质的，WTO-plus 义务并不指代这类承诺。[③] 本节通过对 36 个新加入成员加入议定书和工作组报告中加入承诺的梳理，对

---

① Hardeep Basra, "Increased Legalization or Politicalization? A Comparison of Accession under the GATT and WTO," *Journal of World Trade*, vol.46, no.4, 2012, p.945.

② Julia Ya Qin, "The Challenge of Interpreting 'WTO-plus' Provision," *Journal of World Trade*, vol.44, no.1, 2010, p.127.

③ Julia Ya Qin, "The Challenge of Interpreting 'WTO-plus' Provision," *Journal of World Trade*, vol.44, no.1, 2010, p.128.

新成员承担的 WTO-plus 义务的范围做了简单概括。

WTO-plus 义务的范围比较广泛。包括但不限于：市场经济承诺、开放外贸经营权、TRIPS-plus 承诺、加入诸边协定的承诺、对行政裁决的上诉权、国际条约的域内效力、农产品出口补贴、超越 SPS 和 TBT 协定的承诺、透明规则、扩大的非歧视待遇、TRIMs-plus 承诺、原产地规则、出口税承诺、给予发展中国家和最不发达国家的普惠制（GSP）的承诺。① 新加入成员做出的 WTO-plus 承诺总体上展现出如下特征：

（一）WTO-plus 承诺呈现出增加成员义务的基本导向。第 12 条加入成员作出的 WTO-plus 承诺的一个显著特征，就是加强对新加入成员国内法律和政策措施的影响，并通过促使其进一步让渡主权以强化 WTO 规则在全球经济治理中可以发挥的作用。WTO-plus 承诺增加成员义务的基本导向可以体现在以下几个方面：

第一，促进转型经济体的改革。由于 WTO 体制主要适用于市场经济国家，WTO 现有规则中缺乏与非市场经济国家相适配的市场经济义务。② 转型经济体国家承担的市场经济承诺要求这些国家对其国内经济体制作出改革，以便与 WTO 体制相融合。从各国作出的加入承诺中可以看出，几乎所有转型经济体国家都承诺周期性地向 WTO 成员提供国内私有化进程的报告。还有一些新加入成员承诺允许货物及服务的价格由市场决定，不受政府控制。③ 市场经

---

① 俄罗斯和哈萨克斯坦做出了给予普惠制的承诺。参见 Report of the Working Party on the Accession of the Russian Federation to the World Trade Organization, WTO Document, WT/ACC/RUS/70, 17 November 2011, para.319；Report of the Working Party on the Accession of Kazakhstan, WTO Document, WT/ACC/KAZ/93, 23 June 2015, para.301。

② ITO 宪章草案中包含与存在国家垄断进口的国家相关的条款。宪章中甚至提供了技术性安排，使得非市场经济国家能够与 ITO 的基本原则相适应，确保他们平等地参与 ITO。ITO 失败后，GATT1947 中不再含有具体关于非市场经济体的特殊条款。GATT1947 第 17 条关于市场经济背景下的国家垄断，该条款为纳入中央计划经济体提供了唯一的基础。参见 Anna Lanoszka, "The World Trade Organization Accession Process. Negotiating Participation in a Globalizing Economy", *Journal of World Trade*, vol.35, no.4, 2001, p.579。

③ 保加利亚、吉尔吉斯斯坦、爱沙尼亚、阿尔巴尼亚和中国等新加入成员均做了此项承诺。参见 WPR on the Accession of Bulgaria, WTO Doc. WT/ACC/BGR/5, 20 September 1996, para. 16。参见 Report of the Working Party of the Accession of the Kyrgyz Republic, WTO Doc. WT/ACC/KGZ/26, 31 July 1998, para. 21。

济承诺对一国经济体制改革的影响是巨大的，因为它涉及到一国根本性的制度调整，通过将一国的改革义务嵌入到国际条约中，提高了该国改革立场回退的成本。

第二，增强国际法的域内效力。一些新加入成员对包括 WTO 规则在内的国际法规范在本国国内的法律地位作出了承诺，确认了当国际条约和国际协定与国内法的规定出现冲突时，适用国际条约或协定的要求。[①] 国际条约在国内的适用存在一元化与二元化体系的区分，大部分国家都没有规定国际条约的直接适用，而是需要转化才能在国内法律体系中赋予其法律地位。[②] 在此问题上，英国采用典型的二元化法律体系，需要议会通过立法将国际规则纳入国内法中；而美国处于一元化与二元化法律体系之间，其签订的部分条约属于"非自动执行条约"，需要国会立法批准。[③] 因此如果新加入成员承诺某国际条约在一国国内可以直接适用，且享有比后续国内立法更高的法律效力，这几乎将该国际条约提高到与该国宪法相同的法律地位。[④]

第三，加强对国际标准的推崇。WTO 现有规则在规制成员方隐形贸易保护主义的问题上，采取反歧视模式的治理方式，即不为成员制定劳工、环保或卫生、安全法规，而只是采用程序取向的检验，对隐形贸易保护主义进行审查。允许各国根据本国情况制定各自的标准，以给予一国政策目标与国家主权

---

① 例如吉尔吉斯斯坦和阿尔巴尼亚承诺，加入 WTO 后，海关估价协定的效力将高于国内法。（参见 WPR on the Accession of the Kyrgyz Republic, WTO Document, WT/ACC/KGZ/26, 31 July 1998, para.63；Report of the Working Party of the Accession of Albania, WT/ACC/ALB/51, 13 July 2000, para.74.）爱沙尼亚、约旦、亚美尼亚、瓦努阿图都确认了包括 WTO 法在内的国际条约和国际协定的效力高于国内法。（参见 WPR of Estonia, WT/ACC/EST/28, 9 April 1999, para.30；WPR of Jordan, WT/ACC/JOR/33, 3 December 1999, para.43, WPR of Armenia, WT/ACC/ARM/23, 26 November 2002, para.37；WPR of Vanuatu, WT/ACC/VUT/17, 11 May 2011, para.31.）

② John H. Jackson, "Status of Treaties in Domestic Legal Systems：A Policy Analysis," *American Journal of International Law*, vol.86, no.2, 1992, p.310.

③ 约翰·H. 杰克逊：《国家主权与 WTO 变化中的国际法基础》，赵龙跃等译，社会科学文献出版社 2009 年版，第 146 页。

④ 约翰·H. 杰克逊：《国家主权与 WTO 变化中的国际法基础》，赵龙跃等译，社会科学文献出版社 2009 年版，第 150 页。

以更大的尊重。① 在反歧视模式的指引下，《实施动植物卫生检疫措施的协议》
（《SPS 协议》）第 3.1 条仅要求成员使其卫生或植物卫生措施"基于"国际标准、
指导方针或建议。"基于"（based on）一词不同于"符合"（conform to），表明
成员方有权在作出风险评估的基础上维持与国际标准不一致的措施。② 同样，
《技术性贸易壁垒协议》（《TBT 协议》）第 2.4 条要求成员方将国际标准作为技
术规制的基础，同时规定了国际标准无法有效地实现成员的合法目标的例外情
况。③ 而一些新加入成员加入议定书中的 WTO-plus 承诺反映了对反歧视模式
的偏离。他们被迫放弃了部分自主规制权，承诺接受国际标准的约束，且同意
不采取比国际标准更为严格的认证标准。④ 由于国际标准通常是由发达国家在
WTO 体制外制定，此项 WTO-plus 承诺进一步削弱了新加入成员制定标准的
自主权。

　　第四，压缩新加入成员的贸易规制权空间。相比于 WTO 创始成员承担的
义务，新加入成员在加入议定书和工作组报告中的作出的 WTO-plus 承诺涉及
到主权的进一步让渡。其中一些新加入成员承担的 WTO-plus 义务对国内规制
的影响之深，使国家主权面临着前所未有的挑战。一个典型的例子就是取消产
品出口税的承诺。对于许多发展中成员来说，出口税的征收可以导致国内原
材料价格的降低，从而促进国内加工业的发展并提升在全球价值链中的地位。
WTO 现有规则虽然禁止成员采取出口数量限制措施，但是并没有禁止成员采

---

① 约翰·O.麦金尼斯、马克·L.莫维塞西恩:《世界贸易宪法》，张保生、满运龙译，中国人
　民大学出版社 2004 年版，第 96—97 页.
② 参见《SPS 协定》第 3.1 条。
③ 参见《TBT 协定》第 2.4 条。
④ 例如，吉尔吉斯斯坦和乌克兰承诺对于那些经国外或国际机构认证为安全的产品，不会要
　求额外的认证或卫生注册。(参见 WPR on the Accession of the Kyrgyz Republic，WTO Docu-
　ment，WT/ACC/KGZ/26，31 July 1998，para.103；Report of the Working Party on the Accession
　of Ukraine to the World Trade Organization，WT/ACC/UKB/152，25 January 2008，para. 91.) 约
　旦承诺不会适用比 OIE(International Epizootic Office) 等国际机构更为严格的 SPS 规则。(参
　见 WPR of Jordan，WT/ACC/JOR/33，3 December 1999，para.151.) 格鲁吉亚表示对于其实
　施强制认证的产品，凡达到国际、欧盟或 GOST 标准者均可接受。(参见 WPR of Georgia，
　WT/ACC/GEO/31，31 August 1999，para. 99.) 俄罗斯承诺在兽医药物的使用方面，适用 Co-
　dex Guidelines，进口许可证体系将遵循 OIE 规则。(参见 WPR of Russian Federation，WT/
　ACC/RUS/70，para.844，870.)

用出口税措施。因此出口税是 WTO 成员为促进国内产业发展而限制出口的唯一合法途径。① 然而一些新加入成员作出的取消出口税的 WTO-plus 承诺切断了这一限制出口的途径，影响了贸易规制权的合理行使，对新加入成员的国家主权构成了威胁。

第五，对后申请加入方形成先例作用。尽管新成员在承担 WTO-plus 义务的数量、范围和程度上都存在差别，但是先加入成员承担的 WTO-plus 义务对后加入成员产生的先例作用不容忽视。考虑到加入谈判为深化和更新现有的 WTO 规则创造了机会，一些 WTO 成员倾向于让后申请加入方承担新加入成员在先承担的 WTO-plus 义务，目的是通过增加遵守这些规则的成员的数量，逐渐孤立拒绝承担此类义务的成员。随着承担同一 WTO-plus 义务的 WTO 成员数量的增加，成员在特定领域采取贸易自由化立场的动力就会越来越强。因此，考虑到一些已有成员在加入 WTO 谈判中设置先例和标准的意愿，② 先加入 WTO 成员作出的加入承诺几乎必然会对后加入成员产生深刻影响。③

（二）WTO-plus 承诺的合法性与正当性危机。在新成员加入议定书和工作组报告中，WTO 没有作出任何对成员承担的具体承诺的解释。新成员承担 WTO-plus 和 WTO-minus 承诺的原理或目的宗旨并不明确。尽管如此，从 WTO 加入谈判以及司法实践的过程中推断，对于 WTO-plus 义务合法性与正当性的解释可能有以下几种思路。

第一，成员方同意。在"中国原材料案"中，专家组为 WTO-plus 义务的

---

① 秦娅：《论 WTO 出口税制度的改革：自然资源主权、经济发展与环境保护》，吕晓杰、李伶译，《清华法学》2013 年第 7 期。

② Hardeep Basra, "Increased Legalization or Politicalization? A Comparison of accession under the GATT and WTO," *Journal of World Trade*, vol.46, no.4, 2012, p.952.

③ 例如 2008 年乌克兰首次在其"入世"议定书中承诺确保能源的自由转运，随后黑山、俄罗斯和塔吉克斯坦也承担了同样的义务。（参见 WPR on the Accession of Ukraine, WTO Doc. WT/ACC/UKR/152, 25 January 2008, para.367. Report of Working Party on the Accession of Montenegro to the World Trade Organization, WTO Doc. WT/ACC/CGR/38, 5 December 2011, para.185）在中国作出进出口经营权承诺后，又有越南、黑山、俄罗斯、老挝和塔吉克斯坦等多个国家作出了类似承诺。（参见 See e.g. WPR on the accession of Russian Federation, WTO Doc. WT/ACC/RUS/70, 17 November 2011, para. 227. See e.g. WPR on the accession of Montenegro, WTO Doc. WT/ACC/CGR/38, para. 77.）

合理性提供了一种解释。专家组认为加入议定书和工作组报告是在 WTO 成员资格和新加入成员承担的权利义务之间形成了一个审慎的平衡，这种平衡反映在加入承诺的文本之中。新加入成员和 WTO 已有成员均同意并认可新成员为加入 WTO 体制支付"入门费"。① 然而，加入成员方的同意是否足以为歧视性的加入条件提供一个合理的解释基础尚需质疑，因为同意本身并没有为此提供任何理由和基本价值。当考虑到加入谈判过程中不公平的政治现实时，这一理由的不充足性便更加明显。

第二，非市场经济成员融入 WTO 体制。加入议定书中的市场经济义务能够保证新加入成员国内体制与 WTO 体制的兼容性，因为 WTO 现有规则不能很好地容纳非市场经济体。诚然，对部分不具备市场经济地位的国家而言，其国内经济体制没有充分与 WTO 机制的基础相兼容，这种不兼容性需要新加入成员承担具体的义务来解决。在此意义上，关于市场经济、国内治理的 WTO-plus 义务反映了 WTO 成员对体制兼容性的考虑，然而新加入成员承担的以外商投资、出口关税为代表的其他 WTO-plus 条款则无法以此作为正当性依据。②

第三，促进贸易自由化。与 WTO-minus 承诺不同，由于 WTO-plus 义务提高了 WTO 纪律的水平，促进贸易自由化程度的加深构成了 WTO-plus 义务的另一合理性基础，③ 这一合理性基础与诸边协定的合理性基础存在共性。然而新成员承担的 WTO-plus 义务与诸边协定的义务仍然存在显著的区别：首先，诸边协定中的义务是一群不特定的成员群体所承担的，而加入议定书和工作组报告中的 WTO-plus 义务单独地适用于特定的新加入成员一方。其次，诸边协定中的义务仅适用于接受这些义务的成员，且通常达到特定标准的任何成员都可以加入协定，因此并不对协定成员构成歧视，而作为加入条件的 WTO-plus 义务虽然也是新成员所接受的，但是考虑到他们在加入谈判中的弱势地位，他们在批准这些承诺的时候都多少具有被迫接受的抉择。因此贸易自由化促进效

① Panel Reports, China-Raw Materials, para. 7.112.

② Julia Ya Qin, "The Challenge of Interpreting 'WTO-plus' Provision," *Journal of World Trade*, vol.44, no.1, 2010, p.140.

③ Julia Ya Qin, "The Conundrum of WTO Accession Protocols：In Search of Legality and Legitimacy," *Virginia Journal of International Law*, vol.55, no.2, 2015, p.437.

果不足以作为 WTO-plus 义务合法性和正当性的基础，尤其是考虑到通过第 12 条加入 WTO 的成员都是发展中国家，他们应当在 WTO 规则下享受更多的政策空间，而不应受到更严格的义务的约束。①

另外，WTO-plus 承诺与《WTO 协定》第 10 条和 13 条的规定存在冲突。改变任何一个 WTO 成员所承担的义务必须要遵守《WTO 协定》所规定的条件，《WTO 协定》第 10 条规定了修正 WTO 权利义务的要求，② 在加入过程中变更新成员的权利义务将与 WTO 规则相违背，即使新成员权利义务的变更最终获得了协商一致的通过，仍然不能矫正变更与 WTO 修正规则的不一致性。③《WTO 协定》第 13 条互不适用条款的规定也进一步说明了 WTO-plus 义务的不合法性。④ 第 13 条清晰地表明不适用的对象是指整个《WTO 协定》和其他多边贸易协定，这说明除非已有成员援引第 13 条对新成员排除适用整个《WTO 协定》，否则新成员就应当享有与已有成员一样完整适用一整套 WTO 规则的权利。已有成员既无权利用其相对优势来挑选其不愿意对新成员适用的 WTO 规则，也无权要求将 WTO 某些规则修改后适用于新成员。从该意义上说，WTO-plus 义务与《WTO 协定》第 13 条的精神也是相违背的。⑤

总之，尽管新成员在加入 WTO 时接受了 WTO-plus 义务，但是这些义务无论在程序上还是实体上都存在着显著的合法性与正当性问题，且加入议定书和工作组报告在规定针对特定成员的 WTO-plus 义务时没有说明任何理由。尽管客观上 WTO-plus 义务对于促进贸易自由化的发展有着局部的促进作用，但是对于坚持世界贸易体制的未来在于规则导向而非权力导向的判断而言，维护 WTO 法律体制的统一性或许将会比单个成员的 WTO-plus 义务所产生的额外贸易收益更为重要。在未确定更有价值的合法性与

① Julia Ya Qin, "The Conundrum of WTO Accession Protocols：In Search of Legality and Legitimacy," p.438.

② 参见《WTO 协定》第 10 条。

③ Antonio Parenti, "Accession to the World Trade Organization：A Legal Analysis," *Legal Issues of Economic Integration,* vol.27, no.2, 2000, p.156.

④ 参见《WTO 协定》第 13 条。

⑤ 参见 Steve Charnovitz, "Mapping the Law of WTO Accession," George Washington Law Faculty Publications and Other Works, 2013, p.18.

正当性基础的情况下，WTO-plus 义务是否可通过加入谈判纳入到 WTO 体制内仍需受到质疑。

二、WTO-minus 承诺

WTO-minus 承诺是与 WTO-plus 承诺相对应的概念。WTO-minus 承诺削弱了现有的 WTO 纪律，允许其他成员违背标准的 WTO 规则，相对应地减少或剥夺了新加入成员作为 WTO 成员的权利。[1]WTO-minus 承诺修改违背了多边贸易体制的现有规则和原则，并且缺乏清晰的规则生成的合法性基础，直接造成了对多边贸易体制的严重侵蚀。[2]从该意义上讲，WTO-minus 承诺比 WTO-plus 义务面临着更为严峻的合法性与正当性危机。相比于 WTO-plus 承诺的复杂性，WTO-minus 承诺的表现形式更为明确，主要体现为以下几种类型：

第一，不适用 WTO 规则中的过渡期条款。新加入成员加入议定书的标准条款总则中一般都规定，WTO 多边贸易协定义务的履行如果有过渡期（从包含过渡期的协定对成员生效之日起算），则新加入成员应如同他在协定生效之日便已经接受了该协定一样，执行这些多边贸易协定中的义务。[3]从多边贸易协定生效之日起算新加入成员的过渡期，使得相当一部分过渡期条款对新成员无法适用。2002 年 WTO 总理事会批准了关于最不发达国家加入 WTO 的决定，该决定为未来的加入谈判设置了指导方案。该指导方案规定，《WTO 协定》中

---

① 有学者从承担义务的角度将新加入成员作出的加入承诺区分为新成员承担的 WTO-plus 义务、新成员承担的 WTO-minus 义务、已有成员承担的 WTO-plus 义务和已有成员承担的 WTO-minus 义务四类。虽然新成员与 WTO 达成的加入条件可以被分为四类，但是现实中存在的主要以新成员承担的 WTO-plus 义务和已有成员承担的 WTO-minus 义务两类为主，而已有成员在加入谈判过程中几乎没有承担过更严格的义务。(参见 Steve Charnovitz, "Mapping the Law of WTO Accession," George Washington University Law School Public Law Research Paper No.237. (2007-01-19) https：//ssrn.com/abstract=957651.)

② 参见 Julia Ya Qin, "WTO-plus Obligations and Their Implications for the World Trade Organization Legal System," *Journal of World Trade*, vol.37, no.3, 2003, p.490。

③ 参见 Protocol on the Accession of the Sultanate of Oman to the Marrakesh Agreement Establishing the World Trade Organization, WT/ACC/OMN/28, 3 November 2000, Part I Section 3。

的过渡期安排应当在加入谈判中视新成员的发展、财政和贸易需求对新加入成员适用。① 然而在 2002 总理事会决定通过后，尼泊尔和柬埔寨的加入议定书在过渡期问题上仍然用了标准条款。② 除了在加入议定书中纳入关于过渡期计算的标准条款外，许多新成员还作出了不享有多边贸易协定过渡期的 WTO-minus 承诺，例如承诺一加入 WTO 即遵守 TRIPS 协定，不诉诸过渡期安排。③ 新加入成员虽然都是发展中成员，却没能享有 WTO 规则赋予发展中成员履行义务的充分的政策空间，不适用过渡期条款的规定构成了对新加入成员的歧视性待遇。

第二，歧视性的贸易救济措施。贸易救济措施中的 WTO-minus 承诺首先体现在反倾销和反补贴措施领域。以中国、越南和塔吉克斯坦为代表的少数成员在确定正常价值以计算倾销幅度时，同意进口成员方采用歧视性的"替代国价格"的方法。④ 若想要避免 WTO 成员采用替代国价格，新加入成员必须承担举证责任证明其产品的制造、生产与销售具备市场经济条件，而是否达到了市场经济条件的标准完全是由进口方的主管机关来决定，这给予了 WTO 成员针对来自特定成员的商品以滥用反倾销措施的特权。进口方使用替代国价格最终计算出的倾销幅度通常大得惊人，这种歧视性做法使得我国成为了反倾销案件的主要受害方。⑤

和其他新加入成员相比，我国还承诺遵守更加具有歧视性的特殊保障措施规则。在触发因素上，《中国加入议定书》第 16 条规定了 12 年过渡期内对来自于中国的产品采取保障措施的原因为"市场扰乱"，放宽了 GATT1994

---

① 参见 Accession of Least Developed Countries：Decision of 10 December 2002, WT/L/508, WTO Doc. 20 January 2003, para. 1.II。

② 参见 Protocol on the Accession of the Kingdom of Nepal, WT/MIN（03）/19, WTO Doc. 11 September 2003, Part I Section 3. See also Protocol on the Accession of the Kingdom of Cambodia, WT/MIN（03）/18, WTO Doc. 11 September 2003, Part I Section 3。

③ 参见 WPR on the Accession of the Kyrgyz Republic, WT/ACC/KGZ/26, WTO Doc. 31 July 1998, para. 164。

④ 参见 Protocol on the Accession of the People's Republic of China. Article 15（a）. WPR on the Accession of Viet Nam, WT/ACC/VNM/48, WTO Doc. 27 October 2006, para.255；WPR of Tajikistan, WT/ACC/TJK/30, 6 November 2012, para.164。

⑤ 赵维田：《中国入世议定书条款解读》，湖南科学技术出版社 2005 年版，第 91—94 页。

第 19 条和《保障措施协定》规定的"严重损害"的要求。①《中国加入议定书》第 16 条第 18 款还将贸易转移确定为其他国家对中国启动特殊保障措施的理由。② 就保障措施的实施方面，进口方可以有选择性地针对中国出口的产品采取歧视性的撤销关税减让或限制进口的措施，极不公平地对中国出口产品进行歧视。在补偿和报复问题上，中国不是按照 GATT1994 第 19 条规定的在进口成员方采取保障措施时就具有等量报复的权利，而是要等到保障措施实施 2—3 年后才可实行。此外，《中国工作组报告》第 242 段还规定了针对中国纺织品和服装的特殊保障措施。如果一个 WTO 成员方认为原产于中国的纺织品或服装的进口存在市场扰乱或市场扰乱威胁，该成员方可以请求与中国进行磋商，中国自收到磋商请求起，必须将磋商范围内纺织品的数量控制在特定的水平。该条款的规定构成了实质上的自愿出口限制。③ 这些歧视性贸易救济措施根本上违背了贸易自由化的理念，严重损害了新加入成员的权益。

第三，WTO 已有成员对新加入成员做出的保留。在中国"入世"工作组报告附件 7 中，一些 WTO 成员在一些特定领域对中国做出了保留，在中国加入 WTO 后特定的期限内对来自中国的产品维持与 WTO 不符的数量限制和关税。例如，匈牙利、土耳其和斯洛伐克对来自中国的特定产品维持了数量限制，墨西哥在中国加入后 6 年内可以维持与 WTO 规则和中国"入世"议定书不符的反倾销措施，波兰同样可以继续维持其本国对中国产品的反倾销和保障措施。④ 须知，《WTO 协定》第 16.5 条明确禁止保留，对于诸边协定的保留也必须由特定的诸边协定做出规定。WTO 成员对中国做出的保留直接构成了对《WTO 协定》第 16.5 条的违反。

---

① 参见 Protocol on the Accession of the People's Republic of China, WT/L/432, 23 November 2001, Article 16.1。

② 参见 Protocol on the Accession of the People's Republic of China. Article 16.8。贸易转移是指甲国采取的临时保障措施致使中国产品转而出口到其他国家，导致其他国家该产品的进口数量快速增长。参见赵维田：《中国入世议定书条款解读》，湖南科学技术出版社 2005 年版，第 102—105 页。

③ 参见 WPR of China, WT/ACC/CHN/49, 1 October 2001, para.242。

④ 参见 Annex 7 of WPR of China, WT/ACC/CHN/49, 1 October 2001, pp. 167-172。

三、新加入成员承诺与多边贸易体制

WTO-plus 和 WTO-minus 承诺对于 WTO 体系和规则发展的影响应该客观而辩证地看待。一方面，不得不承认，WTO-plus 承诺在克服 WTO 规则僵化问题，应对新的贸易形态方面确实具有一定的积极作用；但另一方面，WTO-plus 和 WTO-minus 承诺对 WTO 规则的形成和适用造成了不容忽视的负面影响。特别是 WTO-minus 承诺，通过容许 WTO 已有成员对特定新加入成员采用歧视性贸易措施，破坏了多边贸易体制的公平公正，构成了对 WTO 法治的严重侵害。WTO-plus 和 WTO-minus 承诺对多边贸易体制的影响可以体现在以下方面：

（一）缓解了 WTO 规则僵化的弊端。《WTO 协定》为 WTO 规则的修正和解释规定了非常严格的条件，这些程序性要求使得关于 WTO 规则的修正决定和有权解释变得十分困难。根据《WTO 协定》第 10 条，大多数 WTO 条款的修正需要三分之二成员的同意，且修正后的条款仅适用于正式接受修正的成员。[1] 还有一些条款的修正需要所有 WTO 成员接受方可生效。[2] 在 WTO 规则的解释方面，《WTO 协定》第 9.2 条规定，部长级会议和总理事会拥有对 WTO 协定作出解释的专有权力，这一权力的行使须以监督该协议实施情况的理事会的建议为基础。[3] 到目前为止，WTO 尚未有任何权威解释被采纳。

WTO 的加入规则通过对新加入成员适用部分不同的权利义务，改变了WTO 规则在所有成员间统一适用的标准，从积极的层面来看，这可能为 WTO 寻求进一步贸易自由化、实现新规则制定打开了突破口。虽然加入议定书在法律上不具有修正 WTO 规则的效力，但在实践中可能会对现有 WTO 规则产生事实上的修改、解释与补充的效果。例如，WTO 关于进出口许可的实体规则主要是由 GATT 第 13 条规定。除了第 13 条第 1 款规定的非歧视原则，第 2 款要求成员方力争将产品贸易的配置尽可能接近于无限制时各缔约方预期可得

---

① 参见《WTO 协定》第 10.3 条。

② 参见《WTO 协定》第 10.2 条。

③ 参见《WTO 协定》第 9.2 条。

到的份额。该要求可操作性差，且包含了一些争议性的措辞。① 相比之下，中国工作组报告对于配额的分配的规定则更为详细、具体、更具可操作性。② 总之，WTO 的一系列结构性问题导致了 WTO 面临着"条约僵化"的困境，难以有效适应持续变化的环境。而新加入成员的 WTO-plus 义务可能为 WTO 规则的修正和解释困难提供了一种变通式的解决路径。

（二）回应了新形势的发展。随着国际经贸环境的深刻变化，各国经济相互依存，世界经济一体化的程度加深，以信息技术为中心的第四次科技革命对国际贸易产生了深刻的影响，但旧的 WTO 制度未能充分反映出这种变化。加入谈判中形成的加入承诺则为创新、整合现有规则以适应新的国际经济贸易环境提供了契机。例如《中国加入议定书》第 3 条非歧视义务将受惠对象拓展到外国个人、企业以及外商投资企业，在跨国公司蓬勃发展的今天，受惠对象的变化冲破了旧有的非歧视待遇的框架。③《中国加入议定书》第 3 条虽然篇幅不大，但在范围上已经超出了 GATT1994 第 3 条关于国民待遇的规定和第 1 条关于最惠国待遇的规定，因涉及到国家垄断经营、加工或生产方式（PPM）、服务贸易等内容而与 GATT 第 17 条、TBT 协定以及 GATS 都形成了交错。另外，中国加入议定书第 3 条将生产所需投料的采购纳入非歧视待遇的适用范围，改变了 1991 年"金枪鱼"案中专家组提出的加工或生产方式（PPM）不在 GATT 第 3 条第适用范围的立场。④ 因为造成环境污染或破坏的通常不是产品本身，而是产品的加工与生产过程，将 PPM 与产品本身相区分的观点与环境保护的立场存在冲突，《中国加入议定书》第 3 条（a）款则充分反映出一并规制产品本身与产品生产方式的趋势。⑤ 总之，随着新的贸易形势和贸易业态的出现，WTO-plus 义务可能会先行于现有 WTO 规则，尝试对于新的形势与需求给予回应。

（三）与非歧视原则相违背。WTO-minus 条款中减少已有成员义务的承诺明显与 WTO 规则相冲突，因为这些承诺将允许 WTO 成员针对特定的新

① 例如"有重要厉害关系的缔约方""前一代表性时期"。参见 GATT 第 13 条第 2 款（d）项。
② WPR of China, WT/ACC/CHN/49, 1 October 2001, para.130.
③ 赵维田：《中国入世议定书条款解读》，湖南科学技术出版社 2005 年版，第 25 页。
④ United States-Restrictions on Imports of Tuna. DS21/R.
⑤ 参见赵维田：《中国入世议定书条款解读》，湖南科学技术出版社 2005 年版，第 19—21 页。

加入成员偏离 WTO 规则采取措施。例如在计算倾销幅度时，针对少数新加入成员实施的替代国价格的方法给予 WTO 成员极大的滥用反倾销措施的空间，明显背离了 GATT1994 第 1.1 条最惠国待遇义务的要求。《中国加入议定书》第 16 条将"市场扰乱"作为保障措施触发因素，并允许 WTO 已有成员就只对来自中国的产品"有选择性"地采取保障措施，这些规定更加公然地对单一成员展开严重的贸易歧视。[1] 中国曾在"美国－轮胎特保案"（DS399）中提出，美国在《中国加入议定书》第 16 条下采取的保障措施与 GATT1994 第 1.1 条的最惠国待遇不符，[2] 这一诉求有效地质疑了中国承担的特保义务的合法性。然而该案中，专家组为避免司法积极主义，对该问题采取了回避的态度，导致 WTO-minus 承诺与 WTO 规则之间的冲突始终未获得确认。[3] 但 WTO-minus 承诺侵蚀多边贸易体制的负面影响是不言而喻的，该承诺剥夺了新加入成员应当享有的正当权利，减少了已有成员应当承担的规则义务，对新加入成员构成明显歧视，严重缺乏合法性和正当性，从根本上背离了 WTO 法治的精神。

（四）导致贸易保护主义的回归。自多边贸易体制成立以来，各成员方在合作抵制贸易保护主义问题上付出了艰辛的努力。20 世纪 70 年代初，由于资本主义各国出现经济衰退，带有贸易保护主义色彩的灰色区域措施肆虐。在这一背景下发展中国家与发达国家之间针对是否允许选择性适用保障措施展开了交锋，最终发展中国家取得了宝贵的胜利。乌拉圭回合达成的《保障措施协定》第 2.2 条确认了保障措施适用的非歧视特征，第 11 条明确禁止了灰色区域措施的适用。[4] 以《保障措施协定》为代表的 WTO 规则的建立在规制市场经济活动、处理国家间经贸关系、推动贸易自由化、甚至维护世界和平方面发挥了重

[1] 参见 Protocol on the Accession of the People's Republic of China, WT/L/432, 23 November 2001, Article 16。

[2] 参见 Request for the Establishment of a Panel by China, United States-Measures Affecting Imports of Certain Passenger Vehicle and Light Truck Tyres from China (US- Tyres), WT/DS399/2, WTO Doc. 11 December 2009, p.2。

[3] 专家组先是审查美国采取的保障措施是否与《中国加入议定书》第 16 段相符，由于未支持中国关于加入议定书第 16 条的诉求，专家组同样认为美国的措施未违反 GATT1994 第 1.1 条。参见 Panel Report, US- Tyres, WT/DS399/R, Dec. 13, 2010, para. 7.418。

[4] 参见《保障措施协定》第 2.2 条，第 11 条。

要作用。不幸的是，在新加入成员加入 WTO 的背景之下，带有歧视性的贸易保护主义措施卷土重来，特别是实质上含有灰色区域措施内容且显失公平的特保条款重新被纳入多边贸易体制。① 灰色区域措施等贸易保护主义政策的回归，不但颠覆了 WTO 的非歧视原则，还打压了新加入成员在贸易竞争中具有的比较优势，与经济全球化和贸易自由化的整体趋势严重背离。

（五）对 WTO 规则的统一适用提出了新的挑战。新加入成员承担的 WTO-plus 和 WTO-minus 承诺是《WTO 协定》第 12 条法治化进程缺口的产物。乌拉圭回合达成的一揽子协定极大地改变了 GATT 时期复杂而混乱的规则适用方式，保障了多边贸易协定适用的完整性和统一性，推动了 WTO 作为正式国际组织的建立，开创了 WTO 法治化建设的新发展。② 因为所有 WTO 成员间的关系都是由共同的规则而非双边或单边协定来调整，所有成员谈判并签署相同的法律规则，这种规则的统一适用保证了多边贸易体制的安全性和可预测性。③ 尽管多哈回合僵局使得一揽子的谈判方式招致了许多批评，④ 它对于国际法治的贡献是无可辩驳的，一揽子承诺顺应了多边贸易体制制度化和法律化发展的客观需要，具有强大的制度价值。⑤ 而新成员加入议定书和工作组报告改变了乌拉圭回合一揽子协定所确立的规则统一适用的方式，每当一个新成员加入 WTO，WTO 规则就会受到该成员承担的加入承诺的影响。⑥ 这种影响不但存在于新加入成员与创始成员之间，也存在于前加入成员与后加入成员之间，⑦ 不同新加入成员在作出加入承诺的范围和程度上也存在着广泛的差

---

① Marcia Don Harpaz, "China and the WTO：New Kid in the Developing Bloc?" Hebrew University International Law Research Paper, No.2-07：35（2007-02-13）. https：//papers.ssrn.com/sol3/papers.cfm? abstract_id=961768.

② 参见徐泉：《WTO"一揽子承诺"法律问题阐微》，《法律科学》2015 年第 1 期。

③ Mitali Tyagi, "Flesh on A Legal Fiction：Early Practice in the WTO on Accession Protocols," *Journal of International Economic Law*, vol.15, no.2, 2012, p.393.

④ Sonia E. Rolland, "Redesigning the Negotiating Process at the WTO," *Journal of International Economic Law*, vol.13, no.1, 2010, p.68.

⑤ 徐泉：《WTO"一揽子承诺"法律问题阐微》，《法律科学》2015 年第 1 期。

⑥ Mitali Tyagi, "Flesh on A Legal Fiction：Early Practice in the WTO on Accession Protocols," *Journal of International Economic Law*, vol.15, no.2, 2012, p.396.

⑦ 参见韩秀丽：《论入世议定书的法律效力——以〈中国入世议定书〉为中心》，《环球法律评论》2014 年第 2 期。

异。① 随着新加入的成员的增多，WTO 权利义务关系呈现出越来越复杂的特征，WTO 规则面临着碎片化的风险。

（六）在 WTO 规则体系内造成了法律适用困境。在 WTO 体制内适用 WTO-plus 和 WTO-minus 承诺的一个最大的困境，就是此类承诺与《WTO 协定》及其附件的关系不明。新加入成员的加入议定书仅构成《WTO 协定》的一部分还是构成所有 WTO 规则的一部分？ 加入议定书以及工作组报告与 WTO 多边贸易协定之间是否构成特别法与一般法的关系？ WTO-plus 和 WTO-minus 承诺能否构成对原有 WTO 规则的修改？ 所有这些法律问题的不确定性可能会导致专家组和上诉机构，在适用新加入成员加入议定书时出现法律适用困境。在 WTO 涉及到新加入成员加入议定书的争端解决实践中，已有多个案件引发了 GATT1994 例外是否可以适用于加入议定书中 WTO-plus 义务的难题。在"中国－出口原材料案"（DS394）和"中国——稀土案"（DS431）等案件中，WTO 专家组和上诉机构没有在整个 WTO 规则背景下对 WTO-plus 承诺进行系统性解释，而是采取了严格的文本主义的条约解释方法，回避了对加入议定书在 WTO 体系中的法律地位作出进一步的界定，并判定 WTO 例外对特定 WTO-plus 承诺的不可适用性，造成了明显不公平的裁决结果。② WTO-plus 和 WTO-minus 承诺的正当性基础不足诱发了加入承诺法律地位的不确定性，专家组和上诉机构对此问题采取的回避态度加重了 WTO-plus 和 WTO-minus 承诺可能对新加入成员乃至整个多边贸易体制产生的负面影响。

（七）为发展中成员造成了沉重的执行负担。对于发展中国家而言，加入 WTO 意味着国内改革的严峻考验和"入世"义务执行的沉重成本。③ 执行

---

① 例如，在出口税方面，成员方在承诺的范围和性质上各不相同。以俄罗斯、越南和乌克兰为代表的成员未取消出口税，但是在若干种产品上限定了出口税税率；蒙古和沙特阿拉伯分别取消了山羊绒和废钢铁的出口税，中国取消了除 84 种产品外所有产品的出口税，黑山共和国取消了所有产品的出口税。参见秦娅：《论 WTO 出口税制度的改革：自然资源主权、经济发展与环境保护》吕晓杰、李伶译，《清华法学》2013 年第 7 期。

② 参见 Panel Reports, China-Measures Related to the Exportation of Various Raw Materials（China-Raw Materials），WT/DS394/R, adopted 5 July 2011, paras. 7.150. Appellate Body Report, China-Measures Related to the Exportation of Rare Earths, Tungsten, and Molybdenum（China- Rare Earths），WT/DS431/AB/R. WTO Doc. adopted 7 August 2014, paras. 5.50-5.51。

③ 徐泉：《WTO"新成员"法律地位论析》，《法学评论》2009 年第 2 期。

成本既包括国家政策工具与 WTO 规则相协调的成本，机构改革的成本，也包括资源重新配置和劳动力再培训的成本，而一些发展中国家贫穷的财政状况、过小的生产规模使它们面临着更大的执行困境。许多转型经济体在经济转型期间都经历了通货膨胀、出口量大幅下降、失业率飙升等高度扰乱性的经济后果。① 还有一些存在特殊困境的小型岛屿国家（SIDS），② 它们面临着自然资源匮乏，生产提供的货物和服务范围狭窄，对自然灾害和环境变化的承受力弱，海平面上升，政府收入渠道有限等多重问题。③ 然而通过第 12 条进入 WTO 的成员并没有在加入条件上获得特殊与差别待遇，反而被迫做出 WTO-plus 和 WTO-minus 承诺，甚至出现以瓦努阿图为代表的国家被迫暂停加入过程的情形。④WTO 秘书处、发达国家和其他国际组织没有充分提供发展中国家所需要的技术援助，一些发达国家还试图通过建设技术援助项目来追求自身利益。⑤ 新加入成员作出的 WTO-plus 和 WTO-minus 承诺使其承担了比创始成员更严格的 WTO 义务，减损了本应享有的权利，导致了 WTO 规则适用的不公正局面。⑥

（八）剥夺了新加入成员的部分发展中国家待遇。发展中国家待遇的基础

---

① Zdenek Drabek and Marc Bacchetta, "Tracing the Effects of WTO Accession on Policy-making in Sovereign States : Preliminary Lessons from the Recent experience of Transition Countries," *World Economy*, vol.27, no.7, 2004, p.1114.

② 包括汤加、瓦努阿图和萨摩亚等国。

③ Andrew D. Mitchell, Joanne E. Wallis, "Pacific Pause : The Rhetoric of Special & Differential Treatment, the Reality of WTO Accession," *Wisconsin International Law Journal*, vol. 27, no.4, 2010, p.674.

④ Helen Hawthorne, "Acceding to the Norm : The Accession of LDCs to the WTO," *The Hague Journal of Diplomacy*, vol.4, no.1, 2009, pp.28-29.

⑤ 例如美国国际开发署（USAID）及其顾问经常游说被资助方政府进行资助方想要的立法改革，并将此视作中立性的法律援助。相反，通过提供建议和训练帮助加入方政府抵制 WTO-plus 承诺的项目根本得不到资助方的支持。参见 Lisa Toohey, "Accession as Dialogue : Epistemic Communities and the World Trade Organization," *Leiden Journal of International Law*, vol.27, no.2, 2014, p.412.

⑥ Derk Beinen, Mamo Esmelealem Mihretu, "The Principle of Fairness and WTO Accession-An Appraisal and Assessment of Consequences," Society of International Economic Law, Second Biennial Global Conference, University of Barcelona. (2010-06-30) . http ://dx.doi.org/10.2139/ssrn.1633043.

应在于不同成员方经济实力上的差异，经济发展的不平衡影响了发展中国家从事生产和贸易的能力，因此只要多边贸易体制由不同发展水平的成员组成，给予发展中国家特殊与差别待遇就具有必要性。只有坚持了发展中国家待遇，发展中国家才能在多边贸易体制取得真正的平等，从而更好地参与国际贸易与交往合作。[1]WTO 成立后，所有的成员不管处于何种程度的发展水平都必须承担同样的义务，包括知识产权和服务贸易等发展中国家不具有比较优势的领域。因而发展中国家待遇在此时变得更加重要，它能降低发展中国家融入多边贸易体制的成本，帮助发展中成员更好地执行 WTO 下的义务。[2] 发展中国家待遇的给予应当以发展中国家的发展水平为基准，不应在创始成员和新加入成员之间作出区分。新加入成员被迫放弃享受特殊与差别待遇的权利，反而比原始成员承担了更严格的 WTO-plus 义务，这将导致发展中国家加入 WTO 后规则适用上的不公正局面。[3]

第三节　新加入成员权利义务失衡的制度根源

《WTO 协定》第 12 条是 WTO 主要发达成员迫使新加入成员承担不公正待遇的制度性安排，体现着明显的制度非中性。具体而言，该条款仅要求申请方按照它与世贸组织议定的"条件"加入《WTO 协定》，却没有对如何达成条件，达成何种条件，谁来主导条件的达成以及达成的条件如何适用的问题作出任何规制。《WTO 协定》第 12 条纵容了 WTO 加入过程与结果的不公平性，是加入程序中权力导向盛行的主要制度根源与必然逻辑归宿。

---

① Pallavi Kishore, "Special and Differential Treatment in the Multilateral Trading System," *Chinese Journal of International Law*, vol. 13, no.2, 2014, p.372.

② Id. p.373.

③ Derk Beinen, "The Principle of Fairness and WTO Accession-An Appraisal and Assessment of Consequences," pp.13-14.

一、缺乏对加入谈判的规制

加入 WTO 谈判是 WTO 中较为特殊的谈判类型，应当由特殊的 WTO 加入谈判机制来维系。但目前 WTO 整体缺乏谈判机制，第 12 条的简短表述无法负担 WTO 加入谈判机制之重任。第 12 条对加入 WTO 谈判规制的缺失可以体现在以下几个方面：

（一）缺乏对加入 WTO 工作组成员组成的规制。WTO 加入工作组在加入程序中扮演了重要的角色，因为它在很大程度上决定了新加入成员加入 WTO 的成本。然而工作组的建立没有在 WTO 体制下被制度化，这一过程几乎是自动完成的。有少数 WTO 成员会参与到几乎每一个加入工作组，这些成员包括美国、欧盟、日本、澳大利亚和瑞士。它们在加入程序中具有连贯而系统的利益，参与每一个工作组使它们能确保其经济利益得到保护。而很多发展中成员并没有广泛参与加入工作组的人力和财政资源，它们只会在对自身利益造成直接影响的时候才选择参与。由于加入 WTO 工作组成员组成缺乏规制和调整，新加入成员作出的加入承诺更多体现的是 WTO 内主要发达成员的利益诉求。

（二）缺乏对互不适用条款的适用限制。在加入 WTO 谈判过程中，WTO 已有成员经常以互不适用条款作为威胁，要求新加入成员做出更严格的承诺。《WTO 协定》第 13 条的互不适用条款比 GATT 时期的适用条件更加宽松，[①] 已有成员可以与申请加入方进行双边谈判，随后援引互不适用条款拒绝在双方之间适用多边贸易协定，增加了主要贸易强国在 WTO 加入谈判中的施加威胁的谈判筹码。[②]《WTO 协定》第 13 条第 1 款被土耳其援引对亚美尼亚适用，被萨尔瓦多援引对中国适用，它还被美国威胁对蒙古、吉尔吉斯斯坦、越南和俄

---

① GATT 时期成员方只能在未进行双边谈判的情况下而援引 GATT1947 第 35 条的互不适用条款，且这一做法通常都是出于政治原因。这限制了 GATT 成员利用互不适用条款作为谈判工具。然而此实践在 WTO 时期发生了变化。即使 WTO 成员与申请加入方进行了双边谈判，任意一方仍享有援引互不适用条款的权利。

② Murray G. Smith, "Accession to the WTO：Key Strategic Issues," in Jeffrey J. Schott ed., The World Trading System: Challenges Ahead. Washington, D.C.：The Peterson Institute for International Economics, 1996, p.172.

罗斯等多个新加入成员适用。[①] 由于缺乏对互不适用条款的适用条件的限制，该条款成为了主要发达成员对新加入成员，特别是转型经济体施压的"大棒"。一些新加入成员在该条款的威胁下被迫承担 WTO-plus 与 WTO-minus 义务，甚至还承担了 WTO 以外与贸易无关的承诺。[②]

（三）缺乏对谈判期限和谈判方式的限制。《WTO 协定》第 12 条对于加入谈判的期限未作出任何规定。据统计，36 个新成员加入 WTO 所花费的时间彼此间有很大的区别，且整体上加入 WTO 的耗时也呈现出上升的趋势。以中国、越南、俄罗斯和哈萨克斯坦为代表的转型经济体的加入时间明显高于平均值，作为最不发达成员的尼泊尔、瓦努阿图、老挝和也门都经历了较长的加入时间。此外，《WTO 协定》第 12 条也缺乏对加入谈判方式的规制。唯一指导加入谈判的文件是秘书处就加入谈判制订的指导方针，但该方针只是根据 GATT/WTO 的加入实践整理而成的加入程序，除了提出申请方应与感兴趣的工作组成员进行双边贸易减让谈判之外，对于谈判应当遵循什么样的规则和方式没有任何规定。WTO 加入谈判无法遵循传统的互惠模式。在适用互惠原则的谈判中，市场规模越大的经济体享有更大的谈判筹码，能够以此要求谈判对方作出更多减让。而在加入谈判中，WTO 已有成员不需要承担任何新的义务，而市场规模越大、越能提供出口利益的申请加入方越可能会被

---

① 参见 Accession of the Republic of Armenia：Invocation by the Republic of Turkey of Article XIII of the Marrakesh Agreement, WTO Document, WT/L/501, 3 December 2002. Accession of China：Invocation by El Salvador of Article XIII of the Marrakesh Agreement, WTO Document, WT/L/429, 7 November 2001.Accession of Mongolia, Invocation by the United States of America of Article XII of the WTO Agreement, WTO Document, WT/L/159, 17 July 1996. Invocation by the United States of Article XIII of the Marrakesh Agreement Establishing the World Trade Organization with Respect to Viet Nam, WTO Document, WT/L/661, 7 November 2006. Invocation by the United States of Article XIII of the Marrakesh Agreement Establishing the World Trade Organization with Respect to Moldova, WTO Document, WT/L/395, 4 May 2001. Invocation by the United States of Article XIII of the Marrakesh Agreement Establishing the World Trade Organization with Respect to the Russian Federation, WTO Document, WT/L/838, 16 December 2011。

② 例如美国给予吉尔吉斯斯坦的最惠国待遇取决于吉尔吉斯斯坦对于《杰克逊·瓦尼克修正案》中有关移民自由的遵守。参见 Zdenek Drabek and Marc Bacchetta, "Tracing the Effects of WTO Accession on Policy-making in Sovereign States：Preliminary Lessons from the Recent experience of Transition Countries," *World Economy*, 2004, vol.27, no.7, p.1094。

迫作出更多的承诺。①

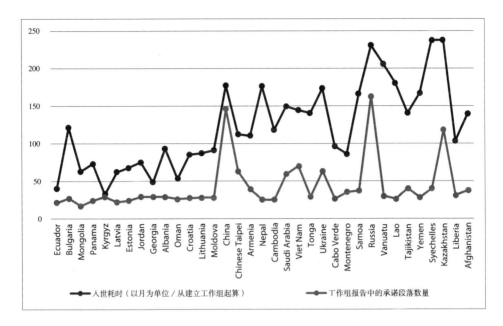

图示 4：WTO 新加入成员谈判用时统计②

二、缺乏对加入条件的规制

加入谈判过程中的权力滥用自然会导致谈判结果公平公正性的缺失，而《WTO 协定》第 12 条对于作为谈判结果的加入承诺也没有作出任何规制。对谈判过程和加入条件监管的双重失范是导致 WTO-plus 和 WTO-minus 承诺负面效应的重要制度性原因。

（一）第 12 条缺乏对加入条件数量和水平的限制。缺乏对加入条件数量和水平的限制将导致 WTO 已有成员在与申请加入方谈判加入条件时难以保持克制，加大了谈判的难度与复杂性，为新加入成员带来了沉重的执行成本和负担。此外，缺乏对加入条件数量和水平的限制还会导致不同新加入成员之间承

---

① 参见 Krzysztof J. Pelc，"Why Do Some Countries Get Better WTO Accession Terms Than Others，" *International Organization*，vol.65，no.4，2011，p.641。

② 数据来源：WTO 官网。

担义务的不平衡。虽然新加入成员之间经济发展差异决定了新加入成员间的承诺水平不可能完全一致，但 WTO 加入谈判在加入条件的承担方面显示出相当程度的随意性。一国的谈判能力、市场份额、地缘政治等多重因素均会对新加入成员做出承诺的数量和水平产生影响。新加入成员在作出加入承诺问题上无正当理由的差异性可能会造成对特定新加入成员的歧视。①

（二）第 12 条缺乏对于加入条件范围的限制。第 12 条本身对于加入成员与 WTO 之间达成的加入条件没有设置任何限制。已有成员可以与申请加入方自由谈判任何加入条件，甚至默许针对新加入成员改变现有的 WTO 规则。这一制度缺陷相比于 GATT 时期甚至出现了倒退。在 1994 年 WTO 生效之前，GATT 理事会曾经提出过一个原则，要求达成的加入条件应当限定于与 GATT1947 有关的权利义务，包括市场准入，然而这一原则却没有延续到 WTO 的实践当中。② 在 WTO 加入谈判中，新加入成员普遍承担了 WTO-plus 或 WTO-minus 承诺，但无论是 WTO 现行规则还是新加入成员的加入议定书和工作组报告都未对新加入成员做出此类承诺的理由和差异性作出任何解释，这一或许有意为之的规则漏洞成为了 WTO-plus 与 WTO-minus 条款产生的制度性根源，也使得新加入成员实际上具有了 WTO 二等公民的地位。

第四节　新加入成员权利义务失衡的应对策略

中国提出推动经济全球化朝着更加开放、包容、普惠、平衡、共赢的方向发展，③ 并倡导坚定维护以规则为基础的多边贸易体制。④ 体现在第 12 条法律

---

① 尽管大多数新成员在工作组报告中作出承诺的段落数比较接近，中国、越南、乌克兰、俄罗斯和哈萨克斯坦等成员方作出的承诺明显高于平均值。

② 参见 Steve Charnovitz, "Mapping the Law of WTO Accession," George Washington University Law School Public Law Research Paper No.237. (2007-01-19) https：//ssrn.com/abstract=957651。

③ 参见习近平：《决胜全面建成小康社会，夺取新时代中国特色社会主义伟大胜利》，人民出版社 2017 年版，第 22 页。

④ 参见《把握时代机遇，共谋亚太繁荣——习近平在亚太经合组织第二十六次领导人非正式会议上的发言》，《人民日报》2018 年 11 月 19 日。

问题的应对方面，WTO 应当以共同发展的理念促进第 12 条加入规则的构建完善，抑制加入谈判过程中权力的滥用。新加入成员与 WTO 已有成员达成的加入条件不应阻碍 WTO 根本目标的实现，不能导致公平正义的缺失，应当努力促进程序和结果的公开透明，确保 WTO 已有成员在加入谈判中的权力能得到适当的制衡，争取让新加入成员能够享有与自身经济发展水平相对应的特殊与差别待遇。考虑到上述因素，解决《WTO 协定》第 12 条的法律问题可以从以下几个方面入手：

一、完善 WTO 加入规则的规制

新加入成员加入 WTO 过程中产生的权力滥用问题的制度性原因，可以归结到《WTO 协定》第 12 条的规定。应对第 12 条法律问题最直接的方法，就是通过完善第 12 条来增强对于加入过程的制度性约束。有学者建议借鉴国际货币基金组织（IMF）规制加入过程的经验，[1] 在《WTO 协定》第 12 条中加入一条原则性规定，即"新加入成员与 WTO 达成的条件所基于的原则应当与适用于 WTO 创始成员的原则相一致"。[2] 有了这项要求，虽然新加入成员可以作出 WTO-plus 和 WTO-minus 承诺，但是这些承诺不能违背适用于 WTO 已有成员的原则。除了这项原则性的规定以外，WTO 还应当预先确立新加入成员作出 WTO-plus 和 WTO-minus 承诺的标准，明确阐述在何种情况下，新加入成员可以作出何种 WTO-plus 以及 WTO-minus 承诺，避免使加入谈判完全受制于权力的影响。所有新加入成员作出的 WTO-plus 和 WTO-minus 承诺都应当附着正当性理由的说明，防止加入承诺侵蚀多边贸易体制的根基，同时避免新加入成员之间义务承担的过分差异化。考虑到 WTO 规则修正的困难程度，WTO 成员可以通过部长级会议或理事会作出决定来作为完善《WTO 协定》第 12 条的变通方案，WTO 秘书处也可以制定相应的指导方案来促成 WTO 加入谈判的新实践。

---

① Articles of Agreement of the International Monetary Fund, adopted July 22, 1994. Article 11, Section 2.

② Julia Ya Qin, "The Conundrum of WTO Accession Protocols：In Search of Legality and Legitimacy," *Virginia Journal of International Law*, vol.55, no.2, 2015, p.442.

二、严控贸易自由化进程的倒退

鉴于个别加入承诺向贸易保护主义的回归，申请加入方与 WTO 成员达成的加入条件应当被审核与筛选。WTO 创建的最初目的是促进贸易自由化，共同应对贸易保护主义。因此类似于我国承担的特殊保障措施承诺等与贸易自由化理念和非歧视原则相违背的 WTO-minus 承诺在缺乏正当理由的情况下，不应在部长级会议上获得通过。WTO-minus 承诺往往都是新加入成员迫于压力作出的不公平的承诺，且绕过了条约修正和豁免程序允许 WTO 已有成员偏离 WTO 义务，与 WTO 现有的原则和宗旨相违背，因而比 WTO-plus 承诺更容易对整个 WTO 规则体系造成破坏。考虑到对新加入成员加入承诺进行立法审查式的筛选可能存在很大的难度和障碍，在接下来的 WTO 改革中可进一步探索依据争端解决机制对 WTO-minus 承诺进行司法审查的可行性。

三、促进加入过程和结果的透明

虽然新加入成员的"入世"议定书和工作组报告是公开透明的，但是申请加入方与 WTO 已有成员之间的双边谈判透明度不足。WTO 应在透明度与谈判的保密性之间保持平衡，保证申请加入方与 WTO 已有成员谈判的主要争议点及关键性谈判成果的公开化，增加 WTO 已有成员过度使用权力的声誉成本，同时促进申请加入 WTO 的国家和地区为加入谈判做好充分的准备。另外，目前 36 个新加入成员的加入承诺散见于他们各自的加入议定书和工作组报告中，究竟哪些成员承担了何种 WTO-plus 和 WTO-minus 承诺无法一目了然。对此，WTO 秘书处应该做好新加入成员加入承诺的分类和编纂工作，保证加入谈判结果的公开和透明。[①]

四、规范工作组主席的功用发挥

在加入 WTO 谈判过程中，加入工作组主席发挥着重要作用。因为加入

---

① Julia Ya Qin，"The Conundrum of WTO Accession Protocols：In Search of Legality and Legitimacy，"*Virginia Journal of International Law*，vol.55，no.2，2015，p.444.

WTO 谈判的性质决定了谈判必须通过斡旋来促成，而不会以一种自然的方式结束，工作组主席的专业性和中立性是加入谈判成功的关键。在今后的加入谈判中，应促使 WTO 加入谈判小组主席能够以中立的身份应对国家间权力的不对等，并在复杂的谈判中协助成员方寻求共同利益，协调文化差异和价值冲突。① 工作组主席作为中立的谈判负责人，应当致力于维护加入谈判过程和结果的公平公正，更好地发挥利益平衡的作用，对 WTO 已有成员方滥用权力的现象进行适当的制衡。

五、确保发展中国家享有特殊与差别待遇

在 WTO 现有规则中没有关于给予发展中国家在加入 WTO 过程中享有特殊与差别待遇的规定，导致发展中国家，特别是最不发达国家作出了与自身能力不相符的承诺。为减少最不发达国家加入 WTO 的阻力，2002 年总理事会通过了关于最不发达国家加入 WTO 的决议，该决议认可了最不发达国家在加入过程中面临的挑战，敦促 WTO 成员在向最不发达国家寻求贸易减让的过程中保持克制。②2012 年，总理事会商定了一套新的指导方针。该方针给予最不发达国家更大的谈判余地，增强了技术援助，目的在于促进和加快最不发达国家加入 WTO 的谈判。③ 在处理剩余 21 个国家的加入工作时，WTO 可以进一步推动完善类似的软法建设，限制发展中国家，特别是最不发达国家承担严格的 WTO-plus 和 WTO-minus 承诺，给予新加入成员执行 WTO 规则的适当的过渡期，以免为发展中成员造成过重的执行成本和负担。④

严格来讲，新加入成员承担比已有成员更严格的义务并不是从 WTO 成立

---

① Robert Kanitz, *Managing Multilateral Trade Negotiations: The Role of the WTO Chairman*, London：CMP Publishing Ltd. 2011, p.1.

② 参见 WTO Accession of Least-Developed Countries, Decision of 10 December 2002, WTO Doc. WT/L/508。

③ 尤里·达杜什、奇都·奥萨奎：《加入世界贸易组织和多边主义：世界贸易组织成立 20 年以来的案例研究和经验总结》，屠新泉等译，对外经济贸易大学出版社 2016 年版，第 245—246 页。

④ 参见 Wayne Sandholtz, "Dynamics of Norm Change：Rules against Wartime Plunder," *European Journal of International Relations*, vol.14, no.1, 2008, pp.101-131。

后才开始的，而是在 GATT 末期已有征兆。GATT 末期许多新加入成员的工作组报告中都作出了遵守部分《东京回合守则》承诺。例如，捷克共和国在加入议定书第一部分总则的第三条承诺，一经加入 GATT 即寻求加入《纺织品和服装协定》《TBT 协定》《海关估价协定》《进口许可证程序协定》和《反倾销协定》。[①]墨西哥在其工作组报告中同意加入《许可证程序协定》《反倾销协定》等东京回合谈判成果。[②]GATT 末期许多申请方承诺遵守《东京回合守则》的一个原因是 GATT 的加入谈判，大都和多边的贸易回合谈判同步进行，而当时的乌拉圭回合谈判试图将碎片化的《东京回合守则》以一揽子的形式纳入一个整体。GATT 末期申请方承诺承担东京回合守则义务的实践，在 WTO 时期演变为新加入成员承诺加入诸边协定，这一现象说明 WTO 主要发达成员想要以谈判加入为契机，扩大诸边协定在 WTO 成员间的适用范围。因此，鉴于一些 WTO-plus 承诺在促进贸易投资自由化的先行作用，WTO-plus 义务—诸边协定—多边协定的演化路径是一种可供考虑的解决思路。这一路径不仅能保留 WTO-plus 义务促进贸易自由化的优势、应对新的贸易形势和贸易业态，还能逐步化解 WTO-plus 义务的合法性问题，维护 WTO 规则适用的普遍性与完整性。

第五节　结　语

《WTO 协定》第 12 条对加入程序中 WTO 成员权力滥用的失范，是直接造成 WTO 治理结构失衡的重要原因之一，反映了新成员加入 WTO 过程中非对称性的成员驱动和权力阴影下的规则导向。WTO 加入程序这一特殊的内部治理阶段所呈现出新加入成员与 WTO 已有成员间、以及新加入成员相互之间的四重失衡，包括加入程序失衡、谈判力量失衡、权利义务失衡，以及由此造成的 WTO 内部治理结构的失衡。由于谈判地位的不对等，WTO 已有成员在

---

① 参见 Protocol for the Accession of the Czech Republic to the General Agreement on Tariffs and Trade, GATT Document, Instrument_No_202, 19 February 1993。

② 参见 Report of the Working Party on the Accession of Mexico, para.68, GATT Document, L/6010, 4 July 1986。

加入谈判中能够运用不同策略向申请加入方施压，导致新加入成员不得不付出高昂的加入成本，承担比现有WTO成员义务更严格的WTO-plus承诺，并在具歧视性的WTO-minus承诺中放弃应有权利。加入过程中的不公平现象，可以归结到《WTO协定》第12条的制度性安排，第12条内容模糊简化，对加入谈判和条件的规制不足，没有关于加入谈判的具体规则，没有对新加入成员与WTO已有成员达成的加入条件的任何限制，也没有对发展中国家在加入过程中的权益给予任何保障。为WTO成员权力的滥用留下了极大的空间，使整个加入过程处于权力导向的影响之下，成为WTO向规则导向演变过程中的重要制度性缺失。

对WTO加入谈判、加入承诺以及《WTO协定》第12条的相关研究可能产生三个方面的重要意义。首先，揭示多边贸易体制在新成员加入过程中的权力导向性。研究加入谈判更能从源头上彰显创始成员与新加入成员的之间成员驱动的非对称性，以及在塑造WTO规则能力方面的差异。WTO双重二元结构为解读WTO-plus及WTO-minus承诺、解构新成员加入WTO阶段的结构性失衡提供了理论分析范式。GATT原始缔约方与后加入成员相比享受着明显的"先发优势"。一国越早加入多边贸易谈判，它就越具有塑造谈判进程的影响力，且不用接受繁重的成员资格条件。谈判过程的权力滥用导致谈判结果存在显著不均衡，且这种不均衡性会固化并累积在WTO体制中。因此构建以发展为导向的治理共同体将为加入议定书和工作组报告的谈判、缔结和解释提供重要的理论规范框架和价值理念指引。其次，完善《WTO协定》第12条以矫正WTO加入过程中的结构性失衡，对于尚未加入WTO的发展中国家将产生重要意义。考虑到仍有21个国家处于申请加入WTO的过程中，WTO成员应当致力于促进第12条加入规则的完善，使新加入成员的利益获得基本保障，抑制加入程序中不均衡的成员驱动和权力滥用，促进多边贸易体制朝着更加公平公正的趋势发展。最后，已相对固化在WTO体制中失衡的加入承诺，可能会对多边贸易体制和全体新加入成员产生持续性深远影响。这些承诺对WTO规则的统一适用提出了新的挑战，造成了WTO新加入成员在义务承担方面的歧视性待遇，引发了加入承诺的法律适用困境，为发展中成员带来沉重的执行负担，损害了多边贸易体制的公平与公正。然而新加入成员与已有成员之间，以及加入成员相互之间义务承担不均衡的问题在WTO中难以消除。与新成员的加入议定书有关的争端已经在 WTO 争端解决机制被提起，WTO 专家组和上诉机构也已确立了对加入议定书的管辖权。在此情况下，新加入成员很难拒不执行自己作出的承诺。面对上述困境，如何抑制权力滥用所造成的持续性后果，缓解、矫正加入程序规制不充分所导致的结构性失衡尚待学界作出进一步研究，深入探索出可行的应对思路。

第五章　加入议定书法律适用问题

新成员加入 WTO 议定书和工作组报告在法律适用过程中，存在管辖权基础不明确和法律解释公正性欠缺这一程序和实体的双重困境。考虑到新加入成员做出的加入承诺已经相对固化在 WTO 体制中，加入议定书和工作组报告的法律适用将成为维护新加入成员合法权益的最后一道规则屏障。而此环节中对新加入成员合法权益的忽视将会巩固非对称性的成员驱动以及失衡的 WTO 内部治理格局。作为主要约束新加入成员的法律文件，新成员加入议定书和工作组报告在 WTO 体制内具有十分特殊的法律地位，为专家组和上诉机构在争端解决程序中合法地行使管辖权并解释这些法律文件带来了困难与挑战。

确定加入议定书在 WTO 规则中的法律地位，构成了解决管辖权和法律解释问题的前提条件，而现有学说对加入议定书法律地位的界定均存在瑕疵。加入议定书和工作组报告法律属性与地位的模糊性，不仅仅影响了争端解决机构行使管辖权的基础，更影响了专家组和上诉机构就议定书和工作组报告争端做出公平公正的裁决。在"中国——原材料案""中国——稀土案"等案件中，专家组和上诉机构排除了未建立明确联系的情况下，WTO 例外对加入议定书和工作组报告的适用，因而在事实上剥夺了新加入成员享受 WTO 规则赋予或承认的权利。专家组和上诉机构的法律解释，只关注特定条款的文本和有限的上下文，既没有讨论相关条款的目的宗旨，也没有将所有 WTO 规则视为一个整体来看待。这种过于死板和严格的解释方法，忽视了加入议定书与 WTO 规则之间的冲突问题，事实上赋予加入议定书修改 WTO 已有规则的功能，以及优先适用的法律地位。这一解释方法既没有矫正新加入成员权利义务失衡，也没有抵消加入谈判过程中非对称的成员驱动力量，相反还打破了 WTO 义务与

WTO 成员方国内政策规制权限的平衡，进一步加剧了 WTO 加入谈判过程中形成的新加入成员与已有成员间的结构性失衡危机。

本章的创新点在于揭示加入议定书与 WTO 规则之间的法律冲突，并对加入议定书的法律地位进行重新界定，以矫正 WTO 加入程序中产生的新加入成员权利义务失衡的现状。新成员加入议定书虽然具有法律约束力，但是考虑到加入议定书的法律效力与 WTO 部长级会议或总理事会决定的相似之处，可以将其与部长级会议决定相类比，从而被定性为效力等级低于《WTO 协定》及其附件的法律文件，且不能与《WTO 协定》及其附件中的权利义务相冲突。在这种法律地位的界定方式之下，减少了现有 WTO 成员义务的 WTO-minus 承诺并不必然无效，而是可以用豁免的规则来得以解释。而 WTO-minus 承诺与豁免条件不相符之处恰恰是 WTO-minus 承诺备受批评之处，也是合法性欠缺之所在。这一定位不但能使加入议定书和工作组报告的法律地位得以明确，还能约束 WTO 成员与新加入成员谈判明显违背 WTO 原则的加入条件，推动建立以发展为导向的价值理念，并为以我国为代表的新加入成员就违反加入议定书义务援引 WTO 例外提供新的解决思路。

迄今为止，提交到 WTO 争端解决机构的案件共 600 件，与新成员加入议定书有关的案件共 36 件，占全部案件总数的 6%。在所有基于加入议定书提起的争端中，我国作为争端方的案件共 31 件，占我国在 WTO 涉案总数的 46.97%。[①] 这些数据表明，加入议定书在 WTO 争端解决机制的解释和适用，对于我国在 WTO 的权利义务已产生了重大的影响。加入议定书在 WTO 争端解决机制的适用主要包含两方面的法律问题：一方面，DSB 对加入议定书的管辖权问题；另一方面，专家组和上诉机构对加入议定书的解释问题。这两项问题的解决都涉及到加入议定书在 WTO 体制中的法律地位。因此，只有明确了加入议定书的法律地位，才能确保加入议定书在争端解决机制获得公平公正的适用，防止以我国为代表的新加入成员承担的加入成本在执行阶段被扩大化。

---

① https：//www.wto.org/english/tratop_e/dispu_e/dispu_agreements_index_e.htm.

第一节　加入议定书法律属性的学理解读

新成员加入议定书是 WTO 体制中颇具特殊性的法律文件。加入议定书的法律地位及其与 WTO 已有规则之间关系的确定，一直以来都是一个具有争议的问题。

一、加入议定书的法律属性分析

对于加入议定书的法律属性，学者提出具有"三位一体"的性质，将加入议定书定性为在形式上的双边条约，实质上的多边条约，同时又具有单边条约的特征。[①] 根据《WTO 协定》第 12 条，"任何国家或在……方面有完全自主权的单独关税区，可按它与 WTO 议定的条件加入本协定。此加入适用于本协定及所附多边贸易协定。"从第 12 条的表述来看，加入议定书在形式上属于新加入成员与 WTO 这一国际组织签订的双边条约。由于加入议定书中多含有"一体化条款"，规定加入议定书是 WTO 协定必不可少的一部分，加入议定书通过一体化条款为双边条约增加了多边属性。[②] 除此以外，加入议定书还具有一定的单边属性，因为每一新加入成员的加入议定书中都包含该成员需要承担的特殊义务。就新成员承担的 WTO-plus 义务而言，这些义务因超出了 WTO 规则的现有要求而具有了单边承诺的性质。在此意义上，WTO-plus 承诺类似于减让表的性质，均只约束单一成员，但是却代表了所有成员达成的共同意志。[③]

[①] Julia Ya Qin, "The Challenge of Interpreting 'WTO-plus' Provisions," *Journal of World Trade*, vol.44, no.1, 2010, pp.132-133.

[②] 一体化条款通常表述为："本议定书应当成为 WTO 协定不可分割的一部分"。但是本条款中的"WTO 协定"是指狭义的《马拉喀什建立世界贸易组织协定》还是包括所附的多边贸易协定在内的广义的"WTO 协定"尚能确定。

[③] Julia Ya Qin, "The Challenge of Interpreting 'WTO-plus' Provisions," *Journal of World Trade*, vol.44, no.1, 2010, p.168.

二、加入议定书与 WTO 规则的关系

（一）对 WTO 规则的"保留"

有学者提出将加入议定书定义为对 WTO 规则的"保留"。[1] 根据《维也纳条约法公约》(VCLT) 第 2 条第 1 款(d) 项规定,"保留是指一国于签署、批准、接受、赞同或加入条约时所做的单方声明,不论措辞或名称为何,目的在于摒除或更改条约中若干规定对该国适用时之法律效果"。[2] 结合联合国国际法委员会特别报告对该条款的解读,"保留"需要满足几个要件:(1) 单边声明;(2) 在一国或一国际组织表明同意受条约约束时作出;(3) 排除或修改条款的法律效果。[3] 虽然新成员加入议定书符合保留的几个要件,但学界的普遍观点认为,"保留"通常只能被理解为减少保留方在条约条款下的负担,而加入规则增加而不是减少了加入方的负担,因此很难被视为"保留"。[4]

还有学者提出将加入议定书视为 WTO 已有成员而非新加入成员对 WTO 规则作出的"保留"。[5] 这种理解虽然有一定的合理性,但是只能适用于 WTO-minus 承诺中减少已有成员义务的情形,对于 WTO-plus 义务而言,仍旧很难用已有成员作出的"保留"来解释。从程序要求上讲,《WTO 协定》第 16 条第 5 款明确禁止对任何条款作出"保留",对多边贸易协定条款的"保留"只能在这些协定允许的限度下作出,因此将加入议定书视为保留这种性质界定与《WTO 协定》的上述规定是相违背的,[6] 相当于彻底否定了加入议定书和工作组报告中构成"保留"的条款的法律效力。

---

[1] Mitali Tyagi, "Flesh on a Legal Fiction：Early Practice in the WTO on Accession Protocols," *Journal of International Economic Law*, vol.15, no.2, 2012 p.424.

[2] Vienna Convention on the Law of Treaties 1969, article 2（1）(d).

[3] Tyagi, "Flesh on a Legal Fiction：Early Practice in the WTO on Accession Protocols," p.425.

[4] Julia Ya Qin, "The Conundrum of WTO Accession Protocols：In Search of Legality and Legitimacy," *Virginia Journal of International Law*, vol. 55, no.2, 2015, p.402.

[5] 王琛:《WTO 加入议定书研究——以 WTO 争端解决为视角》,法律出版社 2016 年版,第 92 页。

[6] 参见 Marrakesh Agreement Establishing the World Trade Organization, art. XVI：5.

（二）对 WTO 规则的"修正"或"修改"

有学者提出，当加入议定书规定的事项超出了 WTO 规则的范围，加入议定书超出的部分可以被视为对 WTO 规则的修正。[①] 对此，大部分学者持反对意见。因为在加入程序中改变 WTO 权利义务的行为是违反 WTO 规则的，对 WTO 规则正式的修正必须要通过《WTO 协定》第 10 条作出。[②]

尽管否认了加入议定书作为 WTO 规则修正案的法律地位，加入议定书实际修改 WTO 规则的效果还是受到了广泛认可。例如一些学者提出当一个新的成员加入 WTO，该成员所承担的一系列新的权利义务将会覆盖现有的 WTO 规则。[③] 还有学者依据 VCLT 第 30 条的"嗣后协定"解释加入议定书对 WTO 规则的"修改"。根据 VCLT 第 30 条，如果先订立条约当事方也是后订立条约当事方，则先订立条约仅在与后订立条约相一致的范围内适用。[④] 该观点认为，WTO 规则可以被新成员的加入条件所修改，这种修改虽然没有采用正式的修正案的形式，却构成对 WTO 规则事实上的修正。

然而，若将新成员加入议定书视为 VCLT 第 30 条规定的"嗣后协定"，需要克服诸多问题。首先是主体问题，因为加入议定书的缔约主体是 WTO 和新加入成员，这二者均不是《WTO 协定》及其附件的主体，因此只有将加入议定书视为新成员与所有 WTO 已有成员之间达成的多边条约，加入议定书才能

[①] Claus-Dieter Ehlermann and Lothar Ehring, "Decision Making in the World Trade Organization：Is the Consensus Practice of the World Trade Organization Adequate for Making, Revising and Implementing Rules on International Trade?" *Journal of International Economic Law,* vol.8, no.1, 2005, p.57.

[②] Antonio Parenti, "Accession to the World Trade Organization," *Legal Issues of Economic Integration*, vol.27, no.2, p.156. Julia Ya Qin, "The Conundrum of WTO Accession Protocols：In Search of Legality and Legitimacy," *Virginia Journal of International Law*, vol. 55, no.2, 2015, p.403. Steve Charnovitz, "Mapping the Law of WTO Accession," George Washington Law Faculty Publications and Other Works, 2013, p.49.

[③] See Steve Charnovitz, "Mapping the Law of WTO Accession," p. 51. See also Qin, "The Conundrum of WTO Accession Protocols：In Search of Legality and Legitimacy," p.420.

[④] VCLT, art.30.3.

成为修改 WTO 已有规则的"嗣后协定"。① 其次，VCLT 第 30 条并非当然地可以用来解释加入议定书与 WTO 已有规则的关系。VCLT 第 5 条规定，"本条约适用于构成国际组织约章或在国际组织内通过的任何条约，但是不得妨碍该组织的任何规则"。② 第 5 条的起草历史也表明，起草者们考虑到了国际组织可能会发展出与 VCLT 不同的条约法的规范。③ 而 VCLT 第 30 条"嗣后协定"所具有的事实上修改先前条约的效力无疑妨碍了《WTO 协定》第 10 条关于"修正"的规定。因此，考虑到《WTO 协定》第 10 条关于"修正"有严苛的限制规定，将加入议定书认定为 VCLT 第 30 条项下可修改 WTO 规则的"嗣后协定"是存在争议的。最后，这种"嗣后协定"的法律效果是否完全等同于修正案，特别是当加入议定书中的加入承诺与 WTO 体制中最惠国待遇一类的重要规则相违背，专家组和上诉机构是否会否定最惠国待遇对新加入成员的适用，这些问题无论从学理上还是 WTO 司法实践中均缺乏清晰的解释。

（三）解释 WTO 规则的"嗣后行为"

解释 WTO 规则的"嗣后行为"包括 VCLT 第 31.3（a）和 31.3（b）条规定的"嗣后协定"和"嗣后惯例"。④ 将加入议定书视为该条款所指涉的嗣后协定或惯例，只能确保将加入议定书作为解释性文件，没有进一步说明加入议定书与 WTO 规则的关系。且新成员作出的 WTO-plus 和 WTO-minus 承诺对 WTO 规则事实上的修改也很难涵盖在"解释"的范畴之中。关于"嗣后行为"是否具有能够修改先前条约的讨论旷日持久，《维也纳条约法公约草案》第 38 条曾确认了"嗣后惯例"的条约修改的功能。⑤ 但是这一草案在付诸表决时未能通过，最终没有被纳入《维也纳条约法公约》。因而"嗣后行为"是否具有

---

① Qin，"The Conundrum of WTO Accession Protocols：In Search of Legality and Legitimacy," pp.405-406.

② VCLT, art.5.

③ Chios Carmody，"WTO Obligations as Collective," *The European Journal of International Law*, vol.17, no.2, 2006, pp.437-438.

④ 刘雪红：《从嗣后行为理论看 WTO"加入议定书"性质》，《国际法研究》2015 年第 3 期。

⑤ 刘雪红：《从嗣后行为理论看 WTO"加入议定书"性质》，《国际法研究》2015 年第 3 期。

条约修改的功能至今未形成定论，且在实践中也未能形成一项习惯国际法规则。①虽然存在认定"嗣后行为"构成修改条约的国际司法判例，但是国际司法机构还是尽量从条约解释的角度进行演化解释，而非明确承认嗣后行为修改条约的法律功能和地位。②WTO 争端解决机构对此采取了更为严格的态度，仅在 VCLT 第 31 条第 3 款的含义下承认"嗣后协定"和"嗣后惯例"对 WTO 规则的解释性作用。③因此，"嗣后行为"说虽无法律上的漏洞，却仍未能明确澄清加入议定书在 WTO 体系中的法律地位，也无法为专家组或上诉机构适用加入议定书提供法律基础。

三、加入议定书的效力等级分析

确定加入议定书在 WTO 体系中的效力等级问题，须先行确定加入议定书条款与 WTO 现有规则之间是否存在冲突。而判定条约之间是否存在冲突，学界现有"狭义说"和"广义说"两种看法。依据"狭义说"的观点，条约冲突仅限于义务的冲突。只有造法性条约的义务性条款之间存在差异，且达到同一缔约国无法同时履行两个条约中的义务时才符合严格意义上的条约冲突的定义。④而根据"广义说"的观点，当后缔结的条约侵害了先缔结条约中某一当事国的权利，或者严重违反了先缔结条约中的基础性规定，则存在条约间的冲突。⑤如果我们严肃地对待 WTO 权利，我们就有必要采取广义的条约冲突的定义，条约冲突不仅存在于相互不一致的条约义务之间，也存在于某一条约义

①　刘雪红：《从嗣后行为理论看 WTO"加入议定书"性质》，《国际法研究》2015 年第 3 期。

②　刘雪红：《从嗣后行为理论看 WTO"加入议定书"性质》，《国际法研究》2015 年第 3 期。

③　Julian Arato, "Treaty Interpretation and Constitutional Transformation：Informal Change in International Organizations," *The Yale Journal of International Law*, vol.38, no.2, 2013, p.313. *See also* Appellate Body Report, *European Communities—Regime for the Importation, Sale and Distribution of Bananas—Second Recourse to Article 21.5 of the DSU by Ecuador*, pp.391-393, WTO Doc. WT/DS27/AB/RW2/ECU (adopted Dec. 11, 2008)

④　C. Wilfred Jenks, "The Conflict of Law - Making Treaties," *British Yearbook of International Law*, vol.30, 1953, p.426. Guyora Bindeer, "Treaty Conflicts and Political Contradiction：The Dialectic of Duplicity," Westport, 1988, p.7.

⑤　V. Czaplinski, G. Danilenko, "Conflict of Norms in International Law," *Netherlands Yearbook of International Law*, vol. XXL, 1990, p.13.

务违背了 WTO 权利或否定了 WTO 规定的豁免义务的情形。[①]

新成员加入议定书中的部分条款与 WTO 已有规则之间确定存在冲突，对此应在 WTO-plus 和 WTO-minus 承诺两种情形下进行探讨。就 WTO-plus 义务而言，大多情况下此类条款不会和 WTO 规则形成冲突，[②] 但在特定情况下也有冲突产生的可能性，具体应分析加入议定书中的 WTO-plus 义务，是否减损了 WTO 已有规则中规定的成员方权利。[③] 而 WTO-minus 条款中减少已有成员义务的承诺是明显与 WTO 规则相冲突的，因为这些承诺将允许已有成员偏离《WTO 协定》及其附件规定的义务。例如中国加入议定书第 16 条允许 WTO 已有成员就来自中国的产品"有选择性"地采取保障措施，背离了 GATT1994 第 1.1 条最惠国待遇义务的要求，因此与 WTO 规则相冲突。[④]

在加入议定书与 WTO 规则存在冲突的情况下，加入议定书效力等级的确立将会显著影响加入议定书解释的方式。[⑤] 虽然现有研究大都将加入议定书视为优先适用的法律文件，但笔者对此持怀疑态度。有学者提出，加入议定书在与现有《WTO 协定》及其附件发生冲突时，应当优先于 WTO 规则适用。这一假定依据在于《WTO 协定》第 12 条的规定，该类学者认为加入议定书作为加入的条件，势必可以在加入成员和其他成员间修改 WTO 已有规则。[⑥] 另外，不少学者认为以中国为代表的加入议定书中包含了表明议定书优先适用的语言。例如，《中国加入 WTO 议定书》第 15 条规定："GATT1994 第 6 条、《反倾销协定》和《SCM 协定》应当以符合下列条款的方式适用。"《中国加入议定书》第 1.3 条要求除"议定书另有规定的情形外"，中国应履行《WTO 协定》

[①] Joost Pauwelyn, *Conflict of Norms in Public International Law: How WTO Law Relates to Other Rules of International Law*, Cambridge：Cambridge University Press, 2003, p.197.

[②] Charnovitz，"Mapping the Law of WTO Accession，"p.67.

[③] 例如秦娅赞同采用广义的条约冲突的定义，并举例说明中国取消出口税的 WTO-plus 义务与 GATT1994 第 11.1 条允许的成员使用关税限制出口的权利相违背。参见 Qin，"The Conundrum of WTO Accession Protocols：In Search of Legality and Legitimacy，"pp.421-422。但是本文认为 GATT1994 第 11.1 条"任何缔约方除征收关税或其他费用以外"的表述是否意味着赋予 WTO 成员方"征税"的权利是存在争议的。

[④] Protocol on the Accession of the People's Republic of China, WT/L/432, 23 November 2001, Article 16.

[⑤] Charnovitz，"Mapping the Law of WTO Accession，"pp.69-70.

[⑥] Qin，"The Challenge of Interpreting 'WTO-plus' Provisions，"p.137.

所附多边贸易协定中的义务。[①]

然而无论是《WTO 协定》第 12 条，还是《中国加入议定书》中的相关表述都不能推断出加入议定书优先适用的法律地位。首先，即使《WTO 协定》第 12 条将加入承诺的遵守作为加入 WTO 的条件，只能说明加入议定书、《WTO 协定》及其多边贸易协定附件是新加入成员需要一揽子承担的权利义务，该条款本身并没有赋予加入议定书优先适用的法律效力。其次，《中国加入议定书》只规定了几项 WTO-minus 承诺的优先适用，并不能代表整个加入议定书的法律效力。相反，笔者认为加入议定书是相对于《WTO 协定》及其附件而言位阶较低的法律文件，因此加入议定书不能与 WTO 现有规则相冲突，第四部分将对此进行详细的阐述。

第二节 DSB 行使管辖权的法律依据

DSB 已经在多个涉及到加入议定书的案件中行使了管辖权，并对加入议定书的适用进行了司法解释。以我国为代表的新加入成员从未对加入议定书在 WTO 争端解决机制的适用提出任何质疑。然而，DSB 对加入议定书争端的管辖权基础并非一目了然，专家组对于管辖权依据的解释也存在漏洞。

一、"一体化条款"

在"中国－汽车零部件案"中，专家组依据《中国加入 WTO 议定书》中的"一体化条款"，正式确立了新加入成员的加入议定书和工作组报告在 WTO 争端解决机制下的可执行性。专家组在该案中表明，"依据《中国加入议定书》第 1 部分第 1.2 条，加入议定书是 WTO 协定不可分割的组成部分，由于中国工作组报告第 342 段，将工作组报告中的相关承诺纳入到了《中国加入议定

---

① Charnovitz，"Mapping the Law of WTO Accession，"p.68. 参见刘勇：《条约缔结程序与"入世"议定书法律性质辨析》，《环球法律评论》2014 年第 2 期。

书》，所以中国工作组报告第 93 段的义务也是 WTO 协定的组成部分"。^① 由此，专家组决定依据《维也纳条约法公约》的条约解释规则，解释中国工作组报告第 93 段下的承诺，明确了 WTO 争端解决机制对于新加入成员加入议定书和工作组报告的管辖权。^②

有学者对加入议定书的可执行性提出了质疑。首先，纵使 WTO 总理事会有权与其他的国际法主体签订国际条约，该国际条约并不当然在 WTO 争端解决机制适用，因为总理事会仍无权授予 DSB 新的管辖权。^③ 其次，"一体化条款"无法使加入议定书成为《WTO 协定》的组成部分，因为一体化条款不是《WTO 协定》本身规定的，而是《WTO 协定》及其附件生效后，在新成员加入议定书中规定的。乌拉圭回合的起草者们若要确定加入议定书在争端解决机制的可执行性，本应在《WTO 协定》第 12 条规定加入议定书的附件地位，而加入议定书自身的"一体化条款"并不具有充足的权限来实现这一效果。第三，即使部长级会议有权使得加入议定书成为《WTO 协定》的一部分，加入议定书也难以成为 DSU 第 1 条第 1 款规定下的涵盖协定。根据 DSU 第 1 条第 1 款，涵盖协定仅指 DSU 附件 1 中所列举的协定，包括《WTO 协定》本身和其附件 1、附件 2 以及附件 4。由于 DSU 附件 1 所规定的涵盖协定的范围是封闭式的，即使加入议定书构成了《WTO 协定》的组成部分，也不能获得涵盖协定的地位。正如作为《WTO 协定》附件 3 的贸易政策评审机制（TPRM），虽然构成了《WTO 协定》的组成部分，但由于未被 DSU 列为涵盖协定，因此关于 TPRM 的争端也不能被诉诸到 WTO 争端解决机制。^④ 由此可见，加入议定书中的"一体化条款"不足以确立 DSB 对加入议定书争端的管辖权。

---

① Panel Report, China-Measures Affecting Imports of Automobile Parts (China- Auto Parts), WT/DS339, 18 Jul. 2008, para. 7.740.

② Id. para. 7.741.

③ Charnovitz 假设 WTO 总理事会与国际劳工组织签订了一份议定书，此时总理会明显没有职权授予专家组对该议定书的管辖权。同理，总理事会或部长级会议也无权通过在议定书中加入管辖权条款而赋予 DSB 对加入议定书的管辖权。参见 Charnovitz, "Mapping the Law of WTO Accession," p.42。

④ Matthew Kennedy, "The Integration of Accession Protocols into the WTO Agreement," *Journal of World Trade*, vol.47, no.1, 2013, p.48.

二、"禁反言"

有学者建议将"禁反言"原则作为专家组和上诉机构执行加入议定书的法律基础。根据"禁反言"的原则，即使加入议定书无权对 WTO 法律文件作出修改，且对新成员构成了歧视，新加入成员仍然不能背离其自身作出的加入议定书中的义务。然而"禁反言"原则虽然可以解释加入议定书的法律约束力，但不足以说明加入议定书在争端解决机制的可执行性。首先，虽然"禁反言"原则已经被国际法院在若干案件当中接受，但在 WTO 的背景下，通过"禁反言"而执行义务依旧存在争议。例如在"欧共体－糖出口补贴案"(DS265) 中，上诉机构表明，"禁反言"原则是否能在 WTO 争端解决的背景下适用是不确定的。[1] 其次，依据 DSU 第 3.2 条的规定，DSB 的裁决和建议不能增加成员在 DSU 涵盖协议中的权利义务，[2] 若将非涵盖协定的法律文件依据"禁反言"原则适用可能会违反这一规定。换言之，"禁反言"作为一项国际法原则，当然可以赋予新成员加入议定书以法律约束力，但是加入议定书本身是否具有约束力与能否通过 DSU 得以强制执行是两个不同性质的法律问题。[3]

三、"缔约方的同意"

在几个涉及到《中国加入 WTO 议定书》的案件中，专家组认可了基于"缔约方的同意"而对加入议定书行使管辖权。在"中国－汽车零部件案"(DS339) 中，专家组强调，"所有争端方都同意中国在工作组报告中的承诺在 WTO 争端解决程序是可以获得执行的"，因而专家组将缔约方的同意视作专家组行使管辖权的另一法律基础。[4] 在"中国－原材料案"(DS394) 中，专家组再一次确认了这一法律基础。专家组提出"所有缔约方都同意《中国加入议定书》构

---

① Appellate Body Report, European Communities-Export Subsidies on Sugar, WT/DS265/AB/R, 28 April, 2005, paras.310-312.

② 参见 DSU 第 3.2 条。

③ 任清:《〈中国加入议定书〉研究的两个十年——兼论加入议定书的强制执行性等问题》,《上海对外经贸大学学报》2014 年第 21 期。

④ Panel Report, China- Auto Parts, para. 7.740.

成 WTO 协定不可分割的组成部分，所有缔约方都同意 WTO 成员可以以违反《中国加入议定书》为基础启动 WTO 争端解决程序，且所有缔约方都同意工作组报告和加入议定书中的承诺具有约束力，且可以通过 WTO 争端解决机制执行"。[①]

然而将"缔约方同意"作为行使管辖权的理由，这事实上相当于认可了在 WTO 争端解决的程序事项上适用"禁反言"原则，这与 WTO 争端解决机制之前对"禁反言"的适用态度是相违背的。另外，"禁反言"作为一项国际法原则，其适用范围主要限于国际争端的实体性问题上，而该原则是否可以适用于程序性事项仍然存有异议。[②] 尤其是考虑到 DSU 第 1.1 条和附件 1 明确规定了 DSB 行使管辖权的范围，难以想象仅由于一协定缔约方的同意就对管辖权的范围作出拓展。[③]

四、《WTO 协定》第 12 条的间接适用

有学者认为，DSB 对新成员加入议定书行使管辖权的依据并非来自于"一体化条款"或"缔约方同意"，而是来自于《WTO 协定》第 12 条。第 12 条要求国家或单独关税区基于与 WTO 达成的加入条件而加入 WTO，这意味着达成的"条件"将会在加入程序完成后持续有效，使加入条件持续有效的唯一方法就是使其在 DSB 获得可执行性，否则就没有谈判的必要。[④] 另外，DSU 第 1.1 条规定了 DSB 行使管辖权的两种情况：第一种是因涵盖协定而提起的争端；第二种是就《WTO 协定》和 DSU 条款下的权利义务所提起的争端。因此 DSB 针对加入议定书而行使的管辖权的依据在于 DSU 第 1.1 条中规定的第二种情况，即加入议定书的争端间接涉及到是否违反《WTO 协定》第 12 条的权利义

① Panel Reports, China-Measures Related to the Exportation of Various Raw Materials (China- Raw Materials), WT/DS394/R, adopted 5 July 2011, paras. 7.114-7.115.

② Megan L. Wagner, "Jurisdiction by Estoppel in the International Court of Justice," *California Law Review*, vol. 74, no. 5, 1986, p.1777.

③ Julia Ya Qin, "The Conundrum of WTO Accession Protocols：In Search of Legality and Legitimacy," p.415.

④ Charnovitz, "Mapping the Law of WTO Accession," p.52.

务问题，因此可归为就《WTO 协定》下权利义务所提起的争端。①

然而，专家组／上诉机构基于《WTO 协定》第 12 条对加入议定书和工作组报告行使管辖权的说法同样也受到了一些质疑。第一，《WTO 协定》第 12 条只提出申请方依与 WTO 达成的条件获得成员资格，而没有为成员规定具体的权利义务。第二，由于新成员承担 WTO-plus 和 WTO-minus 承诺只有在 WTO 成立以后才逐渐形成惯例，因此成员方在拟定《WTO 协定》第 12 条时不具有通过该条款执行加入条件的缔约意图。② 第三，允许基于第 12 条对加入条件行使管辖权将会恣意扩大第 12 条权利义务的范围，在加入程序的掩饰下赋予部长级会议以过度的立法权。当 WTO 有严格的关于规则修正和禁止保留的要求时，第 12 条不应当被用作规避这些规则的工具。③

笔者认为，《WTO 协定》第 12 条作为 DSB 对加入议定书行使管辖权的基础是相对最具解释力的一个理由。首先，加入议定书和工作组报告显然不能作为 DSU 附件 1 中定义的涵盖协定，不能作为 DSB 直接行使管辖权的对象，因而只能从间接适用的角度出发界定管辖权基础。第二，即使我国在加入 WTO 时作出了许多不公平的承诺，我国从未否认与 WTO 达成的加入条件，也从未反对专家组和上诉机构对加入议定书和工作组报告行使管辖权。考虑到 DSB 已经对基于加入议定书和工作组报告的多个争端作出裁决，完全否定加入议定书在争端解决机制的可执行性意义不大。第三，将第 12 条作为 DSB 间接对加入议定书行使管辖权的依据，并不存在法理上的漏洞，因为新成员的加入议定书和工作组报告的确是第 12 条所指的加入条件无疑，第 12 条应当构成加入议定书法律地位的"宪法性条款"。④ 诚然，通过第 12 条行使管辖权可能会导致对部长级会议和总理事会更改 WTO 成员间权利义务、规避修正规则的认可，固化了成员间规则适用的不平等，但是问题的根源在于第 12 条的模糊性而并

---

① Charnovitz, "Mapping the Law of WTO Accession," p.53.

② Julia Ya Qin, "The Conundrum of WTO Accession Protocols: In Search of Legality and Legitimacy," p.417.

③ Mitali Tyagi, "Flesh on a Legal Fiction: Early Practice in the WTO on Accession Protocols," *Journal of International Economic Law*, vol.15, no.2, 2012, p.402.

④ 任清:《〈中国加入议定书〉研究的两个十年——兼论加入议定书的强制执行性等问题》,《上海对外经贸大学学报》2014 年第 2 期。

不在于管辖权，通过完全否认 DSB 的管辖权而消除这种担忧也是不现实的。因此笔者建议认可 DSB 通过第 12 条间接地对加入议定书和工作组报告行使管辖权，但前提是必须明确加入议定书在 WTO 体制内的法律地位。只有明确了议定书的法律地位，揭示出专家组／上诉机构在解释加入议定书时存在的问题，才能推动加入议定书以更加公平公正的方式被解释适用，从而对第 12 条诱发的法律问题予以矫正。

第三节　WTO 争端解决机构与议定书的司法解释

在涉及到新成员加入议定书的 WTO 争端案件中，专家组和上诉机构有多次机会对加入议定书与 WTO 现有规则之间的关系进行澄清，但是他们都在不同程度上对这一问题采取了回避的做法。但由于加入议定书法律地位这一根本性问题的不确定，专家组和上诉机构在解释加入议定书的过程中为避免司法能动主义，过分依赖文本解释的方法，反而导致了不公平的解释结果。

一、加入议定书的法律位阶分析

WTO 专家组和上诉机构在多个案件中对加入议定书法律地位的界定持回避的态度。在"美国——反倾销和反补贴措施案"（DS379）中，中国提出美国针对来自中国的特定产品同时施加反倾销和反补贴税的做法违反了避免双重救济的义务，因此违反了 GATT1994 第 1.1 条。美国认为，《中国加入议定书》第 15 条（a）款明确授权对从中国进口的产品使用非市场经济的方法，因而不违反 GATT1994 第 1.1 条。专家组没有就《中国加入议定书》和 GATT1994 条款之间的关系作出裁决，而是认定中国没有充分证明美国违反了 GATT1994 第 1.1 条从而回避了对加入议定书的法律地位作出解释。① 在"美国——轮胎特保

---

① Panel Report, *United States- Definitive Anti-Dumping and Countervailing Duties on Certain Products from China*, WT/DS379/R, WTO Doc. 22 October 2010, paras. 14.181-14.182.

案"（DS399）中，中国提出美国在《中国加入议定书》第 16 条下采取的保障措施与 GATT1994 第 1.1 条的最惠国待遇相违背。[①] 这一诉求有效地质疑了特保措施的合法性。然而该案中，专家组完全回避解决关于最惠国待遇的问题，专家组先是审查美国采取的保障措施是否与《中国加入议定书》第 16 段相符，由于未支持中国关于加入议定书第 16 条的诉求，专家组同样认为美国的措施未违反 GATT1994 第 1.1 条。[②] 理由是中国在 GATT1994 第 1.1 条下提出的主张完全依赖于《中国加入议定书》第 16 条，这种依赖属性可以从中国使用的"也违反了 GATT1994"这样的措辞中推断出来。总之，专家组仅仅靠一个"也"字就回避了关于违反最惠国待遇的主张，也回避了对加入议定书义务与 WTO 已有规则的关系作出进一步解释。[③] 在"美国——虾案"（DS404）中，专家组作出了如下表述："我们不认为越南工作组报告第 254 和 255 段或者其他条款对《反倾销协定》第 9.4 条以外的任何条款的解释和适用作出了修改。"从这一表述中，专家组似乎接受了包含 WTO-minus 承诺的工作组报告第 254 和 255 段对《反倾销协定》的修改权限，但是仍拒绝对这一问题作出进一步明确的解释。[④]

二、WTO 例外条款对加入议定书的适用

中国在 WTO 涉及到的适用 WTO 例外对违反加入议定书义务抗辩的争端主要包括"中国——出版物和音像制品案"（DS363）、"中国——出口原材料案"（DS394）以及"中国——稀土案"（DS431）。专家组和上诉机构运用文本解释的方法，在"出版物和音像制品案"中支持了我国运用 GATT1994 例外对《中国加入议定书》第 5.1 条进行抗辩；但在"原材料案"和"稀土案"中则过分

[①] Request for the Establishment of a Panel by China, *United States-Measures Affecting Imports of Certain Passenger Vehicle and Light Truck Tyres from China (US- Tyres),* WT/DS399/2, WTO Doc. 11 December 2009, p.2.

[②] Panel Report, *US- Tyres,* WT/DS399/R, Dec. 13, 2010, para. 7.418.

[③] Julia Ya Qin, "The Conundrum of WTO Accession Protocols：In Search of Legality and Legitimacy," p.399.

[④] 参见 Panel Report, *United States- Anti-dumping Measures on Certain Shrimp from Viet Nam*, WT/DS404/R, WTO Doc. adopted 11 July 2011, para.7.251.

依赖于同样的方法否定了我国运用 GATT1994 例外抗辩的权利。因此，下文主要对专家组和上诉机构在"原材料案"和"稀土案"中的判决思路进行简要介绍。

（一）"中国——出口原材料案"

"中国——出口原材料案"中涉及到《中国加入议定书》第 11.3 条作出的出口税的承诺。《中国加入议定书》第 11.3 条规定："中国应当取消所有的出口税费，除非在议定书附件 6 中另有规定，或者以符合 GATT1994 第 8 条的方式适用。"① 中国承担的关于出口税的承诺是 WTO-plus 义务，因为 WTO 一揽子协定没有要求成员取消出口税，而只是在 GATT1994 第 11 条要求取消数量限制。中国在该案中坚持诉诸 GATT1994 第 20 条例外作为临时施加出口税的抗辩。

专家组和上诉机构以《中国加入议定书》第 11.3 条未能在文本上建立起与 GATT1994 的联系为由，拒绝了中国运用 GATT1994 第 20 条进行抗辩。专家组在分析时比照了"中国——出版物和音像制品案"中的裁决。在"中国——出版物和音像制品案"中，因为专家组认为《中国加入议定书》第 5.1 条的措辞建立起了与 GATT1994 的联系，因而认可了 GATT1994 第 20 条的可适用性。《中国加入议定书》第 5.1 条规定，中国逐步开放贸易经营权"不得损害中国以符合 WTO 协定的方式管理贸易的权利"，② 上诉机构认为，此处符合"WTO 协定"应当指符合《WTO 协定》及其附件，因而也包含 GATT1994，故上诉机构认可了第 5.1 条所建立起的加入议定书与 GATT1994 之间的关系，并确立了 GATT1994 第 20 条对《中国加入议定书》第 5.1 条的可适用性。③ 而在原材料案中，专家组认为《中国加入议定书》第 11.3 条，仅包含附件 6

---

① Protocol on the Accession of the People's Republic of China, WT/L/432, 23 November 2001, Article 11.3.

② Protocol on the Accession of the People's Republic of China, Article 5.1.

③ Appellate Body Report, China-Measures Affecting Trading Rights and Distribution Services for Certain Publications and Audiovisual Entertainment Products (China–Publications and Audiovisual Products), WT/DS363/AB/R, WTO Doc. adopted 21 December 2009, paras. 222-230.

和 GATT1994 第 8 条的例外，表明缔约方没有想在第 11.3 条中援引第 20 条例外。① 第 20 条的抗辩只能针对违反 GATT1994 的措施，因为《WTO 协定》中没有"伞型条款"允许 WTO 成员针对所有违反 WTO 规则的行为诉诸同一例外，相反，每一个 WTO 多边贸易协定都仅对该协定中特定的义务提供其本身的例外和灵活性。②

专家组承认对于第 11.3 条的这种解释会产生看似不平衡的结果，但是根据《WTO 协定》第 12 条，新加入成员就 WTO 成员资格的获得与已有成员谈判达成的协定恰恰建立了权利义务审慎的平衡，允许适用例外会干扰在加入谈判中建立起来的新的平衡。③ 上诉机构肯定了专家组对于《中国加入议定书》第 11.3 条的文本分析，在此基础上又考察了作为上下文的《中国加入议定书》第 11.1 条和 11.2 条。这两个条款均规定特定的税费义务应该符合 GATT1994，而这样的语言在第 11.3 条中却没有出现。④

中国在原材料案中以 WTO 成员具有固有的贸易规制权为由要求适用 GATT1994 第 20 条，但未得到专家组和上诉机构的支持。中国认为，WTO 成员具有固有的贸易规制权，中国没有在《中国加入议定书》中放弃规制贸易的固有权力，因而即使《中国加入议定书》没有与 GATT1994 建立起联系，GATT 第 20 条例外也可以适用。⑤ 专家组认可了 WTO 成员规制贸易的固有主权，但是声称中国在谈判和签署 WTO 加入条件时已经行使了这项主权，因此该权力不能超越限制该权力实施的 WTO 规则。⑥ 中国在上诉阶段进一步提出，GATT 第 20 条例外所保护的特定的非贸易利益，受到《WTO 协定》序言和许多 WTO 多边贸易协定序言的认可，这一点更加证实了 WTO 成员方规制贸易的固有权力。⑦ 上诉机构同样认可了《WTO 协定》序言所保护的非贸易目标的合法性，但是仍坚持认为《WTO 协定》序言的

---

① Panel Report, *China- Raw Materials*, paras. 7.126-7.129.

② Id. para. 7.150.

③ Panel Report, *China- Raw Materials*, para. 7.159-7.160.

④ Appellate Body Report, *China- Raw Materials*, para. 293.

⑤ Panel Report, *China- Raw Materials*, para. 7.155.

⑥ Panel Report, *China- Raw Materials*, paras. 7.156-7.157.

⑦ Appellate Body Report, *China- Raw Materials*, para. 37.

语言没有对于 GATT1994 第 20 条是否可适用于《中国加入议定书》第 11.3 段作出指引。[①] 总之，专家组和上诉机构虽然承认成员固有的贸易规制权，但是认为《中国加入议定书》的文本所固定的权利义务构成了对贸易规制权的法律约束。

（二）"中国——稀土案"

在"稀土案"中，中国尝试在《中国加入议定书》和 WTO 多边贸易协定之间建立一般性的联系，仍然未得到专家组和上诉机构的支持。《WTO 协定》第 12 条第 1 款规定，"任何国家或在……方面有完全自主权的单独关税区，可按它与 WTO 议定的条件加入本协定。此加入适用于本协定及所附多边贸易协定。"中国认为此条款第二句表明《中国加入议定书》将《WTO 协定》和多边贸易协定附件中的权利义务具体化了。[②] 但是上诉机构否定了中国的主张，认为第 12 条第 1 款仅表明中国的加入条件包括《中国加入议定书》和工作组报告、《WTO 协定》及其多边贸易协定附件，而没有对这些协定之间的实质联系作出界定。[③] 另外，中国还根据《中国加入议定书》第 1.2 条证明议定书和多边贸易协定之间的关系。《中国加入议定书》第 1.2 条规定，"中国加入的 WTO 协定是经由中国加入之前已经生效的法律文件更正、修正和修改的 WTO 协定。《中国加入议定书》，包含工作组报告第 342 段提及的承诺，是 WTO 协定不可分割的组成部分。"中国认为本条款中的"WTO 协定"是指《马拉喀什协定》和其多边贸易协定附件，想要通过这种解释将《中国加入议定书》具体条款按照调整内容嵌入到《马拉喀什协定》及其所附的多边贸易协定中，从而在议定书与 WTO 多边贸易协定间建立起关联。[④] 上诉机构认为第 1.2 条没有解释"WTO协定"一词的含义，因此通过运用上下文解释的方法，暗指"WTO 协定"仅

---

①   Appellate Body Report, *China- Raw Materials,* para. 306.

②   Appellate Body Report, China- Measures Related to the Exportation of Rare Earths, Tungsten, and Molybdenum（China- Rare Earths）, WT/DS431/AB/R. WTO Doc. adopted 7 August 2014, paras.5.22-5.23.

③   Id. paras.5.32-5.34.

④   Id. paras.2.12-2.13.

仅是指《马拉喀什协定》。① 上诉机构还认为《中国加入议定书》第1.2条本身不能回答议定书条款与WTO多边贸易协定权利义务之间的关系，而必须在个案基础上分析二者之间的联系。② 上诉机构声称，根据《WTO协定》第2.2条，所有多边贸易协定都构成WTO一揽子权利义务，在这个意义上，《中国加入议定书》第1.2条第二句中的"WTO协定"是指狭义还是广义的含义并不重要，因为在两种情况下《中国加入议定书》整体均构成一揽子协定的组成部分。③ 上诉机构这一论证再一次回避了对加入议定书与多边贸易协定附件之间关系的解释。

三、加入议定书解释存在的法律症结

专家组和上诉机构的裁决从表面上看，似乎既避免了对加入议定书和WTO已有规则的关系进行澄清，又维持了整个论证逻辑的严密性。但是仔细推敲，专家组和上诉机构的裁决有着不合理和自相矛盾之处。在回避对加入议定书法律地位予以界定的面纱之下，隐藏的是专家组和上诉机构隐秘的逻辑思路——加入议定书条款将修改WTO已有规则。专家组／上诉机构解释加入议定书存在的法律问题存在于以下几个方面：

（一）未采用体系化的解释方式

上诉机构所运用的文本化的解释方法广受批评，该方法只关注特定条款的文本和有限的上下文，既没有讨论相关条款的目的宗旨，也没有将所有WTO规则视为一个整体来看待，而是将中国所承担的特殊义务与一般的WTO规则相隔离开来。④ 如果将加入议定书和多边贸易协定义务联系起来不难判断出，出口关税只是出口限制的一种形式，如果出口配额和许可证可

---

① Id. para. 5.42.

② Id. paras. 5.50-5.51.

③ Id. para. 5.72.

④ Xiaohui Wu, "No Longer Outside, Not Yet Equal：Rethinking China's Membership in the World Trade Organization," *Chinese Journal of International law,* vol.10, no.2, 2011, p.260.

以适用 GATT1994 第 11.2（a）和第 20 条抗辩，就不应该禁止出口关税援引 GATT1994 例外条款，因为出口关税相比于出口配额更加透明。①

上诉机构对于《WTO 协定》序言的解释，也是一种严格的文本主义的方式，即通过《WTO 协定》序言没有具体的指引性语言而认定 GATT 第 20 条例外不能适用于其他非 GATT1994 的 WTO 法律文件。但是这种严格的文本解释方法，可能会损坏多边贸易体制所包含的价值，因为《WTO 协定》序言不同于一个实质性条款，它所包含的是整个 WTO 赖以建立的一般性原则，这些原则所体现的价值同样是 WTO 存在的基础。专家组和上诉机构认定加入议定书代表着新加入成员与已有成员在加入谈判中建立了新的平衡，却无视整个 WTO 体制中形成的价值平衡，一旦这种价值平衡被破坏，WTO 新加入成员很难再通过从 WTO 成员资格带来的经济利益中受益而得到补偿。②

（二）未充分考虑中国的缔约意图

考虑到加入议定书中 WTO-plus 义务的特殊性，以及仅对新加入成员单方适用的现实情况，应当对议定书采取不同的解释方法。首先，条约的解释者应当更多地考虑中国的意图。在"欧共体——电脑设备案"（DS62）中，上诉机构解释说，条约解释的目的是确定条约双方的共同意志。③ 加入议定书在法律属性上具有双边条约的特征，而中国作为加入议定书的缔约一方，其缔约的意图自然不可被忽视，因此当议定书文本模糊不清时，专家组和上诉机构不应该径自采取对中国明显不利的解释。第二，《中国加入议定书》中的 WTO-plus 义务具有与单边宣言类似的特点，应给予限制性的解释。依据联合国国际法委员会在 2006 年所采用的对于有约束力的单边宣言的解释原则，只有当单边宣言以清楚、

---

① Julia Ya Qin, "The Challenge of Interpreting 'WTO-plus' Provisions," *Journal of World Trade*, vol.44, no.1, 2010, p.158.

② Ilaria Espa, "The Appellate Body Approach to the Applicability of Article XX GATT in the Light of China-Raw Materials：A Missed Opportunity?" *Journal of World Trade*, vol.46, no.6, 2012, p.1420.

③ Appellate Body Report, *European Communities- Customs Classification of Certain Computer Equipment*, WT/DS62/AB/R, adopted 5 June 1998, para.84.

具体的语言为一国规定了义务，该国才受宣言约束。如果对宣言义务的范围存在争议，应当以一种限制性的方式对宣言进行解释。① 因此当有关 GATT1994 第 20 条例外是否适用于取消出口税义务的问题上存在模糊和争议时，专家组／上诉机构应该更多考虑中国的意图从而对加入议定书条款作出更合理的解释。

（三）剥夺了中国在 WTO 规则下拥有的权利

援引 GATT1994 例外应该被理解为是 WTO 成员方享有的一项权利，且这项权利的背后是对成员方贸易规制主权的认可。在"中国－出版物和音像制品案"中，上诉机构认为，中国享有贸易规制权，但这项权力是成员方政府固有的，而不是 WTO 规则所赋予的，此项权力应当与以 WTO 规则相一致的方式行使。与 WTO 规则相一致意味着两点：第一，不能违背任何 WTO 义务；第二，即使违背了义务，可以在 WTO 可适用例外下获得合法性。② 根据专家组和上诉机构的解释，可适用的例外是对于成员方固有贸易规制权的认可，在符合条件的情况下援引例外是 WTO 成员的权利。

权利的放弃应当以明示的方式作出。加入议定书关于适用例外的沉默不代表没有例外可以适用于议定书中的规则。倘若某项 WTO 例外可以适用于 WTO 已有规则，比该义务更为严格的 WTO-plus 承诺也应该被允许适用该例外，除非适用这项例外会使得 WTO-plus 条款无意义。③ 这一点在 WTO 前期案件中也得到过专家组的认可。在"欧盟——空客补贴案"（DS316）中，专家组表示，即使成员可以放弃 WTO 规则中的权利，且这项放弃能够在 WTO 争端解决机制下执行，该放弃也必须以清晰明确的方式作出。④"稀土案"中持有不同意见的专家组成员也认为，如果中国与 WTO 成员达成了合意不能就《中国加入议定书》第 11.3 条适用 GATT1994 例外，中国应当在加入议定书中

---

① ILC Report, *Guiding Principles Applicable to Unilateral Declaration of State Capable of Creating Legal Obligations, with Commentaries thereto*, A/61/10, 2006, Guiding Principle 7.

② Appellate Body Report, *China- Publications and Audiovisual Products*, para.221-222.

③ Qin, "The Challenge of Interpreting 'WTO-plus' Provisions," p.160.

④ Panel Report, *European Communities and Certain Member States- Measures Affecting Trade in Large Civil Aircraft*, WTO Doc. WT/DS316/R, 30 June 2010, para.7.94.

明确作出此种表示。[1]

（四）未给予国内政策规制权以足够的尊重

《中国加入议定书》中，中国承担的 WTO-plus 义务中涉及到文化产品审查、自然资源出口、环境保护等很多政治敏感性领域，因而 WTO 专家组和上诉机构面临的一个基本挑战就是界定 WTO 和成员方国内政策管辖权限的边界。[2] 传统上，GATT 体制关注于边境措施，且 GATT 对于国内措施的规制仅限于非歧视的要求。尽管 WTO 将贸易规则拓展到传统意义上国内规制的领域，WTO 规则也未曾像加入议定书一样对成员方施加广泛的系统性的义务。因此，在处理加入议定书争端时，倘若专家组和上诉机构处理不好 WTO 义务和成员方国内政策规制权的边界，不仅会出现侵犯成员方国家主权的嫌疑，形成不公平的结果，还有可能会招致执行困难，威胁到 WTO 体制自身的权威。对此有学者建议 WTO 应吸取国内法的经验，对于争议措施建立不同的审核标准。对于与非歧视义务有关的措施给予最严格的审查，而对于需要给予国内规制权限更多尊重的措施给予更宽松的审查。[3]

在"原材料案"和"稀土案"中，专家组和上诉机构的裁决忽视了成员享有的自然资源的永久主权的"永久性"特征。自然资源永久主权被联合国大会决议清楚地列为"不可放弃的主权"，这意味着一国不能被要求永久地放弃该主权权力，而只能在特定领域和特定期限内接受部分限制。因此，对于一国固有主权的限制必须要被准确地提出。尽管中国谈判和加入 WTO 是在行使国家主权，但是这并不说明中国已经无条件地放弃了其固有的自然资源的永久主权。[4] 专家组和上诉机构以过于死板和严格的方式解释《中国加入议定书》第

---

[1]　Panel Report, *China-Rare Earths*, para.7.137.

[2]　Liu Ying, "The Applicability of Environmental Protection Exceptions to WTO-Plus Obligations：In View of the China- Raw Materials and China-Rare Earths Cases," *Leiden Journal of International Law*, vol.27, no.1, 2014, p.134.

[3]　Qin, "The Challenge of Interpreting 'WTO-plus' Provisions," p.164.

[4]　Shi Jingxia, Yang Xingxing, "Reconciling Environmental Protection with Natural Resources Trade in International Law：A Perspective from China—Rare Earths," *Frontiers of Law in China*, vol. 10, no. 3, 2015, p.563.

11.3 条打破了 WTO 义务与 WTO 成员方国内政策规制权限的平衡。

（五）无视条约之间的冲突

一方面，专家组和上诉机构将加入议定书与《WTO 协定》及其所附多边贸易协定相互割裂开来。专家组／上诉机构认为，加入议定书是新加入成员与已有成员达成的一项新的平衡，从而将加入议定书确立为与《WTO 协定》附件中的多边贸易协定相独立的新协定。[①] 他们还强调，加入议定书仅作为整体与 WTO 已有规则相联系，而不是加入议定书的具体条款与 WTO 一揽子协定中的权利义务存在联系。[②] 通过这种解释，专家组和上诉机构将加入议定书与 WTO 多边贸易协定视为相互割裂、彼此独立的法律文件。

另一方面，即使是相互独立的法律文件，不代表相互之间不会出现内容上的冲突。依据上文广义的条约冲突的定义，倘若将《中国加入议定书》第 11.3 条中未提及 GATT1994 例外的"沉默"解释为中国与 WTO 成员有意达成的"审慎的决定"，则《中国加入议定书》第 11.3 条就会影响 GATT1994 第 20 条例外所保护的成员的贸易规制权，导致与 GATT1994 第 20 条例外的法律冲突。然而专家组和上诉机构却拒绝讨论条约间的冲突，并给出了前后矛盾的解释。上诉机构认为，因为无论是多边贸易协定还是《中国加入议定书》都是中国在 2001 年加入 WTO 时承诺遵守的，它们构成了"同一个条约"，因而用条约冲突的思路来理解整个 WTO 一揽子协定之间的权利义务关系是不恰当的。[③]

上诉机构在确定文本上的联系时，认为加入议定书与 WTO 已有规则相互独立，在面对条约冲突时又认为它们构成"同一条约"，这种逃避问题的解释方式明显站不住脚。事实上，从专家组和上诉机构依据加入议定书义务而排除适用 GATT1994 例外的裁决思路来看，可以推导出一个他们所认同的隐含的逻辑：即加入议定书与《WTO 协定》所附的多边贸易协定相互独立，具体条款上没有从属关系。但是当加入议定书与 WTO 已有规则出现冲突时，WTO 已

---

① 刘敬东：《GATT1994 第 20 条的权利性质分析——对 WTO 上诉机构相关裁决对思考》，《北方法学》2013 年第 1 期。

② 顾宾：《论 WTO 稀土案裁决报告的明显失误和亟宜纠正》，《国际经济法学刊》2015 年第 3 期。

③ Appellate Body Report, *China- Rare Earths*, para. 5.70.

有规则将被修改，加入议定书条款得以优先适用。

第四节　加入议定书法律位阶的再认定问题

从"原材料案"和"稀土案"中专家组和上诉机构隐含的裁判逻辑上看，加入议定书能够修改 WTO 已有规则，且具有优先适用的法律地位。既然如此，专家组和上诉机构为何要逃避对二者关系作出明确解释呢？笔者认为，给予新成员加入议定书优先适用的地位似乎满足了所有 WTO 创始成员的意愿，但是会诱发前文中所提到的一系列法律问题：为什么加入议定书可以不顾《WTO 协定》第 10 条关于成员方条约权利义务修正的规定？ WTO-plus 和 WTO-minus 承诺的法理依据何在？考虑到这些无法解释的法律问题以及专家组和上诉机构在"原材料案"和"稀土案"中缺乏公正性的裁决结果，新成员加入议定书的法律地位需要被重新界定。

一、加入议定书与部长级会议决定

笔者建议将加入议定书与部长级会议决定相类比，从而将其定性为效力等级低于《WTO 协定》及其附件的法律文件。新成员加入议定书的法律效力与 WTO 部长级会议或总理事会决定有很大的相似之处。首先，在通过方式上，加入议定书与部长级会议／总理事会决定都是由 WTO 所有成员方协商一致通过，但是没有经过成员方国内接受程序（新加入成员除外）。其次，所有新加入成员的加入议定书都是以附件的形式附着在关于新成员加入的 WTO 法律文件之后。这些法律文件的第一句话通常为，"总理事会会议通过了一项决定，同意某国家或地区以加入议定书中的条件加入 WTO。"这进一步说明了加入议定书与部长级会议或总理事会决定之间的联系。因此欲确定加入议定书的法律地位，可以从部长级会议或总理事会决定的法律地位中获得启示。

部长级会议决定在 WTO 体制中的法律地位同样是模糊不清的，但仍然存在共识，即部长级会议决定不属于《WTO 协定》第 10 条规定的 WTO 修正案，因此不属于 DSU 附件 1 中的涵盖协定，不能在争端解决机制用以增加或减少 WTO 成员的权利义务。部长级会议决定从未在争端解决机制被作为案件裁决的法律基础，而只是被作为法律解释的基础。[①] 但即便如此，是否具有法律约束力与是否可在争端解决机制执行是两个不同性质的法律问题，部长级会议仍然可以在不改变 WTO 义务的情况下具有法律约束力，从一些部长级会议决定的用语表达和功能上来看，它也确实为成员创设了权利义务。[②] 例如 2015 年 12 月 21 日部长级会议通过的《关于出口竞争的决定》，要求 WTO 成员限制使用补贴和补贴措施，具体包括要求发达国家立即取消出口补贴，要求发展中国家在 2018 年底取消出口补贴。[③] 有学者在试图阐明部长级会议宣言和决定法律地位的时候甚至提出了一种设想，让部长级会议行使宪法性的权限来制定 WTO 次等级的法（secondary law）。[④]

从上文中 DSB 对加入议定书管辖权的讨论中可以看出，加入议定书与部长级会议决定之间存在的最大差别在于能否在争端解决机制中获得执行的问题。无论是从 WTO 争端解决的实践还是从《WTO 协定》第 12 条中关于"加入条件"的提出来看，都应当肯定 DSB 对加入议定书的管辖权。但是加入议定书与 WTO 部长级会议决定在法律地位上的相似之处决定了加入议定书不能减损 WTO 成员的权利义务，加入议定书只能被视为低一位阶的法律文件，且只有在不与 WTO 已有规则相冲突的范围内才得以适用。

二、WTO-plus 和 WTO-minus 承诺的解释

将加入议定书和工作组报告视为比《WTO 协定》及其附件效力低一等级

---

① 例如在"美国——丁香香烟案"中，上诉机构赞同专家组的观点认为，部长级会议决定可以构成 VCLT 第 31 条第（3）款（a）项的嗣后协定。Appellate Body Report, United States-Measures Affecting the Production and Sale of Clove Cigarettes, WTO Doc. WT/DS406/AB/R, 4 April 2012, para.260。

② Steve Charnovitz, "The Legal Status of the Doha Declarations," *Journal of International Economic Law*, vol.5, no.1, 2002, p.210.

③ Ministerial Decision of 19 December 2015, *Export Competition*, WT/MIN（15）45, WTO Doc. 21 December 2015, pp.1-2.

④ Charnovitz, "The Legal Status of the Doha Declarations," p.211.

的法律文件，可能会引发 WTO-plus 和 WTO-minus 承诺的有效性问题。有学者认为这会使新成员承担的 WTO-plus 义务有效，而使已有成员的 WTO-minus 义务无效。① 但事实上，将加入议定书认定为低位阶的法律文件，不一定使加入议定书条款无效，中国也无意推脱作出的加入承诺。

首先，就 WTO-plus 义务而言，即便效力等级较低，此类义务的承担并不影响我国履行 WTO 已有规则中的义务；换言之，除非 WTO-plus 义务减损了 WTO 已有规则中的成员享有的权利，否则新成员承担的 WTO-plus 义务并不与《WTO 协定》及其所附的多边贸易协定相冲突，新加入成员依旧有遵守的义务。

其次，就减少已有成员义务的 WTO-minus 承诺而言，正如一些学者所担心的，此类 WTO-minus 承诺确实会与 WTO 已有规则相冲突从而产生效力问题。然而，笔者认为倘若 WTO-minus 承诺减少了现有 WTO 成员的义务，这些承诺并不必然无效，而是可以用豁免的规则来得以解释，此处豁免的适用对象不是新加入成员，而是所有 WTO 已有成员。根据《WTO 协定》第 9 条第 3 款的规定，部长级会议可决定豁免《WTO 协定》或任何多边贸易协定中成员承担的义务，《WTO 协定》的豁免决定需首先提交部长级会议协商一致作出，其他多边贸易协定的豁免决定应由成员的四分之三多数作出。根据《WTO 协定》第 9 条第 4 款的规定，豁免决定应陈述可证明该决定合理的特殊情况、豁免的条件以及终止日期。期限超过一年的豁免应在一年内由部长级会议审议，且需要逐年审议直至豁免终止。② 而新加入成员作出的 WTO-minus 承诺基本上满足豁免的条件。其一，WTO-minus 承诺是由部长级会议协商一致通过的，因此满足四分之三多数的条件。其二，新加入成员的加入议定书和工作组报告大都为 WTO-minus 承诺规定了期限。例如关于计算正常价值时使用替代国价格的 WTO-minus 承诺，《中国加入议定书》第 15 条 (d) 款规定，(a) 款 (ii) 项的内容应当自中国加入 WTO 后 15 年失效。③ 越南政府报告第 225 段 (d)

---

① Charnovitz, "Mapping the Law of WTO Accession," p.69.

② 参见《马拉喀什协定》第 9 条第 4 款。

③ *Protocol on the Accession of the People's Republic of China*, WT/L/432, 23 November 2001, Article 15 Section (d).

款也规定，225 段（a）款（ii）项的内容应当在 2018 年 12 月 31 日失效。① 关于中国作出的过渡期特殊产品保障措施的承诺也将于中国加入 WTO 后 12 年终止。②

尽管如此，WTO-minus 承诺的确有与豁免条件不相符的地方，比如豁免需要明确的豁免理由，而新加入成员的加入议定书和工作组报告却未对 WTO-minus 承诺给出任何理由和解释，且部长级会议或总理事会并没有对 WTO-minus 承诺是否需要继续存在进行逐年审议，但这些不相符之处恰恰是 WTO-minus 承诺备受批评之处，也是合法性欠缺之所在。今后对于新加入成员的 WTO-minus 承诺，部长级会议或总理事会可以考虑严格按照豁免的规定遵照执行，否则新加入成员就有权质疑减少已有成员义务的 WTO-minus 承诺的效力，甚至拒绝遵守此类条款。

最后，如果加入议定书的位阶更低，则新成员承担的 WTO-plus 义务不能与《WTO 协定》及其附件中成员享有的权利相冲突。因此，在涉及到 WTO 例外的适用问题时，WTO 专家组和上诉机构应当特别注意对 WTO-plus 义务的解释，这也为 WTO 例外对加入议定书条款的适用提供了新的解释思路。具言之，针对《中国加入议定书》第 11.3 条而言，唯有允许 GATT1994 第 20 条例外适用于该条款，才不至于与 GATT1994 第 20 条造成法律上的冲突。迄今为止，对于 WTO 例外适用于违反加入议定书义务的抗辩，无论是学界还是我国在相关案件中表明的立场都主要反映为两种思路：第一种是在《中国加入议定书》条款和 WTO 已有规则之间建立起一般性的关联。第二种是坚持将援引 GATT1994 例外界定为成员固有的权利，因此不需要特别援引均可在货物贸易领域适用。③ 但是值得注意的是，这两种论点在"原材料案"和"稀土案"中均已被否定，在未来可能出现的案件中，专家组和上诉机构推翻先前裁决的可能性较小。因此，有必要为以我国为代表的新加入成员就违反加入议定书义务援引 WTO 例外思考新的解决思路。

有学者提出了 DSB 对新成员加入 WTO 议定书进行宪法性审查的想法。

---

① *WPR of Viet Nam*, WT/ACC/VNM/48, 27 October 2006, para.225（d）.
② Protocol on the Accession of the People's Republic of China, Article 16 Section 9.
③ 刘敬东：《GATT1994 第 20 条的权利性质分析——对 WTO 上诉机构相关裁决对思考》，《北方法学》2013 年第 1 期。

认为 DSB 的建立在某种程度上体现了权力在司法部门与行政部门之间分配的理念，但又质疑 DSB 是否会以部长级会议或总理事会越权为由判定加入议定书不可适用。[①] 笔者认为，即使 DSB 并没有明确地享有类似于"违宪审查"的职能，如果确定了加入议定书相对较低的效力等级，加入议定书条款与 WTO 已有规则之间实际存在的法律冲突也能迫使 DSB 在适用规则时考虑特定条款之间的联系。换言之，为了审查加入议定书特定条款是否与 WTO 已有规则相违背，DSB 必须依照权利义务的性质分析加入议定书条款与《WTO 协定》及所附多边贸易协定之关系，而不能以加入议定书未建立起足够的文本上的联系为由，对议定书与 WTO 已有规则之间的法律冲突视而不见。倘若专家组／上诉机构适用了低位阶且与 WTO 已有规则相冲突的加入议定书义务，则意味着专家组／上诉机构在法律适用问题上存在错误。

三、加入议定书的修正与解释

如果将加入议定书视为与 WTO 多边贸易协定同位阶的法律文件，在加入议定书的修正和解释问题上将出现显著的不合理性。此时，加入议定书的修正要遵循《WTO 协定》第 10 条的有关规定，通常需要三分之二的成员方接受，并需要遵循成员方国内条约批准的法律程序。因此加入议定书的修正成为了极其困难的事项，几乎等于关闭了加入议定书修正的大门[②]。就议定书的解释而言，根据《WTO 协定》第 9.2 条，四分之三多数的成员可以不顾中国的意见解释加入议定书，这样的解释作为一项立法解释将会对中国产生约束力。考虑到加入议定书义务的单边性质，对议定书的立法解释不应当没有中国的同意。[③]

因此将加入议定书视为 WTO 部长级会议或总理事会制定的效力低一等级的法律文件，将会有效避免议定书修正和解释上的困境。加入议定书从法律属性上来看，仍然是新加入成员与 WTO 签订的双边条约，"一体化条款"将双

---

① Tyagi, "Flesh on a Legal Fiction：Early Practice in the WTO on Accession Protocols," *Journal of International Economic Law*, vol.15, no.2, 2012, pp.416-418.

② Qin, "The Challenge of Interpreting 'WTO-plus' Provisions," p.135.

③ Qin, "The Challenge of Interpreting 'WTO-plus' Provisions," pp.137-138.

边条约转化成了位阶较低的多边条约。若依此定位而论，加入议定书的修正和解释应当由缔结该议定书的新加入成员和 WTO 部长级会议／总理事会共同决定。

第五节 结 语

考虑到新成员加入 WTO 议定书和工作组报告，在法律适用过程中存在中管辖权基础不明确和法律解释公正性欠缺这一程序和实体的双重困境，加入议定书在 WTO 规则中的法律地位必须得以明确。加入议定书和工作组报告的法律适用，将成为维护新加入成员合法权益的最后一道屏障，而此环节中对新加入成员合法权益的忽视，将会强化非对称性的成员驱动以及失衡的 WTO 内部治理格局。对于加入议定书的法律地位，有修正、保留、嗣后协定等多种学说，但这些学说或无法自圆其说，或无法解决既存问题，专家组和上诉机构也多次回避对加入议定书与 WTO 已有规则之间的关系进行澄清。在未确定加入议定书法律地位的情况下，专家组和上诉机构过分依赖于文本解释的方法，在"原材料案"和"稀土案"中作出了有损我国主权权益的裁决。因此，本章的目的在于在分析现有学说和裁决的基础上，对加入议定书法律地位给予新的、明确的界定。加入议定书虽然能够依据《WTO 协定》第 12 条在 WTO 争端解决机制适用，但是不应当赋予它超越《WTO 协定》及其附件的法律地位。作为相对低位阶的法律文件，加入议定书不能与 WTO 已有规则相冲突。对加入议定书法律地位的这一界定，不但能够避免对部长级会议权限的质疑，揭示专家组和上诉机构在案件审理中的裁决漏洞，为我国在 WTO 处理加入议定书争端提供新的解决思路，还能够在法律适用层面上抵消 WTO 加入程序中非对称性成员驱动带来的负面效应，通过重新界定和澄清加入议定书和工作组报告的法律地位，促进新加入成员在加入承诺的法律适用问题上占据主导权。

加入议定书在 WTO 争端解决机制的解释和适用，对于以中国为代表的新加入成员在 WTO 的权利义务已产生重大影响，且未来还将持续产生深远影响。另外，新成员加入议定书与专家组报告的法律适用问题，不仅仅关系到

WTO 一般例外对加入议定书和工作组报告的适用，未来还有可能影响到新加入成员运用 WTO 安全例外以及更广泛的 WTO 权利。加入议定书和工作组报告模糊的法律地位以及缺乏公正性的法律解释，有可能在更大范围内加剧新加入成员权利义务的失衡。"俄罗斯——交通运输案"（DS512）中，专家组已经就安全例外条款是否适用于《俄罗斯加入 WTO 议定书》作出了裁决，并沿袭了"稀土案"中的分析框架，要求将文本关联性的建立作为安全例外条款的适用前提。这种解释方式给中国以及其他新加入成员就加入承诺援用 WTO 安全例外条款形成了阻碍。新加入成员应思考如何在此类争端中维护国家利益，就违反加入议定书义务援引 WTO 例外探索新的解释路径。对新成员加入议定书法律地位的明确和对原有解释方式缺陷的校正，将有助于避免争端解决机构持续对新成员加入议定书和工作组报告作出偏颇的解释，防止 WTO 治理结构失衡的加剧，并为新加入成员赢得更多的发展空间。

第六章　美国互惠贸易政策演进逻辑

互惠是贯穿于美国贸易政策制定的基轴，同时也是国际贸易体制形成和演进的基石。互惠概念的内在模糊性、多层次性和使用方式的多样性使之具有了双重工具特征：互惠贸易政策既是美国形塑国际经贸秩序的关键政策性工具，又成为了美国满足国内保护主义和狭隘民族利益的重要武器。互惠贸易政策的工具属性减损了互惠规范内涵的稳定性，给国际贸易体制和国际经贸合作带来了多方面的严峻挑战：单边主义和贸易保护主义威胁了国际贸易合作；文化和制度霸权冲击了国际贸易法治；互惠规范中的利己主义挤压了非互惠制度的建构空间，使发展中国家再次面临成为"规则接受者"的被动局面。互惠原则作为国际贸易体制生成发展的基石，因受到美国单方操纵的互惠理念界定及贸易政策实施的制约，成为了权力阴影下的多边贸易体制规则生成的理念源头。美国以互惠原则规范形塑国际经贸秩序，反映了美国的制度和文化霸权。以"美国利益优先"为出发点对多边贸易体制互惠原则的操纵，反映了非对称的成员驱动模式，巩固了不均衡的 WTO 内部治理结构，严重侵蚀了以规则为基础的国际贸易法治根基。

对美国互惠贸易政策历史的梳理和规律的总结将有助于揭开成员驱动的面纱。面对美国的民粹主义、单边主义和保护主义浪潮，欲就全球贸易治理展开有效对话与合作，有必要系统分析梳理美国互惠贸易政策的历史脉络，厘定美国公平和互惠理念的主要内涵和变化逻辑，有针对性地思考合作及应对思路。美国互惠贸易政策在不同时期的推行体现了对互惠不同类型的倚重，经历了从以具体的互惠为主到具体与扩散的互惠相结合，从以负面的互惠为主到正面与负面的互惠兼顾，从强调第一差异的互惠到强调绝对的互惠的嬗变过程。在特

267

朗普任职阶段的美国互惠贸易政策更是强化以"严格对等"为主要特征，标志着在新的国际和国内局势下美国贸易政策的转型。虽然美国的互惠贸易政策在特定时期会表现出一定程度的特殊性，但同时也在很大程度上遵循了政策演进的规律性。互惠内涵随着美国面临的国际体系变化与国际影响力权重而不断作出调整，凸现了互惠贸易政策以满足美国国家利益为首要目的、以美式公平理念为政策根源、以单边主义为主要实现途径的鲜明特征。当美国拥有绝对的霸权优势，美国更加愿意承担提供国际公共产品的成本而支持多边主义，而每当美国经济出现下滑或面临挑战者的竞争威胁时，美国的单边主义倾向就会明显加强，国际公共产品的供应模式也出现了从霸权供给向全球集体供给和地区供给的部分转换。

WTO 成员应在"发展导向"的牵引下构建具有充分包容性的互惠价值理念，以遏制权力导向，克服价值非中性所带来的风险。包容性的互惠价值理念应通过对话、协商和谈判而获得，尤其要确保发展中成员在 WTO 中的民主参与权和话语权表达，以尊重世界文明多样性，推动经济全球化朝着更加开放、包容、普惠、平衡、共赢的方向发展。鉴于互惠在国际经贸合作及规则制定方面的指导性作用，中国应思考如何回应美国对互惠理念的操纵，如何利用对互惠理念的塑造参与未来多边和区域贸易体制的改革及规则现代化进程。中国应积极回应美国的公平贸易诉求，落实可持续发展战略，积极争取发展空间。同时适度提升贸易关系对等程度，积极承担大国责任，寻找中美两国最大利益公约数，争取未来国际贸易规则制定的话语权。

美国行政当局在 2018 年发布的国情咨文中提到：美国寻求的贸易关系应当是"公平且互惠的"，[①] 又在各种正式和非正式场合反复强调互惠的重要性。[②] 特朗普总统对于"公平"和"互惠"的双边经济关系的偏执，更使得互惠这一概念认知重新进入了学者的关注范畴。学界对美国贸易政策中的互惠理解上存

① 参见 President Donald J. Trump's State of the Union Address, The White House (Jan. 30, 2018)，https：//www.whitehouse.gov/briefings-statements/president-donald-j- trumps-state-union-address。

② 参见 President Trump's 2018 Trade Policy Agenda and 2017 Annual Report（美国 2018 年贸易政策议程暨 2017 年度报告）；参见 Donald Trump (@realDonaldTrump), Twitter (June 10, 2018, 6：05 PM)，https：//twitter.com/realDonaldTrump/status/1005979207544000512。

在偏差。①

对"互惠(reciprocity)"的上述解释在当前背景下虽然引人注目，但未将"互惠"放入美国贸易政策的发展演进史中进行系统性和体系化地诠释，简单地将其等同于"对等"，从整体来看似乎有失偏颇。在美国频频抛出"互惠"要求，并站在规范制高点指责中国对美国贸易不公平之际，就必须对互惠、特别是美国的互惠作出系统性的认知。互惠这一概念的本来含义是什么？在美国的贸易政策中是如何体现、如何发展演进的？演进变化的逻辑和背后的原因是什么？对国际贸易治理格局和国家间经贸关系会产生怎样的影响？只有厘清这些问题才能更加深刻的理解美国的互惠贸易政策，理性地处理好中美关系，并为中国积极参与未来国际贸易规则的制定做好充分的理论准备。

第一节　互惠基本内涵与美国贸易政策

互惠通常意味着两方主体之间相互行动、相互影响、相互取予等交往行为存在的状态或形成的关系。②一般意义上的互惠通常是指一种行为标准或交换原则，③包含着条件性与对等性两个维度，④但不同的互惠类别在上述两个维度上可能存在差异。然而这样的定义无法对互惠的具体内涵作出准确的界定。互惠是一个具有模糊性的概念，不仅内在包含了多种类别和含义，还持续地被赋予新义和解释。互惠的模糊性使它容易在不同含义与不同语境下被运用甚至操纵。澄清互惠这一概念的多种层次与类别，揭示互惠内涵的全貌，有助于精准

---

① 有学者提出，中国自加入世界贸易组织谈判时起，就将"reciprocal"错译成"互惠"，而该词在欧美国家事实上意味着"对等"。马晓野：《困境和出路——前中国驻WTO观察员马晓野看中美贸易谈判》，上海金融与法律研究院，2018年5月5日。

② The Oxford English Dictionary, Second Edition Volume XIII, Quemadero-Roaver, Oxford：Clarendon Press, 1989, P.330.

③ Mark Bevir, *Encyclopedia of Governance*, Thousand Oaks, London and New Delhi：SAGE Publications, 2007, p.798.

④ Robert O. Keohane, "Reciprocity in International Relations," *International Organization*, vol.40, no.1, pp.5-8.

分析美国互惠贸易政策的内容及其演变趋势。

一、互惠的基本内涵厘定

在不同学科领域的知识谱系中，对互惠可能存在着不同的意义。经济学和博弈论视角下的互惠大多体现为"一报还一报"的策略。"一报还一报"的互惠策略以理性的利己主义假设为前提条件，虽然博弈双方均存在背叛的动机，但只要共同合作比共同背叛能产生更好的结果，"一报还一报"有助于在长期的重复博弈中产生合作的结果，[①]在多种非零和博弈的情况下都具有吸引力。[②]而人类学与社会学更看重互惠的社会规范内涵。互惠规范有两种最基本的要求：人们应当帮助那些帮助过他们的人，以及人们不能伤害那些帮助过他们的人。[③]因此社会性意义上的互惠规范不同于经济学意义上的交换，也不同于简单的买卖和支付，[④]它涉及到给予、接受和回报的义务，是维系整个社会的基本作用力。[⑤]

国际关系中的互惠，指两个国家相互给予优势和优待以形成商业关系的基础；还可以形容两国相互作出的行为或反馈。[⑥]在国际关系领域，互惠的内涵受到国家权力的深刻影响，具有更加严重的模糊性和不确定性。实践中互惠既可以指国家所追求的外交政策，也可以指代国家间的行为模式。对于互惠的要求既可能出于真实意图和价值考量，也可能出于欺骗性目的。国际关系领域的互惠不但受到其他学科互惠内涵的影响，还受到国家权力与行为模式的影响。

---

① "一报还一报"的策略不主动背叛，也会惩罚对方的背叛行为，且在一次惩罚之后保持宽容。参见罗伯特·阿克赛尔罗德：《合作的进化》，吴坚忠译，上海人民出版社2007年版，第36页。

② Kenneth Oye, "Explaining Cooperation Under Anarchy：Hypotheses and Strategies," *World Politics*, vol.38, no.1, 1985. pp.1-24.

③ Alvin W. Gouldner, "The Norm of Reciprocity," *American Sociological Review*, vol.25, no.2, 1960, p.171.

④ 交换关系描述的是纯粹的市场交易，而较少涉及社会关系和纽带，更不包含道德成分。

⑤ Mauss 描述了互惠关系中的三种义务：给予、接受和回报。参见 Marcel Mauss, *The Gift, The Form and Reason for Exchange in Archaic Societies*, 1990, London：Routledge, pp.29-31。

⑥ The Oxford English Dictionary, Second Edition Volume XIII, Quemadero-Roaver, Oxford：Clarendon Press, 1989, P.330.

常见的国际关系领域的互惠可以包含以下类型。

（一）具体的互惠与扩散的互惠

从学理角度考察，国际关系新自由制度主义的奠基人罗伯特·基欧汉在吸收其他学科研究成果的基础上，将国际关系中的互惠区分为"具体的互惠"（specific reciprocity）和"扩散的互惠"（diffuse reciprocity）。具体的互惠是指特定的行为方之间以一种严格限定的顺序，交换等值物品的情形。这是经济学和博弈论对于互惠的典型描述。具体的互惠要求在特定的行为方之间达成双边的平衡，也即双方交换的价值基本对等，且一方的行为将另一方的行为作为自己行动依据。[①] 相比之下，扩散的互惠关于对等的定义没有那么准确。行为方可能被视为一个群体而非特定的个体，且交换的顺序并没有被严格限定。扩散的互惠强调在整个群体内达成的平衡。换言之，"如果每个人都为提供公共产品做出了一定程度的努力，你也必须这样做"。[②] 扩散的互惠与社会学与人类学意义上的互惠概念相类似，强调是互惠义务把社会联系在一起。

具体的互惠需要与扩散的互惠相互补充并发挥作用。在世界政治经济关系中，坚持扩散的互惠可能会导致搭便车的问题，特别是当社会中缺乏足够的规范认知和义务感的时候，扩散的互惠不能创造提供公共产品的动力。然而过份倚重具体的互惠处理国家间关系也不利于国家间互利的合作。繁琐的双边谈判、难以判定的对等标准，可能会使谈判陷入无休止的混乱局面，且无法在国际社会内部生成信任感和凝聚力。因此单独依靠具体的互惠和扩散的互惠，都无法为促进国家间合作提供有效的解决方案。为达到扩大国家间合作的范围的目的，有必要在国际贸易制度的建构过程中综合运用这两种互惠类型。

---

① 阿克塞尔罗德的计算机实验已经证实了具体互惠在囚徒困境等多种博弈类型中是一种有效的策略。在参与方数目较多的多边情形下，公共产品的非排他性容易产生集体行动问题，不利于国家间合作，而具体的互惠能够通过将公共产品私有化有效地防止搭便车的行为。罗伯特·阿克赛尔罗德：《合作的进化》，吴坚忠译，上海人民出版社 2007 年版，第 36 页。

② Robert Sugden, "Reciprocity：The Supply of Public Goods through Voluntary Contributions," *Economic Journal,* vol.94, no.376, 1984, pp.775-776.

（二）正面的互惠与负面的互惠

正面的互惠是指给予正面的行为以正面的回应，即以善意回报善意。而负面的互惠是指给予负面的行为以否定性的回馈，即以恶意对抗恶意。二者都在国际政治、法律和经济谈判中发挥着重要的作用。正面的互惠体现为国家间合作，是国际社会长期和平与稳定的关键。在当今世界当中，单个国家无法依靠自己的力量来面对各种挑战，国家间相互依赖程度的加深导致了在许多问题上需要国家间开展合作。[①] 国际法意义上的合作则意味着两个或多个国家为实现特定的目的在法律机制下自愿协调行动。[②] 由于国家间互动交往包含利益的平衡和分配，互惠在国家间谈判达成政策协调的过程中扮演了重要的作用。

国际关系和国际法中的负面互惠主要体现为国家采取的自卫、报复或反制措施，以阻碍其他国家的不合作行为。在无政府状态下，即使是中立性的争端解决机构也具有相当程度的局限性，而负面的互惠可以成为一种补充的法律执行机制。负面的互惠的优势在于它可以在侵害国和受害国之间实现权利义务的再平衡，迫使其他国家展开合作或遵守其应承担的国际义务，但超过必要限度的负面互惠可能会使国家间陷入循环报复或持续的敌对状态中。

（三）"第一差异的互惠"和全面的互惠

互惠中的"对等"元素具有复杂的衡量标准。在国际贸易中一种常见的衡量互惠的标准就是通过衡量市场准入机会增加的水平，这种类型的互惠主要针对的是贸易的增量，而不考虑不同国家先前的市场开放水平。经济学家巴格瓦蒂（Jagdish N. Bhagwati）将这一标准定义为"第一差异的互惠"。[③] 全面的互惠原本意味着互惠的市场准入水平和互惠的贸易限制水平。然而这一概念在被

① Shahrad Nasrolahi Fard, *Reciprocity in International Law: Its Impact and Function*, Abingdon, Oxon；New York：Routledge, 2016, p.14.

② Shahrad Nasrolahi Fard, *Reciprocity in International Law: Its Impact and Function*, p.116.

③ Bernard M. Hoekman and Michel M. Kostecki：*The Political Economy of the World Trade System: the WTO and Beyond*, Oxford：Oxford University Press, 2009, p.169.

国家贸易政策所援引的时候衍生出一些变化，使其极具迷惑性。其衍生物主要是指由美国主张的绝对的互惠，它不再意味着对等的减让幅度，而是指对等的减让结果，也因而成为指责与他国间贸易关系不公平的理由和借口。① 绝对的互惠的对等要求既可以存在于国家层面，也可存在于部门层面；既可以是对最终达成的贸易结果或贸易额的要求，也可以包含对贸易条件和生产条件一致性的要求。后者通常被称为国内贸易规制和监管标准的"协调"（harmonization），目的是实现贸易伙伴间"公平"的市场竞争。

二、美国贸易政策中的互惠

美国的互惠和公平理念来源于美国资本主义商业传统。资本主义关注于私人产权的保护，以自由为核心价值理念，并认为自由市场是最有效、最公平的分配机制。美式公平和互惠理念强调公平竞争、市场开放、反对过分的政府干预，反对搭便车的行为。因此美国倡导的公平和互惠价值需要与实质公平和分配正义的理念相区分。后者在美国互惠贸易政策中几乎没有相应的理念和文化根源。相反，有限程度的结果不公平被认为是个体差异和禀赋的体现，能够与美式公平和互惠理念相兼容。② 即使美国利用保障措施、贸易调整援助项目等实现资源的再度分配，这种分配正义也仅局限于国内，而在全球化背景下发达国家与发展中国家间收益分配不均的问题，几乎从未正式进入美国贸易政策的讨论范畴。③

因此，植根于美国经济和政治传统中的互惠理念主要基于理性和利己主义，而并不过多关注福利与道德因素，因此美国互惠相对更接近于具体的互惠而非扩散的互惠。虽然资本主义和民主政治国家原则上更容易支持自由贸易，但其推崇的自由贸易主要是在国家主权领土范围内，这种对内的自由主义与重商主

① Jagdish N. Bhagwati and Douglas A. Irwin, "The Return of the Reciprocitarians – US Trade Policy Today," *The World Economy*, vol.10, no.2, 1987, p.117.

② Americo Beviglia Zampetti, *Fairness in the World Economy: US Perspectives on International Trade Relations*, Cheltenham and Northampton, MA : Edward Elgar, 2006, p.48.

③ Americo Beviglia Zampetti, *Fairness in the World Economy: US Perspectives on International Trade Relations*, p.4

义的贸易保护并不矛盾。事实上美国在很长一段历史上实行了贸易保护主义，而从未支持过单边自由贸易的思想，且将互惠视为实行市场开放的唯一路径。面对美国的民粹主义、单边主义和保护主义浪潮，欲就全球贸易治理展开有效对话与合作，则有必要系统分析梳理美国的互惠贸易政策的历史脉络，理解美国公平和互惠理念的主要内涵和变化逻辑，有针对性地思考合作及应对思路。

第二节　美国互惠贸易政策的生成演进

互惠的理念和规范贯穿于美国贸易政策始终，但互惠的具体内涵并不是一成不变的。从美国建国至今，美国互惠贸易政策经历了从以具体的互惠为主到具体与扩散的互惠相结合，从负面的互惠为主到正面与负面的互惠兼顾，从强调第一差异的互惠到强调绝对的互惠的嬗变过程。由于美国贸易政策对多边贸易体制和国际贸易格局的深刻影响，互惠概念的内在模糊性使之成为了美国形塑国际经贸秩序的关键政策性工具。

一、早期互惠贸易政策

美国建国至《1934 年互惠贸易协定法案》出台前，是美国贸易政策与保护主义结合最为紧密的时期。这一时期美国的互惠贸易政策以民族主义和贸易保护主义为基础，因此是内向型的。虽然冠以"互惠"之名，但这一时期的贸易政策几乎没有真正开放美国市场来争取外国市场准入，[1] 而更多是要求甚至威胁其他贸易伙伴对美国做出让步，在实质上并没有达成互利的合作结果。[2] 美国内向型的互惠贸易政策主要反映在三类贸易政策工具上：第一，不可谈判的高水平关税。国会有权自行设置关税税率，总统虽然可以在谈判中修改关税，但

---

① Michael J. Gilligan, *Empowering Exporters: Reciprocity, Delegation and Collective Action in American Trade Policy*, Ann Arbor, Michigan : The University of Michigan Press, 1997, p.67.

② Carolyn Rhodes, *Reciprocity, U.S. Trade Policy, and the GATT Regime*, Ithaca : Cornell University Press, 1993, p.14.

只能为了平衡生产成本或者惩罚其他国家不合作或不公平的贸易行为。[①] 第二，有条件的最惠国待遇。受拒绝搭便车的理念的影响，美国历史上一直实行的是有条件的最惠国待遇。美国认为，唯有有条件的最惠国待遇才能对抗欧洲国家对美国的贸易封锁，打击外国的歧视性贸易行为。[②] 第三，限制外国竞争的贸易救济条款。此时的互惠反映了一种观点，即美国的制造业不应该遭受外国竞争，只有极其有限的美国市场可以用来与国外出口市场进行交换。

纵观这一时期的美国贸易立法，尽管包含了所谓的"互惠"条款，但大都带有强烈的贸易保护主义色彩。在1890年《麦金利法案》(McKinley Tariff) 中，国会授权总统对国外不对等不合理的关税施加报复性关税，总统没有权力在贸易谈判中降低关税，相反，总统在谈判中作出的任何决定只能造成更加具有贸易限制性和保护主义的效果。[③] 相比于1890年《麦金利法案》，1897年《丁利关税法》(Dinley Tariff Act) 授权总统就有限的产品在互惠的前提下降低关税的权力，使得总统的权力不再仅限于施加报复性关税。然而这部法案将美国的关税水平提高至57%，因而从整体上提高了美国的贸易保护程度。[④]1909年《佩恩——阿尔德里奇法案》(Payne-Aldrich Act) 采用了双层关税法，为进口关税设置了最低关税表和最高关税表。[⑤] 然而双层关税法并没有有效控制住保护主义，反而提高了整体的关税水平。因为国会仍然把控着关税税率的决定权，总统只能在两类关税税率中进行选择。[⑥]

1913年起，美国贸易政策出现了短暂的自由主义理念下的互惠尝试，但随

[①] 这一阶段，美国认为关税水平属于一国主权范围内部的事项，因此这一时期的关税几乎是不可谈判的。参见 Carolyn Rhodes, *Reciprocity, U.S. Trade Policy, and the GATT Regime*, p.45。

[②] 直到1923年，美国才在贸易伙伴的压力下将有条件最惠国待遇转为无条件最惠国待遇。

[③] 这部法案中，国会采纳了以惩罚和报复为表现形式的互惠。参见 Douglas A. Irwin, *Clashing over Commerce: A History of US Trade Policy*, Chicago and London：The University of Chicago Press, 1992, pp.304-305。

[④] Michael J. Gilligan, *Empowering Exporters: Reciprocity, Delegation and Collective Action in American Trade Policy*, p.67.

[⑤] 最低关税表中列举了免关税产品和最低税率产品，只能对总统决定的没有对美国采取歧视性措施的国家适用；最高关税表规定了最低25%的报复性关税，将适用于其余具有歧视性的国家。

[⑥] Michael J. Gilligan, *Empowering Exporters: Reciprocity, Delegation and Collective Action in American Trade Policy*, p.68.

后因保护主义的复苏以失败告终。[1] 为回应一战后经济萧条，1922 年《富得尼－麦坎伯关税法案》（Fordney-McCumber Tariff Act）授权总统提高或降低 50% 的关税以平衡国内和国外制造商的生产成本，授权总统对在"不公平竞争"条件下进口的产品施加更高水平的报复性关税。该法案还支持了美国《1921 年反倾销法》，将所有低于美国生产成本进口的产品纳入倾销认定的范畴，藉此排除了所有具有竞争性的商品。[2] 美国保护主义的贸易政策在 1930 年达到了顶峰。国会于 1930 年通过了《斯穆特——霍利关税法案》（Smoot-Hawley Tariff Act），将平均关税率从 38.5% 提高到 52.6%，达到了美国全历史上最高关税率峰值。[3]《斯穆特——霍利关税法案》不仅限制了美国的贸易，还引发了贸易伙伴的一系列报复行为，损害了美国与其他国家的贸易关系，进一步限制了世界经济的发展。[4]

美国的贸易政策是以互惠为核心建立起来的。美国这一时期的高关税以及不公平贸易救济条款，虽然反映了美国国内的贸易保护主义立场，但始终没有脱离互惠与公平贸易的理念政策背景。然而，将一项贸易政策称之为互惠，并不使得它当然满足实质意义上的互惠条件。自美国建国至 1934 年期间，美国所实施的的内向型互惠贸易政策在持续时间和范围上均具有严重局限性，因而展现出浓厚的贸易保护主义色彩。

二、"1934 年体制"：互惠贸易政策转型

1934 年后，美国开始在自由主义理念背景下采取互惠策略，美国贸易政策反映了一系列不同以往的规范，包括开展国际合作、贸易扩张和有限的进口

---

[1] 旧的贸易保护主义政策相比于威尔逊民主党的新思想似乎为美国经济提供了更为安全的避难所。Carolyn Rhodes, *Reciprocity, U.S. Trade Policy, and the GATT Regime*, pp.42-43。

[2] Carolyn Rhodes, Reciprocity, *U.S. Trade Policy, and the GATT Regime*, p.44.

[3] 该法案还保留了 1922 年法案中对于美国竞争产品的排他性规定，且允许行政部门对实施不公平贸易的国家施加报复性关税。I·戴斯勒：《美国贸易政治》，王恩冕、于少蔚译，中国市场出版社 2006 年版，第 12 页。

[4] Michael J. Gilligan, *Empowering Exporters: Reciprocity, Delegation and Collective Action in American Trade Policy*, p.68.

自由化。[①] 三个因素促进了美国贸易政策的转向。第一，其他国家的报复和贸易萧条使得旧有美国贸易政策和极端贸易保护主义备受质疑。第二，美国逐渐意识到相互依赖的商事关系使互惠成为了一把"双刃剑"，因而叫停了保护主义下的互惠，而通过实施更具开放性的互惠原则，奉行互利的自由贸易政策。第三，国务卿赫尔和总统罗斯福成功说服国会将一部分商事事务的权力转移给总统，从而使总统能够与外国政府谈判有效的贸易协定。[②] 在此次贸易政策转向下形成的《1934 年互惠贸易协定法案》，成为了美国实施更加开放贸易政策的转折点，同时又保持了对公平和互惠理念的践行，对二战后多边贸易体制的建立产生了深刻影响。

（一）《1934 年互惠贸易协定法案》中美国贸易政策的转向

《1934 年互惠贸易协定法案》是一项重要的美国国内贸易政策制定权变迁的政治成果，它为美国从具有保护性质的贸易政策转向更为开放的贸易政策创造了前提基础。促进美国互惠贸易政策从双边互惠转化为多边互惠。《1934 年互惠贸易协定法案》成为了美国贸易政策历史上的关键性转折点，这一重要的转折体现在两个方面：

一方面，1934 年法案恢复并促进了无条件最惠国待遇的实施。这一相互给予无条件最惠国待遇的做法，体现了美国开始将扩散的互惠引入贸易政策之中，因而开始走向多边互惠。[③] 随着美国出口能力的不断上升，无条件最惠国待遇不仅符合美国打开外国市场的利益诉求，也契合了美国资本主义精神中的自由竞争及机会平等理念。理念和利益相互交织，构成了美国贸易

---

① Carolyn Rhodes, *Reciprocity, U.S. Trade Policy, and the GATT Regime*, p.14.

② 徐泉：《美国外贸政策决策机制的变革——美国〈1934 年互惠贸易协定〉述评》，《法学家》2008 年第 1 期。

③ 1934 年法案中的互惠体现在两个层面：第一，只有其他国家愿意放弃限制性的贸易政策，美国才会提供贸易减让，以防止搭便车的出现。第二，只有当其他国家愿意给予美国无条件最惠国待遇时，美国才能与其进行贸易协定谈判。第一层面的互惠符合"具体的互惠"的含义，第二层面的互惠则与"扩散的互惠"的含义较为接近。Carolyn Rhodes, *Reciprocity, U.S. Trade Policy, and the GATT Regime*, p.61。

政策向多边转轨的基础。[1] 具体的互惠与无条件最惠国待遇的结合，意味着关税减让虽然是在双边谈判中进行的，但是减让的结果将会多边适用于所有给予美国最惠国待遇的国家。[2] 前者为 1934 年法案赢得了国内保护主义者的支持，而后者为该法案赢得了多边主义者和自由贸易者的支持，同时二者又均符合美国的资本主义体制，是美国资本主义市场经济和民主政治的标志和基础。[3] 自此，美国的互惠贸易政策开始体现为具体的互惠与扩散的互惠的结合体，这种互惠模式对于二战后多边贸易体制的建立与发展产生了深刻的影响。

　　另一方面，总统实质性地享有了关税谈判权。[4]1934 年法案授权总统与其他国家互惠地进行贸易协定谈判，总统有权在 50% 的幅度内降低美国关税，来换取他国对等的减让。从 1934 年法案开始，关税设置从一项纯粹的国内事项彻底转变为可供谈判的国际事项。这一转变也推动美国将真正意义上的国家间公平，纳入到本国公平贸易政策的考量范畴。而在之前的贸易政策中，美国对于公平的理解还是采用内视的方法，并立足于国内的利益群体，而很少去关注贸易政策的国际影响。可谈判的关税代表了国家间通过合作确定关税水平的实践，不但使得无条件最惠国待遇有了实质性内容，[5] 还使得这一时期的互惠贸易政策更加外向和开放。《1934 年互惠贸易协定法案》最关键性

---

[1]　二者缺一不可。Americo Beviglia Zampetti, *Fairness in the World Economy: US Perspectives on International Trade Relations*, p.117。

[2]　当时的美国与 48 个国家签署了最惠国待遇条款，这使得任何新的双边谈判结果之影响力更为显著。Carolyn Rhodes, *Reciprocity, U.S. Trade Policy, and the GATT Regime*, p.62。

[3]　Americo Beviglia Zampetti, *Fairness in the World Economy: US Perspectives on International Trade Relations*, p.118.

[4]　美国府会贸易政策决策权在该法案中第一次得到突破，此前贸易政策决策权完全由国会享有，并依据美国联邦宪法第 1 条第 8 款第三项，垄断对外贸易政策的制定权，此法案以后，历经修正完善，总统可以定期向国会申请并获得授权，最终促成了美国总统在对外贸易政策决策话语权的地位提升，府会决策机制最终通过《1974 年贸易法》得以固化，并以"贸易谈判促进授权"（TPA）整体纳入其国内法治范畴。徐泉：《美国外贸政策决策机制的变革——美国〈1934 年互惠贸易协定〉述评》，《法学家》2008 年第 1 期，第 156 页。

[5]　美国早期实施的无条件最惠国待遇被法国称为"紧闭的大门前的平等待遇"，参见 Americo Beviglia Zampetti, *Fairness in the World Economy: US Perspectives on International Trade Relations*, p.104。

的作用就是通过可谈判的关税和无条件最惠国待遇促进美式公平的国际化、多边化。[1]

（二）《1934 年互惠贸易协定法案》对于互惠与公平的维护

1934 年美国贸易政策的改革并不能称之为"革命性的"。因为绝对的自由贸易并没有成为《1934 年互惠贸易协定法案》的根本宗旨，也没有成为美国的政策选择。相反，非歧视和互惠仍然是美国在国际贸易中维护贸易公平的必要条件。[2]《1934 年互惠贸易协定法案》保留了互惠原则和对美国产业的保护。[3] 虽然总统被赋予了一定程度上的关税谈判权，但总统只能针对具体的部门进行选择性的关税削减，运用主要供应方的谈判方式以防止搭便车。[4] 此外，该法案保留了美国总统对那些向美国出口产品施加不合理以及歧视性措施的外国国家提高关税的权力。[5] 虽然互惠与无条件最惠国待遇的结合，使得互惠不再被作为一种贸易保护的政策工具来使用。[6] 但是谈判过程中的选择性对等减让，加上总统实施惩罚性报复措施的权力说明美国从未摒弃互惠而追求自由贸易。

---

[1] Americo Beviglia Zampetti, *Fairness in the World Economy: US Perspectives on International Trade Relations*, p.113.

[2] Americo Beviglia Zampetti, *Fairness in the World Economy: US Perspectives on International Trade Relations*, p.112.

[3] Carolyn Rhodes, *Reciprocity, U.S. Trade Policy, and the GATT Regime*, p.70. 法案的序言声称，这部法案的目的在于恢复国家生存标准，创造就业机会，增加美国公民的购买力。Americo Beviglia Zampetti, *Fairness in the World Economy: US Perspectives on International Trade Relations*, p.100。

[4] 国务院必须对国内具体部门的需求作出回应，并采取相应的保障措施以保护国内生产者，以争取在出口促进与进口保护目标间达成平衡。参见 Americo Beviglia Zampetti, *Fairness in the World Economy: US Perspectives on International Trade Relations*, pp.101-102。不伤害国内产业的原则是美国行政部门对立法部门作出的一项承诺。这一原则内在地包含于选择性、产品对产品的谈判基础之中。

[5] Carolyn Rhodes, *Reciprocity, U.S. Trade Policy, and the GATT Regime*, p.61.

[6] Carolyn Rhodes, *Reciprocity, U.S. Trade Policy, and the GATT Regime*, p.61.

（三）《1934 年互惠贸易协定法案》对多边贸易体制形成的影响

1934 年贸易法案成为了二战后美国建立多边贸易体制的重要范本，特别是为 GATT 规则的制定创建了模板。在此过程中，所有与美式公平有关的思路和理念，在多边贸易体制的创建中都发挥了一定的作用。具言之，通过相互给予无条件最惠国待遇这一扩散的互惠政策以实现平等待遇和市场开放，通过选择性贸易自由化以及主要供应方的具体的互惠规范以防止外国的搭便车行为，通过反倾销反补贴等贸易措施维护公平的市场竞争条件，并通过运用保障措施以减少给国内生产者的损害。这一时期，由于关税的可谈判性质，具体的互惠规则无论在美国贸易政策还是在多边贸易体制中，都体现为第一差异的互惠。即通过调节政府行为，实现市场准入机会开放程度的对等，而最终市场准入的结果却并不一定对等。

需要注意的是，美国贸易政策的影响下建立起来的多边贸易体制中的互惠呈现出不同层次。在具体规则层面，扩散的互惠和具体的互惠均有相应的制度体现。经过美国与英国以及其他发展中国家的谈判与博弈，再加上美国贸易政策的内在复杂性，最终达成的多边贸易协定文本，还纳入了一些具有保护主义性质的例外和给予发展中国家的非互惠制度安排。因此最终在多边贸易体制的规范层面上，互惠的含义实则更为宽泛，应被理解为扩散的互惠或多边的互惠。[1]

三、GATT/WTO 互惠贸易与公平贸易政策

从二战后至 20 世纪 70 年代，美国的对外贸易政策以自由贸易为主线，且以多边框架为主要载体。美国积极参与了 GATT 全部多轮关税减让谈判，倡导贸易与投资自由化，并主导了国际经贸规则的制定。[2] 甚至在一段时间内对其主要盟国采取了单方面的自由贸易政策，协助日本和欧洲得以战后重建，同时

---

[1] 且 GATT 缔约方之间在关税减让水平、关税收益损失、贸易减让范围等方面均没有达成绝对的或严格的互惠。参见 Americo Beviglia Zampetti, *Fairness in the World Economy: US Perspectives on International Trade Relations*, p.128。

[2] 参见刘振环：《美国贸易政策研究》，法律出版社 2010 年版，第 112 页。

也为美国提供更广阔的国际市场。《1962年贸易扩展法案》相比于之前的《1934年互惠贸易协定法案》放弃了选择性关税减让的方法，还将国内利益受损的补救措施从进口限制转化为政府直接援助，从而为"肯尼迪回合"的谈判铺平了道路，促进了全球贸易体系的自由化。[①]

但美国在这一时期实行的自由贸易并不是无条件的。在抨击国外贸易壁垒的同时，并没有忘记保护国内市场。例如美国在1955年日内瓦会议上就农产品价格扶持问题上拿到豁免权，其他国家纷纷效仿，从而导致农业政策被排除在关贸总协定规则之外。[②]美国政府还以实施纺织品配额为代价，以赢得国内纺织品和服装产业对《1962年贸易扩展法案》的支持。到20世纪60年代末期，美国支持自由贸易的根基已经悄然发生变化。1968年共和党的竞选政纲将"公平贸易"作为政策目标之一，颇有预见性地提出了美国贸易政策在未来几十年的主要关注点。

20世纪60年代后期，随着日本和欧洲经济的复苏，美国竞争力相对衰落，新贸易保护主义开始出现，美国的对外贸易政策从内嵌的自由主义转向"公平贸易"，也称"新互惠主义"。[③]新互惠主义理念主张在产品、部门或行业内部实现平衡，并通过"自愿出口限制"等措施实现管理的贸易。美国开始以国内法作为判断"公平"之标准，对单方面认定的贸易伙伴的"不公平"贸易行为施加制裁措施。《1974年贸易改革法》和《1979年贸易协定法》的出台，标志着美国新贸易保护主义的出现和向公平贸易的转向。1988年《综合贸易和竞争力法》进一步扩充了总统的权力以对抗其他国家的不公平贸易行为，巩固了公平贸易和对等原则作为美国贸易政策的制度基础。

自20世纪70年代起，美国历任总统均将公平贸易和对等互惠作为一以贯之的贸易政策理念，只是在公平贸易与自由贸易的结合程度上略有差异。里根总统在"贸易政策行动计划"中正式提出"自由且公平"的概念，并针对日本、欧共体、韩国等贸易伙伴的所谓"不公平贸易行为"采取措施，从而将公平贸易理念正式合法化。[④]克林顿政府则大力推行公平贸易、"管理贸易"和"战

[①]　道格拉斯·欧文：《贸易的冲突》，余江等译，中信出版社2019年版，第518—524页。

[②]　道格拉斯·欧文：《贸易的冲突》，余江等译，中信出版社2019年版，第512页。

[③]　刘振环：《美国贸易政策研究》，法律出版社2010年版，第114—115页。

[④]　李淑俊：《美国贸易保护主义的政治经济学分析》，时事出版社2016年版，第52页。

略贸易"，致力于打开外国市场，坚持平等竞技，并实行激进的贸易促进战略。小布什总统虽然明确支持自由贸易，但仍迫于压力对国内钢铁产业进行保护，并在"竞争性自由化"策略下大量签署区域和双边贸易协定以向不愿改革的国家施加压力。[1] 奥巴马政府延续了克林顿政府和小布什政府的贸易政策，[2] 致力于扩大美国产品在全球的占有率，并试图通过 TPP 及 TTIP 等区域贸易协定的谈判推动符合美国利益的国际经贸新规则的形成。

由此可见，自美国霸权陷入相对衰落，公平贸易和对等的互惠便在美国贸易政策中受到持续关注。这一时期美国的贸易政策尽管偏离了纯粹的自由贸易而更强调公平，整体上仍以自由贸易和市场开放作为主要基调。这一时期的美国虽然试图推行区域主义和双边主义，但仍然对多边层面的贸易谈判保持着支持态度，并试图引领多边贸易体制的规则建设。

四、强化严格对等的互惠贸易政策取向

美国贸易政策对自由贸易的整体支持态度，在特朗普总统任职后发生了实质性的转变。特朗普就任总统后，美国的贸易保护主义政策出现了强势回归。[3] 与 20 世纪 70、80 年代开始美国倡导的与公平贸易政策类似，美国贸易政策欲在经济民族主义理念下重新实行重商主义与进攻型的贸易保护主义。[4] 换言之，国际贸易不仅要"自由"，还要"公平"，且是"美国定义的公平"。[5] 然而特朗普政府实施的互惠贸易政策并非之前"公平贸易"战略的简单翻版。

---

[1]　道格拉斯·欧文：《贸易的冲突》，余江等译，中信出版社 2019 年版，第 671—683 页。

[2]　李淑俊：《美国贸易保护主义的政治经济学分析》，时事出版社 2016 年版，第 57 页。

[3]　夏敏：《美国贸易政策制定中的观念、偏好与策略选择》，《国际经济评论》2018 年第 6 期。贸易保护主义并不是美国贸易政策中的新现象。事实上，美国自建国以来一直有相当长的时间依靠贸易保护主义的政策工具，并在保护主义之下发展幼稚产业，建立起美国自身的工业体系。贸易保护本身并没有好坏之分，重要的是看它服务于何种宏观经济目标。参见 Arturo Guillén, "USA's Trade Policy in the Context of Global Crisis and the Decline of North American Hegemony," *Brazilian Journal of Political Economy*, vol.39, no.3, p.402。

[4]　Arturo Guillén, "USA's Trade Policy in the Context of Global Crisis and the Decline of North American Hegemony,", p.404.

[5]　Arturo Guillén, "USA's Trade Policy in the Context of Global Crisis and the Decline of North American Hegemony," p.403.

现行美国贸易政策具有以下几点特殊性，标志着在新的国际和国内局势下美国贸易政策的转型：

（一）绝对且全面的互惠贸易政策

美国近年来所宣称的绝对且全面的互惠是一种"镜面"的互惠，相比于美国早期向多边贸易体制中植入的互惠理念已发生了深刻的变化。[①] 这种互惠首先意味着最终的贸易额而非市场准入机会的完全对等，既可以用于国家间，也可以用于部门之间。[②] 而美国与其他国家的贸易赤字，恰恰印证了美国与其贸易伙伴间关系的非互惠与不公平，因而成为美国对他国实施贸易制裁的权力依据。其次，绝对且全面的互惠还意味着贸易条件的一致和对等。贸易条件则主要是指一国国内的贸易规制政策，包括环保和劳工标准，以反对国外宽松的管制以及过度的援助。贸易条件是否一致是以美国国内监管标准为依据的，也因此为单边主义措施留足了运用的空间。虽然贸易额与贸易条件的对等，在 20 世纪 70、80 年代提倡公平贸易和战略性贸易政策时也曾被提起过，但那时的新互惠主义大多只是针对具体的贸易伙伴在具体的情形下适用，并没有形成全面的贸易政策。而随着贸易协定的重新谈判，美国政府对绝对互惠、全面互惠、贸易量及贸易条件对等要求的重视和强调预示着美国对外贸易政策的重大转型和调整。

（二）贸易协定的重新谈判

与美国 20 世纪 70、80 年代的公平贸易政策相比，2017 年以来美国贸易政策的一个显著特征就是对现有规则的重新谈判。[③] 例如特朗普政府认为美国

---

① Daniel C.K. Chow and Ian Sheldon, "Is Strict Reciprocity Required for Fair Trade?" *Vanderbilt Journal of Transnational Law*, vol.52, no.1, 2019, p.4.

② 例如特朗普曾指责中美就汽车征收关税不对等。参见 Donald Trump (@realDonaldTrump), TWITTER（Apr. 10, 2018, 3：03 AM），https：//twitter.com/realDonaldTrump/status/983284198046826496。

③ Arturo Guillén, "USA's Trade Policy in the Context of Global Crisis and the Decline of North American Hegemony," p.400.

先前签署的不公平的贸易协定纵容了贸易伙伴对美国的歧视性政策，因而阻碍了美国经济的发展。必须通过实施单边行为，以改变之前失败的贸易政策，在新达成的协定中贯彻"美国优先"的战略，使美国不再受"坏协定"的约束，也使美国的贸易伙伴不再占美国的便宜。[1] 在美国单边主义的威胁下，美国的贸易伙伴因难以承受破坏性、报复性的关税升级或贸易战将不得不重新谈判，并达成对美国更有利的贸易协定。无论是发起与中国的贸易战，还是 NAFTA 的重新谈判，美国行政当局认为在贸易协定中增加对美国更有利的条件，可以提高美国针对其贸易伙伴的相对收益。由于美国担负着太沉重的全球领导权，[2] 美国在零和博弈中已经失去了竞争力。[3] 想要变得再度强大，美国需要卸下负担，让其他国家承担更多的责任。因此，当美国的利益诉求和政策目标没有得到满足之时，美国不吝破坏现有规则，以实现美国与其他国家经贸关系的全面"互惠"与"再平衡"。[4]

（三）从多边主义向双边、单边主义的政策转移

随着美国权力的相对式微，美国政府更加依赖于在双边谈判中运用权力。虽然美国可能会遵循先前经验将双边谈判成果逐渐移植到全球，从而达到重塑全球经贸秩序的目的，但美国并没有将谈判重心直接放置于多边层面，这与前几任政府多边、区域、双边并重的做法存在重要差异。美国运用国内贸易法的201、301、232、337 等单边措施，对从包括中国在内的 WTO 成员进口的商品加征高关税，不断升级与中国的贸易摩擦，试图迫使中国作出让步。在新达成的 USMCA 中大幅提高原产地规则门槛，以实现制造业的回流。而在多边层

---

① 特朗普政府认为，美国可以利用其他国家对美国的贸易依存度来迫使他国作出更多让步，从而为本国赢得更多利益。Azza Bimantara, "Donald Trump's Protectionist Trade Policy from the Perspective of Economic Nationalism," *Journal Hubungan International*, vol.7, no, 2, 2018, p.191.

② Harold Hongju Koh, "Trump Change : Unilateralism and the Disruption Myth in International Trade," *The Yale Journal of International Law Online*, vol.44, 2019, p.1。

③ Harold Hongju Koh, "Trump Change : Unilateralism and the Disruption Myth in International Trade," *The Yale Journal of International Law Online*, vol.44, 2019, p.2。

④ Arturo Guillén, "USA's Trade Policy in the Context of Global Crisis and the Decline of North American Hegemony," p.403.

面，美国破坏了具有准司法性质的争端解决机制，通过使上诉机构陷入瘫痪而弱化多边机制对自身权力的约束。[①] 美国这种基于机会主义的践踏规则的做法，以市场竞争收益最大化为标准，不愿意接受对国家遵守全球贸易规则的监管。赤裸地彰显出美国想要摆脱以规则为导向的国际法治的约束，并试图在权力政治的角逐中获取优势地位的政治意愿。

美国贸易政策发展演进的历史充分表明，公平和互惠并不是一个当下才出现的新的事物，而一直是美国贸易政策制定的基轴，且贯穿于建国以来美国贸易政策的全部阶段。然而美国贸易政策中的互惠内涵并非一成不变。美国互惠贸易政策在不同时期体现了对不同互惠类型的重视，根据国际、国内局势而不断调整变化。互惠是一个容易被操纵的概念。它既不等同于自由贸易也不等同于保护主义，却既可以成为贸易自由化的工具，也可以作为保护主义的工具。当互惠被用作贸易保护主义的工具时，它的特征和目的是限制贸易；而当其在自由贸易导向的背景下使用时，由于国际主义贸易政策支持者主导了对外政策日程，互惠便表现出贸易促进性质的特征。[②] 虽然受美国国内因素和国际局势的影响，互惠会被贸易保护主义势力操纵和滥用，但互惠理念和规范本身始终从整体上反映着对美式公平的追求，与此同时又为美国贸易政策的变化与更新提供了充分的灵活性与调整空间，因而在美国贸易政策中发挥着关键性作用。

第三节 美国互惠贸易政策的实现路径

美国互惠贸易政策不仅肩负着实现贸易自由化的关键使命，也承担着打击对抗外国不公平贸易行为的重要责任。在国际经贸关系中，美国对于他国的不公平贸易行为的指责可以大致分为两类："防御型不公平"以及"进攻型不公平"贸易行为。"防御型不公平贸易"主要形容他国未能对等地提供市场准入机会，或未能充分保护知识产权等行为；而"进攻型不公平贸易"主要形容外国政府

---

① 孔庆江、刘禹：《特朗普政府的"公平贸易"政策及其应对》，《太平洋学报》2018 年第 10 期。
② Carolyn Rhodes, *Reciprocity, U.S. Trade Policy, and the GATT Regime*, p.10.

实施的措施给予了该国企业以不公平的竞争优势，从而破坏了平等竞争的基础。① 对此，美国设计制定了许多贸易政策工具以应对贸易伙伴的上述两种不公平的贸易行为，维护贸易关系的互惠。其总体思路总体上可归结为两类：打开国外市场、通过打击不公平竞争行为以保护本国市场。

一、以"主要供应方"规则防治"搭便车"

主要供应方规则是一项有效促使贸易伙伴开放市场的谈判规则，用以避免无条件最惠国待遇可能导致的搭便车的行为。这项规则是美国自 20 世纪 30 年代起谈判互惠贸易协定时采取的一项长期实践和方法，服务于美国对于公平及互惠理念的关注。② 主要供应方规则的核心要义是，从进口方提供的贸易减让中收益最多的国家应该比其他非主要供应方提供更多、更互惠的贸易减让。因此这一规则服务于具体的互惠概念。由于无条件最惠国待遇会将双边谈判的贸易减让收益拓展到约定享有最惠国待遇的第三方，包括那些未提供互惠减让的国家，因而可能导致搭便车的问题，进而使得无条件最惠国待遇与互惠原则之间产生冲突。主要供应方规则正是将谈判过程中的"有条件"与谈判结束后优惠给予的"无条件"很好地衔接起来，协调了具体的互惠与扩散的互惠，有效地防止了贸易壁垒减让中的搭便车行为。③ 相关统计数据表明，在多边贸易早期谈判中，主要供应方规则在控制搭便车、塑造互惠的贸易关系方面发挥了颇有成效的作用。④

---

① Alan C. Swan，"'Fairness' and 'Reciprocity' in International Trade Section 301 and the Rule of Law，" *Arizona Journal of International and Comparative Law*，vol.16，no.1，1999，p.39.

② Americo Beviglia Zampetti，*Fairness in the World Economy: US Perspectives on International Trade Relations*，p.106.

③ Bernard M. Hoekman and Michel M. Kostecki：*The Political Economy of the World Trade System: the WTO and Beyond*，p.190.

④ 例如在东京回合中，美国 96%的最惠国关税都给予了来自于提供互惠减让国家的产品。J. Michael Finger and L. Alan Winters，"Reciprocity in the WTO，" in Bernard Hoekman，Aaditya Mattoo，and Philip English，eds.，*Development, Trade, and the WTO: A Handbook*，World Band Publications，2002，p.53。

二、以"301 条款"制裁"不公平贸易行为"

"301 条款"兼具打开国外市场与打击不公平竞争行为的双重功效。美国《1974 年贸易法案》中的"301 条款"经过修订，现应指《1988 年综合贸易与竞争法》第 1301—1310 节内容，是授权美国贸易代表采取措施对抗外国违反国际贸易贸易协定的行为或以一种不公正、不合理或歧视性的方式限制美国商业的行为。① 美国贸易代表可以采取的报复性行动包括：（1）中止、撤回或阻止贸易协定的适用以及该贸易协定可能给有关国家带来的利益；（2）对该国的商品施加关税或其他进口限制，或对其服务征收费用或施加限制；（3）与外国政府签订有约束力的协定，迫使外国政府取消相应的措施，或对美国给予补偿。② 301 措施的实施动机主要有两方面：第一是打开外国市场，第二是取消外国采取的"不公平"贸易做法。③

在一些 301 措施的支持者看来，"301 条款"是在规则层面实现美国互惠理念的重要方式，也是在世界范围内推进贸易自由化进程的有力途径。④ 美国在使用"301 条款"时，采取的是"大棒"而非"胡萝卜"策略，因而是通过"负面的互惠"打开外国市场，或迫使外国政府放弃不公平的贸易做法。鉴于多边贸易体制中第三方争端解决和执行机制可能存在的局限性，单边制裁的威胁在解决某些贸易争议方面是有价值的。制裁的可能性促使外国遵守其国际义

---

① 其中，"不公正"是指那些违反了美国国际法权利的行为，包括但不限于未能给予美国国民待遇和最惠国待遇，以及未能保护美国知识产权的行为。"不合理"是指并不必然违反美国法定权利，但是被认为是不公平、不平等的行为。"歧视性"是指未能给予美国货物、服务或投资以国民待遇或最惠国待遇的行为。参见 Jagdish N. Bhagwati and Douglas A. Irwin, *The Return of the Reciprocitarians – US Trade Policy Today*, p.119。一般"301 条款"规定了美国贸易代表"应当"采取措施和"有权"采取措施的特定情形。美国贸易代表需强制性采取措施的情形包括：1. 美国权利在贸易协定中受到损害；2. 外国的立法、政策或实践损害了美国在贸易协定下的利益；3. 外国行为、政策或实践是不公正的，给美国商业造成了负担或限制。美国贸易代表可以自愿采取措施的情形包括：外国的立法、政策或实践是"不合理"或"歧视性"的，并给美国商业造成了负担或限制。
② 19 U.S.C.A. § 2411 (c) (1).
③ 杨国华：《美国贸易法"301 条款"研究》，法律出版社 1998 年版，第 81 页。
④ Alan C. Swan, "'Fairness' and 'Reciprocity' in International Trade Section 301 and the Rule of Law," p.37.

务，从而促进美国及其贸易伙伴双方的经济发展，遏制在国际条约约束范围之外"日益增长的保护主义浪潮"。[1]

但另一方面，"301 条款"自生效时起就被其贸易伙伴批判为推进"进攻型单边主义"和追求狭隘国家利益的工具。首先，美国可利用"301 条款"胁迫贸易伙伴作出单方面减让或单方面承诺。而这种实力威胁下的利益是无法在多边贸易体制内通过讨价还价的谈判获得的，因而具有鲜明的权力导向属性。[2]其次，"301 条款"的核心是由美国自己来确定什么是"不公平"的做法。由于在界定何为"公平""互惠"等问题上缺乏明确的共识和客观的标准，美国单方面决定他国是否存在不公平贸易行为。在此过程中，美国既是立法者，又是执法者和司法者，[3]为单边主义和权力滥用留下了极大空间。最后，"301 条款"所打击的不合理和歧视性行为并不必然是多边贸易规则所禁止的行为，还包括被多边规则所允许的行为。[4]因而"301 条款"的目的不仅是为了执行现行规则，还可能出于公平的考量而打破现有规则或创造新的规则；对于以规则为基础的贸易体制所带来的影响既可能是积极的维护，也可能是负面的冲击。

三、以"双反"措施打击"不公平竞争"

除了 301 措施外，反倾销、反补贴措施也可以被美国用作矫正不公平竞争结果的手段。反倾销和反补贴措施长期存在于美国贸易政策立法之中。美国首部真正意义上的反补贴税法形成于《1897 年关税法》，《1930 年关税法案》对其作了更为清晰的表述。《1974 年贸易法案》又对美国反补贴制度做了相应修改。[5]有关反倾销的法律内容则首次出现于《1916 年威尔逊关税法》。《1921年反倾销法》确立了美国反倾销制度的基本框架，后在 20 世纪 70 年代后连续

---

① 杨国华：《美国贸易法"301 条款"研究》，法律出版社 1998 年版，第 78 页。

② Kenneth W. Abbott, "Defensive Unfairness : The Normative Structure of Section 301," in Jagdish N. Bhagwati and Robert E. Hudec, eds., *Fair trade and Harmonization: Prerequisites for Free Trade? Vol. 2: Legal Analysis*, Cambridge : The MIT Press, 1997, pp.416-417.

③ Alan C. Swan, "'Fairness' and 'Reciprocity' in International Trade Section 301 and the Rule of Law," p.47.

④ Kenneth W. Abbott, "Defensive Unfairness : The Normative Structure of Section 301," p.420.

⑤ 黄东黎：《美国的补贴与反补贴法律制度》，《法治研究》2012 年第 3 期。

做出修改。根据《世贸组织反倾销守则》制定的《乌拉圭回合协定法》则再次修正了现存的反倾销法律制度。反倾销、反补贴法律制度早已成为美国互惠贸易政策中的重要组成部分，此类措施被称为"管理的保护"，以对抗外国不公平竞争的行为。[①] 其中，反倾销措施由于其形式上的合法性以及易于实施等特点被尤为广泛地使用。[②] 然而，由于这些贸易救济措施的援引取决于进口国的行政机关而非中立的裁决机构，且对于申诉失败者并不会招致任何成本，对抗公平竞争的反倾销和反补贴税，很容易被滥用而成为事实上的贸易保护主义措施。此类贸易救济措施的运用很有可能并非出于打击不公平贸易行为的目的，而只是为了削弱成功的外国生产者的竞争力。[③]

四、以"保障措施"确保国内产业免受损害

保障措施起源于美国所签定的"逃逸条款"，以"不损害国内产业"原则为依据。"不损害国内产业"是《1934年互惠贸易协定法案》以来美国逐渐确立的一项谈判原则，也是行政部门对美国国内产业的承诺。自《1934年互惠贸易协定法案》以来，美国在贸易谈判中即遵循不损害国内产业的原则。因此美国国会要求总统在所有的贸易协定中加入保障措施条款，以免关税减让对国内产业造成严重的伤害。[④] 美国在1942年与墨西哥签订的《互惠贸易协定》中首次纳入保障措施条款，其后在与他国签订的贸易协定也都加入了类似条款，且1942年美墨《互惠贸易协定》第11条与GATT1947第19条的相似度极高，说明美国的保障措施立法对于多边贸易体制保障措施制度产生了重大影响。

保障措施对于公平与互惠理念的贯彻机理是复杂与间接性的。与反倾销

① W. Charles Sawyer, *U.S. International Trade Policy: An Introduction*, Santa Barbara, California：Praeger, an imprint of ABC-CLIO, LLC., 2017, p.227.

② 例如1980年至2008年，美国发起了1158起反倾销调查。W. Charles Sawyer, *U.S. International Trade Policy: An Introduction*, p.230。

③ Jagdish N. Bhagwati and Douglas A. Irwin, *The Return of the Reciprocitarians – US Trade Policy Today*, p.127.

④ 参见约翰·H.杰克逊：《世界贸易体制——国际经济关系的法律与政策》，张乃根译，复旦大学出版社2001年版，第201页。

与反补贴措施不同，保障措施所针对的进口数量的增加，并不一定是在不公平贸易条件下产生的结果。但由于进口激增会在进口国市场内引起过度竞争，也可能会给进口国内同类产业带来损害性后果，因而需要保障措施进行结构性调整。这一调整目标并不符合以市场为导向的竞争模式。关税和数量限制的实施将会导致国家间贸易关系偏离于机会的互惠。但保障措施的目的并不因此与美式公平的标准相冲突，因为这一条款主要是为了促进国内不同群体之间的公平，其本质是嵌入式自由主义理念下保护和平衡进口国经济的安全阀和杠杆。① 嵌入式自由主义的核心思想是将自由市场嵌入到广泛的政治和社会背景之下，通过适当的政府干预补偿在自由贸易中受到损害的群体，以保护自由贸易免受破坏。② 保障措施正是为了通过减少自由贸易的社会成本而保障有竞争力的市场经济，但其正当性和有效性取决于在社会调节和市场竞争之间充分的成本收益分析。如果超出了必要限度，保障措施就会陷入贸易保护主义的泥沼。

五、以"结果为导向"的措施实现贸易规制

以结果为导向的贸易规制可能包含进口限制，也可能包含出口扩张，因此既可以被作为打开外国市场的工具，也可以成为打击不公平竞争的手段。自20 世纪 70 年代起新互惠主义和公平贸易战略盛行，美国对以规则为导向的贸易体制的支持相对减弱，而开始关注以结果为导向的贸易规制。在这一时期，灰色区域措施盛行，违反了最惠国待遇和普遍取消数量限制等原则，使多边纪律和规则趋于涣散。③"灰色区域"措施是选择性保障措施的替代物，其典型的表现形式就是自愿出口限制（VERs）。自愿出口限制的实施需要与出口方进行协商，要求其设置出口关税和出口配额，以限制特定产品从特定国家的进口。与自愿出口限制相对应的一项管理贸易措施是自愿进口扩张（VIEs），自

① 陈立虎、黄涧秋：《保障措施法比较研究》，北京大学出版社 2006 年版，第 12 页。

② Joel P. Trachtman, "Legal Aspects of a Poverty Agenda at the WTO：Trade Law and Global Apartheid," *Journal of International Economic Law*, vol.6, no.1, 2003, p.9.

③ 王世春：《论公平贸易》，商务印书馆 2006 年版，第 165 页。

愿进口扩张则要求进口方尽可能地从特定国家进口特定的产品。[①]

贸易规制的特征最明显地体现于美日贸易关系当中。在日本经济快速崛起而美国经济相对衰落的时期，美国曾认为美日之间的经贸关系是不互惠、不公平的。原因是美国向日本开放了市场，而日本却没有互惠地向美国开放市场，导致美国未能公平地展开市场竞争。管理的贸易和结果的互惠正是在这一背景下产生。[②] 美国这一时期的贸易规制和结果的互惠也影响到了多边层面贸易规则的制定。纺织品和服装的短期安排和长期安排以及《多种纤维协定》纷纷被发达国家运用来对抗来自发展中国家的出口增长。这些与多边贸易规则相违背的措施，虽然没有完全反映以结果为导向的绝对的互惠，但同样背离了第一差异的互惠而走向了贸易规制。贸易规制会导致非充分竞争，且由于国家间经济发展水平和谈判实力的差距，所谓协商达成的权利义务平衡的协议并不能确保贸易双方享受同等的贸易利益。[③]

此外，美国在近年来签订的区域贸易协定还纳入了劳工、环保、投资、国企、竞争政策等议题，为未来国际经贸规则的制定和发展方向释放了清晰的信号。劳工、环保等议题业已成为美国等发达国家维持公平及互惠贸易的重要途径，[④] 也是未来各国在贸易领域开展合作所难以规避的重要内容。处理这些与贸易相关的议题的主要目的是通过政策的协调平衡生产成本，减少交易成本，实现公平竞争。[⑤] 但是国内贸易规制政策的协调可能在短期内给发展中国家带来利益损失。因为对于贸易的最优规制政策在一定程度上取决于国家的发展水

[①] Jagdish N. Bhagwati and Douglas A. Irwin, *The Return of the Reciprocitarians – US Trade Policy Today*, p.126.

[②] 为回应国内钢铁产业的保护主义情绪，美国曾与日本达成自愿出口限制协定，限制日本钢铁产品进口。20 世纪 80 年代美日谈判半导体芯片协定时曾要求日本保证美国产品达到 20% 以上的市场占有率。美国还向日本施压要求其专门提高来自于美国牛肉的进口配额，而非全面开放市场。Andrew G. Brown, *Reluctant Partners: A History of Multilateral Trade Cooperation 1850-2000*, p.129。

[③] 薛荣久：《国际管理贸易的兴起、影响与对策》，《国际贸易问题》1996 年第 2 期。

[④] Andrew G. Brown, *Reluctant Partners: A History of Multilateral Trade Cooperation 1850-2000*, pp.195-196.

[⑤] Marion Jansen, "Internal Measures in the Multilateral Trading System：Where are the Borders of the WTO Agenda," in Thomas Cottier, Manfred Elsig eds., *Governing the World Trade Organization: Past, Present and Beyond Doha*, New York：Cambridge University Press, 2011, p.55.

平，而人为的政策协调可能会在实际应用与最优规制政策之间创造间隙，从而影响整体收益。[①] 此外，随着劳工标准和环保标准等非贸易关注，逐渐成为美国国内反对贸易自由化的重要论据，这些贸易规制政策也存在着被少数利益群体出于贸易保护主义目的而滥用的情形。

第四节　美国互惠贸易政策的国际影响因素与国内支持基础

虽然互惠成为了特朗普任职时期美国与其他国家进行贸易往来的战略重心与主要目标，但互惠理念贯穿于美国贸易政策始终，并在国际、国内多重因素的影响和作用下发展变化。由于中国、印度等新兴经济体国家的崛起和美国霸权的相对衰落，再加上美国国内贫富差距扩大、结构性矛盾不断加剧，可以预见到，在未来一段时间美国的贸易政策将会持续重视"互惠"这一元素，且收紧对于"对等"的要求。理解美国互惠贸易政策的国际影响因素和国内支持基础，对于中国有针对性地应对美国贸易政策、有准备地参与国际经贸规则的建设将产生重要的意义。

一、美国贸易政策的国际影响因素

美国在国际体系中的相对地位上的权重变化，在很大程度上影响着美国的互惠贸易政策。在无政府体系中，国家必然关注自身在国际体系中的相对地位，[②] 而美国的对外贸易政策既是指导其与其他国家展开贸易往来的战略方针，也是美国主导全球治理的重要利器。美国的贸易政策依据美国的经济实力及其在国际体系中的相对地位而持续地调整变化。当美国拥有绝对的霸权优势，美

---

① Marion Jansen, "Internal Measures in the Multilateral Trading System : Where are the Borders of the WTO Agenda," pp.74-75.

② 参见约瑟夫·格里科、约翰·伊肯伯里:《国家权力与世界市场:国际政治经济学》，王展鹏译，北京大学出版社 2008 年版，第 90 页。

国更加愿意承担提供国际公共产品的成本而支持多边主义，而每当美国经济出现困难或面临挑战者的竞争威胁时，美国的单边主义倾向就会更加明显。二战后美国的互惠贸易政策是外向型的，原因是美国处于前所未有的超强地位，[①]因此美国利用了扩散的互惠来推动国际关系的制度化。随着"冷战"格局的形成，美国甚至在一定限度内奉行"外交折中"的策略，有条件地允许例外规则，以换取其他国家对多边贸易体制的总体认可和支持。[②]

而当美国霸权出现了相对衰落，国际公共产品的供应模式也出现了从霸权供给向全球集体供给和地区供给的部分转换。美国的互惠贸易政策更为关注互惠中的对等因素，通过减少公共产品的提供成本，同时要求贸易伙伴承担更多的责任以实现经济利益在国际体系中的再分配。[③]并以经济实力的增长反哺权力的增长，最终实现美国的重新强大。在多边贸易谈判的乌拉圭回合时期，全球主义的公共产品供给模式凸显。美国从多边转向"多轨"的贸易战略，以区域和双边谈判为多边谈判施压，以增加本国在多边层面的谈判筹码。而发展中国家则在多个领域都做出了重要的承诺和减让，已事实上成为国际自由贸易规则的重要供给者。[④]与此同时，美国减少了在多边层面给予发展中国家特殊与差别待遇的支持，义务承担的非互惠在乌拉圭回合基本转化为执行的非互惠。[⑤]

2008 年国际金融危机加速了全球经济格局的调整，强化了推动全局治理结构嬗变的驱动力。发达国家和新兴经济体之间展开了争夺国际经贸规则制定的主导权的博弈。新兴经济体和广大发展中国家希望通过增强自身话语权参与

[①]　约瑟夫·格里科、约翰·伊肯伯里：《国家权力与世界市场：国际政治经济学》，王展鹏译，北京大学出版社 2008 年版，第 107 页。

[②]　舒建中：《多边贸易体系与美国霸权——关贸总协定制度研究》，南京大学出版社 2009 年版，第 139 页。

[③]　舒建中：《多边贸易体系与美国霸权——关贸总协定制度研究》，南京大学出版社 2009 年版，第 307—308 页。

[④]　舒建中：《多边贸易体系与美国霸权——关贸总协定制度研究》，南京大学出版社 2009 年版，第 320—321 页。

[⑤]　Frank J. Garcia, *Trade, Inequality, and Justice: Toward a Liberal Theory of Just Trade*, Brill Academic Publishers, Inc. 2003, pp.168-169.

更加均衡的国际治理格局。[①] 他们积极利用协商一致的原则，在多边层面阻止新议题的引入、有选择性地推动新规则的谈判。而以美国为首的发达国家则试图绕开分歧，"利用区域经济合作和诸边协议等方式打造国际经贸规则的新版本"，以公平贸易理论和更严格的互惠来维护其利益，以迂回的方式迫使新兴经济体接受。[②]

时至今日，国际格局正处于深刻变动之中，大国战略博弈日趋激烈，地缘政治错综复杂，全球民粹主义抬头，国家间共同利益逐渐让位于竞争性利益。[③] 美国内顾倾向加重，在塑造国际规则上越来越多地考虑相对收益，其领导力已经从原来的霸权逐渐转型为以单边主义为基础、以多边协调为辅的领导力。特朗普政府强调的美国优先的战略口号，不仅给以规则为导向的国际经贸法治增添了不确定性，还"打破了多双边经贸规则调整中多年来沿用的相对平衡的游戏规则"[④]，利用公平以及互惠原则规范的不确定性将第一差异的互惠转向为绝对的互惠，以重新塑造国际经贸规则，促进美国规则和标准长期占据主导地位。美国贸易政策和国际经贸治理理念的历史演进表明，通过强化塑造互惠规范及其内涵，对于掌控国际贸易规则制定与解释的主动权具有重要意义。变化中的美国互惠贸易政策，既可以成为多边贸易体制的基石，也构成了国际贸易法治的威胁。

二、美国贸易政策的国内支持基础

互惠贸易政策能够在美国国内争取到广泛的政治支持。在美国国内利益集团和普通公众当中，无条件支持单边自由贸易，以及明确持贸易保护主义立场的人均占少数。而由于互惠具有多种内涵，且公平贸易亦具有多面性，美国互惠贸易政策的支持者是由具有不同利益诉求和行为动机的群体组成。对于自由

---

① 参见潘忠岐：《中国与国际规则的制定》，上海人民出版社 2019 年版，第 156 页。

② 潘忠岐：《中国与国际规则的制定》，上海人民出版社 2019 年版，第 161—163 页。"许多经济体都在推动自由贸易区的建立"，参见韩立余：《构建国际经贸新规则的总思路》，《经贸法律评论》2019 年第 4 期。

③ 陈积敏：《构建人类命运共同体思想的时代背景》，《学习时报》2018 年 7 月 2 日，第 2 版。

④ 潘忠岐：《中国与国际规则的制定》，上海人民出版社 2019 年版，第 156 页。

主义利益集团来说，互惠为贸易自由化过程提供动力，并实现了对贸易自由化结果的调节和补充；对于公平贸易利益集团来说，互惠是实现贸易平衡、公平竞争乃至保护环境和劳工权益的政策工具；而对于贸易保护主义利益集团来说，互惠只是为其主张增添合理性的借口，这种名不符实的"互惠"实则破坏了贸易法治和公平竞争。

（一）自由贸易利益集团视角

互惠贸易政策可以成为贸易自由化的引擎因而获得自由贸易者的支持。公平和互惠的贸易减让可以为贸易自由化提供动力，以对抗公共选择理论下的集体行动问题。由于消费者从自由贸易中获得的收益极为分散且难以被关注到，而国内工人和生产者却可能从贸易自由化过程中遭受集中的损失，因此一些存在进口竞争利益的企业，可能会寻求政府的贸易保护主义措施而使消费者以及国家的整体利益受损。[1] 而在互惠的条件下，只有降低本国的国内进口关税，才能促使其他国家同等地降低贸易壁垒，从而为出口利益集团赢得新的市场。因此作为贸易自由化驱动力的互惠贸易政策和谈判方式是贸易自由化的关键途径。通过有效地调动出口利益集团向政府进行游说，互惠有助于对抗反自由贸易的进口竞争利益集团的力量，削弱贸易保护主义集团的影响，保障了消费者群体的利益，"在促进自由贸易的同时增强了国内民主"。[2] 因此，由于互惠在促进本国和他国在平等开放市场方面的作用，公平和互惠理念受到美国自由贸易支持者的维护。[3]

（二）公平贸易利益集团视角

在美国贸易政策的发展演变过程中，公平的理念一直是美国立法者和

---

[1]　W. Charles Sawyer, *U.S. International Trade Policy: An Introduction*, pp.233-235.

[2]　约翰·O. 麦金尼斯、马克·L. 莫维塞希恩：《世界贸易宪法》，张保生、满运龙译，中国人民大学出版社 2004 年版，第 60—61 页。

[3]　互惠并不违背自由贸易的基本原则，因为"缺乏平等互利基础的贸易活动是不能持久的"。互惠贸易政策对于维护国家间经贸关系具有重要的理论和实践价值。

政策制定者的持续关注对象。而公平贸易既是美式公平理念在贸易领域的反映，也可以指在美国国内就对外贸易政策及其影响发起的特定运动。早期公平贸易运动担心在全球化背景下，其他国家的贸易政策和标准会给本国生产者带来不公平的竞争劣势，因而其目标是打击贸易伙伴的不公平贸易行为，这一做法一直延续到今天。[①] 除了这种传统的公平贸易政策的支持者，近年来还出现了聚焦劳工权益、环境和人权保护等非贸易关注的特定群体，他们或者具有一定的利他主义倾向而致力于提高国外的劳工和环保标准，或者担心贸易伙伴的低保护标准会造成"向下竞争"的问题而损害到国内标准。

公平贸易的实现路径包括贸易限制的手段，也包括非贸易限制手段。[②] 主张限制贸易的公平贸易主义者可能会反对自由贸易协定与多边贸易协定谈判，要求国内立法限制进口较低劳工和环保标准国家生产的产品，或者要求本国政府在与他国签订的贸易协定中加入环保和劳工条款，以实现标准的趋同与绝对的互惠，甚至为国内产业和工人提供一定程度的保护。而不主张贸易限制的公平贸易者则会主张采用，例如"公平贸易标签"等非政府政策行为。公平贸易标签旨在为在良好的工作条件、可持续生产技术等情形下生产的产品提供认证，让消费者自主进行选择，同样达到间接促进产品生产地提高劳工和环保标准的目的。[③]

由于公平贸易和贸易保护主义都可能包含限制贸易的诉求，这两部分群体可能会组成联盟共同反对贸易自由化。[④] 许多经济学家认为，美国的公平贸易政策事实上就是贸易保护主义者的借口。然而近年来，逐渐有一些研究发现，

[①] 例如 20 世纪 80 年代时美国曾指责日本不对等开放市场、操纵汇率等不公平贸易行为；21 世纪的今天美国又以类似的主张指责中美经贸关系。这一公平贸易主张是自利性的，希望通过打击或改变其他贸易伙伴的不公平贸易行为以恢复贸易关系的互惠与平衡。参见 Sean D. Ehrlich, *The Politics of Fair Trade: Moving beyond Free Trade and Protection*, New York：Oxford University Press, 2018, p.29.

[②] Americo Beviglia Zampetti, *Fairness in the World Economy: US Perspectives on International Trade Relations*, p.113.

[③] Eddie Hearn, "Harm, Fairness and Trade Policy Preferences：An Experimental Examination of Sincere Fair-Trade Preferences," *International Politics*, vol.51, no.1, 2014, p.125.

[④] Sean D. Ehrlich, *The Politics of Fair Trade: Moving beyond Free Trade and Protection*, p.41.

美国支持公平贸易的群体可能存在特定的政治诉求、价值理念诉求以及其他非经济利益的考量，[1] 因而不能完全与贸易保护主义者相等同。[2] 区分真诚的公平贸易者与纯粹的贸易保护主义者的标准是二者原始动机的差异。[3] 前者表现出对互惠、公平等理念以及劳工、环保等问题的真诚关注，而后者则反对任何外国竞争者对国内生产和就业带来的挑战，即使其他国家并没有采取任何不公平的贸易行为。公平贸易政策偏好的存在，对嵌入式自由主义减少贸易阻力的思路和方式产生了冲击。[4] 因为如果限制贸易的力量是受非经济利益以及非贸易关注所驱动，嵌入式自由主义理论下的调节补偿机制就会失去效力。[5] 真诚主张公平贸易的这一部分利益群体的诉求是未来经济全球化过程中，需要各国共同应对和解决的另一棘手难题，但同时也可以成为推进国家间经贸合作可以争取的美国国内力量。[6]

（三）民族主义和贸易保护主义利益集团视角

对利益的过度追求可能导致互惠和公平贸易政策的滥用。在很多情形下，公平理念被工具性地运用以满足特定的企业、公司或其他群体。[7] 这些保护主义者不愿承认自身缺乏技术、管理、价格等竞争优势，却指责对手存在不公平贸易的行为。[8] 当公平和互惠理念被贸易保护主义者滥用，保护主义也展现出一系列新的特征，在保护的手段和范围方面呈现出广泛的态势。反补贴、反倾

---

[1]　I·戴斯勒：《美国贸易政治》，王恩冕、于少蔚译，中国市场出版社 2006 年版，第 257—259 页。

[2]　Sean D. Ehrlich, "The Fair Trade Challenge to Embedded Liberalism," *International Studies Quarterly*, vol.54, no.4, 2010, p.1014.

[3]　Sean D. Ehrlich, *The Politics of Fair Trade: Moving beyond Free Trade and Protection*, p.22.

[4]　由于自由贸易并没有内在的利益调节补偿机制，根据约翰·鲁杰的嵌入式自由主义理论，贸易政策的制定者能够通过将自由贸易政策嵌入到更广泛的福利国家的背景下，以抵抗自由贸易输家的反对力量。约翰·鲁杰：《多边主义》，苏长和等译，浙江人民出版社 2003 年版，第 29—33 页。

[5]　Sean D. Ehrlich, *The Politics of Fair Trade: Moving beyond Free Trade and Protection*, p.46.

[6]　Sean D. Ehrlich, "The Fair Trade Challenge to Embedded Liberalism," p.1030.

[7]　Americo Beviglia Zampetti, *Fairness in the World Economy: US Perspectives on International Trade Relations*, p.149

[8]　Joseph E. Stiglitz, "Fair Trade," *The National Interest*, No.95, 2008, p.21.

销、保障措施、环保与劳工标准、技术性贸易壁垒、生命健康和可持续发展等内容均可成为隐性的保护手段，使贸易措施具有名义上的合法性和实质上的歧视性。

正如自由贸易能产生输家和赢家，贸易保护亦然。贸易保护主义者是在国际贸易中不具备竞争优势的群体，因而能够通过游说对贸易的保护而获取既得利益。他们无视国家间在劳工、资本、土地、经济发展水平等方面的差异以及这些差异所带来的比较优势，而强行要求各国实现贸易规制政策的协调，以达到反对竞争的目的。① 而狭隘的民族主义者更多将国家间贸易理解为一种零和博弈，其中一方的贸易收益将会导致另一方的贸易损失。并将美国贸易逆差的攀升、就业前景的暗淡以及工人收入水平的下降，归咎于中国等其他贸易伙伴的不公平贸易行为。② 这两类群体均以互惠和公平贸易为名，为无限制的利己主义和反竞争的动机提供掩饰。美国的互惠贸易政策被此类群体利用作为其满足私人利益和狭隘民族利益的工具。

第五节　美国互惠贸易政策的行为逻辑

虽然在特朗普任职时期美国互惠贸易政策出现了较大幅度的转变，但这一变化背后并非毫无规律可循。互惠在美国贸易政策中是一个"动态"的概念，甚至特朗普政府"不按常理出牌"的贸易政策转向内在地包含于"互惠"的动态性与模糊性特点之中。受国际政治经济地位和实力、国内利益集团以及美国公众情绪等多重因素的影响，美国贸易政策持续地处于调整变化过程中，且表现出特定的生成和演进逻辑。探寻美国贸易政策的规律将有利于更加全面深刻地理解其政策根源，为未来全球贸易的共同治理和深入合作打下良好的基础。

---

①　Kent Jones, *Who's Afraid of the WTO*? New York：Oxford University Press, 2004, p.50.

②　Kenneth F. Scheve and Matthew J. Slaughter, "How to Save Globalization：Rebuilding America's Ladder of Opportunity,"*Foreign Affairs*, vol.97, no.6, 2018, p.100.

一、自由贸易与贸易保护的政策间摇摆

美国贸易政策虽然以互惠为基轴，但在不同时期表现出偏向"自由主义"、与偏向"保护主义"的不同倾向。虽然美国认可比较优势理论，但让其真正实行贸易自由化的动力并非来自于亚当·斯密和大卫·李嘉图的思想，反而更多来自于达尔文的进化理论。[1] 美国之所以支持自由贸易，是因为坚信美国企业的实力足以在市场竞争中取胜，但前提是其贸易伙伴互惠地进行贸易减让并与美国展开公平的竞争。因此，美国实行的自由贸易从来都不是单边的，而是有条件的。而相比之下，重商主义和经济民族主义的思想对于美国贸易政策的影响更大，无论是在其实行的公平贸易、战略性贸易还是管理贸易中都有相应的体现。

自由贸易和贸易保护这一对矛盾始终贯穿于美国对外贸易政策的制定实施过程中，成为了公平和互惠理念规范在不同历史阶段的表现形式。当美国在国际竞争中占据主导性优势时，美国便极力推崇多边主义和自由贸易；而当美国经济实力相对下降或在竞争中处于不利地位时，就通过指责他国实行不公平贸易而推行公平贸易和贸易保护主义。[2] 需要注意的是，美国贸易政策结果虽然最终体现为不同程度的自由贸易与贸易保护，但美国贸易政策偏好的决定因素是多维度的，既包含经济利益，也可能包含政治利益或其他价值观念。[3] 但互惠贸易的思想一直是美国贸易政策制定与实施的主线。互惠思想以不同的表现形式影响着美国的贸易政策，随着"自由贸易、公平贸易和贸易保护主义的对立统一"[4] 而不断丰富内涵并发展成熟。

二、扩散的互惠与具体的互惠之间权衡

美国互惠贸易政策展现了从以具体的互惠为主到具体与扩散的互惠相结

---

[1] Jagdish N. Bhagwati and Douglas A. Irwin, "The Return of the Reciprocitarians – US Trade Policy Today," pp.124-125.

[2] 刘振环：《美国贸易政策研究》，法律出版社 2010 年版，第 253 页。

[3] Sean D. Ehrlich, *The Politics of Fair Trade: Moving beyond Free Trade and Protection*, p.32.

[4] Sean D. Ehrlich, "The Fair Trade Challenge to Embedded Liberalism," p.1014.

合，后又逐渐偏向具体的互惠的过程。从美国建国时期起到二战之前，美国大都采取具体的互惠与负面的互惠对本国市场进行保护。二战后在《1934 年互惠贸易协定法案》影响下，美国主导建立的多边贸易体制，表现出扩散的互惠和具体的互惠之间的平衡，以互惠和非歧视待遇为多边贸易体制的主要基石。之后，美国贸易政策便持续在扩散的互惠与具体的互惠之间权衡。自 20 世纪 70 年代至今，美国互惠贸易政策体现出逐渐背离扩散的互惠而偏重具体的互惠的趋势，这一趋势在 2008 年金融危机后进一步加深。尤其是在多哈回合谈判受阻后，美国贸易政策从多边向少边的转轨日渐明显。特别是由于特朗普政府较为激进的贸易政策，多边层面上扩散的互惠与具体的互惠之间的平衡已遭到破坏。

美国贸易政策在扩散的互惠与具体的互惠间权衡的过程，实际上代表着美国对待多边主义的态度。多边主义制度包含了不可分割性和扩散的互惠性，前者在多边贸易体制中体现为无条件最惠国原则，后者则意味着整个群体内长期达成的平衡，并不依靠具体的对等交换。[1] 而具体的互惠主要存在于双边关系中。因此美国愈发强调互惠的严格程度和对等程度，对"搭便车"的容忍度降低，也更倾向于在少边甚至单边情况下达成协定。特别是在和发展中国家的双边关系中，美国和谈判对手的实力差距悬殊，美国更容易通过运用权力获得更多相对收益。[2] 虽然一个富有远见的行为体更倾向于依靠多边主义来解决合作问题，而非利用自身权力获取短期利益，但是在现实世界的全球治理中，多边主义通常被看作一种工具性手段而非目的。自利的国家只有在能够实现自身目的时才会寻求多边主义。在面临短期利益选择时，它们可能会减损多边主义中不可分割性和扩散性互惠两大要素，通过抵制"搭便车"将公共产品私有化，进而走向单边主义。

三、以满足国家利益为首要目的

无论是美国倾向于支持自由贸易还是保护主义，强调具体的互惠还是扩散

---

① 约翰·鲁杰：《多边主义》，苏长和等译，浙江人民出版社 2003 年版，第 12—13 页。

② Joseph E. Stiglitz, "Fair Trade," *The National Interest*, No.95, 2008, p.23.

的互惠，最重要的出发点都是为了满足国家利益。美国在多边贸易体制中的角色以及美国对待多边主义的态度，也从根本上取决于现行贸易体制是否能够满足美国的国家利益。对国家利益的考量胜过了对自由贸易理念和理想的追求，导致美国时常在"理想主义"与"现实主义"之间取舍。互惠的贸易思想为美国提供了充分的政策灵活性，在巩固和维持美国的贸易竞争力方面起到了重要的支持作用。

由于美国贸易政策主要服务于美国的政治经济利益，其互惠贸易政策的演变逻辑体现了霸权理论中经济与权力的交互关系。由于国内经济增长能够为维持霸权提供力量源泉，霸权国对外贸易政策会体现出一种"追求权力与追求财富的交互运动"。[1]考虑到权力与经济增长之间的密切关系，在霸权衰落时期，霸权国可能会采用两种行动路线：一是加持维护"霸权地位所需要的权力资源"，二是"减少维持霸权地位所需要承担的义务"与成本。这恰恰与美国互惠贸易政策展现出的单边主义、民族主义和贸易保护主义倾向相一致。在美国偏离扩散的互惠而走向严格互惠甚至绝对互惠的过程中，美国对于相对利益的考量不断增加，零和博弈的思维逐渐凸显。[2]受零和博弈思维和相对利益驱使的贸易政策容易引发权力的滥用，有使国家间博弈走向"共同利益困境"[3]的风险。

四、以"美式"公平理念为政策基准

贯穿于美国商业历史全过程的互惠贸易政策以"美式"公平理念为主要政策基准。公平与互惠的关系很难厘清。公平是一种规范性价值理念，而互惠既具有一定的理念性价值，又可以指具体的制度规范。通常认为，互惠是更为具象地反映和执行公平理念的规范和手段。[4]美国通过公平贸易与互惠理

---

[1]　张建新：《权力与经济增长——美国贸易政策的国际政治经济学》，上海人民出版社2006年版，第308—309页。

[2]　Daniel C.K. Chow and Ian Sheldon, "Is Strict Reciprocity Required for Fair Trade?", p.6.

[3]　Arthur A. Stein, "Coordination and Collaboration：Regimes in an Anarchic World," *International Organization*, vol.36, no.2, 1982, pp.304-305.

[4]　Americo Beviglia Zampetti, *Fairness in the World Economy: US Perspectives on International Trade Relations*, p.50.

念将对外贸易政策与国际贸易治理紧密结合起来，将本国的贸易政策转化为一种治理手段。公平与互惠本身就具有一种理念上的吸引力。只有国家认为公平的贸易规则才会产生合法性和促进国家遵守规则的拉力。公平与互惠理念的塑造体现了美国的软实力，使美国在国际贸易体系中的领导权获得了合法性支撑。

美国所倡导的公平贸易理念以及互惠原则规范是一个复杂的"多面体"，被用以实现不同的政策目标。既有被滥用的成分，也具有合理的因素。既不能代表国际贸易体制中的绝对正义，但也不能被简单地视为美国满足一己私利的借口。随着越来越多的发展中国家参与到全球经济治理过程中，特别是随着新兴经济体国家快速崛起，不同国家间在如何建构公平公正的国际经贸秩序上存在观念上的冲突。但这并不表明公平贸易以及互惠理念，仅仅是各国为了攫取更多国家相对收益的工具，相反这一植根于各国经济文化传统中的观念需要被寄予更多的关注。在美国互惠贸易政策中，公平理念可能得到不同国内利益群体的支持。美国的互惠贸易政策及其背后的公平理念是在自由贸易、保护主义以及非贸易关注等多重因素基础上形成的混合体，为对美国贸易政策和理念的价值进行判断造成了一定的难度，也为应对美国的对外贸易政策和全球治理思路带来了新的挑战。

五、以单边主义为主要实现途径

尽管美式公平和互惠规范在维护公平竞争方面，确实具有一定程度的理念正当性，但美国在实现公平的价值目标过程中却严重依赖单边主义途径，致使冠以互惠之名的美国贸易政策并不符合互惠之实。每当美国实力下降，竞争优势受到威胁时，美国会违背体现机会平等的"第一差异的互惠"而要求全面、绝对的互惠，借此实行单边主义，打压他国的竞争优势。这一趋势在东京回合谈判时期开始展现，在特朗普政府任职期间达到疯狂。

美国运用单边主义实现互惠贸易政策具有以下几方面的体现：第一，绝对而全面的互惠是一种结果的互惠，也有学者称其为"现状的互惠"。既要求作为结果的贸易额的完全对等，还要求贸易条件的充分一致。且此种互惠通常不是在双方平等协商的过程中通过合作达成，而是通过单方面施加压力要求其他国家采取美国的标准，否则就是不公平贸易行为。以美国国内规则和标准作为判断贸易是否公平的依据，有利于美国同时保存自身的竞争优势并实现制度输出。第二，美国"301 措施"的运用体现了典型的负面的互惠，通过单方面采取报复措施迫使其他国家遵守现行国际贸易规则，或在现行规则之外实现新的贸易平衡。判断是否公平依赖于美国的单方面决定，这种单边做出的决定或凌驾于已有规则之上，或不以已有规则为依据，导致了权力导向对以规则为导向的贸易体制的侵蚀。[①]

第六节　美国互惠贸易政策与国际经贸规则体系

在全球化的背景下，美国互惠贸易政策的影响力并不仅局限于美国国内事务，还决定着美国与其他国家贸易关系的走向，更深刻影响着美国塑造未来国际经贸秩序和规则的基本架构。特朗普时期美国的互惠贸易政策表现出一定程度的特殊性，但与此同时又在很大程度上遵循了政策演进的规律性。无论是"特殊性"还是"规律性"都对互利共赢的全球治理格局的形成和中美新型大国经贸关系的塑造带来了严峻的挑战。

一、国际经贸合作面临严峻挑战

（一）单边主义和贸易保护主义威胁国际贸易合作

特朗普就任美国总统后，经济政策的内向型特征鲜明，开始实行"对内的新自由主义和对外的保护主义"。[②]特朗普认为现存国际贸易秩序损害了美国

---

① Americo Beviglia Zampetti, *Fairness in the World Economy: US Perspectives on International Trade Relations*, p.5.

② 李巍，张玉环：《"特朗普经济学"与中美经贸关系》，《现代国际关系》2017 年第 2 期。

的国家利益和产业利益，未能充分维护美国的国家主权，[1] 于是开始借"公平贸易"之名保护国内市场，中国成为了美国单边主义和贸易保护主义政策中的首要打击对象。但是美国的新一轮贸易保护主义不代表美国走向了封闭，而是美国希望以威胁退出或施加贸易壁垒为手段重新调整国际贸易格局，使其更加符合美国的利益。本质上都是体现了"美国优先"思想和"单边主义"做法。

特朗普政府将对外实行的贸易保护主义和单边主义，作为主要的国家间利益博弈工具，导致美国从二战后自由贸易的推动者走向了自己的对立面。[2] 这种贸易政策势必会增加双边经贸纠纷，甚至导致贸易战升级，造成世界经济增长放缓、走势生忧的局面。[3] 由于美国提供国际公共产品的意愿下降，美国在全球性事务中的领导力减弱，其领导权的合法性基础受到侵蚀，二战后基于多边主义的治理格局遭到破坏，国际秩序碎片化进程不断加剧。[4] 互惠贸易政策掩盖下美国新一轮单边主义和贸易保护主义，给国家间经贸合作带来了严峻挑战，新时代背景下世界各国维护自由贸易和多边主义的信心遭受重挫。

（二）制度霸权冲击国际贸易法治

动态变化中互惠规范成为了联结美国贸易政策与国际贸易体制治理理念的重要枢纽。鉴于互惠理念在国际贸易体系中的基础性及支柱性作用，美国互惠贸易政策的变化，可能会产生在全球层面重塑现有规则的改革动机，也会产生在新领域制定符合美国利益的全球经济新规则的需求。美国视自身利益决定是否尊重并遵守国际贸易体制的基本原则和规范，且倾向于在不断变化的政治

---

[1] 特朗普政府非常注重美国的经济利益，而对美式价值观利益略有忽视。参见宋国友：《利益变化、角色转换和关系均衡——特朗普时期中美关系发展趋势》，《现代国际关系》2017 年第 8 期。

[2] 阮宗泽：《"百年未有之大变局"：五大特点前所未有》，《世界知识》2018 年第 24 期。

[3] 裴援平：《世界变局中的突出矛盾》，《现代国际关系》2019 年第 2 期。

[4] 美国权力的滥用以及过度的单边主义倾向会引发其他权力主体对美国领导力的挑战，甚至加剧国际体系的分裂。因为"崛起国对权力占优型制度的改革动力较高"，而"对于权力分享型制度的改革动力较低"。参见徐进：《中美战略竞争与未来国际秩序的转换》，《世界经济与政治》2019 年第 12 期。参见 Arturo Guillen, "USA's Trade Policy in the Context of Global Crisis and the Decline of North American Hegemony," p.406.

经济环境中对这些原则规范进行重新解释，[①] 通过建立所谓对美国"更加公平"的国际规则以塑造未来国际经济秩序，调整现有的利益分配格局。[②] 由于能够提出合理的理论依据，制定科学的政策体系，美国通过娴熟地运用互惠贸易政策，在国际贸易治理过程中拥有着巨大的规则主导优势和主动权。[③] 美国正是通过对互惠这一变化中的核心规范及其所决定的制度体系施加影响力来控制国际贸易规则的发展，[④] 使其持续符合美国的国家利益和社会利益，这种对国际贸易治理理念及治理规则的渗透和影响，在本质上是行使文化霸权和制度霸权的体现。

美国将国际组织视为美国对外政策的工具，以最大限度地实现美国短期政治利益。[⑤] 这种对国际组织和国际规则想用则用、想弃则弃、想变则变的方式严重冲击了以规则为导向的国际贸易法治。建立基于规则的国际秩序，必须使权力的行使具有合法性，令规则的形成具有民主性和可预测性，最强大的国家应受到充分的约束并实行自我克制。[⑥] 尽管美国的实力资源巨大，只要美国寻求的是一个排他的自我利益观和狭隘的霸权式秩序观，则各国对于多边主义的信任将难以建立。[⑦] 只要多边贸易体制和多边主义仍然未能超越发达国家的狭隘政治经济利益，国际贸易法治在本质上就仍然是脆弱且不连贯的，国家间经贸合作也必然面临严重的困境与挑战。[⑧]

---

① Andrew G. Brown, *Reluctant Partners: A History of Multilateral Trade Cooperation 1850-2000*, p.168.

② 庞中英:《中国与世贸组织改革: 积极参与制定全球经济新规则》,《当代世界》2018 年第 9 期, 第 4 页。

③ 刘振环:《美国贸易政策研究》, 法律出版社 2010 年版, 第 213 页。

④ 参见安德鲁·赫里尔:《全球秩序与全球治理》, 林曦译, 中国人民大学出版社 2018 年版, 第 312 页。

⑤ 布鲁斯·琼斯等:《权力与责任》, 秦亚青等译, 世界知识出版社 2009 年版, 第 32 页。

⑥ 布鲁斯·琼斯等:《权力与责任》, 秦亚青等译, 世界知识出版社 2009 年版, 第 33 页。

⑦ 安德鲁·赫里尔:《全球秩序与全球治理》, 林曦译, 中国人民大学出版社 2018 年版, 第 326 页。

⑧ Julio Faundez, "International Economic Law and Development," in Julio Faundez and Celine Tan. eds., *International Economic Law, Globalization and Developing Countries*, Cheltenham and Northampton, MA : Edward Elgar. 2010, p.29.

（三）互惠规范挤压非互惠制度建构的空间

根据美国的政治经济背景和历史文化传统，形式公平与机会平等的重要性要胜过实质公平与分配正义，且后者只需在美国国内背景下被考虑。这就解释了为何美国始终未能充分支持国际贸易体系中的"非互惠"制度安排。现行多边贸易体制中的非互惠条款也反映了发达国家的妥协立场，只有道德上的劝服意义而没有法律上的约束效果。正因为如此，多边贸易体制中的互惠与非互惠制度虽然共存，却相互排斥。

特朗普时期美国的新互惠主义进一步挤压了非互惠制度安排的建构空间，互惠成为了美国对外贸易战略的主要目标。美国外交政策越来越务实，结果导向和利益导向性更趋强化，成本收益的计算就会明显增多。美国越来越强调相对收益，倾向于从零和博弈的视角看待与其他国家，特别是在与崛起大国的关系处理上。美国甚至不惜采取强硬立场否定部分国家享受发展中国家待遇的资格，试图借机调整 WTO 内部权力结构和利益分配格局。[①] 美国在互惠规范上的利己主义，以及对于非互惠制度的排斥态度，极大压缩了发展中国家特别是新兴经济体的发展空间，使发展中国家再次面临成为"规则接受者"的被动局面。面对美国公平及互惠理念规范朝着攻击性方向的转型，发展中国家该如何参与全球经济治理，并将自身的发展模式和经验融入到全球经济治理的理念中？这一问题为包括中国在内的发展中国家制造了严峻且迫切的挑战。

---

① 2019 年 7 月 26 日，美国特朗普总统发布了《关于改革世界贸易组织发展中国家地位的备忘录》，反对以中国为代表的一些新兴经济体自称为发展中国家，享受特殊与差别待遇。该备忘录还提出，如果 90 天内 USTR 在防止"自我宣称的"发展中国家不适当地利用 WTO 规则和谈判中的灵活性问题上取得实质性进展，美国可以单边拒绝承认特定国家为发展中国家。Reforming Developing-Country Status in the World Trade Organization：Memorandum for the United States Trade Representative，Federal Register，vol.84，no.147，https：//www.whitehouse.gov/presidential-actions/memorandum-reforming-developing-country-status-world-trade-organization/。此前，美国还曾向 WTO 总理事会提交了名为《一个无差别的 WTO：自称的发展地位导致了体制的边缘化》的文件，提出发达国家和发展中国家的划分方法已经过时，并指责部分 WTO 成员自称为发展中国家的做法对 WTO 谈判造成了负面影响。参见 An Undifferentiated WTO：Self-declared Development Status Risks Institutional Irrelevance，WTO Document，WT/GC/W/757，16 January 2019。

二、中国应对美国互惠贸易政策的思路

在充分阐释美国互惠贸易政策及其背后的逻辑规律的基础上，中国应区分美国贸易互惠及公平贸易政策背后的目标和动机，寻找中美两国最大利益公约数，争取未来国际贸易规则制定的话语权，以积极的态度从以下方面有针对性地应对美国互惠贸易政策带来的挑战。

（一）积极回应公平贸易诉求，落实可持续发展战略

公平和互惠理念在美国的长期存在和运用表明，美式公平及互惠对于国际贸易体制的形成和发展具有重要的引领作用。这一理念根源下产生的公平贸易战略和制度规则，恰恰是中国及其他贸易伙伴需要深刻理解、慎重回应并理性对待的部分，如果处理得当，部分公平贸易的支持者将成为各国共同推动贸易自由化过程中可以争取的美国国内力量。

美国从倡导自由贸易理论转向更多鼓吹公平竞争理论，其中不免隐含有借国际经贸规则重构，加强对发展中国家约束、维护自身竞争优势的初衷，也不乏进口竞争利益集团利用公平贸易所掩盖的贸易保护主义意图。[①] 一方面，中国对于美国公平贸易战略下的条件不能全盘接受，反对那些以公平贸易为由，干涉他国发展模式和内政的行为。应正确认识并合作解决两国的贸易政策分歧，反对任何形式的单边主义措施；另一方面，也应当认识到落实可持续发展、逐步摆脱对低成本竞争优势的依赖，也是中国未来经济和社会发展的总体路径和方向。完善市场经济体系、规范政府行为，实现生态文明建设是中国进一步深化改革开放的内在需求。因此美国公平贸易战略诉求中的部分规则重构的动议，也包含着对市场经济和社会发展规律的合理认识，并不与中国自身改革的方向相冲突。中国应避免将所有支持公平贸易的群体视为贸易保护主义者而无视其政策主张。对于不同的利益群体，有必要区分其动机，并积极采取应对措施，以防止真正的公平贸易者被贸易保护主义者利用和裹挟，从而给中美

[①] 潘忠岐：《中国与国际规则的制定》，上海人民出版社 2019 年版，第 179 页。

经贸合作造带来更大的困扰和阻碍。[1]

（二）完善包容性互惠理念，积极争取发展空间

"国际规则的制定与变革要以国家间共同利益和价值观为基础"[2]，国际规则是国家间合作的产物。中国要在国际经贸规则的重构中赢得更大的话语权，尤其要注重提高参与规则塑造的软实力，"善于总结和阐述中国对发展模式、发展道路、发展理念的认知"。[3] 虽然多边贸易体制内的互惠理念规范起源于美国，但多边贸易体制生成后，互惠已具有了多边属性，并从一国的政策工具转化成为国际公共产品，不再受美国的单方操纵。鉴于互惠在国际经贸合作及规则制定方面的指导性作用，中国应思考如何回应美国对互惠理念和规范的操纵，如何利用对互惠理念的塑造参与未来多边和区域贸易体制的改革及规则现代化进程，为自身以及广大发展中国家赢得更多的发展空间。

多层次、多类型的互惠内涵给予了该理念以充分的空间去包容不同国家价值观和发展模式。互惠所服务的公平理念也并不单纯是存在于人类理性中亟待挖掘的价值，而更多是社会变迁和历史发展下的产物，需要在文化及法律的演进中被归纳，也需要在各国的平等交往中实现包容与融合。因此单方面确定且不稳定的互惠理念不可能为国际社会所普遍接受。[4] 特别是美国为满足狭隘的政治经济利益所推行的贸易额的绝对互惠以及贸易条件的完全对等，缺乏在经济理论上的合理性和正当性，无法成为指责发展中国家不公平贸易行为的依据。相反，发展中国家在事实上面临着更加不公平的贸易环境，更需要通过对互惠理念的矫正和重塑为自身争取更大的发展空间。

作为多边或大型区域贸易协定中基本原则和规范的互惠必须是扩散的宽泛的互惠，以增强缔约成员间的信任感、凝聚力和社会属性。扩散的互惠原则理念下，既要包含具体的互惠规则、无条件最惠国待遇，还应当内在地包含非互

---

[1]　Sean D. Ehrlich, *The Politics of Fair Trade: Moving beyond Free Trade and Protection*, p.39.

[2]　潘忠岐:《中国与国际规则的制定》，上海人民出版社 2019 年版，第 11 页。

[3]　潘忠岐:《中国与国际规则的制定》，上海人民出版社 2019 年版，第 181 页。

[4]　Andrew G. Brown, Robert M. Stern, "Concepts of Fairness in the Global Trading System," *Pacific Economic Review*, vol.12, no.3, 2007, p.294.

惠制度安排，关注发展中国家的利益诉求，承认不同经济体之间的相对实力差距。而一个以对等为条件的互惠规范，不仅难以被视为一个兼顾实质公平的贸易体制的基础，还体现了"冷战"思维和零和博弈观念，在追求本国利益时以损害他国利益为代价。[①] 国际合作须以共同利益为前提。一个包容性的互惠理念能够增强国家间的"合作黏性"，避免排他性竞争，扩大国家利益的汇合点和兼容性。[②]

（三）适度提升贸易关系对等程度，积极承担大国责任

在新兴国家快速崛起，各国国内就业压力和竞争程度加剧的情形下，要求新兴经济体更加对等地开放市场具有一定的合理性。美国实力相对衰落以及社会思潮内向化导致"美国政府承担国际责任的能力和意愿下降"。[③] 全球治理的责任赤字导致了全球体系的不稳定。新兴经济体国家在要求获得更多的经济权力以影响治理进程的同时，有必要承担更大的责任，适当填补欧美领导角色的真空。

随着中国政治经济实力的提升，在全球公共产品的提供上采取"搭便车"的做法既不现实也不符合我国现阶段的根本利益。因为在"实力界定收益"的基本逻辑下，中国经济发展水平的提高使得中国在现行多边贸易体制中，可以获得的贸易收益也顺势递增。[④] 在此背景下，坚定不移深化扩大改革开放，将创新作为经济发展的驱动力，充分运用消费市场的优势，降低对美国市场不对等的贸易依赖，是中国维护自身权益的需要，也是中国作为负责任大国应尽的义务。中国有必要接纳并维护现行多边贸易体制内基于机会均等的互惠和公平竞争，适度提高与发达经济体贸易关系对等程度，并在国际规则的制定中发挥与自身实力相称的建设性作用。

然而，中国提升与发达国家贸易关系对等程度，更加互惠地削减贸易壁垒

---

① 韩保江：《以自信的开放引领世界繁荣》，《光明日报》2018 年 4 月 13 日。

② 刘丰：《中美战略竞争的限度与管理》，《现代国际关系》2019 年第 10 期。

③ 布鲁斯·琼斯等：《权力与责任》，秦亚青等译，世界知识出版社 2009 年版，第 213 页。

④ 徐崇利：《二战之后国际经济秩序公正性之评判——基本逻辑、实力兴衰及收益变化》，《经贸法律评论》2019 年第 3 期。

并不是无条件的。首先，作为一个大国，中国不可能完全依照美国单边设定的方式和标准行事，应当享有足够的空间以自己的方式和理解来提供国际公共产品，为世界经济的增长做出贡献。① 其次，作为一个发展中国家，中国应"积极承担与其发展水平和经济能力相符的义务"②，不能被彻底剥夺发展中国家待遇。③。最后，"现有全球治理体系无法反映国际政治经济发展的现实"④，新兴市场国家的代表性与发言权与它们对世界经济增长所作出的贡献度不匹配。因此中国在承担更加互惠和对等的义务的同时，也应当获得与自身承担的国际责任相对应的全球经济治理的话语权，以共同治理和互利共赢替代单边主义和霸权主义。

第七节　结　语

互惠规范是联结美国贸易政策与国际贸易体制治理理念的重要枢纽。互惠概念的内在模糊性、多层次性和使用方式的多样性使之具有了双重工具特征：互惠贸易政策既是美国形塑国际经贸秩序的关键政策性工具，又成为了美国满足国内保护主义和狭隘民族利益的重要武器。随着大国战略博弈的日趋激烈，在国际层面，美国以实现互惠为借口打压贸易竞争对手，获取更多相对收益；在国内层面，部分进口竞争利益群体借公平贸易之名行贸易保护主义之实。在无政府状态的现行国际自助体系下，基于市场原则的经济全球化和基于主权原则的经济全球化之间的矛盾日益凸显，国际层面国家与市场关系的错配导致经济全球化的包容性普遍缺失。通过赋予互惠原则规范以新义和解释，美国充分利用制度性话语权在国际经贸体系的利益与责任分配中

---

① 郑永年：《中美关系向何处去》，《联合早报》2019 年 12 月 17 日。
② 《中国关于世贸组织改革的建议文件》，China's Proposal on WTO Reform，WT/GC/W/773，13 May 2019。
③ 《中国关于世贸组织改革的建议文件》，China's Proposal on WTO Reform，WT/GC/W/773，13 May 2019。
④ 陈积敏：《构建人类命运共同体思想的时代背景》，《学习时报》2018 年 7 月 2 日，第 2 版。

占据主导优势地位。

　　本章系统分析梳理了美国互惠贸易政策的历史脉络，以总结美国互惠理念的主要内涵和变化逻辑。对于美国的互惠贸易政策的特点和规律可以做如下归纳。第一，互惠并非美国政府的最新关注，互惠和公平理念贯穿于美国贸易政策历史的全过程，构成了美国贸易政策的基础，也是美国在处理国际经贸关系所遵从的指导性原则规范。美国贸易政策在不同时期呈现出对不同互惠内涵和维度的偏好，现实主义和理想主义这一传统的二分法通过互惠理念在美国实现了相对统一。第二，互惠在美国贸易政治中并不是一个静态意义上的概念，而是在国际体系和国内利益群体的多重影响作用下，处于持续的动态调整和变化之中，且体现出特定的发展变化逻辑和规律。虽然特朗普时期的贸易政策具有一定程度的特殊性，但并没有从本质上跳出这一演进范畴。鉴于美国在利用国际经济秩序领导权来推广其价值理念和促进经济利益的同时，还需要付出相应的物质成本来维持自身的领导地位，互惠贸易政策包容了美国领导权的物质成本与特权收益之间的张力。第三，互惠贸易政策是美国用以调整国际贸易秩序与格局的有力政策性工具。每当美国的互惠贸易政策偏向具体的互惠甚至绝对的互惠，说明美国从多边主义退缩而走向少边甚至单边主义，这是美国按照本国单方意志塑造新一轮国际经贸规则的有利契机和重要途径。动态变化且被单方操纵的互惠理念的背后是美国的权力或实力因素，它不但影响了中美经贸关系的稳定性和可预测性，还严重破坏了以规则为基础的国际贸易法治，为中国有准备地处理中美关系带来了困难，也为世界各国实现经贸规则的共商、共建、共享、共治带来了巨大的挑战。

　　美国通过自身的互惠贸易政策，在塑造多边贸易体制互惠原则过程中享有关键性话语权。话语作为一种权利，并不是"普惠的权利"，而是权力主体的权利。为避免被权力裹挟和扭曲的 WTO 价值理念，WTO 成员应在"发展导向"的指引下构建具有充分包容性的互惠原则，确保发展中成员在 WTO 中的民主参与权和话语权表达，以规避价值非中性所带来的风险，推动经济全球化朝着更加开放、包容、普惠、平衡、共赢的方向发展。鉴于互惠在国际经贸合作及规则制定方面的指导性作用，中国也应思考如何回应美国对互惠理念的操纵，如何利用对互惠理念的塑造参与未来多边和区域贸易体制的改革及规则现代化进程，提升我国国内规则国际化的能力，为自身以及广大发展中国家赢得更多的发展空间。把人类命运共同体的理念融入贸易全球化的理论，为未来 WTO 改革奠定理论基础。这不但有助于推动产生顺应时代潮流的创新理念、化解 WTO 治理危机、增强治理绩效，还将有助于推动中美之间达成共识，为全球贸易治理理论创新作出贡献。

第七章　多边贸易体制非互惠制度的
困境与重构

多边贸易体制正面临着深刻的治理困境。发展中国家待遇问题是各 WTO 成员方围绕 WTO 治理困境所推动的改革焦点之一。发展中国家待遇的实质是多边贸易体制中的非互惠问题，对该问题的破解是推动 WTO 改革和规则现代化进程的关键环节。缺乏法律约束力、未以发展中成员需求为导向、治理结构失衡等诸多法律症结，导致非互惠制度未能为发展中成员和多边贸易体制的发展提供发展推动力。非互惠制度的缺陷导致该制度无法充分保障发展中国家的主权权益与政策空间，无法确保分配正义和实质公平，加剧了多边贸易体制的结构性失衡与成员驱动的非均衡性，阻碍了 WTO 改革和规则现代化取得进展。非互惠制度安排在多边贸易体制中具有充分的理论和实践基础。它有助于塑造包容性的共同发展理念，矫正 WTO 内部治理的结构性失衡，是实现多边主义和合作削减贸易壁垒的客观需要。考虑到非互惠制度对发展中国家和整个多边贸易体制的理论和实践意义，学界亟需对非互惠制度困境做出深刻的理论反思和相应的制度重构路径设计。

造成多边贸易体制非互惠治理困境的根本原因是结构性的。非互惠与 GATT/WTO 的互惠基础相互割裂是非互惠制度面临困境的主要理论根源，二者的相互"脱嵌"导致多边贸易体制中互惠与非互惠呈现出主流与例外的关系。在多边贸易体制中非互惠与互惠相分离的情形下，无法保障发展中国家的充分参与，难以通过谈判促进非互惠朝着硬法方向转变。非互惠制度与互惠基础的兼容度缺失，反映出多边贸易体制规范塑造过程中制度性权力的博弈以及非对称的成员驱动。在多边贸易体制中互惠与非互惠的张力背后，蕴含着 WTO 成

员之间关于如何建立公平公正的多边贸易体制的价值观冲突。发达成员通过主导
互惠原则和规范的形成演变而形塑了国际多边贸易体制规则的设计和发展。而发
展中成员没有足够的影响力与话语权推动非互惠理念实现充分制度化。互惠—非
互惠的主流—例外关系既反映又加剧了 WTO 的发展赤字及治理结构的失衡。

在未来发展中国家待遇问题的谈判以及非互惠制度建构中，WTO 成员应反
思现行非互惠制度的内在缺陷，协调多边贸易体制中非互惠与互惠的关系。适
配的非互惠制度设计将有助于各成员方弥合分歧，为未来其他领域的 WTO 改革
和规则现代化进程奠定基础。现行多边贸易体制事实上以美国倡导的公平为价值
取向，以扩散的互惠为规范，以具体的互惠和无条件最惠国待遇为两个基础性支
柱。非互惠制度的重塑应当将非互惠确立为多边贸易体制的第三个支柱，与具体
的互惠以及无条件最惠国待遇相互补充和协调，共同服务于多边主义扩散的互
惠，并塑造更具包容性的公平价值理念。兼容了非互惠制度的 WTO 互惠原则应
当由全体 WTO 成员共同参与建设，以解决 WTO 的治理赤字和发展赤字，并实
现利益共享和责任共担。发达国家成员应在多边贸易体制框架内落实非互惠安
排，并赋予其法律约束力，避免将非互惠规则建立在单边援助的基础之上，以保
障全体 WTO 成员充分参与到具体的非互惠权利义务谈判过程中，并赋予其法律
约束力。与此同时，发展中成员也应根据自身的实际发展情况，在互惠与非互惠
贸易减让间寻求平衡点，积极承担与自身发展水平和经济能力相符的义务。

发展中国家待遇问题成为了当下 WTO 改革的焦点。美国、欧盟等发达
成员认为以中国为代表的新兴经济体"不正当地寻求特殊与差别待遇，利用
WTO 规则不公平地获取优惠待遇和灵活性。"[1] 巴西宣布放弃特殊与差别待遇
的做法[2] 为中国、印度等 WTO 成员在多边贸易体制下继续坚持发展中国家身
份，要求发展中国家待遇带来了空前政治压力，也为未来非互惠制度设计和规

---

[1] 参见 An Undifferentiated WTO：Self-declared Development Status Risks Institutional Irrelevance，WTO Document，WT/GC/W/757，16 January 2019。参见 2019 Trade Policy Agenda and 2018 Annual Report of the President of the United States on the Trade Agreements Program，see https：//ustr.gov/sites/default/files/2019_Trade_Policy_Agenda_and_2018_Annual_Report.pdf，p.110。

[2] 参见 Joint Statement from President Donald J. Trump and President Jair Bolsonaro，https://br.usembassy.gov/joint-statement-from-president-donald-j-trump-and-president-jair-bolsonaro/。

则谈判增加了难度。然而事实上，发展中国家非但没有利用非互惠待遇获取不适当的利益，且没有享受到其应得的优惠待遇和制度保障。本章以多边贸易体制的非互惠制度安排为分析视角和逻辑起点，通过剖析非互惠制度面临的困境、制度缺陷和应对前景，引发出对重构多边贸易体制非互惠制度安排的思考，以期在 WTO 成员关于发展中国家待遇问题的不同立场之间寻找到利益平衡点，为未来 WTO 其他贸易领域的改革及谈判奠定理论基础。

第一节　多边贸易体制中非互惠的制度发展进程

一、多边贸易体制中非互惠制度的源起

关于非互惠的讨论最早要追溯到《国际贸易组织宪章》(《ITO 宪章》) 的筹备，发展中国家成功地在《ITO 宪章》中纳入了关于经济发展和重建的条款。然而，关税及贸易总协定（GATT）最初就是以互惠和无条件最惠国待遇为基础建立起来的，发展中国家几乎与发达国家站在同一水平线履行多边贸易规则。发展中国家最先呼吁为保护国内幼稚产业而采取市场保护措施，并于1945—1955 年审议会议期间重新修订了 GATT1947 第 18 条，单独授权发展中国家为促进建立幼稚产业而违背削减贸易壁垒的承诺。1964 年肯尼迪回合末期，GATT 第四部分被引入多边贸易体制中，以结果正义理念补充了多边贸易体制建立以来体现的程序公平。①

GATT1994 第四部分正式确立了给予发展中国家的非互惠原则。该部分以一系列指导原则的形式存在，并没有在谈判过程中给予发展中国家具体的或实质性的支持。但是以 GATT1994 第四部分确立的非互惠原则为基础，发展中国家在联合国贸易与发展会议（UNCTAD）争取通过了一项关于普惠制的决定，建立相互可接受的普遍的、非互惠且非歧视的优惠体制，以提高发展中国家的

---

① Jai S. Mah, "Special and Differential Treatment of Developing Countries and Export Promotion Policies under the WTO," *the World Economy*, vol.34, no.12, 2011, p.2001.

工业化程度，增加发展中国家的出口收益和经济增长率。[①] 为了保证普惠制的运行，1971 年 GATT 总理事会在"普惠制决定"（1971 GSP Decision）中授予了普惠制安排以最惠国待遇的豁免，豁免期限为 10 年。[②]1979 年，由于发达国家和发展中国家之间的经济发展水平持续扩大，GATT 缔约方决定在 GATT 体制内建立一项永久的安排以允许普惠制的长期存在。这项永久安排的基础是缔约方全体正式通过的总理事会决定，该决定被命名为"有差别且更优惠的待遇，互惠与发展中国家充分参与"的决定（又称"授权条款"）。[③] 自此，授权条款成为了多边贸易体制内促进贸易和发展的框架性文件，为普惠制的运行创造了永久的法律基础。[④]

乌拉圭回合时期，多边贸易体制的发展理念发生了显著的转变。发展中国家意识到先前的非互惠原则未能在其具有比较优势的领域扩大出口利益，因此选择在互惠的基础上与发达成员展开谈判，并接受了一揽子协定的谈判模式。在乌拉圭回合达成的贸易协定文本中，承担义务的充分非互惠转变成为履行规则的有限非互惠模式。虽然经统计 WTO 各项协定中给予发展中国家特殊与差别待遇的条款多达 155 项，但这些条款大都不具备充分的效力和可执行性。发展中国家总体上需要遵守与发达国家一致的多边规则和义务，仅在享有更长的规则履行的过渡期方面具有额外的权限。

然而最终乌拉圭回合以互惠为基础的谈判被证明是显著失衡的，其最终结果显示出对发展中国家的不公平。发展中国家发现他们负担了意外沉重的执行成本，并开始重新对多边贸易体制的互惠原则予以反思。[⑤] 为促进发展中国家

---

① Lorand Bartels, "The WTO Enabling Clause and Positive Conditionality in the European Community's GSP Program," *Journal of International Economic Law*, vol.6, no.2, 2003, p.511.

② Generalized System of Preferences（'GSP Decision'）, Decision of 25 June 1971, L/3545, 28 June 1971.

③ Differential and More Favorable Treatment Reciprocity and Fuller Participation of Developing Countries, Decision of 28 November 1979,（L/4903）(后称 "Enabling Clause")。

④ See, e.g., Kele Onyejekwe, "International Law of Trade Preferences：Emanations from the European Union and the United States," *St. Mary's Law Journal*, vol.26, no.2, 1995, p.454。

⑤ 发展中国家开始意识到它们似乎过快地接受了互惠理念，而国家实力的缺乏并不能保证它们在所谓的互惠谈判中获得公平公正的结果。参见 Amrita Narlikar, "Fairness in International Trade Negotiations：Developing Countries in the GATT and WTO," *The World Economy*, vol.29, no.8, 2006, p.1022。

在全球贸易中获得充分的利益，并解决发展中国家的发展关注，WTO 各成员方于 2001 年发起了多哈回合多边贸易谈判，并将其命名为"多哈发展回合"(DDA)。多哈宣言呼吁对特殊与差别待遇条款进行重新审核，以使其"更精确、有效、更具可操作性"。然而由于发达成员和发展中成员在差别待遇的实施范围及制度设计方面的分歧，重新谈判特殊与差别待遇的努力以失败告终。发达成员没有为发展中成员提供非互惠的贸易减让，并延续了先前谈判中不均衡开拓市场的模式，发展中国家的政策空间进一步受到挤压。多哈发展回合未能名符其实地成为解决发展中国家发展问题的贸易回合。①

二、多边贸易体制中非互惠制度的表征

多边贸易体制中的互惠和非互惠相比于两个概念本身的含义有着更加狭义的指涉，主要形容 WTO 成员之间相互减让贸易壁垒的理念和模式。② 因此非互惠制度具体的规则表现形式与 WTO 秘书处总结的给予发展中国家的特殊与差别待遇条款有相互重合的部分，又不完全等同。③ 有学者对多边贸易体制非互惠的具体表现形式做了两项区分：市场准入的优惠以及市场保护的机制。前者主要包括非互惠地增加市场准入机会的条款，以及以此为基础确立的普惠制；后者主要包含发展中成员所享有的承担义务的灵活性和履行义务的过渡期。④

---

① Joseph E. Stiglitz and Andrew Charlton, *Fair Trade for All: How Trade Can Promote Development*, Oxford University Press, pp.63-65.

② 虽然互惠与非互惠仅适用于降低贸易壁垒，但是并不局限于关税措施。Lorand Bartels, "The WTO Enabling Clause and Positive Conditionality in the European Community's GSP Program," *Journal of International Economic Law*, vol.6, no.2, 2003, p.527。

③ WTO 秘书处将 WTO 现行特殊与差别待遇条款区分为六种类型：增加发展中成员贸易机会的条款、保护发展中成员利益的条款、承诺行为以及政策工具使用的灵活性、过渡期、技术援助以及与最不发达成员相关的条款。参见 Special and Differential Treatment Provisions in WTO Agreements and Decisions, Note by Secretariat, WT/COMTD/W/239, 12 October 2018, p.4。

④ Frank J. Garcia, *Trade, Inequality, and Justice: Toward a Liberal Theory of Just Trade*, Brill Academic Publishers, Inc. 2003, pp.155-180.

（一）非互惠地增加市场准入机会

一些多边贸易规则旨在非互惠地增加发展中国家产品的市场准入机会。这一类型的规则主要包括 GATT1994 第四部分、《服务贸易总协定》（GATS）相关条款以及《农业协定》序言。例如在《农业协定》序言中，发达成员承诺充分考虑发展中成员的特殊需求，增加发展中成员有特殊利益的农产品的市场准入机会和条件。而有关非互惠地降低贸易壁垒的规定主要体现在 GATT1994 第四部分。这一部分包括第 36、37 和 38 条三个条款，强调为来自发展中国家的产品提供优惠的市场准入，并呼吁在发展中国家具有比较优势的领域实行更低的关税壁垒。[①] 在第 36 条中，各缔约方同意"迅速且持续地增加发展中国家的出口收益"，"采取积极行动确保发展中国家获得与其经济发展需求相匹配的国际贸易的增长份额"，"最大限度地为来自发展中国家的产品提供更优惠、更可接受的市场准入条件"，且"发达缔约方不期待发展中缔约方互惠地减少关税或其他贸易壁垒"。第 37 条中，发达缔约方承诺对于发展中国家具有出口利益的特定产品最大限度地削减或消除贸易壁垒。第 38 条则呼吁全体缔约方采取联合行动落实第 36 条的原则和宗旨。GATT1994 第四部分正式在多边贸易体制中确立了"非互惠"的概念。

（二）普惠制

在 GATT 第四部分的基础上，发展中国家成功在多边贸易体制内确立了普惠制。普惠制是发展中国家为平衡多边贸易体制的结构性失衡，积极争取自身权益的制度性成果。它以 1979 年"授权条款"为永久性法律基础，规定 GATT 缔约方可以违背最惠国待遇的规定，单独给予发展中国家有差别且更优惠的待遇，以促进发展中国家的贸易。[②]"给予发展中国家的普惠制待遇，应当被设计和修改以积极回应发展中国家的发展、金融和贸易需求"[③]。且发达国

---

① Uché Ewelukwa, "Special and Differential Treatment in International Trade Law：A Concept in Search of Content," *North Dakota Law Review*, vol.79, no.4, 2003, p.846.

② Section 1 of the Enabling Clause.

③ Section 3（c）of the Enabling Clause.

家给予发展中国家的优惠关税待遇应当满足"普遍的、非歧视以及非互惠"[1]
的条件。由此，以授权条款为法律基础的普惠制，成为了多边贸易体制非互惠
制度安排的重要组成部分。

在"欧共体——关税优惠案"（EC-Tariff Preferences / DS246）中，WTO
专家组和上诉机构对授权条款的法律地位和适用条件作出了解释。考虑到授权
条款条约用语的非义务属性，以及普惠制安排与 WTO 例外的内在相似性，"欧
共体——关税优惠案"（EC-Tariff Preferences / DS246）的专家组和上诉机构
将普惠制界定为多边贸易体制最惠国待遇的例外。[2] 在解释"非歧视"要求时，
WTO 上诉机构根据上下文解释要求给惠国满足"积极回应发展中国家的发展、
金融和贸易需求"的义务。[3] 由于并非所有的发展中国家都具有相同的发展需
求，满足这一义务势必要对发展中国家给予差别待遇，[4] 以确保给予所有相同
处境的普惠制受惠国以同样的待遇。[5] 由此，给惠国对于不同的发展中国家以
差别对待的自由裁量权在本案中正式得到了确认。上诉机构也间接认可了给惠
国为普惠制优惠的提供设置条件的权限。

（三）"承诺、行为及政策工具使用的灵活性"

给予发展中国家"承诺、行为及政策工具使用的灵活性"在本质上是给予
发展中国家履行特定义务的豁免权，从而保证发展中国家享有足够的政策空

---

[1] Generalized System of Preferences（'GSP Decision'），Decision of 25 June 1971，L/3545，28
June 1971.

[2] Report of the Appellate Body，European Communities – Conditions for the Granting of Tariff
Preferences to Developing Countries，WT/DS246/AB/R，7 April 2004，para.90.

[3] 上诉机构将授权条款第 3 条（c）款作为 2（a）条款的上下文，因而发达国家的普惠制需要
满足第 3 条（c）款中"积极回应发展中国家的发展、金融和贸易需求"的义务。

[4] Report of the Appellate Body，EC-Tariff Preferences，para.163.

[5] Report of the Appellate Body，EC-Tariff Preferences，para.173. "发展中国家的发展、金融和贸
易需求"必须依据客观的标准来衡量；国际组织制定的多边协定中被广泛认可的特定需求
可以被视为客观标准。另外，"积极"的回应一词还要求发展中国家特定的"发展、金融和
贸易需求"能够通过关税优惠得以有效解决。Report of the Appellate Body，EC-Tariff Prefer-
ences，para.164。

间。① 此种灵活性或豁免是一种义务承担的差异化，反映了充分的非互惠理念。"承诺、行为及政策工具使用的灵活性"在特殊与差别待遇条款中非常广泛，体现在 GATT1994 第 18 条、《补贴与反补贴协定》第 27 条、GATS 第 19 条等多个多边贸易协定的条款之中。由于发展中成员与发达成员之间经济发展水平和实力的差距，市场保护的非互惠规则对于发展中成员确保经济发展的自主性而言至关重要。WTO 关于补贴、知识产权、投资措施等方面的规则事实上压缩了发展中国家的政策空间，使它们更难培养起自身的比较优势。因此给予发展中国家充分的承担义务的灵活性能够保证发展中国家有效地管理国内经济政策，在参与全球化进程、开放市场的过程中兼顾国家发展和公共政策目标。②

（四）过渡期

过渡期是主要给予发展中国家延期履行多边贸易协定中特定义务的待遇，几乎在所有 WTO 的协定中均存在。③ 不同于承担义务的层级化或差异性，过渡期是在成员间规则履行时间方面专门设置的差别待遇，因此属于有限的非互惠类型。④ 通常情况下，多边贸易规则给予最不发达国家比其余发展中国家更长的过渡期，有些贸易协定也会给予发达成员短暂的过渡期。例如《与贸易有关的投资措施协定》为发达成员设置了 2 年的过渡期，为发展成员和最不发达成员分别设置了 5 年和 7 年的执行期限。⑤ 然而乌拉圭回合谈判期间制定的过渡期条款具有设置随意、期限不足等特点，未能有效解决发展中国家面临的执

---

① Constantine Michalopoulos, "Special and Differential Treatment：The Need for a Different Approach," in Gary P. Sampson and W. Bradnee Chambers eds., *Developing Countries and the WTO*, United Nations University Press, 2008, pp.115-116.

② Supachai Panitchpakdi, "The WTO, Global Governance and Development," in Gary P. Sampson and W. Bradnee Chambers eds., *Developing Countries and the WTO*, United Nations University Press, 2008, p.193.

③ Constantine Michalopoulos, "Special and Differential Treatment：The Need for A Different Approach," in *Developing Countries and the WTO*, pp.115-116.

④ Frank J. Garcia, *Trade, Inequality, and Justice: Toward a Liberal Theory of Just Trade*, Brill Academic Publishers, Inc. 2003, p.169.

⑤ 参见《与贸易有关的投资措施协定》第 5 条。

行问题。2017 年生效的《贸易便利化协定》在过渡期设置方面作出了相应调整，允许发展中成员自主确定执行期限，并将过渡期与能力建设相联系，为给予发展中国家的非互惠待遇开创了新的模式。① 相比于其他特殊与差别待遇条款，过渡期条款的优势在于可被执行，且具有法律约束力。过渡期的这一特点与呼吁发达国家采取行动给予优惠或差别待遇的条款形成了鲜明的对比。

第二节　多边贸易体制非互惠的制度困境

现行多边贸易体制的非互惠并非一项成功的制度安排。尽管它确实为部分发展中国家带来了些许经济收益，但它整体而言缺乏法律约束力，且政治与法律方面的成本严重影响了该制度本身的实际效应。特别是普惠制为多边贸易体制和非歧视原则造成的负面影响并不利于促进发展中国家的经济发展目标。非互惠制度在实际运行中彰显的症结需要 WTO 各成员方对这一制度的内在缺陷做出深刻反思。

一、既有规则治理缺乏法律约束力

多边贸易体制中一些现行非互惠制度安排具有内在援助属性，因而缺乏充分的法律约束力。这些非互惠规则通常将给予优惠的主动权置于给惠方手中，而发展中国家无法通过参与谈判的方式将非互惠优惠锁定在规则中。这一问题主要体现在普惠制和其他增加发展中国家市场准入机会的条款。②

① 参见《贸易便利化协定》第 13 条第 2 款。参见 Ben Czapnik，"The Unique Features of the Trade Facilitation Agreement：A Revolutionary New Approach to Multilateral Negotiations or the Exception Which Proves the Rule?" *Journal of International Economic Law*，vol.18，no.4，2015，p.793。

② 授权条款第 1 条规定"缔约方'可以'向发展中国家提供特殊与更优惠的待遇"。"可以"一词充分表明提供普惠制优惠并非强制性的，发达国家可自主决定是否提供优惠，以及提供何种程度的优惠。See Section 1 of the "Enabling Clause"。

　　就普惠制而言，虽然 WTO 上诉机构肯定了给惠国应承担的"普遍的、非歧视的与非互惠的"义务，但该义务仅约束优惠的提供方式而非优惠本身。换言之，发达成员可以自主决定是否向发展中国家提供优惠，而只有提供了优惠的 WTO 成员才需要遵守特定的给惠义务，因此非互惠优惠的给予本身仅仅是一项软法措施。普惠制没有成为有约束力的法律义务，也没有受到多边贸易体制法律规则的充分保护。普惠制制定过程的单边主义属性加剧了发展中国家享受普惠制优惠的不确定性与不安全感。[①] 给惠国可以随时放弃提供优惠，还可以通过变更普惠制条件对受惠对象和受惠产品作出调整。由于优惠产品范围以及普惠制条件和毕业规则处于持续变化过程中，普惠制并不能使受惠国建立起稳定可信赖的投资基础，[②] 与优惠产品相对应的国内产业将面临着过度投资的风险。一旦普惠制优惠被撤销，建立于普惠制基础上的投资就会出现严重的资源错配，[③] 进而给普惠制受惠国的利益造成损失。

　　GATT1994 第四部分的非互惠安排在制度设计上反映出同样的弊端。GATT1994 第 36 条第 8 款规定，"发达缔约方在与发展中缔约方进行降低或免除关税的谈判时，不期望得到互惠。"[④] 第 37 条第 3 款第 2 项规定，"发达缔约方应当积极考虑采取其他措施，以扩大来自发展中缔约方的进口，并为实现此目的在有关国际活动中进行合作。"[⑤] "不期望""积极考虑"等具有模糊性的措辞将是否给予优惠的决定权给予了给惠方，加之缺乏非互惠优惠给予的具体标准和实施依据，这些条款不具有充分的法律约束力，发达国家没有向发展中国家提供非互惠关税减让的义务。在实际谈判过程中，发展中国家享受的少量的非互惠待遇主要是通过搭便车的方式取得，是发达国家间相互给予的贸易减让通过最惠国待遇被扩散到发展中国家的结果，而非发达国家与

[①] Laura Huici Sancho, "What Kind of Generalized Systems of Preferences," *European Journal of Law and Economics*, vol.21, no.3, 2006, p.277.

[②] T. Ademola Oyejude, "Special and Differential Treatment," in Bernard Hoekman, Aaditya Mattoo, and Philip English, eds., *Development, Trade, and the WTO: A Handbook*. World Band Publications, 2002, p.506.

[③] Gene M. Grossman and Alan O. Sykes, "A Preference for Development：The Law and Economics of GSP," in *WTO Law and Developing Countries*, 2007, p.276.

[④] GATT1994 Article XXXVI Section 8.

[⑤] GATT1994 Article XXXVII Section 3.

发展中国家之间谈判的结果。由于采取主要供应方的谈判方式，发展中国家
难以获得谈判资格，其具有比较优势的产业一直被排除在贸易自由化范畴之
外。正因为上述原因，有学者将现行多边贸易体制下的非互惠义务评价为"有
形式而无实质"。[1]

二、未能保障发展中成员利益诉求

现有非互惠制度未满足发展中成员的需要，首先体现为发展中成员具有比
较优势的产业未能稳定地享受到非互惠待遇。这一局限性在市场准入型的非互
惠待遇中更加明显。在 GATT 谈判中，由于各缔约方采用主要供应方的谈判
模式，只有单独或集体构成某一产品的主要供应方，方可向产品进口方在互惠
的基础上要求减让。[2] 由于发展中国家难以构成某一产品的主要供应方，谈判
通常是在发展中国家没有参与的情况下进行的。发展中国家时常抱怨直到谈判
的最后阶段才得到邀请，[3] 因而无法保证其具有竞争优势的产业被纳入谈判范
畴。同样，在普惠制利益的提供过程中，由于给惠国具有一定程度的自由裁量
权，而发展中国家在非互惠优惠的确定方面又缺乏参与，发达国家就自然而然
地认为他们能够自由选择受惠对象和受惠的产品，[4] 甚至通过"产品毕业"和"国
家毕业"机制来实施数量限制。[5] 普惠制条件的单边主义特征决定了普惠制优
惠的授予不会经过成员共同的谈判，因而也不以受惠国的需求为导向。发达国
家出于减缓进口竞争压力的考虑，倾向于把发展中国家具有比较优势的产业排

[1]　Robert E. Hudec, *Developing Countries in the GATT Legal System*, Cambridge：Cambridge University Press, 2011, p.99.

[2]　Bernard M. Hoekman and Michel M. Kostecki：*The Political Economy of the World Trade System: the WTO and Beyond*, p.165.

[3]　康斯坦丁·米查洛普罗斯：《WTO 中的发展中国家》，黄震华译，中国商务出版社 2004 年版，第 25 页。

[4]　Jennifer L. Stamberger, "The Legality of Conditional Preferences to Developing Countries," *Chicago Journal of International Law*, vol.4, no.2, 2003, p.614.

[5]　Joseph Francois, Will Martin, and Vlad Manole, "Formula Approaches to Liberalizing Trade in Goods：Efficiency and Market Access Considerations," in Simon J. Evenett and Bernard M. Hoekman, eds., *Economic Development and Multilateral Trade Cooperation*, The International Bank for Reconstruction and Development/ The World Bank, 2006, pp.90-91.

除在普惠制范围之外，[①] 而发展中国家除了等待给惠国制定普惠制清单，几乎不具有任何表达自身利益诉求的空间。[②]

其次，普惠制的附加条件也表明现有非互惠制度未能满足发展中成员的利益诉求。普惠制作为多边贸易体制中最为典型的非互惠制度安排，却被发达成员利用作为实现贸易政策目标的手段广为使用。普惠制的运行将多边贸易体制理想状态下的共同治理模式，转变为给惠国与受惠国之间治理与被治理的关系。通过普惠制附加条件对发展中国家的激励与反激励。国际贸易问题与国际劳工、环保以及人权法开始在全球层面结合，[③] 而这种结合并未在 WTO 中获得正式的认可。[④] 美国和欧盟等 WTO 成员实施的普惠制条件，成为了给惠国对发展中国家进行治理的主要途径，而本国国内法或其他领域国际公约及标准，成为了发达国家主导全球治理的政策工具。[⑤] 普惠制附加条件可能对发展中国家主权造成的影响不可小觑。美国和欧盟的普惠制均具有通过"胡萝卜加大棒"的方式，推行对自身有利的政策目标和干涉发展中国家内政的嫌疑。[⑥] 诸如签

---

① 普惠制的管理规则会导致国内进口竞争集团拥有施加影响力的特权，当发展中国家具有比较优势的产品在发达国家国内市场占据了一定比例的份额，进口竞争利益集团就会试图将发展中国家的产品阻挡在外。Çaglar Özden and Eric Reinhardt, "Unilateral Preference Programs：The Evidence" in Simon J. Evenett and Bernard M. Hoekman, eds., *Economic Development and Multilateral Trade Cooperation, The International Bank for Reconstruction and Development*/ The World Bank，2006，p.190。

② Petros C. Mavroidis, *The Regulation of International Trade*, Cambridge：Massachusetts Institute of Technology Press，2016，p.268.

③ James Harrison, "Incentives for Development：the EC's Generalized System of Preferences, India's WTO Challenge and Reform", p.1680

④ 例如在普惠制之外，一国不能禁止进口实行较低劳工标准的国家生产的产品，这样的进口限制将违反 GATT1994 第 11 条关于禁止数量限制和第 2 条关税减让表的规定。Jennifer L. Stamberger, "The Legality of Conditional Preferences to Developing Countries", p.609。

⑤ Maureen Irish, "GSP Tariffs and Conditionality：A Comment on EC-Preferences," *Journal of World Trade*, vol.41, no.4, p.901.

⑥ 欧盟曾出于政治原因取消了给予 Belarus 和缅甸的优惠，因违反了《联合国反腐败公约》而取消了给予 Venezuela 的 GSP+ 优惠，因人权问题而取消了给予斯里兰卡的 GSP＋优惠。参见 Lorand Bartels, Christian Häberli, "Binding Tariff Preferences for Developing Countries under Article II GATT," *Journal of International Economic Law*, vol.13, no.4, 2010, p.993。

署或批准条约等附加条件已经涉及到一国的主权事项。[①] 由于许多发展中国家对于发达国家的普惠制优惠具有非对称的依赖性，[②] 发展中国家在面临普惠制条件时的自主选择范围受限，自身的谈判权力和谈判地位受到了削弱。

发达国家的普惠制通过向发展中国家强加非贸易领域的国际标准，明显带有服务于自身政策目标的特征，[③] 甚至隐藏着贸易保护主义动机。发达国家普惠制所附条件虽然是为了满足保护劳工、环境、知识产权以及人权等非贸易目标，但这些目标大都是为了满足国内利益集团的利益，[④] 是否真正能够促进发展中国家的经济发展尚无定论。[⑤] 虽然人权、环保、劳工等方面的核心标准也是可持续发展理念的内在要求，也符合发展中国家广义上的合法需求，但这些标准与发展中国家"发展、金融和贸易需求"之间只具有间接的关联，并不必然代表发展中国家最迫切的发展关注。普惠制条件和标准的实施效果取决于一国特定的国内要素和产业要素，[⑥] 不同的发展现状会带来不同程度的执行成本，而过高的执行成本会给发展中国家带来沉重的经济负担。[⑦] 普惠制作为一项贸易政策工具所产生的政治经济成本，已超出了该机制能为发展中国家带来的贸易收益。

[①] 例如欧盟普惠制赋予欧盟委员会关于发展中国家执行国际公约和国际标准的监督职权，关于受惠国国内事务的监督权限有侵犯国家主权嫌疑。参见 Vichithri Jayasinghe, "The Legality of the European Union's Special Incentive Arrangement", *Journal of International Economic Law*, vol.18, no.3, 2015, p.573。

[②] 发展中国家对发达国家普惠制优惠的依赖类似于在条约谈判过程中"最佳可替代谈判协定"（BATNA）的缺乏，影响了发展中国家实际所处的谈判地位。参见 Fisher, Roger, William Ury, and Bruce Patton, '*Getting to Yes*' Boston : Houghton Mifflin, 1991, p.100。

[③] Jennifer L. Stamberger, "The Legality of Conditional Preferences to Developing Countries", p.614.

[④] Laura Huici Sancho, "What Kind of Generalized Systems of Preferences", p.270.

[⑤] Carlos Manuel Vazquez, "Trade Sanctions and Human Rights- Past, Present and Future," *Journal of International Economic Law*, vol.6, no.4, 2003, p.803.

[⑥] Ann Zammat and Ajit Singh, "Labour Standards and the 'Race to the Bottom' : Rethinking Globalization and Workers' Rights from the Developmental and Solidaristic Perspective," *Oxford Review of Economic Policy*, vol.20, no.1, 2004, p.93.

[⑦] James Harrison, "Incentives for Development : the EC's Generalized System of Preferences, India's WTO Challenge and Reform," *Common Market Law Review*, vol.42, no.6, 2005, pp.1683-1684.

　　非互惠制度未以发展中成员的需求为导向，还体现在发展中国家未能享有充分的灵活性或过渡期。多边贸易体制给予发展中国家承担义务的灵活性条款很多都是"空头支票"，[①] 且并没有充分的可操作性，非但发展中国家未能享有足够的政策空间，且灵活性的获得通常还需要满足特定的门槛。[②] 随着乌拉圭回合时期给予发展中国家的非互惠市场保护开始转化为过渡期模式，非互惠的有效性和正当性就在很大程度上取决于过渡期的执行期限设置是否合理。而事实证明，乌拉圭回合为发展中国家执行多边贸易规则而设置的过渡期是不充分的。WTO 过渡期条款的制定非常随意和武断，时间的确定大多基于政治上的谈判和妥协，并未全面考虑和评估发展中国家的执行能力、发展关注和客观需求，也并没有在系统分析的基础上确立经济上的标准作为参考依据。[③] 加之缺乏配套的技术援助和能力建设支持，乌拉圭回合设定的过渡期条款，仅仅简单拖延了发展中国家执行多边贸易规则的截止日期。[④] 在过渡期期限结束后，很多发展中国家仍然没有足够的能力执行乌拉圭回合协定，[⑤] 导致执行问题成为多哈回合谈判中的一项棘手难题。

三、非互惠待遇适用主体共识缺失

　　虽然在发展中国家的持续反对下，WTO 成员未就发展中国家分类以及毕业的问题达成一致，但给予不同发展中国家以不同待遇的做法已经在普惠制中

---

① Md Mehedi Hasan, "Special and Differential Treatment in the WTO：Its Content and Competence for Facilitation of Development," *NAUJILJ*, 2016 p.54.

② Yond-Shik Lee, "Reclaiming Development in the World Trading System (Revisited)：Proposals for Reform of WTO Governance," in Carolyn Deere-Birkbeck ed., *Making Global Trade Governance Work for Development: Perspectives and Priorities from Developing Countries*, Cambridge University Press, 2011, pp.311-312.

③ Bernard Hoekman, "Operationalizing the Concept of Policy Space in the WTO：Beyond Special and Differential Treatment," *Journal of International Economic Law*, vol.8, no.2, 2005, p.406

④ Stephanie Switzer, "A Contract Theory Approach to Special And Differential Treatment and the WTO," *Journal of International Trade Law and Policy*, vol.16, no.3, 2017, p.133.

⑤ Constantine Michalopoulos, "Special and Differential Treatment：The Need for A Different Approach," in Gary P. Sampson and W. Bradnee Chambers eds., *Developing Countries and the WTO*, United Nations University Press, 2008, p.116.

获得间接认可。发达国家单边地设定普惠制条件，设定"毕业"机制，拒绝向所有发展中国家作为一个整体提供一致的优惠待遇的做法已产生了两项负面效应：其一，普惠制在发展中成员间造成了不适当的歧视。尽管发展中国家间发展水平的差异使得普惠制中有差别的优惠待遇获得了正当性，但是单边实施的差别待遇可能会对特定国家造成歧视，甚至产生对发展中国家的分化效果。[①]未能享受到普惠制优惠的发展中国家事实上遭受了实际利益的损失。[②] 不仅他们的贸易条件有恶化的风险，而且他们不得不与享受着普惠制优惠的发展中国家在给惠国市场展开竞争。[③] 其二，普惠制对发展中国家分类问题产生了溢出效应。普惠制附加条件实质上形成了对发展中国家进行分类的效果，使得在多边层面未能实施的对发展中国家的分类、分化以及毕业的诉求被转移到单边层面解决。授权条款义务设置的不完备以及 WTO 上诉机构的折中裁决，进一步造成了发达国家在普惠制分类条件和标准设置方面的专断。[④]

　　成员方难以就非互惠待遇的享受主体达成一致是发达成员不愿在非互惠制度上作出实质让步的重要考虑，是多哈回合特殊与差别待遇问题陷入僵局的主要原因，也是美国当下屡次指责 WTO 的一项不公平问题之所在。在 WTO 面临改革的关键时期，发达国家再次将"发展中国家地位认定"的问题推到风口浪尖，美国甚至不惜采取强硬立场否定部分国家享受特殊与差别待遇的资格，试图借机调整 WTO 内部权力结构和利益分配格局。2019 年 7 月 26 日，美国特朗普总统发布了《关于改革世界贸易组织发展中国家地位的备忘录》，反对以中国为代表的一些新兴经济体自称为发展中国家，享受特殊与差别待遇。该备忘录还提出，如果 90 天内 USTR 在防止"自我宣称的"发展中国家不适当地利用 WTO 规则和谈判中的灵活性问题上取得实质性进展，美国可以单边拒

① 何易：《论普惠制实施中的差别待遇——兼论 WTO 发展中国家成员分类问题》，《国际经济法学刊》2006 年第 2 期。

② Gene M. Grossman and Alan O. Sykes, "A Preference for Development：The Law and Economics of GSP", in *WTO Law and Developing Countries*, p.278.

③ 参见 Hudec, *Developing Countries in the GATT Legal System*, p.178。

④ 给惠国对于发展中国家实质上的分类不只依赖于经济因素，也取决于其他非经济领域预先设定的标准。这些出于自身利益考量而任意设置的条件单边地修改和扭曲了发展中国家努力争取的非歧视、非互惠待遇。Gary P. Sampson, *The WTO and Sustainable Development*, United Nations University Press, 2005, pp.215-216。

绝承认特定国家为发展中国家。① 主要发达成员在未来发展中成员待遇问题上的立场趋于一致，即不承认部分新兴经济体的发展中国家身份，或要求对发展中国家作出进一步分类。② 考虑到上述问题，在多边层面上解决发展中国家的差别待遇和分类问题已显得十分迫切。合作解决这一问题不仅关系到多边贸易体制非互惠制度的构建与完善，也关系到 WTO 成员能否在 WTO 其他领域的改革和规则现代化进程中取得进展。

第三节　非互惠制度困境产生的内在根源

多边贸易体制非互惠制度的困境是结构性和根本性的，这也意味着对现行非互惠制度的改革势在必行。在未来发展中国家待遇问题的谈判以及非互惠制度建构中，发展中国家应反思现行非互惠制度的内在缺陷，避免在解决自身的发展问题上再次陷入被动。非互惠制度症结产生的根源可能包含以下几个方面。

一、多边贸易体制中互惠与非互惠"脱嵌"

欲澄清非互惠理念和制度在多边贸易体制中的实际地位，需要先澄清多边

---

① Reforming Developing-Country Status in the World Trade Organization：Memorandum for the United States Trade Representative, Federal Register, vol.84 no.147, https：//www.whitehouse. gov/presidential-actions/memorandum-reforming-developing-country-status-world-trade-organization-/. 此前，美国还曾向 WTO 总理事会提交了名为《一个无差别的 WTO：自称的发展地位导致了体制的边缘化》的文件，提出发达国家和发展中国家的划分方法已经过时，并指责部分 WTO 成员自称为发展中国家的做法对 WTO 谈判造成了负面影响。参见 An Undifferentiated WTO：Self-declared Development Status Risks Institutional Irrelevance, WTO Document, WT/GC/W/757, 16 January 2019。

② 欧盟在其发布的 WTO 现代化改革动议中也曾指出，"现有规则定义的发达国家和发展中国家之间的差别，已不再反映一些发展中国家经济迅速增长的现实。"参见"WTO Modernization Introduction to Future EU Proposals". http：//trade.ec.europa.eu/doclib/docs/2018/september/tradoc_157331.pdf。

贸易体制中的多层次互惠体系。美国贸易政策的影响下建立起来的多边贸易体制中的互惠呈现出不同层次。在具体规则层面，最惠国待遇与具体的互惠相互补充、相互配合。互惠通过减少搭便车的情况，为各国贸易减让提供了动力，而无条件最惠国待遇则内化了具体的互惠谈判中产生的贸易转移效应，降低了谈判成本，扩大了合作范围，保证了缔约方之间的非歧视和平等待遇。具体的互惠与无条件最惠国待遇之间内在地存在着张力，二者经过协调在多边贸易体制中相得益彰，并维持了整个多边贸易体制的基本平衡。

在多边贸易体制的规范层面上，互惠的含义实则更为宽泛，应被理解为扩散的互惠或多边的互惠。[1] 因为仅依据具体的或严格的互惠无法确保各成员相互发挥比较优势，也无法确保成员共同获益，因而难以被视为多边贸易体制的基础。[2] 在互惠原则和规范的指导下，各缔约方或 WTO 成员作出的贸易减让幅度并不需要实现完全对等（事实上也远没有实现），[3] 而只需要达成的协议能够充分提高各缔约方的经济或福利水平，使得各缔约方自愿签署协定。[4] 因此原则层面的互惠在决策程序上体现为协商一致，[5] 它反映出 GATT/WTO 的契约性国际组织的特征，[6] 确保了每一个成员方在国际经贸合作关系中的收益都能增加，是帕累托改进的体现。[7] 在谈判中，每一成员都享有自主决定某一协定

---

[1]　且 GATT 缔约方之间在关税减让水平、关税收益损失、贸易减让范围等方面均没有达成绝对的或严格的互惠。参见 Americo Beviglia Zampetti, *Fairness in the World Economy: US Perspectives on International Trade Relations*, p.128。

[2]　Ethan B. Kapstein, *Economic Justice in an Unfair World: Toward A Level Playing Field*, Princeton and Oxford：Princeton University Press, 2006, p.59.

[3]　Michael J. Gilligan, *Empowering Exporters: Reciprocity, Delegation and Collective Action in American Trade Policy*, Ann Arbor, Michigan：The University of Michigan Press, 1997, pp.6-7.

[4]　Michael J. Gilligan, *Empowering Exporters: Reciprocity, Delegation and Collective Action in American Trade Policy*, p.7.

[5]　Carsten Herrmann-Pillath, "Reciprocity and the Hidden Constitution of World Trade," *Constitutional Political Economy*, vol.17, no.3, 2006, p.136.

[6]　Carsten Herrmann-Pillath, "Reciprocity and the Hidden Constitution of World Trade," pp.143-144.

[7]　Carsten Herrmann-Pillath, "Reciprocity and the Hidden Constitution of World Trade," pp.143-144.

是否对其有利的主权权力，从而决定是否签署某一协定。[①] 原则规范层面的互惠在缔约方之间创造了一种团队精神和信任感，有利于全体缔约方协力解决共同面对的挑战。[②]

不同层次的互惠形成了一个互惠体系，成功处理了发达经济体之间的贸易往来。而随着越来越多的发展中国家加入多边贸易体制，他们开始挑战整个互惠体系和运行逻辑，并在多边贸易体制中引入了非互惠的理念。然而发展中国家提出的非互惠理念并没有对原有的互惠基础形成实质意义上的撼动。多边贸易体制中互惠与非互惠呈现出了主流与例外的关系。二者不仅在理念和原则层面上"脱嵌"（disembeddedness），在具体规则层面也没有实现充分协调。脱离了互惠的非互惠优惠待遇难以从谈判中获得，无法保障发展中国家的充分参与，也不能充分考虑发展中国家的发展需求，因而无法获得法律约束力，最终将沦为"非主流"的制度安排。在发展中国家维护自身权益的努力下，多边贸易体制虽然承认了非互惠原则及发展中国家待遇存在的必要性，但非互惠理念从来没有真正地在多边贸易体制获得基础性地位。

由于多边贸易体制中互惠与非互惠的"脱嵌"，游离于互惠基础之外的非互惠安排不但在程度上无法满足发展中成员的发展需求，甚至在性质上变成了发达成员对发展中成员附条件的"恩惠"与"施舍"。现行多边贸易体制中市场准入的非互惠规则将非互惠减让的灵活性和主动权完全赋予发达国家，发展中国家只是此过程中被动的受益者。以普惠制为例，其背后的理论基础是贸易援助或福利义务。[③] 在这种福利或道德义务的理念支撑下，发达国家普遍认为具有援助性质的普惠制是发达国家给予发展中国家的"礼物"，因而不应当受任何"硬"法规则的约束，只应具有道德上的约束力。[④] 有学者认为，软法和

---

① 从这个意义上讲，原则层面的互惠的基本含义事实上更接近于"互利互惠"（mutual benefit）。Carsten Herrmann-Pillath, "Reciprocity and the Hidden Constitution of World Trade," pp.145.

② Carolyn Rhodes, *Reciprocity, U.S. Trade Policy, and the GATT Regime*, Ithaca：Cornell University Press, 1993, p.93.

③ Robert E. Hudec, *Developing Countries in the GATT Legal System*, Cambridge：Cambridge University Press, 2011, p.155.

④ Gene M. Grossman and Alan O. Sykes, "A Preference for Development：The Law and Economics of GSP", in *WTO Law and Developing Countries*, p.269.

道德约束力是以福利义务为基础、具有援助性质的普惠制和非互惠安排所能实现的最大效果。[1] 一旦对于普惠制的法律规则超出了软法属性，该制度存在的基础就会被破坏，因为给惠国享有拒绝给予这一"礼物"的充分自由。[2] 因此，想要解决非互惠在制度上的缺陷，不可避免地要处理非互惠与互惠在理念与规范层面上的矛盾。

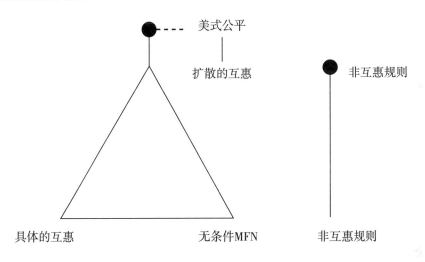

图示 5：现行多边贸易体制中互惠与非互惠的关系

二、发达成员缺乏非互惠待遇的供给动力

虽然非互惠原则已经在多边贸易体制中获得认可，但是在实际操作层面却无法得以贯彻。发达国家将形式上认可给予发展中国家的非互惠待遇视为回应发展中国家需求的一种低成本的方式，但是非互惠的具体制度规则还保持着软法属性。特别是在与互惠相分离的情形下，难以推动非互惠具体制度朝着有约束力的硬法方向转变，因为此时的非互惠只具有道义诉求而没有相应的习惯国际法基础。虽然国内税法也在不同收入群体之间实现了收入的再分配，但整个

---

[1]　Robert E. Hudec, *Developing Countries in the GATT Legal System*, p.161.

[2]　正如专家组所说，授权条款第一段中的"may"一词表明普惠制的提供只是一种选择，而不是义务。如果发达国家认为在普惠制提供方面没有合作利益，他们可以放弃提供优惠。

过程是以公法为基础、以国家公权力机关为主体进行调整的，并没有在公民与公民之间直接创造出权利义务，国际层面上的分配正义和结果公平远比国内层面更难实现。发展中成员究竟应当从发达成员处获得多少优惠以实现实质公平？某一发展中成员是否有权获得它意图获得的待遇？哪些国家是发展中国家而有资格享受非互惠待遇。所有上述问题都没有确定的法律依据。非互惠待遇要想具备法律上的执行力必须要依靠谈判达成契约来锁定缔约双方的权利义务。

在谈判中锁定非互惠权利义务对非互惠制度设计、谈判模式以及发展中成员的谈判实力和技巧均提出了较高要求。非互惠制度安排难以获得充分法律约束力且难以被有效执行的一项重要原因，在于发达国家内部没有提供关于非互惠优惠的充分动力和政治支持。虽然福利义务背后的道德力量以及软法机制均为发达国家给予非互惠待遇提供了助力，且受经济相互依赖的影响，发展中国家的经济发展水平的提升将反向促进发达国家的经济增长，[1] 但这些因素均无法确保非互惠优惠的提供成为一项有约束力的法律义务。当发达国家向发展中国家提供非互惠的市场准入优惠时，发达国家的进口竞争利益集团可能会因贸易壁垒的降低而遭受冲击，即使自由贸易能够提高国家整体收益，此时的进口竞争部门会优先考虑自身利益而非自由贸易所促进的国家整体利益。[2] 通常情况下，WTO 成员会采用互惠的贸易政策，通过赢取出口利益集团的政治支持而抵消贸易保护主义压力。但非互惠的权利义务难以对发达国家国内贸易政策决策的过程产生深刻的影响。尤其是在普惠制中，普惠制优惠作为一种单边的非互惠待遇隔绝了出口利益集团的影响力，[3] 使得非互惠待遇在发达国家内部难以获得充分的政治支持。

上述论证再次印证了非互惠制度设计必须嵌入到多边贸易体制的互惠基础之中，实现二者的巧妙结合。想要使非互惠成为有效保障发展中国家权益，且具有充分法律约束力的制度安排，在制度上的完善和重构方面必须善于利用发

---

① Robert E. Hudec, *Developing Countries in the GATT Legal System*, pp.160-161.

② Hudec, *Developing Countries in the GATT Legal System*, p.140.

③ 即使普惠制附加条件（如批准保护劳工、环境等方面的国际公约）旨在减少发展中国家产品给国内进口部门带来的冲击和压力，但附加条件的受益者仍是进口利益集团，出口部门未获任何激励以为非互惠市场开放提供充分的政治支持。Hudec, *Developing Countries in the GATT Legal System*, p.148。

展中国家群体，特别是新兴经济体国家的市场力量，以增加谈判的筹码。这是由国际社会的无政府状态以及非互惠的制度特征所共同决定的。

三、国际经贸利益再分配的博弈程度加剧

非互惠制度可以理解为实质公平理念下对国际贸易收益的再分配，其背后体现着发达国家和发展中国家之间的互动博弈。多边贸易体制现行非互惠制度的困境在很大程度上反映出权力博弈过程中成员驱动的非对称性。多边贸易体制规则生成与发展的控制权始终掌握在少数发达成员手中。GATT 原始缔约方与后加入成员相比享受着明显的"先发优势"，[①] 并且会利用这一先发优势"塑造规则、实施相应措施以保障自身地位并获取足够利益，与此同时禁止后加入者获取同样的优势"[②]。成员驱动的非对称性在非互惠制度的建构过程中得到了鲜明的展现。既反映在价值取向层面上非互惠与互惠的理念冲突，也反映在具体规则层面上非互惠制度的效力缺失。

在价值取向层面上，非对称性的成员驱动是造成非互惠理念与互惠理念的"脱嵌"的重要原因。发展中国家与发达国家在多边贸易体制公平理念的塑造方面具有价值观上的冲突，而互惠又是贯彻公平价值理念的重要规范。[③]因此以美国为首的主要发达成员通过操纵互惠的类型、标准和规则制定，而控制着多边贸易规则的走向。当自身利益受到威胁时便采用更狭窄、更严格的全面互惠或对等标准，甚至不惜采取强硬立场否定部分国家享受发展中国家待遇的资格，压缩非互惠制度的建构空间。在具体的非互惠规则制定的层面上，发达国家同样始终掌握着给予发展中国家非互惠待遇的主动权。他们

---

① Rorden Wilkinson, "Barriers to WTO Reform：Intellectual Narrowness and the Production of Path-dependent Thinking," in Thomas Cottier, Manfred Elsig eds., *Governing the World Trade Organization: Past, Present and Beyond Doha*, New York：Cambridge University Press, 2011, p.320.

② Robert Hunter Wade, "What Strategies Are Viable for Developing Countries Today? The World Trade Organization and the Shrinking of 'Development Space'," *Review of International Political Economy*, vol.10, no.4, p.632.

③ 然而作为关贸总协定支柱性甚至宪法性原则的互惠理念长期以来影响着多边贸易体制的发展。Carsten Herrmann-Pillath, "Reciprocity and the Hidden Constitution of World Trade," p.141.

能够通过对议程的控制，优先关注和解决自己关切的问题，围绕着自身的利益需要积极促进制成品、半制成品以及工业产品的贸易自由化，却将农产品、纺织品等发展中国家具有比较优势的产业排除在外。发达国家还单边地制定自己的普惠制规则，专断地附加条件，将普惠制用作实现政策目标的工具和额外的权力来源。[①]

　　随着新兴经济体国家的崛起，全球治理结构加速变化，发达国家和新兴经济体之间展开了争夺国际经贸规则制定的主导权的博弈。非互惠制度建构与发展中国家待遇问题再次成为了双方矛盾的焦点。一方面，发展中国家通过总结历史经验教训，积极推动适合本国的发展道路和发展模式，已成为国际贸易规则的重要供给者，以及多边贸易秩序的维护和改革力量。[②] 新兴经济体和广大发展中国家希望通过增强自身话语权参与更加均衡的国际治理格局，获得必要的自主性和发展空间。[③] 另一方面，美国权力的相对衰落以及国内复杂矛盾的日益尖锐导致美国外交政策越来越务实。美国的互惠贸易政策更为关注互惠中的对等因素，要求贸易伙伴承担更多的责任以实现经济利益在国际体系中的再分配。[④] 以美国为首的发达国家越来越强调相对收益，倾向于从零和博弈的视角看待与新兴经济体的关系，[⑤] 试

---

① Peter M. Gerhart, Archana Seema Kella, "Power and Preferences : Developing Countries and the Role of the WTO Appellate Body," *North Carolina Journal of International Law and Commercial Regulation*, vol.30, no.3, 2005, pp.520-521.

② 舒建中：《多边贸易体系与美国霸权——关贸总协定制度研究》，南京大学出版社 2009 年版，第 320—321 页。

③ 参见潘忠岐：《中国与国际规则的制定》，上海人民出版社 2019 年版，第 156 页。

④ 舒建中：《多边贸易体系与美国霸权——关贸总协定制度研究》，南京大学出版社 2009 年版，第 307—308 页。

⑤ Reforming Developing-Country Status in the World Trade Organization : Memorandum for the United States Trade Representative, Federal Register, vol.84, no.147, https : //www.whitehouse. gov/presidential-actions/memorandum-reforming-developing-country-status-world-trade-organiza-tion/. 此前，美国还曾向 WTO 总理事会提交了名为《一个无差别的 WTO：自称的发展地位导致了体制的边缘化》的文件，提出发达国家和发展中国家的划分方法已经过时，并指责部分 WTO 成员自称为发展中国家的做法对 WTO 谈判造成了负面影响。参见 An Undifferenti-ated WTO : Self-declared Development Status Risks Institutional Irrelevance, WTO Document, WT/GC/W/757, 16 January 2019。

图借发展中国家待遇问题重新调整 WTO 内部权力结构和利益分配格局。发达国家对现行利益分配格局的调整意图和对相对利益的关注导致他们不愿给予新兴经济体国家以非互惠的差别待遇。WTO 成员就如何给予发展中国家待遇问题上立场分歧巨大，在发展中国家身份的自我认定方面僵持不下。在此背景下，非互惠制度对发展中国家权益保障不充分的困境非但难以解决，新的国际经贸格局以及治理理念的变化还为非互惠制度本身的存续带来了新一轮冲击与挑战。

第四节　多边贸易体制非互惠制度的价值分析

在发达国家内顾倾向持续加重之际，多边贸易体制中的非互惠有没有继续存在的价值？非互惠制度应当走向何处？应当明确的是，非互惠制度安排是在 WTO 成员方经济发展水平存在显著差异的情形下，实现多边主义和合作减让贸易壁垒的客观需要。因此，非互惠原则指导下的发展中国家待遇并不是一个"是否"应当给予的问题，而是"如何"给予的问题。非互惠制度在多边贸易体制中的存在具有充分的理论基础。

一、实现分配正义和实质公平

多边贸易体制的互惠谈判假设所有成员均处于同一发展水平上，这样的贸易减让方式看似公平，实则导致发展中国家被边缘化，难以为发展中国家提供充分的话语权。[1] 而贸易自由化理论本身并不是解决不平等问题的良方，自由贸易难以解决贸易所得在国家内部与国家之间的分配问题，甚至会导致不平等问题的加剧。[2] 因此，多边贸易体制需要实质公平理念和非

---

[1]　法扎尔·伊斯梅尔：《改革世界贸易组织：多哈回合中的发展中成员》，上海人民出版社 2011 年版，第 325 页。

[2]　Ethan B. Kapstein, *Economic Justice in an Unfair World: Toward A Level Playing Field*, Princeton and Oxford：Princeton University Press, 2006, pp. 46, 57.

互惠制度来缩紧发达国家与发展着国家的收入差距和发展鸿沟。[①] 非互惠原则理念指引下的非互惠制度安排能够为实现分配正义和实质公平发挥重要的促进作用。[②]

近年来，关于实质公平的理论基础逐渐遭到了一些学者的驳斥。这些批评的声音通常对"公平"和"正义"持怀疑主义观点，认为所谓的实质公平理念可能会被一国的保护主义势力滥用从而不会真正有利于发展中国家的发展利益。[③] 他们最终选择诉诸经济学，通过成本收益的分析判断一项制度存在的合法性，并认为经济学是唯一中立的理论和分析基础。[④] 然而这一说法没有意识到，非互惠制度安排在经济学意义上未有效地提高发展中国家的经济发展水平这一结果，不能使得非互惠理念本身丧失合法性，非互惠制度的无效可能恰恰说明非互惠在制度设计和谈判过程中遭受了权力的扭曲作用，因此更加坚定了非互惠制度改革或重构的必要性。更重要的是，基于经济理论的制度分析并不能否定基于公平和道德理论的诉求本身的价值。[⑤] 怀疑主义者的批评并不能成为撼动非互惠原则和制度在多边贸易体制存在的合法性基础。虽然哲学、经济学和法学等诸多学科都没有对如何实现实质公平和分配正义提供确切的解释，但这种不确定性并不意味着可以采取极端怀疑主义立场从而彻底否定"实质公平"的价值。更不能放任以"一种制度替代另一种制度""一种文明替代另一种文明"。多边贸易体制需要通过确保程序正当性为 WTO 确立包容性的价值理念，为分配正义的实现提供持续的对话空间，并对权力的行使进行适当的约

---

① Jai S. Mah, "Special and Differential Treatment of Developing Countries and Export Promotion Policies under the WTO," *The World Economy*, vol.34 no.12, 2011, p.2012.

② Frank J. Garcia, *Trade, Inequality, and Justice: Toward a Liberal Theory of Just Trade*, Brill Academic Publishers, Inc. 2003, p.40.

③ Robert E. Hudec, *Developing Countries in the GATT Legal System*, p.125.

④ Frank J. Garcia, *Trade, Inequality, and Justice: Toward a Liberal Theory of Just Trade*, Brill Academic Publishers, Inc. 2003, pp.9-10.

⑤ Chin Leng Lim, "The Conventional Morality of Trade", in Chios Carmody, Frank J. Garcia and John Linarelli, eds. *Global Justice and International Economic Law: Opportunities and Prospects*, Cambridge University Press, p.152.

束。① 保障"不同社会制度、不同意识形态、不同历史文明、不同发展水平的国家"之间能够真正实现"相互尊重、平等协商"。

二、推动成员间实现共同发展

非互惠制度是促进 WTO 成员在多边主义框架内共同发展、共享收益的重要制度保障。以等量交换为基础的具体的互惠谈判模式，在一定程度上"形成了美欧等主要发达成员之间贸易自由化进程的硬核"，② 导致发展中成员持续地被边缘化。这样的互惠理念难以被视为多边贸易体制的基础。③ 多边贸易体制的互惠原则必然是扩散的和宽泛的，且能够包容不同经济体之间的相对实力差距。因此，多边主义和扩散的互惠理念中应当内在地包含着非互惠的制度安排，且非互惠制度保障也有助于在更大的范围内实现互惠。有证据表明，发展中国家的进口能力受制于其外汇收入。④ 因而对发展中国家发展问题的解决是一项"国际公共产品"，当发展中国家经济发展水平提高从而带动投资环境和进口能力的提高，发达国家也会从中受益。⑤ 在经济相互依赖的全球化背景下，发展中国家的经济发展将带动全球经济整体水平的增长。

多边主义蕴含的平等协商、开放包容、合作共赢等精神对世界和平和发展具有重大意义。然而受少数国家权力滥用的影响，当今以规则为基础的多边主义全球治理体系正面临着单边主义、霸权主义、民粹主义、贸易保护主义等多重威胁。⑥ 面对狭隘与短视的国家利益，多边主义的治理理念和机制遭受了重

---

① Chantal Thomas, "The Death of Doha? Forensics of Democratic Governance, Distributive Justice, and Development in the WTO", in Chios Carmody, Frank J. Garcia and John Linarelli, eds. *Global Justice and International Economic Law: Opportunities and Prospects*, Cambridge University Press, p.212.

② Carolyn Rhodes, *Reciprocity, U.S. Trade Policy, and the GATT Regime*, Ithaca and London：Cornell University Press, 1993, pp.60-61.

③ Ethan B. Kapstein, *Economic Justice in an Unfair World: Toward A Level Playing Field*, p.59.

④ Robert E. Hudec, *Developing Countries in the GATT Legal System*, p.161.

⑤ Constantine Michalopoulos, "Special and Differential Treatment：The Need for A Different Approach," in *Developing Countries and the WTO*, p.112.

⑥ 吴志成：《多边主义是人心所向》，《理论导报》2018 年第 10 期。

创。^① 以美国为首的发达国家在塑造国际规则上越来越多地考虑相对收益，通过绝对、全面的互惠来实现单边主义和制度输出，努力使未来国际经贸规则朝着有利于自身的方向发展。这种搞排他性"小圈子"的做法与共商共建共享共治的全球治理理念格格不入。^② 在此背景下，多边贸易体制尤其需要通过非互惠制度的完善与重构来塑造包容性的共同发展理念，保障发展中国家有效参与到全球经贸治理进程中，弥补 WTO 的民主赤字和发展赤字，矫正 WTO 内部治理的结构性失衡。

三、保障发展中国家的主权权益

考虑到发展中国家与发达国家在经济发展水平及规则谈判实力等方面的明显差距，有必要通过非互惠制度保障发展中国家享有充分的政策空间，使本国的国内法免受到他国国内政策的直接影响，^③ 同时协助发展中国家消化遵守国际经贸规则所产生的执行成本。非互惠制度的建构必须要实际地赋予发展中国家参与全球经济治理的权限，允许发展中国家事先参与非互惠待遇和条件的确立过程，确保这些规则符合自身的发展需求和利益。^④

发展中国家自主确立发展模式及享有政策空间的权利应当得以承认和尊重。多边贸易体制的非互惠制度安排自建立之初就没有以发展中国家的需求为导向，大多采用了"给惠方驱动"的模式。这种非互惠模式未能充分尊重发展中国家发展的自主性。而以"需求为导向"的非互惠制度将更加注重在"发展"问题上的合作和民主参与，并非要求发展模式的简单复制，是尊重发展中国家经济发展及市场开放的内生动力和政策空间的体现。历史证明，发展中国家融入多边贸易体制的过程并不是完全被动的，发展中国家创造了自己的市场开放动力，并与多边贸易体制的运行动力相互作用。^⑤ 在 20 世纪 80 年代，许多发展中国家

---

① 何亚非：《当今世界需要坚持和重塑多边主义》，《中美聚焦》2019 年 8 月 14 日。

② 王隽毅：《逆全球化？特朗普的政策议程与全球治理的竞争性》，《外交评论》2018 年第 3 期。

③ Laura Huici Sancho, "What Kind of Generalized Systems of Preferences," p.280.

④ James Harrison, "Incentives for Development：the EC's Generalized System of Preferences, India's WTO Challenge and Reform," p.1688

⑤ Robert E. Hudec, *Developing Countries in the GATT Legal System*, p.4.

实行了单边的贸易自由化，而并没有将市场开放完全立足于以重商主义为经济基础的互惠贸易减让之上。[①] 中国改革开放的成功经验也是协调运用了以改革促进开放、以开放倒逼改革的双向作用和双向动力。[②] 发展中国家与多边贸易体制相互作用的历史经验充分证明，以需求为导向的非互惠制度安排是多边贸易体制下必不可少的制度配给，也是维护发展中成员发展权益的重要制度保障。

四、化解多边贸易规则生成危机

发达国家和发展中国家在非互惠制度设计以及特殊与差别待遇改革方面的矛盾已经成为了 WTO 改革和规则现代化的主要障碍。一方面，发达成员不愿意将非互惠待遇给予所有发展中成员，尤其反对发展中国家资格的自我认定，并以此为借口拒绝提供有效的非互惠待遇；[③] 另一方面，发展中成员则反对对"发展中国家身份""毕业"等问题的讨论，[④] 并呼吁对现有非互惠规则效力不足、约束力不强、未回应发展中国家需求等弊端进行改革。双方的立场呈现出极端化的倾向。协调非互惠与互惠的关系从而建立起完善的多边贸易体制非互惠制度安排有助于弥合南北双方的分歧，促进双方在给予发展中国家的非互惠待遇问题上取得进展。

非互惠制度的完善还有利于促进 WTO 成员有效开展在其他规则领域的谈判。WTO 成员在非互惠待遇问题上的分歧阻碍了 WTO 成员在诸多场合下协商一致的达成。面对规则生成过程中两类成员驱动力量的失衡，发展中成员倾

---

① J. Michael Finger and L. Alan Winters, "Reciprocity in the WTO," in Bernard Hoekman, Aaditya Mattoo, and Philip English, eds., *Development, Trade, and the WTO: A Handbook*. World Band Publications, 2002, p.56.

② 参见思力：《改革和开放相互促进、相得益彰》，求是网，2019 年 3 月 9 日。

③ 例如，美国认为发展中国家地位的自我认定对 WTO 过去的谈判造成了不利的影响，且发达国家与发展中国家的二分法无法反映当前的现实。参见 An Undifferentiated WTO：Self-declared Development Status Risks Institutional Irrelevance, WTO Document, WT/GC/W/757, 16 January 2019. 参见 R. Rajesh Babu, "Cause and Effect of 'Differentiation' between Developing Countries in the WTO," *International Journal of Private Law*, vol.4, no.3, 2011, p.345。

④ Ravinder Rena, "Impact of WTO Policies on Developing Countries：Issues and Perspectives," *Transnational Corporations Review*, vol.4, no.3, 2012, pp.81-82.

向于利用否决权的行使以阻碍对自己不利的贸易规则的通过。而兼顾科学客观标准和各方利益诉求的非互惠制度将成为 WTO 谈判机制的重要补充,[①] 指导成员方规则谈判过程中权利义务的分配,降低谈判难度,增加协商一致达成的可能性。

第五节　多边贸易体制非互惠制度的重构

在共商共建共享共治理念的指引下,多边贸易体制下具体的非互惠规则应当由单边自主设定向合作谈判设定的方向转变,以增加非互惠规则的法律约束力和可执行性。新的非互惠制度设计应当将非互惠规则的制定锁定在多边贸易体制框架范围内,确保所有 WTO 成员对非互惠规则谈判的有效参与,并包容各成员方的主要关切,引导各成员方做出必要的妥协。非互惠制度设计的路径转化可从以下方面提供参考策略与应对思路。

一、协调非互惠与互惠的关系

在吸取非互惠制度建设经验教训的基础上,发展中国家应当思考如何在多边贸易体制内重新进行非互惠制度设计。现行非互惠制度面临的困境在很大程度上源于对多边主义制度两大元素的减损:不可分割性与扩散的互惠。前者在多边贸易体制中体现为无条件最惠国原则,后者则意味着整个群体内长期达成的平衡,所有成员共同提供公共产品,并不必然满足严格的互惠和对等的交换。[②] 多边贸易体制中基于市场准入的非互惠优惠是未经协商一致谈判的结果,发展中国家本身未能充分参与非互惠内容的谈判,造成了非互惠制度与互惠体

---

① 非互惠制度有助于达成令所有 WTO 成员满意的公平的贸易利益分配结果。参见 Nandang Sutrisno, "Substantive Justice Formulated, Implemented and Enforced as Formal and Procedural Justice : A Lesson from WTO Special and Differential Treatment Provisions for Developing Countries," *Journal of Gender, Race and Justice*, vol.13, no.3, 2010, p.688.

② 约翰·鲁杰:《多边主义》,苏长和等译,浙江人民出版社 2003 年版,第 12—13 页。

系的脱离。

非互惠贸易减让要想成为稳定、有约束力的义务就必须在有发展中国家参与的前提下从谈判中取得。这也意味着非互惠理念不能够脱离已有的互惠体系，而应该融入且在一定程度上改良基于互惠原则规范而建立起来的国际贸易秩序。现行多边贸易体制事实上以美国倡导的公平为价值取向，以扩散的互惠为规范，以具体的互惠和无条件最惠国待遇为两个基础性支柱，其中互惠的内涵受美国等发达国家的控制而处于动态的调整变化中。非互惠制度的重塑应当将非互惠确立为多边贸易体制的第三个支柱，与具体的互惠以及无条件最惠国待遇相互补充和协调，共同服务于多边主义扩散的互惠，并塑造更具包容性的公平价值理念。

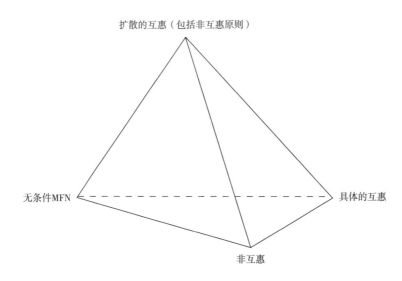

图示 6：互惠体系中的非互惠制度重构

首先，非互惠谈判应当在 WTO 成员共同承担多边义务的框架内进行。非互惠规则的制定在本质上依赖于贸易回合和互惠谈判来提供整体动力。[1] 虽然从 20 世纪 60 年代开始，在发展中国家的努力下，非互惠在多边贸易体制中已经开始获致原则性的法律地位，但一直没有合理地嵌入到互惠基础之中。因

---

① 希玛·萨普拉：《国内政治与为 WTO 寻求新的社会目标：发出国内协商声明的倡议》，黛布拉·斯蒂格编，《世界贸易组织的制度再设计》，汤蓓译，上海人民出版社 2011 年版，第 52 页。

此，在非互惠制度设计和谈判过程中，应明确其与互惠的关系，以便赋予非互惠贸易减让以有约束力的法律效力。对此，可借鉴有学者提出的"双层决策模式"①的应对思路，一方面通过互惠的谈判方式建立起议题之间的关联度，为贸易减让提供动力和约束力；另一方面在具体规则的谈判中建立起非互惠安排，保障发展中国家享有充分的过渡期和灵活性，承担起与其经济发展水平相适应的义务。

其次，非互惠谈判应当在最惠国待遇框架内进行。无条件最惠国待遇能够通过确保所有成员获得平等待遇，从而消除歧视，并向弱小的国家提供法律支持以弥补其实力的不足。②而以普惠制为代表的非互惠制度安排偏离了最惠国待遇的基础而具有了明显的援助色彩与单边属性，阻碍了发展中国家平等地与发达国家展开谈判，甚至减损了发展中国家在具有比较优势的领域争取贸易减让的机会和能力。③相比于单边优惠所伴随的歧视性限制，加强对最惠国待遇义务的遵守或许更有利于改善发展中国家当下的境遇。在遵守最惠国待遇的基础上进行非互惠谈判可以将谈判限制在正式的机制框架内，④从而形成更具稳定性和可预测性的多边义务，为出口商和投资者提供更加安全有效的激励。⑤

最后，非互惠谈判应当与具体的互惠相互配合、相互补充。具体的互惠主要调整经济发展水平相近的成员之间的贸易关系，而非互惠则调整发达成员与发展中成员之间、或有着不同经济发展水平的发展中成员相互之间的关系。二者之间并不是相互排斥的。只要基于科学确定的标准，合理考量不同国家开放

---

① 希玛·萨普拉：《国内政治与为 WTO 寻求新的社会目标：发出国内协商声明的倡议》，黛布拉·斯蒂格编，《世界贸易组织的制度再设计》，汤蓓译，上海人民出版社 2011 年版，第51—60 页。

② Robert E. Hudec, *Developing Countries in the GATT Legal System*, p.180.

③ Anastasios Tomazos, "The GSP Fallacy：A Critique of the Appellate Body's Ruling in the GSP Case on Legal, Economic, and Political/Systemic Grounds," in *WTO Law and Developing Countries*, pp.321-322.

④ Ozden Caglar, Eric Reinhardt, "The Perversity of Preferences：GSP and Developing Country Trade Policies, 1976-2000," *Journal of Development Economics*, vol.78, no.1, 2005, p.22.

⑤ Alexander Keck and Patrick Low, "Special and Differential Treatment in the WTO：Why, When, and How?" in Simon J. Evenett and Bernard M. Hoekman, eds., *Economic Development and Multilateral Trade Cooperation*, p.159.

市场和履行义务的成本，经济发展水平不同的成员间的非互惠也能体现出实质意义上的互惠关系。

二、完善非互惠规则体系建构

首先，构建非互惠制度需要明确非互惠制度中必须遵守的基本原则和目的宗旨。多边贸易体制下现有的非互惠规则没有形成一套带有鲜明目的宗旨的完备的制度体系。如果一套完整的非互惠制度体系不能为非互惠待遇的解释提供上下文和目的宗旨的指引，则非互惠规则可能无法成功地调整利益分配，减少发展中国家负担，实现实质正义和结果公平。此外，对于"发展"一词含义的解释也需要做出澄清。发达国家和发展中国家对"发展"内涵及其实现途径存在着分歧，[①] 特别是两类成员就"发展"一词是否包含非经济价值也存有相当程度的理念差异。因此，非互惠制度应当对于什么是发展中国家的"发展"需求进行解释，从而廓清非互惠制度以及发展中国家待遇的边界。

其次，建立完备的非互惠制度体系还应致力于提高非互惠规则的法律约束力，并明确非互惠安排的法律地位。非互惠应当被视为处理涉及到发展中国家法律关系时必不可少的法律原则，它作为多边贸易体制互惠原则和基础的内在组成部分，是发展导向在多边体制中重要的制度反映，因而不能仅被作为最惠国待遇与互惠原则的例外。[②] 提高非互惠规则的法律约束力不能仅从文本语言入手，把"可以"变成"应当"，还应当详细阐述非互惠优惠或义务的具体内容和实施标准，将非互惠内容的单边确定模式转化为多边谈判背景下合作确定

---

① 对发展中国家而言，发展更多意味着实施保障措施等权利、允许政策空间、接受技术援助以及进入被发达成员保护的市场。而发达国家则倾向于认为发展中成员市场的开放有利于竞争，有利于吸引外资并增加技术转移，从而降低价格，提升产品和服务的质量。参见 Manfred Elsig, "Different Facets of Power in Decision-Making in the WTO," Swiss National Centre of Competence in Research Working Paper, No.23, 2006, p.28。

② Maria Luiza Kurban Jobim, "Drawing on the Legal and Economic Arguments in Favour and Against 'Reciprocity' and 'Special and Differential Treatment' for Developing Countries within the WTO System," *Journal of Politics and Law*, vol.6, no.3, 2013, p.61.

的模式。[1]

再次，非互惠制度体系应当具备系统、完整的非互惠标准，从而对发展中成员的发展权益进行充分保障。WTO 应为发展中成员保留适当的灵活性与政策空间，设置科学合理的过渡期安排。对此，有学者建议依据发展中国家面临的不同的经济和贸易处境确定不同的政策目标和政策工具，并依据科学的标准和审慎的分析确定客观情况与灵活性之间的关联，或者确定过渡期的持续时间。[2] 还有学者建议采用"分层"式贸易壁垒减让。在特定的议题上将发展中国家分为不同层次，并为不同层次的国家确立不同的减让幅度。[3] 上述方式能够确保非互惠规则具有充分的法律约束力，还能保障所有发展中国家都参与到非互惠待遇的设计和谈判过程中。

最后，非互惠制度设计也应当包含对发展中国家享有非互惠减让优惠与灵活性的监督机制，以避免非互惠安排被机会主义地滥用。[4] 监督机制有助于从发展中国家享有的非互惠安排中分离出有害的保护主义政策，提高国家干预的效率，实为强化而非削弱国家经济主权。[5] 考虑到上述因素，一整套完备的非互惠制度设计不但会致力于在发展中国家待遇问题上回应两类成员的主要关注、弥合南北矛盾和分歧，还会通过调整成员间权利义务而达成令各成员方满意的收益分配方案，[6] 从而增加未来在其他谈判领域达成协定的几率。

---

[1] 发展中国家提交的特殊与差别待遇改革的草案并不能显著提高特殊与差别待遇条款的法律约束力，因为他们仍然将给予特殊与差别待遇的义务交由发达国家单方面自主确定或执行。参见 Sonia E. Rolland, *Development at the WTO*, Oxford University Press, 2012, pp.312-313。

[2] Werner Corraltes-Leal, Felipe Baritto and Sarah A. Mohan, "Special and Differential Treatment for Small and Vulnerable Countries Based on the Situational Approach," ICTSD Issue Paper No.2, 2007, pp.2-3.

[3] Sonia E. Rolland, *Development at the WTO*, Oxford University Press, 2012, pp.377-378.

[4] Stephanie Switzer, "A Contract Theory Approach to Special and Differential Treatment and the WTO," *Journal of International Trade Law and Policy*, vol.16, no.3, 2017, pp.131-132.

[5] Robert E. Hudec, *Developing Countries in the GATT Legal System*, p.150.

[6] Ajit Singh, "Special and Differential Treatment : The Multilateral Trading System and Economic Development in the 21st Century," IDEAS Working Paper Series from RePEc, 2003, p.40.

三、倡导成员方的义务差异化

发展中国家作为一个具有显著异质性的群体，分类和进一步差别待遇已成为多边层面上不可回避的问题。但要解决这一棘手政治经济问题，前提条件是不能不顾一国实际发展现状武断地剥夺一国的发展中国家地位，不能减损一国在必要情形下实施一定的灵活性政策的权利，或者强迫一国承担与本国经济发展水平不相符合的义务。所有这些问题的解决需要经济学家参与制定全面客观的标准，更需要 WTO 成员在多边层面进行复杂的对话和谈判。而普惠制给惠国的单边分类方式实际上是将面临"此种"与"彼种"社会经济问题的发展中国家相区分，看似客观，实则专断。[①] 长此以往，单边设置优惠和条件的方式不但会在发展中国家间造成歧视，还会对未来多边层面发展中国家待遇和分类的谈判产生渗透性的不利影响。

在特殊与差别待遇的改革问题上，中国要尽量避免与美欧改革方案直接对立。应当明确的是，享受发展中国家待遇只是中国以及其他发展中国家实现"发展"的必经阶段，而非最终的奋斗目标。[②] 与其追求"有形式而无实质"的特殊与差别待遇，被动接受单边的普惠制优惠，不如先致力于消除单边主义和歧视性待遇，立足本国实际，与发达成员在平等的位置上谈判解决发展问题。既要将发展中国家确实需要享受的"发展利益和政策空间"[③] 落到实处，又要确保各成员承担与自身发展水平相适应的责任。在未来 WTO 发展中国家待遇的问题上，中国应与其他 WTO 成员求同存异，明确自身底线和谈判空间，为WTO 全体成员在此问题上达成共识发挥积极作用。

在底线问题上，发展中国家身份和发展中国家待遇是多边贸易体制中客观存在且不能撼动的重要组成部分。[④] 尽管近年来以中国为代表的新兴经济体的经济发展取得了巨大的成就，但是它们在"人均水平、经济结构、平衡发展、

---

① Anastasios Tomazos, "The GSP Fallacy：A Critique of the Appellate Body's Ruling in the GSP Case on Legal, Economic, and Political/Systemic Grounds", in *WTO Law and Developing Countries*, p.321.

② 庞中英：《中国现在须加强与美欧 WTO 立场之共同性》，《华夏时报》2019 年 4 月 1 日。

③ 参见国务院新闻办公室：《新时代的中国与世界》白皮书，2019 年 9 月。

④ 陈卫东：《"特殊与差别待遇"是世界贸易组织的重要基石》，《理论导报》2019 年第 1 期。

创新能力等"问题上仍然具有发展中国家的共性,[1] 与发达经济体之间还存在明显的差异。完全否认这些国家的发展中国家身份,剥夺它们在未来的谈判中享受必要的特殊与差别待遇的权利,是对 WTO 成员发展需求的无视;要求部分成员彻底从发展中国家身份中"毕业",一跃进入到发达国家阵营更是不切实际的做法。只有承认并坚持发展中国家身份与发展中国家待遇才能减少发展中国家融入经济全球化的困难和风险,增强其经济发展的内生动力和主动开放市场的意愿。[2]

但与此同时,发展中成员承担义务的差异化是中国可以考虑适度接受并作出妥协的部分。中国"鼓励发展中成员积极承担与其发展水平和经济能力相符的义务"[3],也曾明确提出要"为国际社会提供更多公共产品"[4]。发展中成员义务的分化并不像发展中国家身份认定那样具有政治敏感性,也并不与中国的国家利益相违背,这恰恰是非互惠制度建构的内在组成部分。首先,虽然发展中国家均面临着同质性的发展问题,但发展中国家之间的差距也是不可回避的现实存在。仅强调共性而无视差异性的谈判立场将不利于 WTO 成员在发展问题上达成共识。其次,随着以中国、印度等国家为代表的新兴经济体的崛起,发展中国家的投资市场趋于完备,消费市场潜力开始释放,这些先进的发展中国家能从互惠谈判中获取的收益也逐渐增加。因此非互惠规则以及义务承担的进一步差异化不仅是发达成员的诉求,也符合部分发展中成员的发展趋势。最后,受中国加入 WTO 议定书与工作组报告的影响,中国本就承担了比其他 WTO 成员更为严格的义务。相比于获得特殊与差别待遇,消除歧视、利用市场优势获得公平公正待遇可能是对于当下中国而言更现实可行的谈判立场。[5] 然而,发展中成员义务的分化不同于以"简单的方式"

---

[1]　郭言:《国际规则制定岂能听任一家之言》,《经济日报》2019 年 7 月 29 日,第 4 版。

[2]　陈卫东:《"特殊与差别待遇"是世界贸易组织的重要基石》,《理论导报》2019 年第 1 期。

[3]　《中国关于世贸组织改革的建议文件》,China's Proposal on WTO Reform,WT/GC/W/773,13 May 2019。

[4]　参见国务院新闻办公室:《新时代的中国与世界》白皮书,2019 年 9 月。

[5]　国务院新闻办公室:《新时代的中国与世界》白皮书,2019 年 9 月(指出中国是世界经济增长的主要稳定器和动力源,中国有世界上最具潜力的消费市场,也是最具吸引力的投资目的地。)

单边划分发展中国家类别，而需要所有 WTO 成员的共同参与。① 如果 WTO
成员可以基于科学客观的基础，充分考虑发展中国家实际需求，确保不同的
WTO 成员依据不同发展情况承担不同层次的义务，并在满足相应客观条件
的情况下享受特定的灵活性，WTO 成员可以淡化或搁置发展中国家身份认
定的问题和争议，共同致力于一套与时俱进、科学民主、有约束力的非互惠
制度设计。

第六节　结　语

　　多边贸易体制现行非互惠制度安排存在着诸多法律症结，面临着严重的制
度困境。鉴于非互惠制度对发展中国家和整个多边贸易体制的重要理论和实践
意义，WTO 成员亟需对非互惠制度困境做出深刻的理论反思。随着发达成员
不断质疑发展中国家身份的自我认定，发展中国家待遇成为了 WTO 改革的焦
点。与发达成员的指控相反，发展中国家非但没有利用非互惠待遇获取不适当
的利益，且没有享受到其在多边贸易体制应得的优惠待遇和制度保障。缺乏法
律约束力、未以发展中成员需求为导向、治理结构失衡等诸多法律症结导致非
互惠制度未能为发展中成员和多边贸易体制的发展提供正面推动力。非互惠制
度的缺陷导致该制度无法充分保障发展中国家的主权权益与政策空间、无法确
保分配正义和实质公平、加剧了多边贸易体制的结构性失衡与成员驱动的非均
衡性、阻碍了 WTO 改革和规则现代化取得进展。造成非互惠制度困境的主要
原因是结构性的，体现为多边贸易体制非互惠与互惠的相互割裂。在发展中国
家维护自身权益的努力下，多边贸易体制虽然承认了非互惠原则及发展中国家
待遇存在的必要性，但非互惠理念从来没有真正地在多边贸易体制获得基础性
地位。多边贸易体制中互惠与非互惠的兼容度缺失反映出多边贸易体制规范塑
造过程中制度性权力的博弈以及非对称的成员驱动力量，导致了 WTO 的发展

---

① 程大为：《强调发展目标，反对美国荒诞的 WTO 改革建议》，《经济日报》2019 年 7 月 28 日，
第 3 版。

赤字及治理结构的失衡。

适配的非互惠制度设计将有助于各成员方弥合分歧，为未来其他领域的 WTO 改革和规则现代化进程奠定基础。在未来发展中国家待遇问题的谈判以及非互惠制度建构中，WTO 成员应反思现有非互惠制度的内在缺陷，避免将非互惠待遇建立在单边援助的基础之上，以保障全体 WTO 成员充分参与到具体的非互惠规则谈判过程中，并赋予其法律约束力。应当将非互惠确立为多边贸易体制的第三个支柱，与具体的互惠以及无条件最惠国待遇相互补充和协调，共同服务于多边主义扩散的互惠，并塑造更具包容性的公平价值理念，以填补 WTO 的治理赤字和发展赤字，实现利益共享和责任共担。发展中成员也应根据自身的实际发展情况，在互惠与非互惠贸易减让义务间寻求平衡点，积极承担与其发展水平和经济能力相符的义务。特别是新兴经济体国家可以通过分担 WTO 治理成本的方式推动非互惠的制度完善和 WTO 的结构性改革，缓解主导国家维持领导权的成本压力，并据此要求根据贡献程度分享权力。

在理念上澄清互惠原则对非互惠的包容关系后，学界还需要就非互惠制度的具体制度建构作出广泛的研究工作。未来非互惠制度设计的难点在于如何制定出既符合科学客观标准又尊重发展中国家自主性的规则，以对发展中国家待遇做出公平公正的区分与细化。在科学完善非互惠制度建构过程中需要详细阐述非互惠待遇的具体内容和实施标准，将非互惠内容的单边确定模式转化为多边谈判背景下合作确定的模式。在新规则制定过程中，WTO 成员应从一开始就充分考虑成员间能力鸿沟，在制定议题目标、雄心水平和具体步骤的时候关注发展中国家的实际诉求和具体困难。成功的非互惠制度设计会承认经济模式多样性的价值，且有助于各成员方弥合分歧，搁置发展中成员身份的争议，为未来其他领域的 WTO 改革和现代化进程奠定基础。

有第三世界国家主张建立国际经济新秩序的失败教训为鉴，当下发展中国家并不寻求对原有秩序的颠覆性破坏。相比之下，与现有多边贸易体制有足够兼容度的建设性修正和改革方案将更有可能获得成功。互惠与非互惠看似相互对立，但完全有可能通过精巧的制度设计以及平等的对话协商而实现共存、协调、甚至融合。将非互惠制度融入多边贸易体制的互惠原则规范中，不仅是为了满足发展中国家的利益诉求，更体现了"求同存异"的全球共治理念。通过承认差异的多元存在，最终实现"和而不同"。

参 考 文 献

一、专著类

[1] 习近平:《决胜全面建成小康社会,夺取新时代中国特色社会主义伟大胜利》,人民出版社 2017 年版。

[2] 胡锦涛:《坚定不移沿着中国特色社会主义道路前进,为全面建成小康社会而奋斗》,人民出版社 2012 年版。

[3] 徐泉:《国家经济主权论》,人民出版社 2006 年版。

[4] 潘忠岐:《多边治理与国际秩序》,上海人民出版社 2006 年。

[5] 张建新:《权力与经济增长——美国贸易政策的国际政治经济学》,上海人民出版社 2006 年版。

[6] 王正毅、张岩贵:《国际政治经济学——理论范式与现实经验研究》,商务印书馆 2003 年版。

[7] 潘忠岐:《中国与国际规则的制定》,上海人民出版社 2019 年版。

[8] 舒建中:《多边贸易体系与美国霸权——关贸总协定制度研究》,南京大学出版社 2009 年版。

[9] 黄仁伟、刘杰:《国家主权新论》,时事出版社 2004 年版。

[10] 彼得·范德博思、单文华:《世界贸易组织原理》,法律出版社 2019 年版。

[11] 赵维田:《世贸组织(WTO)的法律制度》,吉林人民出版社 2000

年版。

[12] 谈谭：《国际贸易组织（ITO）的失败：国家与市场》，上海社会科学出版社 2010 年版。

[13] 陈安：《中国特色话语：陈安论国际经济法学》（第一卷），北京大学出版社 2018 年版。

[14] 潘忠岐：《中国与国际规则的制定》，上海人民出版 2006 年版。

[15] 程大为：《WTO 体系的矛盾分析》，中国人民大学出版社 2009 年版。

[16] 刘振环：《美国贸易政策研究》，法律出版社 2010 年版。

[17] 章国锋：《关于一个公正世界的"乌托邦"构想》，山东人民出版社 2001 年版。

[18] 福柯：《权力与话语》，陈怡含译，华中科技大学出版社 2017 年版。

[19] 傅星国：《WTO 决策机制的法律与实践》，上海人民出版社 2009 年版。

[20] 胡健：《角色责任成长路径：中国在 21 世纪的基础战略性问题》，上海世纪出版集团 2010 年版。

[21] 田野：《国家的选择：国际制度、国内政治与国家自主性》，上海人民出版社 2014 年版。

[22] 门洪华：《霸权之翼：美国国际制度战略》，北京大学出版社 2007 年版。

[23] 刘振环：《美国贸易政策研究》，法律出版社 2010 年版。

[24] 赵维田：《中国入世议定书条款解读》，湖南科学技术出版社 2005 年版。

[25] 王琢：《WTO 加入议定书研究——以 WTO 争端解决为视角》，法律出版社 2016 年版。

[26] 李淑俊：《美国贸易保护主义的政治经济学分析》，时事出版社 2016 年版。

[27] 杨国华：《美国贸易法"301 条款"研究》，法律出版社 1998 年版。

[28] 陈立虎、黄涧秋：《保障措施法比较研究》，北京大学出版社 2006 年版。

[29] 王世春：《论公平贸易》，商务印书馆 2006 年版。

[30] 国务院新闻办公室：《新时代的中国与世界》白皮书，2019 年 9 月。

[31] 伯纳德·霍克曼、迈克尔·考斯泰基:《世界贸易体制的政治经济学——从关贸总协定到世界贸易组织》,刘平等译,法律出版社 2002 年版。

[32] 夏尔 – 菲利普·戴维等:《美国对外政策》(增补本),钟震宇译,社会科学文献出版社 2011 年版。

[33] 彼得·萨瑟兰、贾迪什·巴格瓦蒂等:《WTO 的未来——阐释新千年中的体制性挑战》,刘敬东等译,黄鹏等译,中国财政经济出版社 2005 年版。

[34] 詹姆斯·巴克斯:《贸易与自由》,黄鹂等译,上海人民出版社 2013 年版。

[35] 斯蒂芬·M. 沃尔特:《驯服美国权力:对美国首要地位的全球回应》,郭盛、王颖译,上海人民出版社 2008 年版。

[36] 安妮·O. 克鲁格:《作为国际组织的 WTO》,黄理平等译,上海人民出版社 2002 年版。

[37] 约翰·H. 杰克逊:《世界贸易体制——国际经济关系的法律与政策》,张乃根译,复旦大学出版社 2001 年版。

[38] 苏珊·斯特兰奇:《国家与市场》,杨宇光等译,上海人民出版社 2012 年版。

[39] I·戴斯勒:《美国贸易政治》,王恩冕、于少蔚译,中国市场出版社 2006 年版。

[40] 康斯坦丁·米查洛普罗斯:《WTO 中的发展中国家》,黄震华译,中国商务出版社。

[41] 罗伯特·基欧汉:《霸权之后》,苏长和等译,上海人民出版社 2016 年版。

[42] 亚历山大·温特:《国际政治的社会理论》,秦亚青译,上海人民出版社 2014 年版。

[43] 罗伯特·吉尔平:《国际关系政治经济学》,杨宇光等译,经济科学出版社 1992 年版。

[44] 罗伯特·吉尔平:《世界政治中的战争与变革》,宋新宁、杜建平译,上海人民出版社 2007 年版。

[45] 埃哈尔·费埃德伯格:《权力与规则——组织行动的动力》,张月等

译，上海人民出版社 2008 年版。

[46] 詹姆斯·N. 罗西瑙：《没有政府的治理》，张胜军、刘小林译，江西人民出版社 2006 年版。

[47] 约翰·鲁杰：《多边主义》，苏长和等译，浙江人民出版社 2003 年版。

[48] 法扎尔·伊斯梅尔：《改革世界贸易组织：多哈回合中的发展中成员》，贺平等译，上海人民出版社 2011 年版。

[49] 约翰·伊肯伯里：《自由主义利维坦：美利坚世界秩序的起源、危机和转型》，赵明昊译，上海人民出版社 2013 年版。

[50] 伯纳德·霍克曼、迈克尔·考斯泰基：《世界贸易体制的政治经济学——从关贸总协定到世界贸易组织》，刘平等译，法律出版社 1999 年版。

[51] 约翰·H. 杰克逊：《国家主权与 WTO：变化中的国际法基础》，赵龙跃等译，社会科学文献出版社 2009 年版。

[52] 约翰·O. 麦金尼斯、马克·L. 莫维塞西恩：《世界贸易宪法》，张保生等译。中国人民大学出版社 2004 年版。

[53] 约翰·H. 杰克逊：《GATT/WTO 法理与实践》，张玉卿等译，新华出版社 2002 年版。

[54] 约翰·H. 巴顿等：《贸易体制的演进——GATT 与 WTO 体制中的政治学、法学和经济学》，廖诗评译，北京大学出版社 2013 年版。

[55] 布鲁斯·琼斯等：《权力与责任》，秦亚青等译，世界知识出版社 2009 年版。

[56] 小约瑟夫·奈、戴维·韦尔奇：《理解国际冲突：理论和历史》，张小明译，上海人民出版社 2018 年版。

[57] 肯尼思·华尔兹：《国际政治理论》，信强译，上海人民出版社 2017 年版。

[58] 约瑟夫·奈：《软实力》，马娟娟译，中信出版社 2013 年版。

[59] 巴里·布赞：《英国学派理论导论》，颜震译，北京世界知识出版社 2018 年版。

[60] 赫德利·布尔：《无政府社会：世界政治中的秩序研究》，张小明译，上海世纪出版社 2015 年版。

[61] 约瑟夫·奈：《论权力》，王吉美译，中信出版社 2015 年版。

[62] 伊斯特凡·洪特：《贸易的猜忌——历史视角下的国际竞争与民族国家》，霍伟岸等译，译林出版社 2016 年版。

[63] 安德鲁·赫里尔：《全球秩序与全球治理》，林曦译，中国人民大学出版社 2018 年版。

[64] 阿米塔·阿查亚：《美国世界秩序的终结》，袁正清、肖莹莹译，上海人民出版社 2014 年版。

[65] 戴维·斯沃茨：《文化与权力——布尔迪厄的社会学》，陶东风译，上海译文出版社 2006 年版。

[66] 莱斯利·A.豪：《哈贝马斯》，陈志刚译，中华书局 2014 年版。

[67] 希玛·萨普拉：《国内政治与为 WTO 寻求新的社会目标：发出国内协商声明的倡议》，黛布拉·斯蒂格编：《世界贸易组织的制度再设计》，汤蓓译，上海人民出版社 2011 年版。

[68] 迈克尔·巴尼特、玛莎·芬尼莫尔：《为世界定规则：全球政治中的国际组织》，薄燕译，上海人民出版社 2009 年版。

[69] 尤里·达杜什、奇都·奥萨奎：《加入世界贸易组织和多边主义：世界贸易组织成立 20 年以来的案例研究和经验总结》，屠新泉等译，对外经济贸易大学出版社 2016 年版。

[70] 黛布拉·斯蒂格、纳塔莉娅·希普科夫斯卡娅：《WTO 的内部管理：改善的空间》，黛布拉·斯蒂格编：《世界贸易组织的制度再设计》，汤蓓译，上海人民出版社 2011 年版。

[71] 路易斯·亨金：《国际法：政治与价值》，张乃根等译，中国政法大学出版社 2005 年版。

[72] 阿姆里塔·纳利卡：《权力、政治与 WTO》，陈泰丰、薛荣久译，外语教学与研究出版社 2007 年版。

[73] 罗伯特·阿克赛尔罗德：《合作的进化》，吴坚忠译，上海人民出版社 2007 年版。

[74] 约瑟夫·格里科、约翰·伊肯伯里：《国家权力与世界市场：国际政治经济学》，王展鹏译，北京大学出版社 2008 年版。

[75] 托马斯·科蒂尔：《一种 WTO 决策制定的双层次分析法》，黛布拉·斯蒂格编，《世界贸易组织的制度再设计》，汤蓓译，上海人民出版社

2011 年版。

二、期刊类

[1] 习近平:《中国发展新起点,全球增长新蓝图——在二十国集团工商峰会开幕式上的主旨演讲》,《中国经济周刊》2016 年第 36 期。

[2] 习近平:《深入理解新发展理念》,《求是》2019 年第 10 期。

[3] 习近平:《加强对全面依法治国的领导》,《求是》2019 年第 4 期。

[4] 裴援平:《世界变局中的突出矛盾》,《现代国际关系》2019 年第 2 期。

[5]刘丰:《中美战略竞争的限度与管理》,《现代国际关系》2019年第 10 期。

[6]杨国华:《为什么 WTO 是模范国际法》,《国际商务研究》2016年第 6 期。

[7] 李巍:《国际秩序转型与现实制度主义理论的生成》,《外交评论》2016 年第 1 期。

[8] 游启明:《中美实力对比变化对国际秩序的影响——权力转移论和新自由制度主义的比较研究》,《国际展望》2019 年第 2 期。

[9] 王秋雯:《国际竞争规则重塑进程中的中国话语权构建》,《当代世界与社会主义》2019 年第 4 期。

[10] 李向阳:《国际经济规则的形成机制》,《世界经济与政治》2006 年第 9 期。

[11] 屠新泉:《我国应坚定支持多边贸易体制、积极推进全球贸易治理》,《国际贸易问题》2018 年第 2 期。

[12] 徐崇利:《二战之后国际经济秩序公正性之评判——基本逻辑、实力兴衰及收益变化》,《经贸法律评论》2019 年第 3 期。

[13] 徐泉:《WTO 体制中成员集团化趋向发展及中国的选择析论》,《法律科学》2007 年第 3 期。

[14] 吴志成:《多边主义是人心所向》,《理论导报》2018 年第 10 期。

[15] 李少军:《论国家利益》,《世界经济与政治》2003 年第 1 期。

[16] 刘敬东:《WTO 改革的必要性及其议题设计》,《国际经济评论》

2019 年第 1 期。

[17] 高程：《新帝国体系中的制度霸权与治理路径——兼析国际规则"非中性"视角下的美国对华战略》，《教学与研究》2012 年第 5 期。

[18] 李向阳：《特朗普政府需要什么样的全球化》，《世界政治与经济》2019 年第 3 期。

[19] 王辉：《特朗普"选择性修正主义"外交的特点及影响》，《现代国际关系》2019 年第 6 期。

[20] 李永成：《特朗普对美国自由霸权主义的继承与调整》，《现代国际关系》2019 年第 5 期。

[21] 温尧：《退出的政治：美国制度收缩的逻辑》，《当代亚太》2019 年第 1 期。

[22] 潘晓明：《变动中的国际贸易体系：特朗普政府的调整策略及思路》，《国际关系研究》2018 年第 6 期。

[23] 周琪：《论特朗普的对华政策及其决策环境》，《世界经济与政治》2019 年第 3 期。

[24] 尹继武等：《特朗普的政治人格特质及其政策偏好分析》，《现代国际关系》2017 年第 2 期。

[25] 张杰：《中美战略竞争的新趋势、新格局与新型"竞合"关系》，《世界经济与政治论坛》2020 年第 2 期。

[26] 高程：《从规则视角看美国重构国际秩序的战略调整》，《世界经济与政治》2013 年第 12 期。

[27] 竺彩华：《市场、国家与国际经贸规则体系重构》，《外交评论》2019 年第 5 期。

[28] 朱锋：《国际秩序与中美战略竞争》，《亚太安全与海洋研究》2020 年第 2 期。

[29] 唐世平：《国际秩序的未来》，《国际观察》2019 年第 2 期。

[30] 魏玲：《改变自己塑造世界：中国与国际体系的共同进化》，《亚太安全与海洋研究》2020 年第 2 期。

[31] 赵龙跃：《统筹国际国内规则：中国参与全球经济治理 70 年》，《太平洋学报》2019 年 10 月。

[32] 徐泉：《WTO"新成员"法律地位论析》，《法学评论》2009 年第 2 期。

[33] 刘雪红：《从嗣后行为理论看 WTO"加入议定书"性质》，《国际法研究》2015 年第 3 期。

[34] 顾宾：《论 WTO 稀土案裁决报告的明显失误和亟宜纠正》，《国际经济法学刊》2015 年第 3 期。

[35] 刘敬东：《GATT1994 第 20 条的权利性质分析——对 WTO 上诉机构相关裁决对思考》，《北方法学》2013 年第 1 期。

[36] 夏敏：《美国贸易政策制定中的观念、偏好与策略选择》，《国际经济评论》2018 年第 6 期。

[37] 孔庆江、刘禹：《特朗普政府的"公平贸易"政策及其应对》，《太平洋学报》2018 年第 10 期。

[38] 陈积敏：《构建人类命运共同体思想的时代背景》，《学习时报》2018 年 7 月 2 日，第 2 版。

[39] 陈卫东：《"特殊与差别待遇"是世界贸易组织的重要基石》，《理论导报》2019 年第 1 期。

[40] 李丹：《论全球治理改革的中国方案》，《马克思主义研究》2018 年第 4 期。

[41] 沈国兵：《"美国利益优先"战略背景下中美经贸摩擦升级的风险及中国对策》，《武汉大学学报（哲学社会科学版）》2018 年第 5 期。

[42] 陈积敏：《构建人类命运共同体思想论析》，《和平与发展》2018 年第 4 期。

[43] 赵维田：《世贸组织〈农产品协议〉解读》，《国际贸易问题》1995 年第 5 期。

[44] 杨国华：《美国对 WTO 规则的三记重创》，《人民论坛》2018 年第 12 期。

[45] 张建新：《后西方国际体系与东方的兴起》，《世界经济与政治》2012 年第 5 期。

[46] 强世功：《〈美国陷阱〉揭露了一个骇人听闻的霸凌主义案例》，《求是》2019 年第 12 期。

[47] 徐泉：《美国外贸政策决策机制的变革——美国〈1934 年互惠贸易协定法〉述评》，《法学家》2008 年第 1 期。

[48] 陈志敏、苏长和：《做国际规则的共同塑造者》，《外交评论》2015 年第 6 期。

[49] 徐泉：《WTO"一揽子承诺"法律问题阐微》，《法律科学》2015 年第 1 期。

[50] 廖凡：《世界贸易组织改革：全球方案与中国立场》，《国际经济评论》2019 年第 2 期。

[51] 秦亚青：《全球治理失灵与秩序理念的重建》，《世界经济与政治》2013 年第 4 期。

[52] 何志鹏、都青：《新时代中国国际法治思想》，《国际关系与国际法学刊》2018 年第 8 期。

[53] 陈安：《美国 1994 年"主权大辩论"及其后续影响》，《中国社会科学》2001 年第 5 期。

[54] 陈凤英、孙立鹏：《WTO 改革：美国的角色》，《国际贸易问题研究》2019 年第 2 期。

[55] 陈志敏：《全球治理体系的中国式增量改进战略》，《当代世界》2014 年第 8 期。

[56] 盛建明、钟楹：《关于 WTO"协商一致"与"一揽子协定"决策原则的实证分析及其改革路径研究》，《河北法学》2015 年第 8 期。

[57] 陈琪、管传靖：《国际制度设计的领导权分析》，《世界经济与政治》2015 年第 8 期。

[58] 陈志敏、周国荣：《国际领导与中国协进型领导角色的构建》，《世界经济与政治》2017 年第 3 期。

[59] 徐秀军：《规则内化与规则外溢——中美参与全球治理的内在逻辑》，《世界经济与政治》2017 年第 9 期。

[60] 管传靖、陈琪：《领导权的适应性逻辑与国际经济制度变革》，《世界经济与政治》2017 年第 3 期。

[61] 周密等：《美国霸凌主义下，全球经贸体系将如何演变》，《世界知识》2018 年第 22 期。

[62] 陈建奇：《中国开放型经济的新发展、新挑战及新战略》，《国际贸易》2015 年第 9 期。

[63] 庞中英：《中国参与世贸组织改革：积极参与全球经济新规则》，《当代世界》2018 年第 7 期。

[64] 庞中英：《效果不彰的多边主义和国际领导赤字：兼论中国在国际集体行动中的领导责任》，《世界经济与政治》2010 年第 6 期。

[65] 王新奎：《增强制定经贸规则的能力提高制度性话语权》，《国际贸易问题》2016 年第 11 期。

[66] 徐崇利：《新兴国家崛起与构建国际经济新秩序——以中国的路径选择为视角》，《中国社会科学》2012 年第 10 期。

[67] 秦亚青、魏玲：《新型全球治理观与"一带一路"合作实践》，《外交评论》2018 年第 2 期。

[68] 屠新泉：《GATT/WTO 中的美国：建设者和破坏者的双重角色》，《世界经济研究》2004 年第 12 期。

[69] 庞中英：《动荡中的全球治理体系：机遇与挑战》，《当代世界》2019 年第 4 期。

[70] 曲博：《合作问题、权力结构、治理困境与国际制度》，《世界经济与政治》2010 年第 10 期。

[71] 石静霞：《世界贸易组织上诉机构的危机与改革》，《法商研究》2019 年第 3 期。

[72] 李俊久：《美国特朗普政府对华贸易冲突的权力逻辑》，《东北亚论坛》2019 年第 2 期。

[73] 刁大明：《特朗普政府对外决策的确定性与不确定性》，《外交评论》2017 年第 2 期。

[74] 王中美：《新南北矛盾与多边体系的困境》，《国际经贸探索》2019 年第 4 期。

[75] 徐秀军：《经济全球化时代的国家、市场与治理赤字的政策根源》，《世界经济与政治》2019 年第 10 期。

[76] 何帆等：《全球治理机制面临的挑战及中国的对策》，《世界经济与政治》2013 年第 4 期。

[77] 韩秀丽：《论入世议定书的法律效力——以〈中国入世议定书〉为中心〉，《环球法律评论》2014 年第 2 期。

三、报纸类

[1]《把握时代机遇，共谋亚太繁荣——习近平在亚太经合组织第二十六次领导人非正式会议上的发言》，《人民日报》2018 年 11 月 19 日。

[2] 习近平：《在庆祝改革开放 40 周年大会上的讲话》，《人民日报》2018 年 12 月 19 日。

[3] 习近平：《携手努力共谱合作新篇章——在金砖国家领导人巴西利亚会晤公开会议上的讲话》，《人民日报》2019 年 11 月 14 日。

[4] 习近平：《携手抗疫共克时艰》，《人民日报》2020 年 3 月 27 日。

[5] 郑永年：《中美关系向何处去》，《联合早报》2019 年 12 月 17 日。

[6] 王辉耀：《WTO 的历史困局与变革之路》，《参考消息》2018 年 9 月 24 日。

[7] 黄发红等：《为新时期中欧关系发展注入新动力》，《人民日报》2018 年 11 月 25 日，第 3 版。

[8] 王辉耀：《中欧合作共同推进 WTO 现代化改革》，《北京青年报》2019 年 2 月 24 日，第 A02 版。

[9] 何伟文：《世贸组织改革须以加强多边为方向》，《环球时报》2018 年 9 月 25 日，第 14 版。

[10] 李文：《大变局下中美关系的"变"与"不变"》，《人民论坛·学术前沿》2020 年 4 月 21 日。

[11] 马晓野：《困境和出路——前中国驻 WTO 观察员马晓野看中美贸易谈判》，上海金融与法律研究院，2018 年 5 月 5 日。

[12] 韩保江：《以自信的开放引领世界繁荣》，《光明日报》2018 年 4 月 13 日。

[13] 庞中英：《中国现在须加强与美欧 WTO 立场之共同性》，《华夏时报》2019 年 4 月 1 日。

[14] 郭言：《国际规则制定岂能听任一家之言》，《经济日报》2019 年 7 月 29 日，第 4 版。

四、外文专著

[1] John H. Jackson, The Jurisprudence of GATT and the WTO: Insights on Treaty Law and Economic Relations, Cambridge University Press, 2000, p.97.

[2] John H. Jackson, The World System: Law and Policy of International Economic Relation, Cambridge: The MIT press,1997.

[3] John H. Jackson, The WTO and Changing Fundamentals of International Law, Cambridge: Cambridge University Press, 2006.

[4] Robert E. Hudec, Developing Countries in the GATT Legal System, Cambridge: Cambridge University Press, 2011.

[5] Americo Beviglia Zampetti, Fairness in the World Economy: US Perspectives on International Trade Relations, Cheltenham and Northampton, MA: Edward Elgar, 2006.

[6] Carolyn Rhodes, Reciprocity, U.S. Trade Policy, and the GATT Regime, Ithaca: Cornell University Press, 1993.

[7] Donatella Alessandrini, Developing Countries and the Multilateral Trade Regime: The Failure and Promise of the WTO's Development Mission, Oxford and Portland: Hart Publishing, 2010.

[8] Ethan B. Kapstein, Economic Justice in an Unfair World: Toward A Level Playing Field, Princeton and Oxford: Princeton University Press, 2006.

[9] Frank J. Garcia, Trade, Inequality, and Justice: Toward a Liberal Theory of Just Trade, Ardsley, New York: Transnational Publishers, 2003.

[10] Joseph E. Stiglitz and Andrew Charlton, Fair Trade for All: How Trade Can Promote Development, Oxford; New York: Oxford University Press, 2005.

[11] Sonia E. Rolland, Development at the WTO, Oxford University Press, 2012.

[12] Amrita Narlikar, International Trade and Developing Countries–Bargaining Coalitions in the GATT&WTO, London; New York: Routledge, 2003.

[13] Andrew G. Brown, Reluctant Partners: A History of Multilateral Trade Cooperation 1850-2000, The University of Michigan Press, 2003.

[14] Bernard M. Hoekman and Michel M. Kostecki: The Political Economy of the World Trade System: the WTO and Beyond, Oxford: Oxford University Press, 2009.

[15] Daniel W. Drezner, All Politics is Global: Explaining International Regulatory Regimes, Princeton University Press, 2007.

[16] Douglas A. Irwin, Clashing over Commerce: A History of US Trade Policy, Chicago and London: The University of Chicago Press, 1992.

[17] Douglas A. Irwin, Petros C. Mavroidis, Alan O. Sykes, The Genesis of the GATT, New York: Cambridge University Press, 2008.

[18] Roger Fisher, William Ury, and Bruce Patton, Getting to Yes, Boston: Houghton Mifflin, 1991.

[19] Fritz Scharpf, Governing Europe: Effective and Democratic? Oxford: Oxford University Press, 1999.

[20] Gary P. Sampson, The WTO and Sustainable Development, United Nations University Press, 2005.

[21] G.J. Ikenberry, After Victory: Institutions, Strategic Restraint and the Rebuilding of Order after Major Wars, Princeton, NJ: Princeton University Press, 2001.

[22] I. William Zartman, Positive Sum: Improving North-South Negotiations, New Brunswick, N.J.: Transaction Books, 1987.

[23] Joost Pauwelyn, Conflict of Norms in Public International Law: How WTO Law Relates to Other Rules of International Law, Cambridge: Cambridge University Press, 2003.

[24] Julio Faundez, Celine Tan, International Economic Law, Globalization and Developing Countries, Northampton MA: Edward Elgar Publishing, 2010.

[25] Jürgen Habermas, The Theory of Communicative Action, Boston: Beacon Press, 1984.

[26] Kent Jones, Who's Afraid of the WTO?, New York: Oxford University

Press, 2004.

[27] Kristen Hopewell, Breaking the WTO: How Emerging Powers Disrupted the Neoliberal Project, Stanford University Press, 2016.

[28] Kenneth Waltz, Theory of International Politics, MA: Addison Wesley, 1979.

[29] Kent Jones, Reconstructing the World Trade Organization for the 21st Century: An Institutional Approach, New York: Oxford University Press, 2015.

[30] Mark Bevir, Encyclopedia of Governance, Thousand Oaks, London and New Delhi: SAGE Publications, 2007.

[31] Matthew Eagleton-Pierce, Symbolic Power in the World Trade Organization, Oxford: Oxford University Press, 2013.

[32] Michael J. Gilligan, Empowering Exporters: Reciprocity, Delegation and Collective Action in American Trade Policy, Ann Arbor, Michigan: The University of Michigan Press, 1997.

[33] Marcel Mauss, The Gift, The Form and Reason for Exchange in Archaic Societies, London: Routledge, 1990.

[34] Mathias Risse, On Global Justice, Princeton University Press, 2012.

[35] Petros C. Mavroidis, The Regulation of International Trade, Cambridge: Massachusetts Institute of Technology Press, 2016.

[36] Robert Gilpin, The Political Economy of International Relations, Princeton: Princeton University Press, 1987.

[37] Robert Kanitz, Managing Multilateral Trade Negotiations: The Role of the WTO Chairman, London: CMP Publishing Ltd. 2011.

[38] Robert O. Keohane, Power and Governance in a Partially Globalized World, London: Routledge, 2002.

[39] Rorden Wilkinson, Multilateralism and the World Trade Organization: The Architecture and Extension of International Trade Regulation, Routledge, 2000.

[40] Sean D. Ehrlich, The Politics of Fair Trade: Moving beyond Free Trade and Protection, New York: Oxford University Press, 2018.

五、外文论文

[1] John H. Jackson, "Governmental Disputes in International Trade Relations: A Proposal in the Context of GATT," Journal of World Trade Law, vol.13, no.1, 1979.

[2] John H. Jackson, "Status of Treaties in Domestic Legal Systems: A Policy Analysis," American Journal of International Law, vol.86, no.2 1992.

[3] John H. Jackson, "The Crumbling Institutions of the Liberal Trade System," Journal of World Trade Law, vol.12, no.2, 2007.

[4] Matthew S. Dunne III, "Redefining Power Orientation: A Reassessment of Jackson's Paradigm in Light of Asymmetries of Power, Negotiation, and Compliance in the GATT/WTO Dispute Settlement System," Law and Policy in International Business, vol.34, no.1, 2002.

[5] Amrita Narlikar, "Fairness in International Trade Negotiations: Developing Countries in the GATT and WTO," The World Economy, vol.29, no.8, 2006.

[6] Amrita Narlikar, "New Powers in the Club: The Challenges of Global Trade Governance," International Affairs, vol.86, no.3, 2010.

[7] Carsten Herrmann-Pillath, "Reciprocity and the Hidden Constitution of World Trade," Constitutional Political Economy, vol.17, no.3, 2006.

[8] Daniel C.K. Chow and Ian Sheldon, "Is Strict Reciprocity Required for Fair Trade?" Vanderbilt Journal of Transnational Law, vol.52, no.1, 2019.

[9] Faizel Ismail, "Reforming the World Trade Organization," World Economics, vol.10, no.4, 2009.

[10] Igor Abdalla Medina de Souza, "An Offer Developing Countries could not Refuse: How Powerful States Created the World Trade Organization," Journal of International Relations and Development, vol. 18, no.2, 2015.

[11] Igor Abdalla Medina de Souza, "The Power of Law or the Law of Power? A Critique of the Liberal Approach to the Dispute Settlement Understanding,"

Boletim Meridiano, vol. 16, no. 150, 2015.

［12］Joseph S. Nye, JR, "The Rise and Fall of American Hegemony," International Affairs, vol.95, no.1, 2019.

［13］Kent Jones, "Green Room Politics and the WTO's Crisis of Representation," Progress in Development Studies, vol.9, no.4, 2009.

［14］Lisa L. Martin: "Interests, Power, and Multilateralism," International Organization, vol.46, no.4, 1992.

［15］Michael Mastanduno, "System Maker and Privilege Taker: U.S. Power and the International Political Economy," World Politics, vol.61, no.1, 2009.

［16］Richard H. Steinberg, "In the Shadow of Law or Power? Consensus-Based Bargaining and Outcomes in the GATT/WTO," International Organization, vol.56, no.2, 2002.

［17］Robert O. Keohane, "Reciprocity in International Relations," International Organization, vol.40, no.1, 1986.

［18］Ajit Singh, "Special and Differential Treatment: The Multilateral Trading System and Economic Development in the 21st Century," IDEAS Working Paper Series from RePEc, 2003.

［19］Alan C. Swan, "'Fairness' and 'Reciprocity' in International Trade Section 301 and the Rule of Law," Arizona Journal of International and Comparative Law, vol.16, no.1, 1999.

［20］Alvin W. Gouldner, "The Norm of Reciprocity," American Sociological Review, vol.25, no.2, 1960.

［21］Andrew G. Brown, Robert M. Stern, "Concepts of Fairness in the Global Trading System," Pacific Economic Review, vol.12, no.3, 2007.

［22］Ann Zammat and Ajit Singh, "Labour Standards and the 'Race to the Bottom': Rethinking Globalization and Workers' Rights from the Developmental and Solidaristic Perspective," Oxford Review of Economic Policy, vol.20, no.1, 2004.

［23］Anna Lanoszka, "The World Trade Organization Accession Process. Negotiating Participation in a Globalizing Economy," Journal of World Trade, vol.35, no.4, 2001.

[24] Andrew D. Mitchell, Joanne E. Wallis, "Pacific Pause: The Rhetoric of Special & Differential Treatment, the Reality of WTO Accession," Wisconsin International Law Journal, vol.27, no.4, 2010.

[25] Antonio Parenti, "Accession to the World Trade Organization: A Legal Analysis," Legal Issues of Economic Integration, vol.27, no.2, 2000.

[26] Arthur A. Stein, "Coordination and Collaboration: Regimes in an Anarchic World," International Organization, vol.36, 1982, no.2.

[27] Arturo Guillén, "USA's Trade Policy in the Context of Global Crisis and the Decline of North American Hegemony," Brazilian Journal of Political Economy, vol.39 no.3, 2019.

[28] Azza Bimantara, "Donald Trump's Protectionist Trade Policy from the Perspective of Economic Nationalism," Journal Hubungan International, vol.7, no.2, 2018.

[29] Ben Czapnik, "The Unique Features of the Trade Facilitation Agreement: A Revolutionary New Approach to Multilateral Negotiations or the Exception Which Proves the Rule?" Journal of International Economic Law, vol.18, no.4, 2015.

[30] Bernard Hoekman, "Operationalizing the Concept of Policy Space in the WTO: Beyond Special and Differential Treatment," Journal of International Economic Law, vol.8, no.2, 2005.

[31] Bernard Hoekman, "Proposals for WTO Reform: A Synthesis and Assessment", The World Bank Policy Research Working Paper, 2011.

[32] Bernard Hoekman, "Revitalizing the Global Trading System: What Could the G20 Do?" China and World Economy, vol.24, no.4, 2016.

[33] Bernhard Zangl, Frederick Heußner, Andreas Kruck, Xenia Lanzendörfer, "Imperfect Adaptation: How the WTO and the IMF Adjust to Shifting Power Distributions Among Their Member," The Review of International Organization, vol.11, no.2, 2016.

[34] Carlos Manuel Vazquez, "Trade Sanctions and Human Rights- Past, Present and Future," Journal of International Economic Law, vol.6, no.4, 2003.

[35] Cecilia Albin, "Using Negotiation to Promote Legitimacy: An Assessment of Proposals for Reforming the WTO", International Affairs, vol.84, no.4, 2008.

[36] Charlies P. Kindleberger, "Dominance and Leadership in the International Economy: Exploitation, Public Goods, and Free Rides," International Studies Quarterly, vol.25, no.2, 1981.

[37] Chios Carmody, "WTO Obligations as Collective," The European Journal of International Law, vol.17, no.2, 2006.

[38] Claus-Dieter Ehlermann and Lothar Ehring, "Decision Making in the World Trade Organization: Is the Consensus Practice of the World Trade Organization Adequate for Making, Revising and Implementing Rules on International Trade?" Journal of International Economic Law, vol.8, no.1, 2005.

[39] Constantine Michalopoulos, "The Developing Countries in the WTO," World Economy, vol.22, no.1, 1999.

[40] C. Wilfred Jenks, "The Conflict of Law - Making Treaties," British Yearbook of International Law, vol.30, 1953.

[41] Dilip K. Das, "Special Treatment and Policy Space for the Developing Economies in the Multilateral Trade Regime", The Estey Centre Journal of International Law and Trade Policy, vol.8, no.1, 2007.

[42] Eddie Hearn, "Harm, Fairness and Trade Policy Preferences: An Experimental Examination of Sincere Fair-Trade Preferences," International Politics, vol.51, no.1, 2014.

[43] Ernst-Ulrich Petersmann, "Between 'Member-Driven' WTO Governance and 'Constitutional Justice': Judicial Dilemmas in GATT/WTO Dispute Settlement," Journal of International Economic Law, vol.21, no.1, 2018.

[44] Ernst-Ulrich Petersmann, "How should WTO Members React to Their WTO Crises", World Trade Review, vol.18, no.3, 2019.

[45] Eugénia da Conceição-Heldt, "Clash of Negotiations: The Impact of Outside Options on Multilateral Trade Negotiations," International Negotiation, vol.18, no.1, 2013.

[46] G. John Ikenberry, "The Future of International Leadership," Political

Science Quarterly, vol.111, no.3, 1996.

[47] G. John Ikenberry, "Institutions, Strategic Restraint, and the Persistence of American Postwar Order," International Security, vol.23, no.23, 1998/1999.

[48] Gerard and Victoria Curzon: "Non-discrimination and the Rise of 'Material' Reciprocity", The World Economy, vol.12, no.4, 1989.

[49] Gideon Rose, "Neoclassical Realism and Theories of Foreign Policy," World Politics, vol. 51, no. 1,1998.

[50] Glen T. Schleyer, "Power to the People: Allowing Private Parties to Raise Claims before the WTO Dispute Resolution System," Fordham Law Review, vol. 65, no.5, April 1997.

[51] Hardeep Basra, "Increased Legalization or Politicalization? A Comparison of accession under the GATT and WTO," Journal of World Trade, vol.46, no.4, 2012.

[52] Harold Hongju Koh, "Trump Change: Unilateralism and the Disruption Myth in International Trade," The Yale Journal of International Law Online, vol.44, 2019.

[53] Helen Hawthorne, "Acceding to the Norm: The Accession of LDCs to the WTO," The Hague Journal of Diplomacy, vol.4, no.1, 2009.

[54] Ilaria Espa, "The Appellate Body Approach to the Applicability of Article XX GATT in the Light of China-Raw Materials: A Missed Opportunity?" Journal of World Trade, vol.46, no.6, 2012.

[55] Jagdish N. Bhagwati and Douglas A. Irwin, "The Return of the Reciprocitarians – US Trade Policy Today," The World Economy, vol.10, no.2, 1987.

[56] James Bacchus, "A Few Thoughts on Legitimacy, Democracy, and the WTO," Journal of International Economic Law, vol.7 no.3, 2004.

[57] James Harrison, "Incentives for Development: the EC's Generalized System of Preferences, India's WTO Challenge and Reform," Common Market Law Review, vol.42, no.6, 2005.

[58] Jai S. Mah, "Special and Differential Treatment of Developing Countries and Export Promotion Policies under the WTO," The World Economy, vol.34, no.12, 2011.

[59] Jennifer L. Stamberger, "The Legality of Conditional Preferences to Developing Countries", Chicago Journal of International Law, vol.4, no.2, 2003.

[60] Joel P. Trachtman, "Legal Aspects of a Poverty Agenda at the WTO: Trade Law and Global Apartheid," Journal of International Economic Law, vol.6, no.1, 2003.

[61] John Gerard Ruggie, "International Regimes, Transactions, and Change: Embedded Liberalism in the Postwar Economic Order," International Organization vol.36, no. 2, 1982.

[62] Joseph E. Stiglitz, "Fair Trade," The National Interest, No.95, 2008.

[63] Joseph M. Grieco, "Anarchy and the Limits of Cooperation: A Realist Critique of the Newest Liberal Institutionalism", International Organization, vol.42, no.3, 1988.

[64] Julia Ya Qin, "The Challenge of Interpreting 'WTO-plus' Provision," Journal of World Trade, vol.44, no.1, 2010.

[65] Julia Ya Qin, "The Conundrum of WTO Accession Protocols: In Search of Legality and Legitimacy," Virginia Journal of International Law, vol. 55, no.2, 2015.

[66] Julia Ya Qin, "WTO-plus Obligations and Their Implications for the World Trade Organization Legal System," Journal of World Trade, vol.37, no.3, 2003.

[67] Julian Arato, "Treaty Interpretation and Constitutional Transformation: Informal Change in International Organizations," The Yale Journal of International Law, vol.38, no.2, 2013.

[68] June Park, Troy Stangarone, "Trump's America First Policy in Global and Historical Perspectives: Implications for US-East Asian Trade," Asian Perspective, vol.43, no.1, 2019.

[69] J. P. Singh, "Coalitions, Developing countries, and International Trade: Research Findings and Prospects", International Negotiation, vol.11, no.3, 2006.

[70] Kele Onyejekwe, "International Law of Trade Preferences: Emanations from the European Union and the United States", St. Mary's Law Journal, vol.26, no.2, 1995.

[71] Kenneth F. Scheve and Matthew J. Slaughter, "How to Save Globalization: Rebuilding America's Ladder of Opportunity," Foreign Affairs, vol.97, no.6, 2018.

[72] Kenneth Oye, "Explaining Cooperation Under Anarchy: Hypotheses and Strategies," World Politics, vol.38, no.1, 1985.

[73] Kenneth W. Abbott, Robert O. Keohane, Andrew Moravcsik, Anne-Marie Slaughter, and Duncan Snidal, "The Concept of Legalization," International Organization, vol.54, no.3, 2000.

[74] Krzysztof J. Pelc, "Why Do Some Countries Get Better WTO Accession Terms Than Others," International Organization, vol.65, no.4, 2011.

[75] Landau Alice, "Analyzing International Economic Negotiations: Towards a Synthesis of Approaches", International Negotiation, vol.5, no.1, 2000.

[76] Laura Huici Sancho, "What Kind of Generalized Systems of Preferences", European Journal of Law and Economics, vol.21, no.3, 2006.

[77] Lloyd Gruber, "Power Politics and the Free Trade Bandwagon", Comparative Political Studies, vol. 34, no.7, 2001.

[78] Lisa Toohey, "Accession as Dialogue: Epistemic Communities and the World Trade Organization," Leiden Journal of International Law, vol.27, no.2, 2014.

[79] Liu Ying, "The Applicability of Environmental Protection Exceptions to WTO-Plus Obligations: In View of the China- Raw Materials and China-Rare Earths Cases," Leiden Journal of International Law, vol.27, no.1, 2014.

[80] Lorand Bartels, "The WTO Enabling Clause and Positive Conditionality in the European Community's GSP Program," Journal of International Economic Law, vol.6, no.2, 2003.

[81] Lorand Bartels, Christian Häberli, "Binding Tariff Preferences for Developing Countries under Article II GATT", Journal of International Economic Law, vol.13, no.4, 2010.

[82] Maureen Irish, "GSP Tariffs and Conditionality: A Comment on EC-Preferences," Journal of World Trade, vol.41, no.4, 2007.

[83] Machael Strange, "Discursivity of Global Governance: Vestiges of

'Democracy' in the World Trade Organization", Alternatives: Global, Local, Political, vol.36, no.3, 2011.

[84] Manfred Elsig, "Different Facets of Power in Decision-Making in the WTO", Swiss National Centre of Competence in Research Working Paper, No.23, 2006.

[85] Man-Keung Tang, Shang-Jin Wei, "The Value of Making Commitments Externally: Evidence from WTO Accessions," Journal of International Economics, vol.78, no.2, 2009.

[86] Marcia Don Harpaz, "China and the WTO: New Kid in the Developing Bloc?" Hebrew University International Law Research Paper, No.2-07, 2007.

[87] Maria Luiza Kurban Jobim, "Drawing on the Legal and Economic Arguments in Favour and Against 'Reciprocity' and 'Special and Differential Treatment' for Developing Countries within the WTO System," Journal of Politics and Law, vol.6, no.3, 2013.

[88] Matthew Kennedy, "The Integration of Accession Protocols into the WTO Agreement," Journal of World Trade, vol.47, no.1, 2013.

[89] Megan L. Wagner, "Jurisdiction by Estoppel in the International Court of Justice," California Law Review, vol. 74, no. 5, 1986.

[90] Md Mehedi Hasan, "Special and Differential Treatment in the WTO: Its Content and Competence for Facilitation of Development," NAUJILJ, 2016.

[91] Michael Barnett and Raymond Duvall, "Power in International Politics," International Organization, vol. 59, no.1, 2005.

[92] Mitali Tyagi, "Flesh on A Legal Fiction: Early Practice in the WTO on Accession Protocols," Journal of International Economic Law, vol.15, no.2, 2012.

[93] Nandang Sutrisno, "Substantive Justice Formulated, Implemented and Enforced as Formal and Procedural Justice: A lesson from WTO Special and Differential Treatment Provisions for Developing Countries," Journal of Gender, Race and Justice, vol.13, no.3, 2010.

[94] Nicolas Lamp: "How Some Countries Became Special", Journal of International Economic Law, vol.18, no.4, 2015.

[95] Norma Breda dos Santos, Rogério Farias and Raphael Cunha, "Generalized System of Preferences in General Agreement on Tariffs and Trade/ World Trade Organization: History and Current Issues," Journal of World Trade, vol.39, no.4, 2005.

[96] Oran R. Young, "The Politics of International Regime Formation: Managing Natural Resources and the Enironment," International Organization, vol.43, no.3, 1989.

[97] Ozden Caglar, Eric Reinhardt, "The Perversity of Preferences: GSP and Developing Country Trade Policies, 1976-2000", Journal of Development Economics, vol.78, no.1, 2005.

[98] Pallavi Kishore, "Special and Differential Treatment in the Multilateral Trading System," Chinese Journal of International Law, vol.13, no.2, 2014.

[99] Pascal Lamy, "Is Globalization in Need of Global Governance?" Raymond Aron Lecture-Brookings Institution; Washington, October 28, 2013.

[100] Peter Drahos, "When the Weak Bargain with the Strong: Negotiation in the World Trade Organization," International Negotiation, vol. 8, no.1, 2003.

后　记

　　书稿的后记在我来看是极具可读性的重要内容，往往承载着作者艰辛创作的历程。适逢中国共产党成立 100 周年和中国加入世界贸易组织 20 周年，谨以此书向伟大的党百年华诞献礼，亦以此拙著作为研习 WTO 的学术总结。

　　回首中国改革开放的历史进程，特别是与国际经济交往中形成的包括 WTO 多边贸易规则体系在内的一系列法治规则的互动关系时，诸多问题开始引起我深度研究。加入机制化和制度化国际经济组织的同时，成员方的经济主权就必然伴随着一定程度的让渡以实现治理共享，如何维护主权权益并使中国更好融入到规则治理当中，就成为一个长期且必须破解的理论与实践命题。世贸组织作为国际经贸领域机制化、规则化的最重要治理平台，其基本的治理理论是什么？随着中国经济的快速发展，作为当今世界第二大经济体的发展中大国，如何审慎地理性研判这一规则体系的治理理论？美国学者约翰·H.杰克逊曾从 WTO 多边规则体系的治理理论入手，提出 WTO 治理理论存在一个"权力导向"和"规则导向"的研判，并认为随着 WTO 的建立，已经实现了由"权力导向"向"规则导向"的治理转换和规则配置。然而这一理论研判及随后 WTO 成立 25 年来的演进历程却表明，既有的规则本身并没有完全摆脱成员方权力因素的深刻制约，且有愈演愈烈的动荡趋势。国外学者论断是否存在理论缺失？如何对此进行必要的理论批判与反思？以上构成了我持续近 20 年的学术思考。

　　经过研判与梳理，在对"杰克逊范式"进行辨析与反思的基础上，笔者最终以"WTO 双重二元结构"为分析视角，对 WTO 治理理论的完善与提升进行较深入思考。笔者认为 WTO 治理理论应当包含有一个基本的价值取向，同时作为全球绝大多数国家和单独关税区参加的国际组织，就其规则生成和制度运行的动力来源审视，内置于 WTO 体制中的"成员驱动"也是一个无法回避的问题。价值取向与成员驱动两者是何种关系？其基本的内涵与主要成员的关系如何界定？学术研究上如何对此进行必要的理论阐释？这些都构成本书研究主题。本书稿的出版获得了国家社科基金项目资助，呈现在读者面前的拙著正是该项目结项成果的修订出版稿。

本书第二作者郝荻是跟随我从本科、硕士到博士阶段学习的学生。勤于钻研与专注阅读一直是她最大的优点。在长达近 10 年的共同研讨与交流过程中，郝荻逐渐领悟并能熟练运用学术研究的诸多心法，奠定了她坚实的研究基础与创作能力。其博士学位论文《WTO 体制中的非互惠法律问题研究》，也从一个全新的角度拓展了"WTO 双重二元结构理论"的内涵提升，期待她在今后的学术研究上实现更大的发展。

拙作能够面世，离不开人民出版社茅友生编辑的大力支持与帮助。他曾是我博士学位论文《国家经济主权论》的责任编辑，回想当初他对书稿出版所付出的修改和帮助，至今仍令我感动不已和难以忘却。十年铸一剑，能够在人民出版社获得第二次出版机会，从选题设计到书稿核对与补正，友生及其工作团队都倾注了无私的努力与辛勤的工作。作者与编辑之间的合作沟通，大凡有出版经历的作者都有很多溢于言表的深切体会。谨致谢意虽不能表达全部心情，但对友生编辑为拙作的面世所展示的严谨作风，还是必须再致以深深的敬意！

限于客观条件和能力水平，书稿中的瑕疵在所难免且理应由我承担。本书的立论及观点更期待学界同仁斧正与批判。

是为记。

徐　泉

于辛丑年重庆

责任编辑：茅友生

封面设计：王春峥

图书在版编目（CIP）数据

WTO 双重二元结构理论研究 / 徐泉　郝荻　著 . —

　北京：人民出版社，2021.1

ISBN 978－7－01－023666－7

I. ① W…　 II. ①徐…②郝…　 III. ①世界贸易组织－贸易法－研究

　IV. ① D996.1 ② F743

中国版本图书馆 CIP 数据核字（2021）第 163879 号

WTO 双重二元结构理论研究

WTO SHUANGCHONG ERYUAN JIEGOU LILUN YANJIU

徐 泉　郝荻　著

人 民 出 版 社 出版发行

（100706　北京市东城区隆福寺街 99 号）

北京盛通印刷股份有限公司印刷　新华书店经销

2021 年 1 月第 1 版　2021 年 1 月北京第 1 次印刷

开本：710 毫米 ×1000 毫米 1/16　印张：24

字数：420 千字　印数：0,001–5,000 册

ISBN 978－7－01－023666－7　定价：118.00 元

邮购地址 100706　北京市东城区隆福寺街 99 号

人民东方图书销售中心　电话（010）65250042　65289539